張文治編

國學治要

第五編上

古文治要

中華書局印行

古文治要卷一序

古文十七家

古文之名。立於唐之韓柳。蓋以變革六朝駢儷之弊。或稱爲散文。謂其文不用偶用韻者。實不盡然。大抵古文之根源。在於積理養氣。其文辭必求雅馴。而立言貴有益於世。今讀韓柳所作。未嘗不章句整齊。聲調鏗鏘。但其變通有法。不拘一格。斷非摹擬剽竊所能爲功耳。是故歷代爲文之士。巧曆不能計。而卓爾名家。爲世宗仰者。韓柳前後。固可屈指而數也。吾因是考之歷代古文選本。見其集中所載。往往濫收雜取。否則限於一隅。罕能扼其要領。繁簡適中。不禁慨然有感於古文名家不易。而選本適用亦難。間有能見其大。取去合度者。其書以人統文。限定家數。於總集中而兼具別集之長。所取者多爲一代之翹楚。可資師法。如張溥之漢魏六朝百三家集。茅坤之唐宋八大家文鈔。李祖陶之元明八大家文選。清文錄等編。案其體例。似較他本爲約而善。然其纂錄。皆過於繁博。又時代隔斷。不能上下古今而觀其會通。讀者仍多遺憾焉。故本編特詳參諸本。舍短取長。要以適合於學者之入門研讀爲主。爰有十七家古文之選。遠溯晚周。近訖清季。二千年作者。其統宗所在。源流相承。均提綱挈領。一目瞭然。共計錄文二百餘篇。雖爲卷帙所限。未能盡集各家之美。大而有物有序。傳

古文治要卷一目錄

國學治要五

古文十七家

二郎文

古文治要卷二序

歷代各家名文

古文十七家之選既竟。或叩之曰。子此卷以人爲主。於吾國古文大家之源流。可云得其要略矣。然而歷代各家之文。筆其名貴一世者。今皆以不在前選家數之內。一切摒棄。豈不缺漏之甚乎。謹應之曰。誠然。於是復援諸子理學等編之例。更立此卷。以文爲主。不限家數。與前選互爲經緯。相輔而行。約得百首。雖其中所錄之作。別無奇篇祕籍。以資博覽。然昔人有言。譬之日月。雖終古常見。而光景常新。蓋文若此類者。今固不得而去也。綜而論之。此卷所錄。其作者不拘一派。其文體不拘駢散。從其義類而爲名。則有忠義感憤之言。有仁孝悲憫之辭。有達人閒適之篇。亦有才士瓌麗之作。或以事理勝。或以氣勢勝。或動人在委曲入情。或得趣在自然成文。要之。載事辨理。陶情養志。期立言於不朽。盡感化之能事。與彼十七家者。固無異道。是卷雖局於篇幅。不能求備。而又不能竟廢。學者亦可由是而得其用心之方矣。案是卷託始於宋玉者。以宋玉以前之作。皆屬於經史諸子之類。不容采入。又以前選十七家。託始於屈原。屈宋同時爲師弟。尤便於兩卷互考。而詳究斯文之原本。其書斷於范仲淹者。則以南宋而後。其文章雖不乏一世傳誦之作。然細案其辭氣。大率明暢有餘。而渾厚不足。及推其爲用。則啟迪者多。而陶養少。故不足以盡文章感化之能事。蓋由時代爲之。最難勉强者。今從嚴不錄。若本編論文小說兩卷。則於宋以後之作。采取較多。學者可合觀之。斯源流詳備矣。

國學治要五

古文治要卷二目錄

歷代各家名文

蔡邕郭有道碑

陳琳爲袁紹檄豫州

王粲爲劉荊州與袁譚書　登樓賦

魏文帝與朝歌令吳質書　與吳質書

曹植求自試表　求通親親表　與楊德祖書　與吳季重書

吳質答魏太子牋　在元城與魏太子牋　答東阿王書

楊修答臨淄侯牋

諸葛亮前出師表　後出師表

李密陳情表

劉伶酒德頌

潘岳秋興賦　哀永逝文

陸機豪士賦序　弔魏武帝文　演連珠十首節錄

王羲之蘭亭集序　與吏部郎謝萬書

陶潛與子儼等疏　桃花源記　五柳先生傳　歸去來辭　自祭文

顏延之陶徵士誄

古文治要卷一

古文十七家

屈平　周戰國時楚宗室。字原。懷王時爲三閭大夫。甚見信任。上官大夫靳尙害其能。讒之。王怒疏平。平憂愁幽思而作離騷。後懷王爲張儀所欺。平諫不聽。卒客死於秦。頃襄王立。復用讒謫平於江濱。平於是作漁父諸篇以見志。五月五日。遂懷石自沉汨羅江而死。案屈平離騷等作。上續三百篇。其體勢雖寖趨亢長。與風雅不類。而其著作之旨趣則無二道。漢藝文志詩賦略載平與其弟子宋玉景差諸賦。自爲一類。大要皆抒情託志。比興深微。又篇中多用楚人語言及楚地名物。故劉向王逸先後集其所作。題曰楚詞。其文雖皆有韻。而與散文之體爲近。歷代古文總集。多加采錄。古文家亦往往擬作。或變通其體。要莫不推本屈平。蓋吾國學者之專以文辭成一大家者。實自平始也。

離騷

帝高陽之苗裔兮。朕皇考曰伯庸。攝提貞於孟陬兮。惟庚寅吾以降。皇覽揆余於初度兮。肇錫余以嘉名。名余曰正則兮。字余曰靈均。紛吾既有此內美兮。又重之以能修。扈江離與辟芷兮。紉秋蘭以爲佩。汨余若將不及兮。恐年歲之不吾與。朝搴阰之木蘭兮。夕攬洲之宿莽。日月忽其不淹兮。春與秋其代序。惟草木之零落兮。恐美人之遲暮。不撫壯而棄穢兮。何不改乎此度也。乘騏驥以馳騁兮。來吾導夫先路。昔三后之純粹兮。固衆芳之所在。雜申椒與菌桂兮。豈惟紉夫蕙茝。彼堯舜之耿介兮。既遵道而得路。何桀紂之昌披兮。夫惟捷徑以窘步。惟黨人之偷樂兮。路幽昧以險隘。豈余身之憚殃兮。恐皇輿之敗績。忽奔走以先後兮。及前王之踵武。荃不察余之中情兮。反信讒而齌怒。余固知謇謇之爲患兮。忍而不能舍也。指九天以爲正兮。夫惟靈修之故也。初既與余成言兮。後悔遁而有他。余既不難夫離別兮。傷靈修之數化。余既滋蘭之九畹兮。又樹蕙之百畝。畦留夷與揭車兮。雜杜衡與芳芷。冀枝葉之峻茂兮。願竢時乎吾將刈。雖萎絕其亦何傷兮。哀衆芳之蕪穢。衆皆競進以貪婪兮。憑不猒乎求索。羌內恕己以量人兮。各興心而嫉妒。忽馳騖以追逐兮。非余心之所急。老冉冉其將至兮。恐修名之不立。朝飲木蘭之墜露兮。夕餐秋菊之落英。苟余情其信姱以練要兮。長顑頷亦何傷。擥木根以結茝兮。貫薜荔之落蘂。矯菌桂以紉蕙兮。索胡繩之纚纚。謇吾法夫前修兮。非時俗之所服。雖不周於今之人兮。願依彭咸之遺則。長太息以掩涕兮。哀人生之多艱。余雖好修姱以鞿羈兮。謇朝誶而夕替。既替余以蕙纕兮。又申之以攬茝。亦余心之所善兮。雖九死其猶未悔。怨靈修之浩蕩兮。終不察夫人心。衆女嫉余之蛾眉兮。謠諑謂余以善淫。固時俗之工巧兮。偭規矩而改錯。背繩墨以追曲兮。競周容以爲度。忳鬱邑余侘傺兮。吾獨窮困乎此時也。寧溘死以流亡兮。余不忍爲此態也。鷙鳥之不羣兮。自前代而固然。何方圜之能周兮。夫孰異道而相安。屈心而抑志兮。忍尤而攘詬。伏淸白以死直兮。固前聖之所厚。悔相道之不察兮。延佇乎吾將反。迴朕車以復路兮。及行迷之未遠。步余馬於蘭皐兮。馳椒邱且焉止息。進不入以離尤兮。退將復修吾初服。制芰荷以爲衣兮。集芙蓉以爲裳。不吾知其亦已兮。苟余情其信芳。高余冠之岌岌兮。長余佩之陸離。芳與澤其雜糅兮。唯昭質其猶未虧。忽反顧以游目兮。將往觀乎四荒。佩繽紛其繁飾兮。芳菲菲其彌章。人生各有所樂兮。余獨好修以爲常。常當作恆。避漢諱改。雖體解吾猶未變兮。豈予心之可懲。女嬃之嬋媛兮。申申其詈予曰。鮌婞直以亡身兮。終然夭乎羽之野。汝何博謇而好修兮。紛獨有此姱節。薋菉葹以盈室兮。判獨離而不服。衆不可戶說兮。孰云察余之中情。世並舉而好朋兮。夫何煢獨而不予聽。依前聖之節中兮。喟憑心而歷茲。濟沅湘以南征兮。就重華而陳辭。啟九辯與九歌兮。夏康娛以自縱。不顧難以圖後兮。五子用失乎家巷。羿淫游以佚田兮。又好射夫封狐。固亂流其鮮終兮。浞又貪夫厥家。澆身被服彊圉兮。縱欲而不忍。日康娛而自忘兮。厥首用夫顚隕。夏桀之常違兮。乃遂焉而逢殃。后辛之菹醢兮。殷宗用而不長。湯禹嚴而祗敬兮。周論道而莫差。舉賢而授能兮。循繩墨而不頗。皇天無私阿兮。覽民德焉錯輔。夫維聖哲以茂行兮。苟得用此下土。瞻前而顧後兮。相觀民之計極。夫孰非義而可用兮。孰非善而可服。阽余身而危死兮。覽余初其猶未悔。不量鑿而正枘兮。固前修以菹醢。曾歔欷余鬱邑兮。哀朕時之不當。攬茹蕙以掩涕兮。霑余襟之浪浪。跪敷衽以陳辭兮。耿吾既得此中正。駟玉虬以乘鷖兮。溘埃風余上征。朝發軔於蒼梧兮。夕余至乎縣圃。欲少留此靈瑣兮。日忽忽其將暮。吾令羲和弭節兮。望崦嵫而勿迫。路漫漫其修遠兮。吾將上下而求索。飲余馬於咸池兮。總余轡乎扶桑。折若木以拂日兮。聊須臾以相羊。前望舒使先驅兮。後飛廉使奔屬。鸞皇爲余先戒兮。雷師告余以未具。吾令鳳鳥飛騰兮。又繼之以日夜。飄風屯其相離兮。帥雲霓而來御。紛總總其離合兮。班陸離其上下。吾令帝閽開關兮。倚閶闔而望予。時曖曖其將罷兮。結幽蘭而延佇。世溷濁而不分兮。好蔽美而嫉妒。朝吾將濟於白水兮。登閬風而緤馬。忽反顧以流涕兮。哀高邱之無女。溘吾游此春宮兮。折瓊枝以繼佩。及榮華之未落兮。相下女之可貽。吾令豐隆乘雲兮。求宓妃之所在。解佩纕以結言兮。吾令蹇修以爲理。紛總總其離合兮。忽緯繣其難遷。夕歸次於窮石兮。朝濯髮乎洧盤。保厥美以驕傲兮。日康娛以淫游。雖信美而無禮兮。來違棄而改求。覽相觀於四極兮。周流乎天余乃下。望瑤臺之偃蹇兮。見有娀之佚女。吾令鴆爲媒兮。鴆告余以不好。雄鳩之鳴逝兮。余猶惡其佻巧。心猶豫而狐疑兮。欲自適而不可。鳳鳥既受詒兮。恐高辛之先我。欲遠集而無所止兮。聊浮游以逍遙。及少康之未家兮。留有虞之二姚。理弱而媒拙兮。恐導言之不固。時溷濁而嫉賢兮。好蔽美而稱惡。閨中既以邃遠兮。哲王又不寤。懷朕情而不發兮。余焉能忍與此終古。索瓊茅以筳篿兮。命靈氛爲余占之曰兩美其必合兮孰信修而慕之思九州之博大兮豈唯是其有女曰勉遠逝而無狐疑兮孰求美而釋汝何所獨無芳草兮爾何懷乎故宇世幽昧以眩曜兮孰云察余之美惡人好惡其不同兮惟此黨人其獨異戶服艾以盈要兮謂幽蘭其不可佩覽察草木其猶未得兮豈珵美之能當蘇糞壤以充幃兮謂申椒其不芳欲從靈氛之吉占兮心猶豫而狐疑巫咸將夕降兮懷椒糈而要之百神翳其備降兮九疑繽其並迎皇剡剡其揚靈兮告余以吉故曰勉升降以上下兮求矩矱之所同湯禹儼而求合兮摯咎繇而能調苟中情其好修兮何必用夫行媒說操築於傅巖兮武丁用而不疑呂望之鼓刀兮遭周文而得舉甯戚之謳歌兮齊桓聞以該輔及年歲之未晏兮時亦猶其未央恐鵜鴂之先鳴兮使百草爲之不芳何瓊佩之偃蹇兮衆薆然而蔽之惟此黨人之不亮兮恐嫉妒而折之時繽紛其變易兮又何可以淹留蘭芷變而不芳兮荃蕙化而爲茅何昔日之芳草兮今直爲此蕭艾也豈其有他故兮莫好修之害也余以蘭爲可恃兮羌無日而容長委厥美以從俗兮苟得列乎衆芳椒專佞以慢諂兮榝又欲充其佩幃既干進而務入兮又何芬之能祗固時俗之從流兮又孰能無變化覽椒蘭其若茲兮又況揭車與江離惟茲佩之可貴兮委厥美而歷茲芳菲菲而難虧兮芬至今猶未沬和調度以自娛兮聊浮游而求女及余飾之方壯兮周流觀乎上下靈氛既告余以吉占兮歷吉日乎吾將行折瓊枝以爲羞兮精瓊爢以爲粻爲余駕

飛龍兮。雜瑤象以爲車。何離心之可同兮。吾將遠逝以自疏。邅吾道夫崑崙兮。路修遠以周流。揚雲霓之晻藹兮。鳴玉鸞之啾啾。朝發軔於天津兮。夕余至乎西極。鳳皇翼其承旂兮。高翺翔之翼翼。忽吾行此流沙兮。遵赤水而容與。麾蛟龍使梁津兮。詔西皇使涉予。路修遠以多艱兮。騰衆車使徑待。路不周以左轉兮。指西海以爲期。屯余車其千乘兮。齊玉軑而並馳。駕八龍之婉婉兮。載雲旗之委移。抑志而弭節兮。神高馳之邈邈。奏九歌而舞韶兮。聊假日以媮樂。陟升皇之赫戲兮。忽臨睨夫舊鄉。僕夫悲余馬懷兮。蜷局顧而不行。亂曰。已矣哉。國無人莫我知兮。又何懷乎故都。既莫足與爲美政兮。吾將從彭咸之所居。

九章

惜誦以致愍兮。發憤以抒情。所非忠而言之兮。指蒼天以爲正。令五帝以折中兮。戒六神與嚮服。俾山川以備御兮。命咎繇使聽直。竭忠誠而事君兮。反離羣而贅肬。忘儇媚以背衆兮。待明君其知之。言與行其可迹兮。情與貌其不變。故相臣莫若君兮。所以證之不遠。吾誼先君而後身兮。羌衆人之所仇也。專惟君而無他兮。又衆兆之所讎也。壹心而不豫兮。羌不可保也。疾親君而無他兮。有招禍之道也。思君其莫我忠兮。忽忘身之賤貧。事君而不貳兮。迷不知寵之門。忠何辜以遇罰兮。亦非余心之所志也。行不羣以顛越兮。又衆兆之所咍也。紛逢尤以離謗兮。謇不可釋也。情沉抑而不達兮。又蔽而莫之白也。心鬱悒余侘傺兮。又莫察余之中情固煩言不可結而詒兮。願陳志而無路。退靜默而莫余知兮。進號呼又莫吾聞。申侘傺之煩惑兮。中悶瞀之忳忳。昔余夢登天兮。魂中道而無杭。吾使厲神占之兮。曰有志極而無旁。終危獨以離異兮。曰君可思而不可恃。故衆口其鑠金兮。初若是而逢殆。懲於羹者而吹韲兮。何不變此志也。欲釋階而登天兮。猶有曩之態也。衆駭遽以離心兮。又何以爲此伴也。同極而異路兮。又何以爲此援也。晉申生之孝子兮。父信讒而不好。行婞直而不豫兮。鮌功用而不就。吾聞作忠以造怨兮。忽謂之過言。九折臂而成醫兮。吾至今而知其信然。矰弋機而在上兮。罻羅張而在下。設張辟以娛君兮。願側身而無所。欲儃佪以干傺兮。恐重患而離尤。欲高飛而遠集兮。君罔謂女何之。欲橫奔而失路兮。蓋堅志而不忍。背膺牉以交痛兮。心鬱結而紆軫。擣木蘭以矯蕙兮。鑿申椒以爲糧。播江蘺與滋菊兮。願春日以爲糗芳。恐情質之不信兮。故重著以自明。矯茲媚以私處兮。願曾思而遠身。

右惜誦

余幼好此奇服兮。年既老而不衰。帶長鋏之陸離兮。冠切雲之崔巍。被明月兮佩寶璐。世溷濁而莫余知兮。吾方高馳而不顧。駕靑虬兮驂白螭。吾與重華游兮瑤之圃。登崑崙兮食玉英。與天地兮比壽。與日月兮齊光。哀南夷之莫吾知兮。旦余濟乎江湘。乘鄂渚而反顧兮。欸秋冬之緒風。步余馬兮山皋。邸余車兮方林。乘舲船余上沅兮。齊吳榜以擊汰。船容與而不進兮。淹回水而疑滯。朝發枉渚兮。夕宿辰陽。苟余心其端直兮。雖僻遠其何傷。入漵浦余邅迴兮。迷不知吾之所如。深林杳以冥冥兮。乃猨狖之所居。山峻高以蔽日兮。下幽晦以多雨。霰雪紛其無垠兮。雲霏霏而承宇。哀吾生之無樂兮。幽獨處乎山中。吾不能變心而從俗兮。固將愁苦而終窮。接輿髡首兮。桑扈臝行。忠不必用兮。賢不必以。伍子逢殃兮。比干菹醢。與前世而皆然兮。吾又何怨乎今之人。余將董道而不豫兮。固將重昏而終身。亂曰。鸞鳥鳳皇日以遠兮。燕雀烏鵲。巢堂壇兮。露申辛夷。死林薄兮。腥臊并御。芳不得薄兮。陰陽易位。時不當兮。懷信侘傺。忽乎吾將行兮。

右涉江

皇天之不純命兮。何百姓之震愆。民離散而相失兮。方仲春而東遷。去故鄉而就遠兮。遵江夏以流亡。出國門而軫懷兮。甲之鼂吾以行。發郢都而去閭兮。怊荒忽其焉極。楫齊揚以容與兮。哀見君而不再得。望長楸而太息兮。涕淫淫其若霰。過夏首而西浮兮。顧龍門而不見。心嬋媛而傷懷兮。眇不知其所蹠。順風波而流從兮。焉洋洋而為客。淩陽侯之氾濫兮。忽翺翔之焉薄。心絓結而不解兮。思蹇產而不釋。將運舟而下浮兮。上洞庭而下江。去終古之所居兮。今逍遙而來東。羌靈魂之欲歸兮。何須臾而忘返。背夏浦而西思兮。哀故都之日遠。登大墳以遠望兮。聊以舒吾憂心。哀州土之平樂兮。悲江介之遺風。當陵陽之焉至兮。淼南渡之焉如。曾不知夏之爲邱兮。孰兩東門之可蕪。心不怡之長久兮。憂與愁其相接。惟郢路之遼遠兮。江與夏之不可涉。忽若不信兮。至今九年而不復。慘鬱鬱而不通兮。蹇侘傺而含慼。外承歡之汋約兮。諶荏弱而難持。忠湛湛而願進兮。妒被離而鄣之。彼堯舜之抗行兮。瞭杳杳而薄天。衆讒人之嫉妒兮。被以不慈之僞名。憎慍惀之修美兮。好夫人之慷慨。衆踥蹀而日進兮。美超遠而踰邁。亂曰曼余目以流觀兮。冀一反之何時。鳥飛返故鄉兮。狐死必首邱。信非吾罪而棄逐兮。何日夜而忘之。

右哀郢

心鬱鬱之憂思兮。獨永歎乎增傷。思蹇產之不釋兮。曼遭夜之方長。悲秋風之動容兮。何回極之浮浮。數惟蓀之多怒兮。傷余心之懮懮。願遙赴而橫奔兮。覽民尤以自鎭。結微情以陳詞兮。矯以遺夫美人。昔君與我成言兮。曰黃昏以爲期。羌中道而回畔兮。反既有此他志。憍吾以其美好兮。覽余以其修姱。與余言而不信兮。蓋爲余而造怒。願承閒而自察兮。心震悼而不敢。悲夷猶而冀進兮。心怛傷之憺憺。茲歷情以陳辭兮。蓀詳聾而不聞。固切人之不媚兮。衆果以我爲患。初吾所陳之耿著兮。豈至今其庸亡。何獨樂斯之謇謇兮。願蓀美之可完。望三五以爲像兮。指彭咸以爲儀。夫何極而不至兮。故遠聞而難虧。善不由外來兮。名不可以虛作。孰無施而有報兮。孰不實而有穫。少歌曰。與美人抽怨兮。并日夜而無正。憍吾以其美好兮。敖朕辭而不聽。倡曰。有鳥自南兮。來集漢北。好姱佳麗兮。牉獨處此異域。既惸獨而不羣兮。又無良媒在其側。道卓遠而日忘兮。願自申而不得。望北山而流涕兮。臨流水而太息。望孟夏之短夜兮。何晦明之若歲。惟郢路之遼遠兮。魂一夕而九逝。曾不知路之曲直兮。南指月與列星。願徑逝而不得兮。魂識路之營營。何靈魂之信直兮。人之心不與吾心同理弱。而媒不通兮。尚不知余之從容。亂曰。長瀨湍流。泝江潭兮。狂顧南行。聊以娛心兮。軫石崴嵬。蹇吾願兮。超回志度。行隱進兮。低佪夷猶。宿北姑兮。煩寃瞀容。實沛徂兮。愁歎苦神。靈遙思兮。路遠處幽。又無行媒兮。道思作頌。聊以自救兮。憂心不遂。斯言誰告兮。

右抽思

滔滔孟夏兮。草木莽莽。傷懷永哀兮。汩徂南土。眴兮杳杳。孔靜幽默。鬱結紆軫兮。離慜而長鞠。撫情效志兮。寃屈而自抑。刓方以爲圜兮。常度未替。易初本迪兮。君子所鄙。章畫志墨兮。前圖未改。內厚質直兮。大人所晠。巧倕不斲兮。孰察其揆正。玄文處幽兮。矇瞍謂之不章。離婁微睇兮。瞽以爲無明。變白以爲黑兮。倒上以爲下。鳳皇在笯兮。雞鶩翔舞。同糅玉石兮。一槪而相量。夫惟黨人之鄙固兮。羌不知余之所臧。任重載盛兮。陷滯而不濟。懷瑾握瑜兮。窮不知所示。邑犬羣吠兮。吠所怪也。非俊疑傑兮。固庸態也。文質疏內兮。衆不知余之異采。材樸委積兮。莫知余之所有。重仁集義兮。謹厚以爲豐。重華不可遌兮。孰知余之從容。古固有不並兮。豈知其何故也湯禹久遠兮。邈而不可慕也。懲違改忿兮。抑心而自彊。離慜而不遷兮。願志之有像。進路北次兮。日昧昧其將暮。舒憂娛哀兮。限之以大故。亂曰浩浩沅湘。分流汨兮。修路幽蔽。道遠忽兮。曾吟恒悲。永歎喟兮。世既莫吾知。人心不可謂兮。懷情抱質。獨無正兮。伯樂既沒。驥焉程兮。民生稟命。各有所錯兮。定心廣志。余何畏懼兮。知死不可讓。願勿愛兮。明告君子。吾將以爲類兮。

右懷沙

思美人兮。擥涕而竚眙。媒絕路阻兮。言不可結而詒。蹇蹇之煩冤兮。陷滯而不發。申旦以舒中情兮。志沈菀而莫達。願寄言於浮雲兮。遇豐隆而不將。因歸鳥而致辭兮。羌迅高而難當。高辛之靈晟兮。遭玄鳥而致詒。欲變節以從俗兮。愧易初而屈志。獨歷年而離愍兮。羌馮心猶未化。寧隱閔而壽考兮。何變易之可爲。知前轍之不遂兮。未改此度。車既覆而馬顛兮。蹇獨懷此異路。勒騏驥而更駕兮。造父爲我操之。遷逡次而勿驅兮。聊假日以須時。指嶓冢之西隈兮。與纁黃以爲期。開春發歲兮。白日出之悠悠。吾將蕩志而愉樂兮。遵江夏以娛憂。擥大薄之芳茝兮。搴長洲之宿莽。惜吾不及古之人兮。吾誰與玩此芳草。解萹薄與雜菜兮。備以爲交佩。佩繽紛以繚轉兮。遂萎絕而離異。吾且儃佪以娛憂兮。觀南人之變態。竊快在其中心兮。揚厥憑而不竢。芳與澤其雜糅兮。羌芳華自中出。紛郁郁其遠蒸兮。滿內而外揚。情與質信可保兮。羌居蔽而聞章。令薜荔以為理兮。憚舉趾而緣木。因芙蓉以為媒兮。憚褰裳而濡足。登高吾不說兮。入下吾不能。固朕形之不服兮。然容與而狐疑。廣遂前畫兮。未改此度也。命則處幽吾將罷兮。願及白日之未暮也。獨煢煢而南行兮。思彭咸之故也

右思美人

惜往日之曾信兮。受命詔以昭詩。奉先功以照下兮。明法度之嫌疑。國富彊而法立兮。屬貞臣而日娭。祕密事之載心兮。雖過失猶弗治。心純厖而不泄兮。遭讒人而嫉之。君含怒而待臣兮。不清澂其然否。蔽晦君之聽明兮。虛惑誤又以欺。弗參驗以考實兮。遠遷臣而弗思。信讒諛之溷濁兮。盛氣志而過之。何貞臣之無辜兮。被讟謗而見尤。慙光景之誠信兮。身幽隱而備之。臨沅湘之玄淵兮。遂自忍而沈流。卒沒身而絕名兮。惜壅君之不昭。君無度而弗察兮。使芳草為藪幽。焉舒情而抽信兮。恬死亡而不聊。獨鄣壅而蔽隱兮。使貞臣而無由。聞百里之為虜兮。伊尹烹於庖廚。呂望屠於朝歌兮。甯戚歌而飯牛。不逢湯武與桓繆兮。世孰云而知之。吳信讒而弗味兮。子胥死而後憂。介子忠而立枯兮。文公寤而追求。封介山而為之禁兮。報大德之優游。思久故之親身兮。因縞素而哭之。或忠信而死節兮。或訑謾而不疑。弗省察而按實兮。聽讒人之虛辭。芳與澤其雜糅兮。孰申旦而別之。何芳草之早殀兮。微霜降而下戒。諒聽不明而蔽壅兮。使讒諛而日得。自前世之嫉賢兮。謂蕙若其不可佩。妒佳冶之

芬芳兮。蔓毋姣而自好。雖有西施之美容兮。讒妒人以自代。願陳情以白行兮。得罪過之不意。情冤見之日明兮。如列宿之錯置。乘騏驥而馳騁兮。無轡銜而自載。乘氾泭以下流兮。無舟楫而自備。背法度而心治兮。辟與此其無異。寧溘死而流亡兮。恐禍殃之有再。不畢辭以赴淵兮。惜壅君之不識。

右惜往日

后皇嘉樹。橘徠服兮。受命不遷。生南國兮。深固難徙。更壹志兮。綠葉素榮。紛其可喜兮。曾枝剡棘。圓果摶兮。青黃雜糅。文章爛兮。精色內白。類任道兮。紛緼宜修。姱而不醜兮。嗟爾幼志。有以異兮。獨立不遷。豈不可喜兮。深固難徙。廓其無求兮。蘇世獨立。橫而不流兮。閉心自愼。終不過失兮。秉德無私。參天地兮。願歲并謝。與長友兮。淑離不淫。梗其有理兮。年歲雖少。可師長兮。行比伯夷。置以爲像兮。

右橘頌

悲回風之搖蕙兮。心冤結而內傷。物有微而隕性兮。聲有隱而先倡。夫何彭咸之造思兮。暨志介而不忘。萬變其情豈可蓋兮。孰虛僞之可長。鳥獸鳴以號羣兮。草苴比而不芳。魚葺鱗以自別兮。蛟龍隱其文章。故荼薺不同畝兮。蘭茝幽而獨芳。惟佳人之永都兮。更統世而自貺。眇遠志之所及兮。憐浮雲之相羊。介眇志之所惑兮。竊賦詩之所明。惟佳人之獨懷兮。折芳椒以自處。曾歔欷之嗟嗟兮。獨隱伏而思慮。涕泣交而淒淒兮。思不眠以至曙。終長夜之曼曼兮。掩此哀而不去。寤從容以周流兮。聊逍遙以自恃。傷太息之愍憐兮。氣於邑而不可止。糺思心以爲纕兮。編愁苦以爲膺。折若木以蔽光兮。隨飄風之所仍。存髣髴而不見兮。心踊躍其若湯。撫珮衽以案志兮。超惘惘而遂行。歲曶曶其若頹兮。時亦冉冉而將至。蘋蘅槁而節離兮。芳已歇而不比。憐思心之不可懲兮。證此言之不可聊。寧溘死而流亡兮。不忍此心之常愁。孤子吟而抆淚兮。放子出而不還。孰能思而不隱兮。昭彭咸之所聞。登石巒以遠望兮。路眇眇之默默。入景響之無應兮。聞省想而不可得。愁鬱鬱之無快兮。居戚戚而不可解。心鞿羈而不開兮。氣繚轉而自締。穆眇眇之無垠兮。莽芒芒之無儀。聲有隱而相感兮。物有純而不可爲。邈漫漫之不可量兮。縹綿綿之不可紆。愁悄悄之常悲兮。翩冥冥之不可娛。淩大波而流風兮。託彭咸之所居。上高巖之峭岸兮。處雌蜺之標顛。據青冥而攄虹兮。遂儵忽而捫天。吸湛露之浮涼兮。漱凝霜之雰雰。依風穴以自息兮。忽傾寤以嬋媛。馮崑崙以瞰霧兮。隱岷山以清江。憚涌湍之礚礚兮。聽波聲之洶洶。紛容容之無經兮。罔茫茫之無紀。軋洋洋之無從兮。馳委蛇之焉止。漂翻翻其上下兮。翼遙遙其左右。氾潏潏其前後兮。伴張弛之信期。觀炎氣之相仍兮。窺煙液之所積。悲霜雪之俱下兮。聽潮水之相擊。借光景以往來兮。施黃棘之枉策。求介子之所存兮。見伯夷之放迹。心調度而弗去兮。刻著志之無適。曰吾怨往昔之所冀兮。悼來者之悐悐。浮江淮而入海兮。從子胥而自適。望大河之洲渚兮。悲申屠之抗迹。驟諫君而不聽兮。重任石之何益。心絓結而不解兮。思蹇產而不釋。

右悲回風

九歌

吉日兮辰良。穆將愉兮上皇。撫長劍兮玉珥。璆鏘鳴兮琳琅。瑤席兮玉瑱。盍將把兮瓊芳。蕙肴蒸兮蘭藉。奠桂酒兮椒漿。揚枹兮拊鼓。疏緩節兮安歌。陳竽瑟兮浩倡。靈偃蹇兮姣服。芳菲菲兮滿堂。五音紛兮繁會。君欣欣兮樂康。

右東皇太一

浴蘭湯兮沐芳。華采衣兮若英。靈連蜷兮既留。爛昭昭兮未央。蹇將憺兮壽宮。與日月兮齊光。龍駕兮帝服。聊翱游兮周章。靈皇皇兮既降。猋遠舉兮雲中。覽冀州兮有餘。橫四海兮焉窮。思夫君兮太息。極勞心兮忡忡。

右雲中君

君不行兮夷猶。蹇誰留兮中洲。美要眇兮宜修。沛吾乘兮桂舟。令沅湘兮無波。使江水兮安流。望夫君兮歸來。吹參差兮誰思。駕飛龍兮北征。邅吾道兮洞庭。薜荔拍兮蕙綢。蓀橈兮蘭旌。望涔陽兮極浦。橫大江兮揚靈。揚靈兮未極。女嬋媛兮為余太息。橫流涕兮潺湲。隱思君兮悱惻。桂棹兮蘭枻。斲冰兮積雪。采薜荔兮水中。搴芙蓉兮木末。心不同兮媒勞。恩不甚兮輕絕。石瀨兮淺淺。飛龍兮翩翩。交不忠兮怨長。期不信兮告余以不閒。朝騁騖兮江皋。夕弭節兮北渚。鳥次兮屋上。水周兮堂下。捐余玦兮江中。遺余佩兮澧浦。采芳洲兮杜若。將以遺兮下女。時不可兮再得。聊逍遙兮容與。

右湘君

帝子降兮北渚。目眇眇兮愁予。嫋嫋兮秋風。洞庭波兮木葉下。登白薠兮騁望。與佳期兮夕張。鳥萃兮蘋中。罾何爲兮木上。沅有芷兮澧有蘭。思公子兮未敢言。慌惚兮遠望。觀流水兮潺湲。麋何爲兮庭中。蛟何爲兮水裔。朝馳余馬兮江皋。夕濟兮西澨。聞佳人兮召予。將騰駕兮偕逝。築室兮水中。葺之兮以荷蓋。蓀壁兮紫壇。播芳椒兮成堂。桂棟兮蘭橑。辛夷楣兮葯房。罔薜荔兮爲帷。擗蕙櫋兮既張。白玉兮爲鎮。疏石蘭兮爲芳。芷葺兮荷屋。繚之兮杜衡。合百草兮實庭。建芳馨兮廡門。九疑繽兮並迎。靈之來兮如雲。捐余袂兮江中。遺余褋兮澧浦。搴汀洲兮杜若。將以遺兮遠者。時不可兮驟得。聊逍遙兮容與。

右湘夫人

廣開兮天門。紛吾乘兮玄雲。令飄風兮先驅。使涷雨兮灑塵。君迴翔兮以下。踰空桑兮從女。紛總總兮九州。何壽夭兮在予。高飛兮安翔。乘清氣兮御陰陽。吾與君兮齋速。導帝之兮九坑。靈衣兮被被。玉佩兮陸離。壹陰兮壹陽。衆莫知兮余所爲。折疏麻兮瑤華。將以遺兮離居。老冉冉兮既極。不寖近兮愈疏。乘龍兮轔轔。高駝兮沖天。結桂枝兮延竚。羌愈思兮愁人。愁人兮奈何。願若今兮無虧。固人命兮有當。孰離合兮可爲。

右大司命

秋蘭兮蘪蕪。羅生兮堂下。綠葉兮素華。芳菲菲兮襲予。夫人兮自有美子。荃何以兮愁苦。秋蘭兮青青。綠葉兮紫莖。滿堂兮美人。忽獨與予兮目成。入不言兮出不辭。乘迴風兮載雲旗。悲莫悲兮生別離。樂莫樂兮新相知。荷衣兮蕙帶。儵而來兮忽而逝。夕宿兮帝郊。君誰須兮雲之際。與女沐兮咸池。晞女髮兮陽之河。望美人兮未來。臨風怳兮浩歌。孔蓋兮翠旌。登九天兮撫彗星。竦長劍兮擁幼艾。荃獨宜兮爲民正。

右少司命

暾將出兮東方。照吾檻兮扶桑。撫余馬兮安驅。夜皎皎兮既明。駕龍輈兮乘雷。載雲旗兮委蛇。長太息兮將上。心低徊兮顧懷。羌聲色兮娛人。觀者憺兮忘歸。絙瑟兮交鼓。簫鐘兮瑤簴。鳴鷈兮吹竽。思靈保兮賢姱。翾飛兮翠曾。展詩兮會舞。應律兮合節。靈之來兮蔽日。青雲衣兮白霓裳。舉長矢兮射天狼。操余弧兮反淪降。援北斗兮酌桂漿。撰余轡兮高駝翔。杳冥冥兮以東行。

右東君

與女游兮九河。衝風起兮橫波。乘水車兮荷蓋。駕兩龍兮驂螭。登崑崙兮四望。心飛揚兮浩蕩。日將暮兮悵忘歸。惟極浦兮寤懷。魚鱗屋兮龍堂。紫貝闕兮朱宮。靈何爲兮水中。乘白黿兮逐文魚。與女游兮河之渚。流澌紛兮將來下。子交手兮東行。送美人兮南浦。波滔滔兮來迎。魚鄰鄰兮媵予。

右河伯

若有人兮山之阿。被薜荔兮帶女蘿。既含睇兮又宜笑。子慕予兮善窈窕。乘赤豹兮從文貍。辛夷車兮結桂旗。被石蘭兮帶杜衡。折芳馨兮遺所思。余處幽篁兮終不見天。路險難兮獨後來。表獨立兮山之上。雲容容兮而在下。杳冥冥兮羌晝晦。東風飄兮神靈雨。留靈修兮憺忘歸。歲既晏兮孰華予。采三秀兮於山間。石磊磊兮葛蔓蔓。怨公子兮悵忘歸。君思我兮不得閒。山中人兮芳杜若。飲石泉兮蔭松柏。君思我兮然疑作。雷填填兮雨冥冥。猨啾啾兮狖夜鳴。風颯颯兮木蕭蕭。思公子兮徒離憂。

右山鬼

操吳戈兮被犀甲。車錯轂兮短兵接。旌蔽日兮敵若雲。矢交墜兮士爭先。陵予陣兮躐予行。左驂殪兮右刃傷。霾兩輪兮縶四馬。援玉枹兮擊鳴鼓。天時懟兮威靈怒。嚴殺盡兮棄原野。

出不入兮往不返。平原忽兮路超遠。帶長劍兮挾秦弓。首身離兮心不懲。誠既勇兮又以武。終剛强兮不可陵。身既死兮神以靈。魂魄毅兮爲鬼雄。

右國殤

成禮兮會鼓。傳芭兮代舞。姱女倡兮容與。春蘭兮秋菊。長無絕兮終古。

右禮魂

遠游

悲時俗之迫阨兮。願輕舉而遠游。質菲薄而無因兮。焉託乘而上浮。遭沈濁而汙穢兮。獨鬱結其誰語。夜耿耿而不寐兮。魂營營而至曙。惟天地之無窮兮。哀人生之長勤。往者余弗及兮。來者吾不聞。步徙倚而遙思兮。怊惝怳而乖懷。意荒忽而流蕩兮。心愁悽而增悲。神儵忽而不反兮。形枯槁而獨留。內惟省以端操兮。求正氣之所由。漠虛靜以恬愉兮。澹無爲而自得。聞赤松之清塵兮。願承風乎遺則。貴眞人之休德兮。美往世之登仙。與化去而不見兮。名聲著而日延。奇傅說之託辰星兮。羨韓衆之得一。形穆穆以浸遠兮。離人羣而遁逸。因氣變而遂曾舉兮。忽神奔而鬼怪。時髣髴以遙見兮。精皎皎以往來。超氛埃而淑郵兮。終不反其故都。免衆患而不懼兮。世莫知其所如。恐天時之代序兮。耀靈曄而西征。微霜降而下淪兮。悼芳草之先零。聊仿佯而逍遙兮。永歷年而無成。誰可與玩斯遺芳兮。長鄉風而舒情。高陽遐以遠兮余將焉所程。重曰。春秋忽其不淹兮奚久留此故居。軒轅不可攀援兮吾將從王喬而戲娛。飡六氣而飲沆瀣兮漱正陽而含朝霞。保神明之清澄兮精氣入而麤穢除。順凱風以從游兮至南巢而壹息。見王子而宿之兮審壹氣之和德。曰道可受兮而不可傳。其小無內兮其大無垠。毋滑而魂兮彼將自然。壹氣孔神兮於中夜存。虛以待之兮無爲之先。庶類以成兮此德之門。聞至貴而遂徂兮忽乎吾將行。仍羽人於丹邱兮留不死之舊鄉。朝濯髮於湯谷兮夕晞予身兮九陽。吸飛泉之微液兮懷琬琰之華英。玉色頩以脕顏兮精純粹而始壯。質銷鑠以汋約兮神要眇以淫放。嘉南州之炎德兮麗桂樹之冬榮。山蕭條而無獸兮野寂漠而無人。載營魄而登霞兮掩浮雲而上征。命天閽其開關兮排閶闔而望予。召豐隆使先導兮問大微之所居。集重陽入帝宮兮造旬始而觀清都。朝發軔於大儀兮夕始臨乎於微閭。屯余車之萬乘兮紛容與而並馳。駕八龍之婉婉兮載雲旗之逶迤。建雄虹之采旄兮五色雜而炫燿。服偃蹇以低昂兮驂連蜷以驕驁。騎膠葛以雜亂兮斑漫衍而方行。挽余轡而正策兮吾將過乎句芒。歷太皓以右轉兮前飛廉以啟路。陽杲杲其未光兮淩天地以徑度。風伯爲余先驅兮氛埃辟而清涼。鳳皇翼其承旂兮遇蓐收乎西皇。擥彗星以爲旌兮舉斗柄以爲麾。叛陸離其上下兮游驚霧之流波。時曖曃其曭莽兮召玄武而奔屬。後文昌使掌行兮選署衆神以並轂。路曼曼其修遠兮徐弭節而高厲。左雨師使徑侍兮右雷公以爲衞。欲度世以忘歸兮。意恣睢以担撟。內欣欣而自美兮。聊媮娛以淫樂。涉青雲以汎濫游兮。忽臨睨夫舊鄉。僕夫懷余心悲兮。邊馬顧而不行。思舊故以想像兮。長太息而掩涕。氾容與而遐舉兮。聊抑志而自弭。指炎神而直馳兮。吾將往乎南疑。覽方外之荒忽兮。沛罔瀁而自浮。祝融戒而蹕御兮。騰告鸞鳥迎宓妃。張咸池奏承雲兮。二女御九韶歌。使湘靈鼓瑟兮。令海若舞馮夷。玄螭蟲象並出進兮。形蟉虯而逶蛇。雌蜺便娟以增撓兮。鸞鳥軒翥而翔飛。音樂博衍無終極兮。焉乃逝以徘徊。舒并節以馳騖兮。逴絕垠乎寒門。軼迅風於清源兮。從顓頊乎增冰。歷玄冥以邪徑兮。乘間維以反顧。召黔嬴而見之兮。爲余先乎平路。經營四方兮。周流六漠。上至列缺兮。降望大壑。下崢嶸而無地兮。上寥廓而無天。視儵忽而無見兮。聽惝怳而無聞。超無爲以至清兮。與泰初而爲鄰。

卜居

屈原既放。三年不得復見。竭智盡忠。蔽鄣於讒。心煩意亂。不知所從。乃往見太卜鄭詹尹曰。余有所疑。願因先生決之。詹尹乃端策拂龜曰。君將何以教之。屈原曰。吾寧悃悃款款朴以忠乎。將送往勞來斯無窮乎。寧誅鋤草茅以力耕乎。將游大人以成名乎。寧正言不諱以危身乎。將從俗富貴以媮生乎。寧超然高舉以保眞乎。將哫訾慄斯喔咿嚅唲以事婦人乎。寧廉潔正直以自清乎。將突梯滑稽如脂如韋以絜楹乎。寧昂昂若千里之駒乎。將氾氾若水中之鳧乎。與波上下偸以全吾軀乎。寧與騏驥抗軛乎。將隨駑馬之迹乎。寧與黃鵠比翼乎。將與雞鶩爭食乎。此孰吉孰凶。何去何從。世溷濁而不清。蟬翼爲重。千鈞爲輕。黃鐘毀棄。瓦釜雷鳴。讒人高張。賢士無名。吁嗟默默兮。誰知吾之廉貞。詹尹乃釋策而謝曰。夫尺有所短。寸有所長。物有所不足。智有所不明。數有所不逮。神有所不通。用君之心。行君之意。龜策誠不能知此事。

漁父

屈原既放。游於江潭。行吟澤畔。顏色憔悴。形容枯槁。漁父見而問之曰。子非三閭大夫與。何故至於斯。屈原曰。世人皆濁我獨清。衆人皆醉我獨醒。是以見放。漁父曰。聖人不凝滯於萬物。而能與世推移。舉世皆濁。何不淈其泥而揚其波。衆人皆醉。何不餔其糟而歠其釃。何故深思高舉。自令放爲。屈原曰。吾聞之。新沐者必彈冠。新浴者必振衣。安能以身之察察。受物之汶汶者乎。寧赴湘流。葬於江魚之腹中。安能以皓皓之白。蒙世俗之塵埃乎。漁父莞爾而笑。鼓枻而去。乃歌曰。滄浪之水清兮。可以濯我纓。滄浪之水濁兮。可以濯我足。遂去不復與言。

古文治要卷一

國學治要五

古文十七家

賈誼

漢洛陽人年十八以能誦詩屬文稱於郡中文帝詔為博士時年二十餘歲中超遷至大中大夫誼請改正朔易服色制法度興禮樂絳灌等毀之出為長沙王太傅既辭往聞長沙卑溼自以壽不得長又以謫去意不自得及渡湘水為賦以弔屈原居三年有鵩鳥飛入舍止於座隅乃為賦以自廣後歲餘復拜梁王太傅上治安策（即陳政事疏）數千言居數年梁王墮馬死誼自傷為傅無狀哭泣歲餘亦卒年三十三史記以誼與屈原合傳載其賦論數篇漢書復益以疏策其文雄駿宏肆歷代見稱蓋卓然為西漢古文一大家不獨以論事明切見稱也（案世俗通行之賈誼新書十卷先儒多謂其書大半割裂史漢所載之文分立篇目由於後人之采輯附益不盡可信其文亦不及史漢所載遠甚故今不錄）

過秦論上

秦孝公據殽函之固擁雍州之地君臣固守而窺周室有席卷天下包舉宇內囊括四海之意并吞八荒之心當是時商君佐之內立法度務耕織修守戰之備外連衡而鬬諸侯於是秦人拱手而取西河之外孝公既沒惠文武昭襄蒙故業因遺策南取漢中西舉巴蜀東割膏腴之地收要害之郡諸侯恐懼會盟而謀弱秦不愛珍器重寶肥饒之地以致天下之士

合從締交。相與爲一。當此之時。齊有孟嘗。趙有平原。楚有春申。魏有信陵。此四君者。皆明智而忠信。寬厚而愛人。尊賢重士。約從離橫。兼韓魏燕趙齊楚宋衞中山之衆。於是六國之士。有甯越徐尙蘇秦杜赫之屬爲之謀。齊明周最陳軫昭滑樓緩翟景蘇厲樂毅之徒通其意。吳起孫臏帶佗兒良王廖田忌廉頗趙奢之倫制其兵。嘗以十倍之地。百萬之衆。叩關而攻秦。秦人開關延敵。九國之師。逡巡遁逃而不敢進。秦無亡矢遺鏃之費。而天下諸侯已困矣。於是從散約解。爭割地而奉秦。秦有餘力而制其敝。追亡逐北。伏尸百萬。流血漂鹵。因利乘便。宰割天下。分裂河山。彊國請服。弱國入朝。延及孝文王莊襄王。享國日淺。國家無事。及至秦王。篇中秦王字。史記本如此。漢書俱作始皇。續六世之餘烈。振長策而馭宇內。吞二周而亡諸侯。履至尊而制六合。執捶拊以鞭笞天下。威鎭四海。南取百越之地。以爲桂林象郡。百越之君。俛首係頸。委命下吏。乃使蒙恬北築長城而守藩籬。卻匈奴七百餘里。胡人不敢南下而牧馬。士不敢彎弓而報怨。於是廢先王之道。焚百家之言。以愚黔首。墮名城。殺豪傑。收天下之兵。聚之咸陽。銷鋒鍉鑄以爲金人十二。以弱天下之民。然後踐華爲城。因河爲池。據億丈之城。臨不測之谿以爲固。良將勁弩守要害之處。信臣精卒陳利兵而誰何。天下已定。秦王之心。自以爲關中之固。金城千里。子孫帝王萬世之業也。秦王既歿。餘威振於殊俗。然而陳涉甕牖繩樞之子。甿隸之人。而遷徙之徒。材能不及中人。非有仲尼墨翟之賢。陶朱猗頓之富。躡足行伍之閒。而倔起什伯之中。率罷散之卒。將數百之衆。轉而攻秦。斬木爲兵。揭竿爲旗。天下雲集響應。贏糧而景從。山東豪俊。遂並起而亡秦族矣。且夫天下非小弱也。雍州之地。殽函之固。自若也。陳涉之位。非尊於齊楚燕趙韓魏宋衞中山之君。鉏耰棘矜。非銛於鉤戟長鎩也。謫戍之衆。非抗於九國之師。深謀遠慮。行軍用兵之道。非及曩時之士也。然而成敗異變。功業相反也。試使山東之國。與陳涉度長絜大。比權量力。則不可同年而語矣。然秦以區區之地。致萬乘之權。招八州而朝同列。百有餘年矣。然後以六合爲家。殽函爲宮。一夫作難而七廟隳。身死人手。爲天下笑者。何也。仁義不施。而攻守之勢異也。

陳政事疏

臣竊惟事勢。可爲痛哭者一。可爲流涕者二。姚鼐曰。此二字疑本是一字。後論匈奴一事。而疊出可爲流涕句耳。非有二也。俗人或遂於起處增一爲二。可爲長太息者六。姚鼐曰。長太息者六。文內闕一。西山先生引新書諸侯官名制度同於天子者補之。鼐謂新書者。未敢信以爲眞賈生之文也。若果如此。孟堅必不刪削之。意謂此一段爲論積貯。即載於食貨志者是已。若其它背理而傷道者。難徧以疏舉。進言者皆曰天下已安已治矣。臣獨以爲未也。曰安且治者。非愚則諛。皆非事實知治亂之體者也。夫抱火厝之積薪之下而寢其上。火未及燃。因謂之安。方今之勢。何以異此。本末舛逆。首尾衡決。國制搶攘。非甚有紀。胡可謂治。陛下何不壹令臣得孰數之於前。因陳治安之策。試詳擇焉。夫射獵之娛。與安危之機。孰急。使爲治勞。智慮苦身體。乏鐘鼓之樂。勿爲可也。樂與今同。而加之諸侯軌道。兵革不動。民保首領。匈奴賓服。四荒鄉風。百姓素樸。獄訟衰息。大數既得。則天下順治。海內之氣。淸和咸理。生爲明帝。歿爲明神。名譽之美。垂於無窮。禮祖有功而宗有德。使顧成之廟。稱爲太宗。上配太祖。與漢亡極。建久安之勢。成長治之業。以承祖廟。以奉六親。至孝也。以幸天下。以育羣生。至仁也。立經陳紀。輕重同得。後可以爲萬世法程。雖有愚幼不肖之嗣。猶得蒙業而安。至明也。以陛下之明達。因使少知治體者。得佐下風。致此非難也。其具可素陳於前。願幸無忽。臣謹稽之天地。驗之往古。按之當今之務。日夜念此至孰也。雖使舜禹復生。爲陛下計。亡以易此。夫樹國固必相疑之勢。下數被其殃。上數爽其憂。甚非所以安上而全下也。今或親弟謀爲東帝。親兄之子西鄉而擊。今吳又見告矣。天子春秋鼎盛。行義未過。德澤有加焉。猶尙如是。況莫大諸侯。權力且十此者乎。然而天下少安。何也。大國之王幼弱未壯。漢之所置傅相。方握其事。數年之後。諸侯之王。大抵皆冠。血氣方剛。漢之傅相稱病而賜罷。彼自丞尉以上。偏置私人。如此。有異淮南濟北之爲邪。此時而欲爲治安。雖堯舜不治。黃帝曰。日中必熭。操刀必割。今令此道順。而全安甚易。不肯早爲。已迺墮骨肉之屬。而抗剄之。豈有異秦之季世乎。夫以天子之位。乘今之時。因天之助。尙憚以危爲安。以亂爲治。假設陛下居齊桓之處。將不合諸侯而匡天下乎。臣又知陛下有所必不能矣。假設天下如曩時。淮陰侯尙王楚。黥布王淮南。彭越王梁。韓信王韓。張敖王趙。貫高爲相。盧綰王燕。陳豨在代。令此六七公者皆亡恙。當是時而陛下卽天子位。能自安乎。臣有以知陛下之不能也。天下殽亂。高皇帝與諸公併起。非有仄室之勢以豫席之也。諸公幸者迺爲中涓。其次廑得舍人。材之不逮至遠也。高皇帝以明聖威武卽天子位。割膏腴之地以王諸公。多者百餘城。少者乃三四十縣。惠至渥也。然其後十年之間。反者九起。陛下之與諸公。非親角材而臣之也。又非身封王之也。自高皇帝不能以是一歲爲安。故臣知陛下之不能也。然尙有可諉者曰疏。臣請試言其親者。假令悼惠王王齊。元王王楚。中子王趙。幽王王淮陽。共王王梁。靈王王燕。厲王王淮南。六七貴人皆亡恙。當是時陛下卽位。能爲治乎。臣又知陛下之不能也。若此諸王。雖名爲臣。實皆有布衣昆弟之心。慮亡不帝制而天子自爲者。擅爵人。放死辠。甚者或戴黃屋。漢法令非行也。雖行不軌如厲王者。令之不肯聽。召之安可致乎。幸而來至。法安可得加。動一親戚。天下圜視而起。陛下之臣雖有悍如馮敬者。適啟其口。匕首已陷其胸矣。陛下雖賢。誰與領此。故疏者必危。親者必亂。已然之效也。其異姓負彊而動者。漢已幸勝之矣。又不易其所以然。同姓襲是跡而動。既有徵矣。其勢盡又復然。殃禍之變。未知所移。明帝處之。尙不能以安。後世將如之何。屠牛坦一朝解十二牛。而芒刃不頓者。所排擊剝割。皆衆理解也。至於髖髀之所。非斤則斧。夫仁義恩厚。人主之芒刃也。權勢法制。人主之斤斧也。今諸侯王皆衆髖髀也。釋斤斧之用。而欲嬰以芒刃。臣以爲不缺則折。胡不用之淮南濟北。勢不可也。臣竊跡前事大抵强者先反。淮陰王楚最强則最先反。韓信倚胡則又反。貫高因趙資則又反。陳豨兵精則又反。彭越用梁則又反。鯨布用淮南則又反。盧綰最弱最後反。長沙迺在二萬五千戶耳。功少而最完。勢疏而最忠。非獨性異人也。亦形勢然也。曩令樊酈絳灌據數十城而王。今雖以殘亡可也。令信越之倫列爲徹侯而居。雖至今存可也。然則天下之大計可知已。欲諸王之皆忠附。則莫若令如長沙王。欲臣子之勿菹醢。則莫若令如樊酈等。欲天下之治安。莫若衆建諸侯而少其力。力少則易使以義。國小則亡邪心。令海內之勢如身之使臂。臂之使指。莫不制從。諸侯之君不敢有異心。輻輳並進而歸命天子。雖在細民且知其安。故天下咸知陛下之明。割地定制。令齊趙楚各爲若干國。使悼惠王幽王元王之子孫。畢以次各受祖之分地。地盡而止。及燕梁它國皆然。其分地衆而子孫少者。建以爲國。空而置之。須其子孫生者。舉使君之。諸侯之地其削頗入漢者。爲徙其侯國。及封其子孫也。所以數償之。一寸之地。一人之衆。天子亡所利焉。誠以定治而已。故天下咸知陛下之廉。地制壹定。宗室子孫莫慮不王。下無倍畔之心。上無誅伐之志。故天下咸知陛下之仁。法立而不犯。令行而不逆。貫高利幾之謀不生。柴奇開章之計不萌。細民鄉善。大臣致順。故天下咸知陛下之義。臥赤子天下之上而安。植遺腹。朝委裘。而天下不亂。當時大治。後世誦聖。壹動而五業附。陛下誰憚而久不爲此。天下之勢方病大瘇。一脛之大幾如要。一指之大幾如股。平居不可屈信。一二指搐。身慮亡聊。失今不治。必爲錮疾。後雖有扁鵲。不能爲已。病非徒瘇也。又苦跋盭。元王之子。帝之從弟也。今之王者。從弟之子也。惠王之子。親兄子也。今之王者兄子之子也。親者或亡分地以安天下。疏者或制大權以偪天子。臣故曰非徒病瘇也。又苦跋盭。可痛哭者此病是也。天下之勢方倒縣。凡天子者天下之首。何也。上也。蠻夷者天下之足何也。下也。今匈奴嫚侮侵掠。至不敬也。爲天下患。至亡已也。而漢歲致金絮綵繒以奉之。夷狄徵令。是主上之操也。天子共貢。是臣下之禮也。足反居上。首顧居下。倒縣如此。莫之能解猶爲國有人乎。非亶倒縣而已。又類辟。且病痱。夫辟者一面病。痱者一方痛。今西邊北邊之郡。雖有長爵。不輕得復。五尺以上。不輕得息。斥候望烽燧不得臥。將吏被介冑而睡。臣故曰一方病矣。醫能治之。而上不使。可爲流涕者此也。陛下何忍以帝皇之號爲戎人諸侯。勢既卑辱。而禍不息。長此安窮。進謀者率以爲是。固不可解也。亡具甚矣。臣竊料匈奴之衆不過漢一大縣。以天下之大。困於一縣之衆。甚爲執事者羞之。陛下何不試以臣爲屬國之官以主匈奴。行臣之計。請必係單于之頸而制其命。伏中行說而笞其背。舉匈奴之衆。唯上之令。今不獵猛敵而獵田彘。不搏反寇而搏畜菟。翫細娛而不圖大患。非所以爲安也。德可遠施。威可遠加。而直數百里外威令不信。可爲流涕者此也。今民賣僮者。爲之繡衣絲履偏諸緣。內之閑中。是古天子后服。所以廟而不宴者也。而庶人得以衣婢妾。白縠之表。薄紈之裏。緁以偏諸美者黼繡。是古天子之服。今富人大賈嘉會召客者以被牆。古者以奉一帝一后而節適。今庶人屋壁得爲帝服。倡優下賤得爲后飾。然而天下不屈者。殆未有也。且帝之身自衣皁綈。而富民牆屋被文繡。天子之后以緣其領。庶人孽妾緣其履。此臣所謂舛也。夫百人作之不能衣一人。欲天下亡寒。胡可得也。一人耕之。十人聚而食之。欲天下亡饑。不可得也。饑寒切於民之肌膚。欲其亡爲姦邪。不可得也。國已屈矣。盜賊直須時耳。然而獻計者曰毋動爲大耳。夫俗至大不敬也。至亡等也。至冒上也。進計者猶曰毋爲。可爲長太息者此也。商君遺禮義。棄仁恩。并心於進取。行之二歲。秦俗日敗。故秦人家富子壯則出分。家貧子壯則出贅。借父耰鉏。慮有德色。母取箕帚。立而誶語。抱哺其子。與公併倨。婦姑不相說。則反脣而相稽。其慈子耆利。不同禽獸者亡幾耳。然并心而赴時。猶曰蹶六國。兼天下。功成求得矣。終不知反廉愧之節。仁義之厚。信并兼之法。遂進取之業。天下大敗。衆掩寡。智欺愚。勇威怯。壯陵衰。其亂至矣。是以大賢起之。威震海內。德從天下。曩之爲秦者。今轉而爲漢矣。然其遺風餘俗。猶尚未改。今世以侈靡相競。而上亡制度。棄禮誼。捐廉恥。日甚。可謂月異而歲不同矣。逐利不已。慮非顧行也。今其甚者殺父兄矣。盜者劉寢戶之簾。搴兩廟之器。白晝大都之中。剽吏而奪之金。矯僞者出幾十萬石粟。賦六百餘萬錢。乘傳而行郡國。此其亡行義之尤至者也。而大臣特以簿書不報。期會之間。以爲大故。至於俗流失。世壞敗。因恬而不知怪。慮不動於耳目。以爲是適然耳。夫移風易俗。使天下回心而鄕道。類非俗吏之所能爲也。俗吏之所務。在於刀筆筐篋。而不知大體。陛下又不自憂。竊爲陛下惜之。夫立君臣。等上下。使父子有禮。六親有紀。此非天之所爲。人之所設也。夫人之所設。不爲不立。不植則僵。不修則壞。筦子曰。禮義廉恥。是謂四維。四維不張。國乃滅亡。使筦子愚人也則可。筦子而少知治體。則是豈可不爲寒心哉。秦滅四維而不張。故君臣乖亂。六親殃戮。姦人並起。萬民離叛。凡十三歲。社稷爲虛。今四維猶未備也。故姦人幾幸。而衆心疑惑。豈如今定經制。令君君臣臣。上下有差。父子六親。各得其宜。姦人亡所幾幸。而羣臣衆信。上不疑惑。此業壹定。世世常安。而後有所持循矣。若夫經制不定。是猶度江河亡維楫。中流而遇風波。船必覆矣。可爲長太息者此也。夏爲天子。十有餘世。而殷受之。殷爲天子。二十餘世。而周受之。周爲天子。三十餘世。而秦受之。秦爲天子。二世而亡。人性不甚相遠也。何三代之君有道之長。而秦無道之暴也。其故可知也。古之王者。太子迺生。固舉以禮。使士負之。有司齊肅端冕。見之南郊。見於天也。過闕則下。過廟則趨。孝子之道也。故自爲赤子。而敎固已行矣。昔者成王幼在繈抱之中。召公爲太保。周公爲太傅。太公爲太師。保。保其身體。傅。傅之德意。師。道之敎訓。此三公之職也。於是爲置三少。皆上大夫也。曰少保少傅少師。是與太子宴者也。故迺孩提有識。三公三少。固明孝仁禮義。以道習之。逐去邪人。不使見惡行。於是皆選天下之端士。孝悌博聞有道術者。以衞翼之。使與太子居處出入。故太子迺生而見正事。聞正言。行正道。左右前後皆正人也。夫習與正人居之。不能毋正。猶生長於齊。不能不齊言也。習與不正人居之。不能毋不正。猶生長於楚之地。不能不楚言也。故擇其所耆。必先受業。迺得嘗之。擇其所樂。必先有習。迺得爲之。孔子曰。少成若天性。習慣如自然。及太子少長知妃色。則入于學。學者所學之宮也。學禮曰。帝入東學。上親而貴仁。則親疏有序而恩相及矣。帝入南學。上齒而貴信。則長幼有差而民不誣矣。帝入西學。上賢而貴德。則聖智在位而功不遺矣。帝入北學。上貴而尊爵。則貴賤有等而下不踰矣。帝入太學。承師問道。退習而考於太傅。太傅罰其不則而匡其不及。則悳智長而治道得矣。此五學者既成於上。則百姓黎民化輯於下矣。及太子既冠成人。免於保傅之嚴。則有記過之史。徹膳之宰。進善之旌。誹謗之木。敢諫之鼓。瞽史誦詩。工誦箴諫。大夫進謀。士傳民語。習與智長。故切而不愧。化與心成。故中道若性。三代之禮。春朝朝日。秋暮夕月。所以明有敬也。春秋入學。坐國老。執醬而親餽之。所以明有孝也。行以鸞和。步中采齊。趣中肆夏。所以明有度也。其於禽獸。見其生不食其死。聞其聲不食其肉。故遠庖廚。所以長恩且明有仁也。夫三代之所以長久者。以其輔翼太子有此具也。及秦而不然。其俗固非貴辭讓也。所上者告訐也。固非貴禮義也。所上者刑罰也。使趙高傅胡亥而教之獄。所習者非斬劓人。則夷人之三族也。故胡亥今日卽位。則明日射人。忠諫者謂之誹謗。深計者謂之妖言。

其視殺人若刈草菅然。豈惟胡亥之性惡哉。彼其所以道之者非其理故也。鄙諺曰。不習爲吏視已成事。又曰前車覆後車誡。夫三代之所以長久者其已事可知也。然而不能從者是不法聖智也。秦世之所以亟絕者其轍跡可見也。然而不避是後車又將覆也。夫存亡之變治亂之機。其要在是矣。天下之命縣於太子。太子之善在於早諭教與選左右。夫心未濫而先諭教則化易成也。開於道術智誼之指則教之力也。若其服習積貫則左右而已。夫胡粵之人。生而同聲。耆欲不異。及其長而成俗累數譯而不能相通行雖死而不相爲者則教習然也。臣故曰選左右早諭教最急。夫教得而左右正則太子正矣。太子正而天下定矣。書曰一人有慶。兆民賴之。此時務也。凡人之智能見已然不能見將然。夫禮者禁於將然之前而法者禁於已然之後。是故法之所用易見而禮之所爲至難知也。若夫慶賞以勸善刑罰以懲惡。先王執此之政。堅如金石。行此之令。信如四時。據此之公。無私如天地耳。豈顧不用哉。然而曰禮云禮云者。貴絕惡於未萌而起教於微眇。使民日遷善遠辠而不自知也。孔子曰聽訟吾猶人也。必也使毋訟乎。爲人主計者莫如先審取舍。取舍之極定於內而安危之萌應於外矣。安者非一日而安也。危者非一日而危也。皆以積漸然不可不察也。人主之所積在其取舍。以禮義治之者積禮義。以刑罰治之者積刑罰。刑罰積而民怨背。禮義積而民和親。故世主欲民之善同。而所以使民善者或異。或道之以德教。或敺之以法令。道之以德教者。德教洽而民氣樂。敺之以法令者。法令極而民風哀。哀樂之感。禍福之應也。秦王之欲尊宗廟而安子孫。與湯武同。然而湯武廣大其德行。六七百歲而弗失。秦王治天下。十餘歲則大敗。此亡它故矣。湯武之定取舍審。而秦王之定取舍不審矣。夫天下大器也。今人之置器。置諸安處則安。置諸危處則危。天下之情與器亡以異。在天子之所置之。湯武置天下於仁義禮樂。而德澤洽。禽獸草木廣裕。德被蠻貊四夷。累子孫數十世。此天下所共聞也。秦王置天下於法令刑罰。德澤亡一有。而怨毒盈於世。下憎惡之如仇讎。禍幾及身。子孫誅絕。此天下之所共見也。是非其明效大驗邪。人之言曰。聽言之道。必以其事觀之。則言者莫敢妄言。今或言禮誼之不如法令。教化之不如刑罰。人主胡不引殷周秦事以觀之也。人主之尊譬如堂。羣臣如陛。衆庶如地。故陛九級上。廉遠地。則堂高。陛亡級。廉近地。則堂卑。高者難攀。卑者易陵。理勢然也。故古者聖王制爲等列。內有公卿大夫士。外有公侯伯子男。然後有官師小吏。延及庶人。等級分明。而天子加焉。故其尊不可及也。里諺曰。欲投鼠而忌器。此善諭也。鼠近於器。尙憚不投。恐傷其器。況於貴臣之近主乎。廉恥節禮以治君子。故有賜死而亡戮辱。是以黥劓之辠。不及大夫。以其離主上不遠也。禮不敢齒君之路馬。蹴其芻者有罰。見君之几杖則起。遭君之乘車則下。入正門則趨。君之寵臣。雖或有過。刑戮之辠。不加其身者。尊君之故也。此所以爲主上豫遠不敬也。所以體貌大臣而厲其節也。今自王侯三公之貴。皆天子之所改容而禮之也。古天子之所謂伯父伯舅也。而令與衆庶同黥劓髡刖笞傌棄市之法。然則堂不亡陛乎。被戮辱者不泰迫乎。廉恥不行。大臣無迺握重權大官而有徒隸亡恥之心乎。夫望夷之事。二世見當以重法者。投鼠而不忌器之習也。臣聞之。履雖鮮不加於枕。冠雖敝不以苴履。夫嘗已在貴寵之位。天子改容而體貌之矣。吏民嘗俯伏以敬畏之矣。今而有過。帝令廢之可也。退之可也。賜之死可也。滅之可也。若夫束縛之。係緤之。輸之司寇。編之徒官。司寇小吏詈罵而榜笞之。殆非所以令衆庶見也。夫卑賤者習知尊貴者之一旦吾亦迺可以加此也。非所以習天下也。非尊尊貴貴之化也。夫天子之所嘗敬。衆庶之所嘗寵。死而死耳。賤人安宜得如此而頓辱之哉。豫讓事中行之君。智伯伐而滅之。移事智伯。及趙滅智伯。豫讓釁面吞炭。必報襄子。五起而不中。人問豫子。豫子曰。中行諸人畜我。我故衆人事之。智伯國士遇我。我故國士報之。故此一豫讓也。反君事讎。行若狗彘。已而抗節致忠。行出乎烈士。人主使然也。故主上遇其大臣如遇犬馬。彼將犬馬自爲也。如遇官徒。彼將官徒自爲也。頑頓亡恥。奊詬亡節。廉恥不立。且不自好。苟若而可。故見利則逝。見便則奪。主上有敗。則因而挻之矣。主上有患。則吾苟免而已。立而觀之耳。有便吾身者。則欺賣而利之耳。人主將何便於此。羣下至衆。而主上至少也。所託財器職業者粹於羣下也。俱亡恥。俱苟安。則主上最病。故古者禮不及庶人。刑不至大夫。所以厲寵臣之節也。古者大臣有坐不廉而廢者。不謂不廉。曰簠簋不飾。坐汚穢淫亂男女亡別者。不曰汚穢。曰帷薄不修。坐罷軟不勝任者。不謂罷軟。曰下官不職。故貴大臣定有其辠矣。猶未斥然正以謼之也。尙遷就而爲之諱也。故其在大譴大何之域者。聞譴何則白冠氂纓。盤水加劍。造請室而請辠耳。上不執縛係引而行也。其有中罪者。聞命而自弛。上不使人頸盭而加也。其有大辠者。聞命則北面再拜。跪而自裁。上不使捽抑而刑之也。曰子大夫自有過耳。吾遇子有禮矣。遇有禮。故羣臣自憙。嬰以廉恥。故人矜節行。上設廉恥禮義以遇其臣。而臣不以節行報其上者。則非人類也。故化成俗定。則爲人臣者。主耳忘身。國耳忘家。公耳忘私。利不苟就。害不苟去。惟義所在。上之化也。故父兄之臣。誠死宗廟。法度之臣。誠死社稷。輔翼之臣。誠死君上。守圄扞敵之臣。誠死城郭封疆。故曰聖人有金城者。比物此志也。彼且爲我死。故吾得與之俱生。彼且爲我亡。故吾得與之俱存。夫將爲我危。故吾得與之皆安。顧行而忘利。守節而伏義。故可以託不御之權。可以寄六尺之孤。此厲廉恥行禮誼之所致也。主上何喪焉。此之不爲。而顧彼之久行。故曰可爲長太息者此也。

論積貯疏

筦子曰。倉廩實而知禮節。民不足而可治者。自古及今。未之嘗聞。古之人曰。一夫不耕。或受之饑。一女不織。或受之寒。生之有時。而用之無度。則物力必屈。古之治天下。至纖至悉也。故其畜積足恃。今背本而趨末。食者甚衆。是天下之大殘也。淫侈之俗。日日以長。是天下之大賊也。殘賊公行。莫之或止。大命將泛。莫之振救。生之者甚少。而靡之者甚多。天下財產何得不蹶。漢之爲漢。幾四十年矣。公私之積。猶可哀痛。失時不雨。民且狼顧。歲惡不入。請賣爵子。既聞耳矣。安有爲天下阽危者若是。而上不驚者。世之有饑穰。天之行也。禹湯被之矣。卽不幸有方二三千里之旱。國何以相恤。卒然邊境有急。數十百萬之衆。國何以餽之。兵旱相乘。天下大屈。有勇力者。聚徒而衡擊。罷夫羸老。易子而齩其骨。政治未畢通也。遠方之能疑者。並舉而爭起矣。乃駭而圖之。豈將有及乎。夫積貯者。天下之大命也。苟粟多而財有餘。何爲而不成。以攻則取。以守則固。以戰則勝。懷敵附遠。何招而不至。今毆民而歸之農。皆著於本。使天下各食其力。末技游食之民。轉而緣南晦。則畜積足而人樂其所矣。可以爲富安天下。而直爲此廩廩也。竊爲陛下惜之。

惜誓

惜余年老而日衰兮。歲忽忽而不反。登蒼天而高舉兮。歷衆山而日遠。觀江河之紆曲兮。離四海之霑濡。攀北極而一息兮。吸沆瀣以充虛。飛朱鳥使先驅兮。駕太乙之象輿。蒼龍蚴虬於左驂兮。白虎騁而爲右騑。建日月以爲蓋兮。載玉女於後車。馳騖於杳冥之中兮。休息乎崑崙之墟。樂窮極而不厭兮。願從容乎神明。涉丹水而馳騁兮。右大夏之遺風。黃鵠之一舉兮。知山川之紆曲。再舉兮。睹天地之圜方。臨中國之衆人兮。回託飆乎尚羊。乃至少原之埜兮。赤松王喬皆在旁。二子擁瑟而調均兮。余因稱乎清商。澹然而自樂兮。吸衆氣而翺翔。念我長生而久僊兮。不如反余之故鄉。黃鵠後時而寄處兮。鴟鴞羣而制之。神龍失水而陸居兮。爲螻蟻之所裁。夫黃鵠神龍猶如此兮。況賢者之逢亂世哉。壽冉冉而日衰兮。固儃回而不息。俗流從而不止兮。衆枉聚而矯直。或偷合而苟進兮。或隱居而深藏。苦稱量之不審兮。固權槩而就衡。或推迻而苟容兮。或直言之諤諤。傷誠是之不察兮。并紉茅絲以爲索。方世俗之幽昏兮。眩白黑之美惡。放山淵之龜玉兮。相與貴夫礫石。梅伯數諫而至醢兮。來革順志而用國。悲仁人之盡節兮。反爲小人之所賊。比干忠諫而剖心兮。箕子被髮而佯狂。水背流而源竭兮。木去根而不長。非重軀以慮難兮。惜傷身之無功。已矣哉。獨不見夫鸞鳳之高翔兮。乃集大皇之埜。循四極而回周兮。見盛德而後下。彼聖人之神德兮。遠濁世而自藏。使麒麟可得羈而係兮。又何以異乎犬羊。

鵩鳥賦

單閼之歲兮。四月孟夏。庚子日斜兮。鵩集余舍。止於坐隅兮。貌甚閒暇。異物來萃兮。私怪其故。發書占之兮。讖言其度。曰野鳥入室兮。主人將去。請問於鵩兮。余去何之。吉乎告我。凶言其災。淹速之度兮。語余其期。鵩乃歎息。舉首奮翼。口不能言。請對以臆。萬物變化兮。固無休息斡流而遷兮。或推而還。形氣轉續兮。變化而蟺。沕穆無窮兮。胡可勝言。禍兮福所倚。福兮禍所伏。憂喜聚門兮。吉凶同域。彼吳彊大兮。夫差以敗。越棲會稽兮。句踐霸世。斯游遂成兮。卒被五刑。傅說胥靡兮。乃相武丁。夫禍之與福兮。何異糾纏。命不可說兮。孰知其極。水激則旱兮。矢激則遠。萬物回薄兮。振盪相轉。雲蒸雨降兮。糾錯相紛。大鈞播物兮。坱圠無垠。天不可預慮兮。道不可預謀。遲速有命兮。焉識其時。且夫天地爲鑪兮。造化爲工。陰陽爲炭兮。萬物爲銅。合散消息兮。安有常則。千變萬化兮。未始有極。忽然爲人兮。何足控摶。化爲異物兮。又何足患。小智自私兮。賤彼貴我。達人大觀兮。物無不可。貪夫徇財兮。烈士徇名。夸者死權兮。品庶每生。怵迫之徒兮。或趨西東。大人不曲兮。意變齊同。愚士繫俗兮。窘若囚拘。至人遺物兮。獨與道俱。衆人惑惑兮。好惡積億。眞人恬漠兮。獨與道息。釋智遺形兮。超然自喪。寥廓忽荒兮。與道翺翔。乘流則逝兮。得坻則止。縱軀委命兮。不私與己。其生兮若浮。其死兮若休。澹乎若深淵之靜。泛乎若不繫之舟。不以生故自寶兮。養空而浮。德人無累兮。知命不憂。細故蔕芥兮。何足以疑。

弔屈原賦

恭承嘉惠兮。竢罪長沙。側聞屈原兮。自湛汨羅。造託湘流兮。敬弔先生。遭世罔極兮。迺隕厥身。嗚虖哀哉兮。逢時不祥。鸞鳳伏竄兮。鴟鴞翺翔。闒茸尊顯兮。讒諛得志。賢聖逆曳兮。方正倒植。謂隨夷溷兮。謂跖蹻廉。莫邪爲鈍兮。鉛刀爲銛。吁嗟默默生之亡故兮。斡棄周鼎而寶康瓠兮。騰駕罷牛。驂蹇驢兮。驥垂兩耳。服鹽車兮。章父薦屨。漸不可久兮。嗟苦先生。獨離此咎兮。誶曰已矣。國其莫吾知兮。子獨壹鬱其誰語。鳳縹縹其高逝兮。夫固自引而遠去。襲九淵之神龍兮。沕淵潛以自珍。彌融爚以隱處兮。夫豈從蝦與蛭螾。所貴聖之神德兮。遠濁世而自臧。使麒麟可係而羈兮。豈云異夫犬羊。般紛紛其離此郵兮。亦夫子之辜也。歷九州而相其君兮。何必懷此都也。鳳皇翔於千仞兮。覽德輝而下之。見細德之險微兮。搖增翮而去之。彼尋常之汙瀆兮。豈容吞舟之魚。橫江湖之鱣鯨兮。固將制於螻蟻。

古文治要卷一

古文十七家

司馬相如　漢成都人。字長卿。少時好讀書擊劍。景帝時爲武騎常侍。病免。客遊梁。與鄒陽枚乘莊忌之徒同舍。乃著子虛之賦。旋歸蜀。武帝立。讀其子虛賦而善之。乃召至。復著上林賦以進。遂以爲郞。後通西南夷有功。尋拜文園令。病免。居茂陵。帝使求其書。而相如已死。遺札言封禪事。相如爲人豪宕不拘細行。然頗通小學。工於文辭。所作諸賦。瑋瑰雄壯。其始極陳富麗。既乃歸之諷諫。一變騷人抒情託志之義。而自創爲漢賦一體。揚雄以下。多倣爲之。終未有能過之者。說者謂其體蓋出於諸子之縱橫家云。

諫獵書

臣聞物有同類而殊能者。故力稱烏獲。捷言慶忌。勇期賁育。臣之愚。竊以爲人誠有之。獸亦宜然。今陛下好陵阻險。射猛獸。卒然遇軼材之獸。駭不存之地。犯屬車之淸塵。輿不及還轅。人不暇施巧。雖有烏獲逢蒙之伎。力不得用。枯木朽株。盡爲害矣。是胡越起於轂下。而羌夷接軫也。豈不殆哉。雖萬全無患。然本非天子之所宜近也。且夫淸道而後行。中道而後馳。猶時有銜橛之變。而況涉乎蓬蒿。馳乎邱墳。前有利獸之樂。而內無存變之意。其爲害也不亦難矣。夫輕萬乘之重。不以爲安樂。出萬有一危之塗以爲娛。臣竊爲陛下不取也。蓋明者遠見於未萌。而智者避危於無形。禍固多藏於隱微。而發於人之所忽者也。故鄙諺曰。家累千金。坐不垂堂。此言雖小。可以喻大。臣願陛下留意幸察。

諭巴蜀檄

告巴蜀太守。蠻夷自擅。不討之日久矣。時侵犯邊境。勞士大夫。陛下卽位。存撫天下。安集中國。然後興師出兵。北征匈奴。單于怖駭。交臂受事。屈膝請和。康居西域。重譯納貢。稽首來享。移師東指。閩越相誅。右弔番禺。太子入朝。南夷之君。西僰之長。常效貢職。不敢惰怠。延頸舉踵。喁喁然皆鄉風慕義。欲爲臣妾。道里遼遠。山川阻深。不能自致。夫不順者已誅。而爲善者未賞。故遣中郞將往賓之。發巴蜀之士各五百人。以奉幣帛。衞使者。不然。靡有兵革之事。戰鬭之患。今聞其乃發軍興制。驚懼子弟。憂患長老。郡又擅爲轉粟運輸。皆非陛下之意也。當行者或亡逃自賊殺。亦非人臣之節也。夫邊郡之士。聞烽舉燧燔。皆攝弓而馳。荷戈而走。流汗相屬。惟恐居後。觸白刃。冒流矢。議不反顧。計不旋踵。人懷怒心。如報私讎。彼豈樂死惡生。非編列之民。而與巴蜀異主哉。計深慮遠。急國家之難。而樂盡人臣之道也。故有剖符之封。析圭而爵。位爲通侯。處列東第。終則遺顯號於後世。傳土地於子孫。行事甚忠敬。居位甚安佚。名聲施於無窮。功烈著而不滅。是以賢人君子。肝腦塗中原。膏液潤野草而不辭也。今奉幣使至南夷。卽自賊殺。或亡逃抵誅。身死無名。諡爲至愚。恥及父母。爲天下笑。人之度量相越。豈不遠哉。然此非獨行者之罪也。父兄敎之不先。子弟率之不謹。寡廉鮮恥。而俗不長厚也。其被刑戮。不亦宜乎。陛下患使者有司之若彼。悼不肖愚民之如此。故遣信使曉諭百姓以發卒之事。因數之以不忠死亡之罪。讓三老孝弟以不敎誨之過。方今田時。重煩百姓。已親見近縣。恐遠所谿谷山澤之民不徧聞。檄到。亟下縣道。使咸諭陛下意。毋忽。

難蜀父老

漢興七十有八載。德茂存乎六世。威武紛紜。湛恩汪濊。羣生霑濡。洋溢乎方外。於是乃命使西征。隨流而攘。風之所被。罔不披靡。因朝冉從駹。定筰存邛。略斯榆。舉苞蒲。結軌還轅。東向將報。至於蜀都。耆老大夫搢紳先生之徒二十有七人。儼然造焉。辭畢進曰。蓋聞天子之牧夷狄也。其義羈縻勿絕而已。今疲三郡之士。通夜郎之途。三年於茲。而功不竟。士卒勞倦。萬民不贍。今又接之以西夷。百姓力屈。恐不能卒業。此亦使者之累也。竊爲左右患之。且夫邛筰西夷之與中國並也。歷年茲多。不可記已。仁者不以德來。彊者不以力并。意者其殆不可乎。今割齊民以附夷狄。敝所恃以事無用。鄙人固陋。不識所謂。使者曰。烏謂此乎。必若所云。則是蜀不變服。而巴不化俗也。僕嘗惡聞若說。然斯事體大。固非觀者之所覯也。余之行急。其詳不可得聞已。請爲大夫粗陳其略。蓋世必有非常之人。然後有非常之事。有非常之事。然後有非常之功。夫非常者。固常人之所異也。故曰非常之原。黎民懼焉。及臻厥成。天下晏如也。昔者洪水沸出。氾濫溢溢。民人登降移徙。崎嶇而不安。夏后氏慼之。乃堙洪塞源。決江流河。灑沈澹災。東歸之於海。而天下永寧。當斯之勤。豈唯民哉。心煩於慮。而身親其勞。躬胝無胈。膚不生毛。故休烈顯乎無窮。聲稱浹乎于茲。且夫賢君之踐位也。豈特委瑣齷齪。拘文牽俗。修誦習傳。當世取說云爾哉。必將崇論閎議。創業垂統。爲萬世規。故馳騖乎兼容并包。而勤思乎參天貳地。且詩不云乎。普天之下。莫非王土。率土之濱。莫非王臣。是以六合之內。八方之外。浸淫衍溢。懷生之物。有不浸潤於澤者。賢君恥之。今封疆之內。冠帶之倫。咸獲嘉祉。靡有缺遺矣。而夷狄殊俗之國。遼絕異黨之域。舟車不通。人跡罕到。政教未加。流風猶微。內之則犯義侵禮於邊境。外之則邪行橫作。放殺其上。君臣易位。尊卑失序。父兄不辜。幼孤爲奴。繫縲號泣。內嚮而怨曰。蓋聞中國有至仁焉。德洋而恩普。物靡不得其所。今獨曷爲遺己。舉踵思慕。若枯旱之望雨。盭夫爲之垂涕。況乎上聖。又焉能已。故北出師以討彊胡。南馳使以誚勁越。四面風德。二方之君。鱗集仰流。願得受號者以億計。故乃關沫若。徼牂牁。鏤靈山。梁孫原。創道德之塗。垂仁義之統。將博恩廣施。遠撫長駕。使疏逖不閉。曶爽闇昧。得燿乎光明。以偃甲兵於此。而息討伐於彼。遐邇一體。中外禔福。不亦康乎。夫拯民於沈溺。奉至尊之休德。反衰世之陵夷。繼周氏之絕業。斯乃天子之亟務也。百姓雖勞。又惡可以已乎哉。且夫王者。固未嘗不始於憂勤。而終於逸樂者也。然則受命之符。合在於此。方將增太山之封。加梁父之事。鳴和鸞。揚樂頌。上咸五。下登三。觀者未覩旨。聽者未聞音。猶鷦鵬已翔乎寥廓之宇。而羅者猶視乎藪澤。悲夫。於是諸大夫茫然喪其所懷來。失厥所以進。喟然並稱曰。允哉漢德。此鄙人之所願聞也。百姓雖勞。請以身先之。敞罔靡徙。遷延而辭避。

子虛賦

楚使子虛使於齊。王悉發車騎。與使者出畋。畋罷。子虛過姹烏有先生。亡是公存焉。坐定。烏有先生問曰。今日畋樂乎。子虛曰。樂。獲多乎。曰。少。然則何樂。對曰。僕樂齊王之欲夸僕以車騎之衆。而僕對以雲夢之事也。曰。可得聞乎。子虛曰。可。王車駕千乘。選徒萬騎。畋於海濱。列卒滿澤。罘網彌山。掩兔轔鹿。射麋腳麟。騖於鹽浦。割鮮染輪。射中獲多。矜而自功。顧謂僕曰。楚亦有平原廣澤游獵之地。饒樂若此者乎。楚王之獵。孰與寡人乎。僕下車對曰。臣楚國之鄙人也。幸得宿衞十有餘年。時從出游。游於後園。覽於有無。然猶未能徧覩也。又焉足以言其外澤乎。齊王曰。雖然。略以子之所聞見而言之。僕對曰。唯唯。臣聞楚有七澤。嘗見其一。未覩其餘也。臣之所見。蓋特其小小者耳。名曰雲夢。雲夢者。方九百里。其中有山焉。其山則盤紆岪鬱。隆崇嵂崒。岑崟參差。日月蔽虧。交錯糾紛。上干青雲。罷池陂陀。下屬江河。其土則丹青赭堊。雌黃白坿。錫碧金銀。衆色炫燿。照爛龍鱗。其石則赤玉玫瑰。琳瑉昆吾。瑊玏玄厲。碝石碔砆。其東則有蕙圃。衡蘭芷若。芎藭菖蒲。江蘺蘪蕪。諸柘巴苴。其南則有平原廣澤。登降陁靡。案衍壇曼。緣以大江。限以巫山。其高燥則生葴菥苞荔。薛莎青薠。其卑溼則生藏莨蒹葭。東蘠彫胡。蓮藕觚蘆。菴閭軒于。衆物居之。不可勝圖。其西則有湧泉清池。激水推移。外發芙蓉菱華。內隱鉅石白沙。其中則有神龜蛟鼉。瑇瑁鼈黿。其北則有陰林。其樹楩柟豫樟。桂椒木蘭。蘗離朱楊。樝梨梬栗。橘柚芬芳。其上則有鵷鶵孔鸞。騰遠射干。其下則有白虎元豹。蟃蜒貙豻。於是乎乃使專諸之倫。手格此獸。楚王乃駕馴駮之駟。乘彫玉之輿。靡魚鬚之橈旃。曳明月之珠旗。建干將之雄戟。左烏號之彫弓。右夏服之勁箭。陽子驂乘。孅阿爲御。案節未舒。卽陵狡獸。蹴蛩蛩。轔距虛。軼野馬。轊騊駼。乘遺風。射游騏。儵眒倩浰。雷動猋至。星流霆擊。弓不虛發。中必決眦。洞胸達掖。絕乎心繫。獲若雨獸。揜草蔽地。於是楚王乃弭節徘徊。翺翔容與。覽乎陰林。觀壯士之暴怒。與猛獸之恐懼。徼谻受詘。殫覩衆物之變態。於是鄭女曼姬。被阿緆。揄紵縞。雜纖羅。垂霧縠。襞積褰縐。紆徐委曲。鬱橈谿谷。衯衯裶裶。揚衪戌削。蜚襳垂髾。扶輿猗靡。翕呷萃蔡。下摩蘭蕙。上拂羽蓋。錯翡翠之葳蕤。繆繞玉綏。眇眇忽忽。若神仙之髣髴。於是乃相與下於蕙圃。媻姍勃窣而上乎金隄。揜翡翠。射鵔鸃。微矰出。孅繳施。弋白鵠。連駕鵝。雙鶬下。玄鶴加。怠而後發。游於清池。浮文鷁。揚旌栧。張翠帷。建羽蓋。網瑇瑁。鈎紫貝。摐金鼓。吹鳴籟。榜人歌。聲流喝。水蟲駭。波鴻沸。涌泉起。奔揚會。礧石相擊。硠硠礚礚。若雷霆之聲。聞乎數百里之外。將息獠者。擊靈鼓。起烽燧。車按行。騎就隊。纚乎淫淫。般乎裔裔。於是楚王乃登雲陽之臺。泊乎無爲。澹乎自持。勺藥之和具。而後御之。不若大王終日馳騁。曾不下輿。將割輪焠自以爲娛。臣竊觀之。齊殆不如。於是齊王無以應僕也。烏有先生曰。是何言之過也。足下不遠千里。來貺齊國。王悉發境內之士。備車騎之衆。與使者出畋。乃欲戮力致獲以娛左右。何名爲夸哉。問楚地之有無者。願聞大國之風烈。先生之餘論也。今足下不稱楚王之德厚。而盛推雲夢以爲高。奢言淫樂而顯侈靡。竊爲足下不取也。必若所言。固非楚國之美也。無而言之。是害足下之信也。彰君惡。傷私義。二者無一可。而先生行之。必且輕於齊而累於楚矣。且齊東陼鉅海。南有琅邪。觀乎成山。射乎之罘。浮渤澥。游孟諸。邪與肅慎爲鄰。右與湯谷爲界。秋田乎青邱。彷徨乎海外。吞若雲夢者八九。其於胸中曾不蔕芥。若乃俶儻瑰瑋。異方殊類。珍怪鳥獸。萬端鱗崒。充牣其中。不可勝記。禹不能名。卨不能計。然在諸侯之位。不敢言游戲之樂。苑囿之大。先生又見客。是以王辭不復。何爲無以應哉。

上林賦

亡是公听然而笑曰。楚則失矣。而齊亦未爲得也。夫使諸侯納貢者。非爲財幣。所以述職也。封疆畫界者。非爲守禦。所以禁淫也。今齊列爲東藩。而外私肅慎。捐國踰限。越海而田。其於義固未可也。且夫二君之論。不務明君臣之義。正諸侯之禮。徒事爭游戲之樂。苑囿之大。欲以奢侈相勝。荒淫相越。此不可以揚名發譽。而適足以貶君自損也。且夫齊楚之事。又焉足道乎。君未覩夫巨麗也。獨不聞天子之上林乎。左蒼梧。右西極。丹水更其南。紫淵徑其北。終始灞滻。出入涇渭。酆鎬潦潏。紆餘委蛇。經營乎其內。蕩蕩乎八川分流。相背而異態。東西南北。馳騖往來。出乎椒丘之闕。行乎洲淤之浦。經乎桂林之中。過乎泱漭之壄。汩乎混流。順阿而下。赴隘陿之口。觸穹石。激堆埼。沸乎暴怒。洶湧澎湃。滭沸宓汩。偪側泌瀄。橫流逆折。轉騰潎洌。滂濞沆漑。穹隆雲橈。宛潬膠盭。踰波趨浥。涖涖下瀨。批巖衝擁。奔揚滯沛。臨坻注壑。瀺灂霣墜。沈沈隱隱。砰磅訇礚。潏潏淈淈。湁潗鼎沸。馳波跳沫。汩濦漂疾。悠遠長懷。寂漻無聲。肆乎永歸。然後灝溔潢瀁。安翔徐回。翯乎滈滈。東注太湖。衍溢陂池。於是乎蛟龍赤螭。䱭䲛漸離。鰅鰫鰬魠。禺禺魼鰨。揵鰭掉尾。振鱗奮翼。潛處乎深巖。魚鼈讙聲。萬物衆夥。明月珠子。的皪江靡。蜀石黃碝。水玉磊砢。磷磷爛爛。采色澔汗。叢積乎其中。鴻鷛鵠鴇。鴐鵝屬玉。交精旋目。煩鶩庸渠。箴疵鵁盧。羣浮乎其上。汎淫泛濫。隨風澹淡。與波搖蕩。掩薄水渚。唼喋菁藻。咀嚼菱藕。於是乎崇山矗矗。巃嵸崔巍。深林巨木。嶄巖嵾嵯。九嵕巀嶭。南山峩峩。巖陁甗錡。摧崣崛崎。振溪通谷。蹇產溝瀆。谽呀豁閜。阜陵別隝。崴磈嵔廆。邱虛堀礨。隱轔鬱壘。登降施靡。陂池貏豸。沇溶淫鬻。散渙夷陸。亭皋千里。靡不被築。掩以綠蕙。被以江蘺。糅以蘪蕪。雜以留夷。布結縷。攢戾莎。揭車蘅蘭。槀本射干。茈薑蘘荷。葴持若蓀。鮮支黃礫。蔣芧青薠。布濩宏澤。延曼太原。離靡廣衍。應風披靡。吐芳揚烈。郁郁菲菲。衆香發越。肸蠁布寫。晻薆咇茀。於是

平周覽泛觀。縝紛軋芴。芒芒怳惚。視之無端。察之無涯。日出東沼。入乎西陂。其南則隆冬生
長。涌水躍波。其獸則㺎旄貘犛。沈牛麈麋。赤首圜題。窮奇象犀。其北則盛夏含凍裂地。涉冰
揭河。其獸則麒麟角端。騊駼橐駝。蛩蛩驒騱。駃騠驢驘。於是乎離宮別館。彌山跨谷。高廊四
注。重坐曲閣。華榱璧璫。輦道纚屬。步櫩周流。長途中宿。夷嵕築堂。累臺增成。巖窔洞房。頫杳
眇而無見。仰攀橑而捫天。奔星更於閨闥。宛虹拖於楯軒。青龍蚴蟉於東廂。象輿婉僤於西
清。靈圄燕於閒館。偓佺之倫暴於南榮。醴泉涌於清室。通川過於中庭。盤石振崖。嶔巖倚傾。
嵯峨嶕嶫。刻削崢嶸。玫瑰碧琳。珊瑚叢生。瑉玉旁唐。玢豳文鱗。赤瑕駁犖。雜臿其間。晁采琬
琰。和氏出焉。於是乎盧橘夏孰。黃甘橙楱。枇杷橪柿。亭柰厚朴。梬棗楊梅。櫻桃蒲陶。隱夫薁
棣。荅遝離支。羅乎後宮。列於北園。貤邱陵。下平原。揚翠葉。杌紫莖。發紅華。垂朱榮。煌煌扈扈。
照曜鉅野。沙棠櫟櫧。華楓枰櫨。留落胥邪。仁頻幷閭。欃檀木蘭。豫章女貞。長千仞。大連抱。夸
條直暢。實葉葰楙。攢立叢倚。連卷欐佹。崔錯癹骫。抗衡閜砢。垂條扶疏。落英幡纚。紛溶萷蔘。
猗狔從風。瀏莅卉歙。蓋象金石之聲。管籥之音。偨池茈虒。旋還乎後宮。雜襲纍輯。被山緣谷。
循坂下隰。視之無端。究之無窮。於是乎玄猿素雌。蜼玃飛鸓。蛭蜩蠼猱。獑胡豰蛫。棲息乎其
間。長嘯哀鳴。翩幡互經。夭蟜枝格。偃蹇杪顛。踰絕梁。騰殊榛。捷垂條。掉希間。牢落陸離。爛熳
遠遷。若此者數百千處。娛游往來。宮宿館舍。庖廚不徙。後宮不移。百官備具。於是乎背秋涉

冬。天子校獵。乘鏤象。六玉虯。拕蜺旌。靡雲旗。前皮軒。後道游。孫叔奉轡。衞公參乘。扈從橫行。出乎四校之中。鼓嚴簿。縱獵者。河江爲阹。泰山爲櫓。車騎靁起。殷天動地。先後陸離。離散別追。淫淫裔裔。緣陵流澤。雲布雨施。生貔豹。搏豺狼。手熊羆。足壄羊。蒙鶡蘇。絝白虎。被斑文。跨壄馬。凌三嵕之危。下磧歷之坻。徑峻赴險。越壑厲水。推蜚廉。弄獬豸。格蝦蛤。鋌猛氏。羂騕褭。射封豕。箭不苟害。解脰陷腦。弓不虛發。應聲而倒。於是乎乘輿弭節徘徊。翱翔往來。睨部曲之進退。覽將帥之變態。然後浸淫促節。儵敻遠去。流離輕禽。蹴履狡獸。轔白鹿。捷狡兔。軼赤電。遺光耀。追怪物。出宇宙。彎蕃弱。滿白羽。射游梟。櫟飛遽。擇肉而後發。先中而命處。弦矢分。藝殪仆。然後揚節而上浮。凌驚風。歷駭猋。乘虛無。與神俱。躪玄鶴。亂昆雞。遒孔鸞。促鵕鸃。拂翳鳥。捎鳳皇。捷鴛鶵。揜焦明。道盡塗殫。迴車而還。招搖乎襄羊。降集乎北紘。率乎直指。晻乎反鄉。蹶石闕。歷封巒。過鳷鵲。望露寒。下棠梨。息宜春。西馳宣曲。濯鷁牛首。登龍臺。掩細柳。觀士大夫之勤略。均獵者之所得獲。徒車之所轥轢。步騎之所蹂若。人臣之所蹈藉。與其窮極倦𤢿。驚憚讋伏。不被創刃而死者。他他藉藉。填阬滿谷。掩平彌澤。於是乎游戲懈怠。置酒乎顥天之臺。張樂乎膠葛之寓。撞千石之鐘。立萬石之虡。建翠華之旗。樹靈鼉之鼓。奏陶唐氏之舞。聽葛天氏之歌。千人倡。萬人和。山陵爲之震動。川谷爲之蕩波。巴俞宋蔡。淮南干遮。文成顛歌。族居遞奏。金鼓迭起。鏗鎗闛鞈。洞心駭耳。荊吳鄭衞之聲。韶濩武象之樂。陰淫案衍之音。鄢郢。繽紛。激楚結風。俳優侏儒。狄鞮之倡。所以娛耳目樂心意者。麗靡爛漫於前。靡曼美色於後。若夫青琴宓妃之徒。絕殊離俗。妖冶嫺都。靚糚刻飾。便嬛綽約。柔橈嬛嬛。嫵媚孅弱。曳獨繭之褕袣。眇閻易以卹削。便姍嫳屑。與俗殊服。芬芳漚鬱。酷烈淑郁。皓齒燦爛。宜笑的皪。長眉連娟。微睇緜藐。色授魂與。心愉於側。於是酒中樂酣。天子芒然而思。似若有亡。曰嗟乎。此太奢侈。朕以覽聽餘閒。無事棄日。順天道以殺伐。時休息於此。恐後葉靡麗。遂往而不返。非所以為繼嗣創業垂統也。於是乎乃解酒罷獵。而命有司曰。地可墾闢。悉為農郊。以贍萌隸。頹牆塡塹。使山澤之人得至焉。實陂池而勿禁。虛宮館而勿仞。發倉廩以救貧窮。補不足。恤鰥寡。存孤獨。出德號。省刑罰。改制度。易服色。革正朔。與天下為更始。於是曆吉日以齋戒。襲朝服。乘法駕。建華旗。鳴玉鸞。游於六藝之囿。馳騖乎仁義之塗。覽觀春秋之林。射貍首。兼騶虞。弋玄鶴。舞干戚。載雲罕。揜羣雅。悲伐檀。樂樂胥。修容乎禮囿。翺翔乎書圃。述易道。放怪獸。登明堂。坐清廟。次羣臣。奏得失。四海之內。靡不受獲。於斯之時。天下大悅。向風而聽。隨流而化。芔然興道而遷義。刑錯而不用。德隆於三王。而功羨於五帝。若此故獵乃可喜也。若夫終日馳騁。勞神苦形。罷車馬之用。抏士卒之精。費府庫之財。而無德厚之恩。務在獨樂。不顧眾庶。忘國家之政。貪雉兔之獲。則仁者不由也。從此觀之。齊楚之事。豈不哀哉。地方不過千里。而囿居九百。是草木不得墾闢。而民無所食也。夫以諸侯之細。而樂萬乘之侈。僕恐百姓被其尤也。於是二子愀然改容。超若自失。逡巡避席曰。鄙人固陋。不知忌諱。乃今日見敎。謹受命矣。

哀二世賦

登陂陁之長坂兮。坌入曾宮之嵯峨。臨曲江之隑州兮。望南山之參差。巖巖深山之谾谾兮。通谷豁乎谽谺。汩淢靸以永逝兮。注平皋之廣衍。觀衆樹之蓊薆兮。覽竹林之榛榛。東馳土山兮。北揭石瀨。弭節容與兮。歷弔二世。持身不謹兮。亡國失勢。信讒不寤兮。宗廟滅絕。烏乎。操行之不得。墓蕪穢而不修兮。魂亡歸而不食。

長門賦

孝武皇帝陳皇后。時得幸。頗妒。別在長門宮。愁悶悲思。聞蜀郡成都司馬相如天下工爲文。奉黃金百斤。爲相如文君取酒。因於解悲愁之辭。而相如爲文以悟主上。皇后復得幸。其辭曰。

夫何一佳人兮。步逍遙以自虞。魂踰佚而不返兮。形枯槁而獨居。言我朝往而暮來兮。飲食樂而忘人。心慊移而不省故兮。交得意而相親。伊予志之慢愚兮。懷貞愨之懽心。願賜問而自進兮。得尙君之五音。奉虛言而望誠兮。期城南之離宮。修薄具而自設兮。君曾不肯乎幸臨。廓獨潛而專精兮。天飄飄而疾風。登蘭臺而遙望兮。神怳怳而外淫。浮雲鬱而四塞兮。天窈窈而晝陰。雷隱隱而響起兮。聲象君之車音。飄風迴而赴閨兮。舉帷幄之襜襜。桂樹交而相紛兮。芳酷烈之誾誾。孔雀集而相存兮。元猨嘯而長吟。翡翠脅翼而來萃兮。鸞鳳飛而北南。心憑噫而不舒兮。邪氣壯而攻中。下蘭臺而周覽兮。步從容於深宮。正殿塊以造天兮。鬱並起而穹崇。閒徙倚於東廂兮。觀夫靡靡而無窮。擠玉戶以撼金鋪兮。聲噌吰而似鐘音。刻木蘭以爲榱兮。飾文杏以爲梁。羅丰茸之游樹兮。離樓梧而相撐。施瑰木之欂櫨兮。委參差以槺梁。時髣髴以物類兮。象積石之將將。五色炫以相曜兮。爛耀耀而成光。緻錯石之瓴甓兮。象瑇瑁之文章。張羅綺之幔帷兮。垂楚組之連綱。撫柱楣以從容兮。覽曲臺之央央。白鶴噭以哀號兮。孤雌跱於枯楊。日黃昏而望絕兮。悵獨託於空堂。懸明月以自照兮。徂清夜於洞房。援雅琴以變調兮。奏愁思之不可長。案流徵以卻轉兮。聲幼妙而復揚。貫歷覽其中操兮。意慷慨而自卬。左右悲而垂淚兮。涕流離而從橫。舒息悒而增欷兮。蹝履起而彷徨。揄長袂以自翳兮。數昔日之諐殃。無面目之可顯兮。遂頹思而就床。摶芬若以爲枕兮。席荃蘭而茝香。忽寢寐而夢想兮。魂若君之在旁。惕寤覺而無見兮。魂迋迋若有亡。衆雞鳴而愁予兮。起視月之精光。觀衆星之行列兮。畢昴出於東方。望中庭之藹藹兮。若季秋之降霜。夜曼曼其若歲兮。懷鬱鬱其不可再更。澹偃蹇而待曙兮。荒亭亭而復明。妾人竊自悲兮。究年歲而不敢忘。

古文治要卷一

古文十七家

劉向

漢楚元王交四世孫。字子政。本名更生。初爲諫大夫。宣帝詔選名儒俊材。向以通達能屬文與焉。元帝時與蕭望之等同心輔政。爲弘恭石顯等所陷。幾不能免。成帝時復起。累官光祿大夫中壘校尉。時外戚王氏擅權。帝數欲用向爲九卿。爲王氏及諸大臣所阻。官終不遷。向爲人簡易無威儀。專積思於經術。嘗授詔領校祕書。每書皆撮其旨意。總爲別錄。在朝數上封事。極論時政得失。其言多痛切。發於至誠。其文尤渾融遒逸。藹態極妍。唐韓愈古文泰斗。其稱古之作者數人。雖賈董不及。而獨屈指於向。可以知其所至矣。卒年七十二。所著有洪範五行傳列女傳列仙傳新序說苑等書。

戰國策序

周室自文武始興。崇道德。隆禮義。設辟雍泮宮庠序之教。陳禮樂絃歌移風之化。敍人倫。正夫婦。天下莫不曉然論孝弟之義。敦篤之行。故仁義之道。滿乎天下。卒致之刑措四十餘年。遠方慕義。莫不賓服。雅頌歌詠。以思其德。下及康昭之後。雖有衰德。其綱紀尚明。及春秋時。已四五百載矣。然其餘業遺烈。流而未滅。五霸之起。尊事周室。五霸之後。時君雖無德。人臣輔其君者。若鄭之子產。晉之叔向。齊之晏嬰。挾君輔政。以並立於中國。猶以義相支持。歌說以相感。聘覲以相交。期會以相一。盟誓以相救。天子之命猶有所行。會享之國猶有所恥。小國得有所依。百姓得有所息。故孔子曰。能以禮讓為國乎。何有。周之流化。豈不大哉。及春秋之後。衆賢輔國者旣沒。而禮義衰矣。孔子雖論詩書。定禮樂。王道粲然分明。以匹夫無勢。化之者七十二人而已。皆天下之俊也。時君莫尙之。是以王道遂用不興。故曰。非威不立。非勢不行。仲尼旣沒之後。田氏取齊。六卿分晉。道德大廢。上下失序。至秦孝公。捐禮讓而貴戰爭。棄仁義而用詐譎。苟以取彊而已矣。夫篡盜之人。列為侯王。詐譎之國。興立為彊。是以轉相放效。後嗣師之。遂相吞滅。倂大兼小。暴師經歲。流血滿野。父子不相親。兄弟不相安。夫婦離散。莫保其命。湣然道德絕矣。晚世益甚。萬乘之國七。千乘之國五。敵侔爭權。蓋為戰國。貪饕無恥。競進無厭。國異政教。各自制斷。上無天子。下無方伯。力功爭强。勝者為右。兵革不休。詐僞並起。當此之時。雖有道德。不得設施。有謀之彊。負阻而恃固。連與交質。重約結誓。以守其國。故孟子孫卿。儒術之士。棄捐於世。而遊說權謀之徒。見貴於俗。是以蘇秦張儀公孫衍陳軫代厲之屬。主從橫短長之說。左右傾側。蘇秦為從。張儀為橫。橫則秦帝。從則楚王。所在國重。所去國輕。然當此之時。秦國最雄。諸侯方弱。蘇秦結之。合六國為一。以儐背秦。秦人恐懼。不敢闚兵於關中。天下不交兵者。二十有九年。然秦國勢便形利。權謀之士。咸先馳之。蘇秦初欲橫秦。弗用。故東合從。及蘇秦死後。張儀連橫。諸侯聽之。西向事秦。是故始皇因四塞之國。據崤函之阻。跨隴蜀之饒。聽衆人之策。乘六世之烈。以蠶食六國。兼諸侯。并有天下。伏於詐謀之積。終無信篤之誠。無道德之教。仁義之化。以綴天下之心。任刑法以爲治。信小術以爲道。遂燔燒詩書。坑殺儒士。上小堯舜。下邈三王。二世愈甚。惠不下施。情不上達。君臣相疑。骨肉相疏。化道淺薄。綱紀壞敗。民不見義。而懸於不寧。撫天下十四歲。天下大潰。詐僞之弊也。其比王德。豈不遠哉。孔子曰。道之以政。齊之以刑。民免而無恥。道之以德。齊之以禮。有恥且格。夫使天下有所恥。故化可致也。苟以詐僞偷活取容。自上爲之。何以率下。秦之敗也。不亦宜乎。戰國之時。君德淺薄。爲之謀策者。不得不因勢而爲資。據時而爲畫。故其謀扶急持傾。爲一切之權。雖不可以臨教化。兵革救急之勢也。皆高才秀士。度時君之所能行。出奇策異智。轉危爲安。運亡爲存。亦可喜。皆可觀。

論起昌陵疏

臣聞易曰。安不忘危。存不忘亡。是以身安而國家可保也。故聖賢之君。博觀終始。窮極事情。而是非分明。王者必通三統。明天命所授者博。非獨一姓也。孔子論詩。至於殷士膚敏。祼將于京。喟然歎曰。大哉天命。善不可不傳于子孫。是以富貴無常。不如是。則王公其何以戒愼。民萌何以勸勉。蓋傷微子之事周。而痛殷之亡也。雖有堯舜之聖。不能化丹朱之子。雖有禹湯之德。不能訓末孫之桀紂。自古及今。未有不亡之國也。昔高皇帝既滅秦。將都雒陽。感寤劉敬之言。自以德不及周。而賢于秦。遂徙都關中。依周之德。因秦之阻。世之長短。以德爲效。故常戰慄不敢諱亡。孔子所謂富貴無常。蓋謂此也。孝文皇帝居霸陵。北臨廁。意悽愴悲懷。顧謂羣臣曰。嗟乎。以北山石爲椁。用紵絮斮陳。漆其間。豈可動哉。張釋之進曰。使其中有可欲。雖錮南山猶有隙。使其中無可欲。雖無石椁。又何慼焉。夫死者無終極。而國家有廢興。故釋之之言。爲無窮計也。孝文寤焉。遂薄葬。不起山墳。易曰。古之葬者。厚衣之以薪。葬之中野。不封不樹。後世聖人易之以棺椁。棺椁之作。自黃帝始。黃帝葬於橋山。堯葬濟陰。邱隴皆小。葬具甚微。舜葬蒼梧。二妃不從。禹葬會稽。不改其列。殷湯無葬處。文武周公葬于畢。秦穆公葬于雍橐泉宮祈年館下。樗里子葬于武庫。皆無邱隴之處。此聖帝明王賢君智士遠覽獨慮無窮之計也。其賢臣孝子。亦承命順意而薄葬之。此誠奉安君父。忠孝之至也。夫周公武王弟也。葬兄甚微。孔子葬母于防。稱古墓而不墳。曰。丘東西南北之人也。不可不識也。爲四尺墳。遇雨而崩。弟子修之。以告孔子。孔子流涕曰。吾聞之。古者不修墓。蓋非之也。延陵季子適齊而反。其子死。葬于嬴博之間。穿不及泉。斂以時服。封墳掩坎。其高可隱。而號曰。骨肉復歸于土。命也。魂氣則無不之也。夫嬴博去吳千有餘里。季子不歸葬。孔子往觀曰。延陵季子。于禮合矣。故仲尼孝子。而延陵慈父。舜禹忠臣。周公弟弟。其葬君親骨肉。皆微薄矣。非苟爲儉。誠便于體也。宋桓司馬爲石椁。仲尼曰。不如速朽。秦相呂不韋集知略之士而造春秋。亦言薄葬之義。皆明于事情者也。逮至吳王闔閭。違禮厚葬。十有餘年。越人發之。及秦惠文武昭嚴襄五王。皆大作邱隴。多其瘞藏。咸盡發掘暴露。甚足悲也。秦始皇帝葬于驪山之阿。下錮三泉。上崇山墳。其高五十餘丈。周回五里有餘。石槨爲游館。人膏爲燈燭。水銀爲江海。黃金爲鳧雁。珍寶之藏。機械之變。棺槨之麗。宮館之盛。不可勝原。又多殺宮人。生薶工匠。計以數萬。天下苦其役而反之。驪山之作未成。而周章百萬之師至其下矣。項籍燔其宮室營宇。往者咸見發掘。其後牧兒亡羊。羊入其鑿。牧者持火照求羊。失火燒其藏槨。自古及今。葬未有盛如始皇者也。數年之間。外被項籍之災。內罹牧豎之禍。豈不哀哉。是故德彌厚者葬彌薄。知愈深者葬愈微。無德寡知。其葬愈厚。邱隴彌高。宮廟甚麗。發掘必速。由是觀之。明暗之效。葬之吉凶。昭然可見矣。周德既衰而奢侈。宣王賢而中興。更爲儉宮室。小寢廟。詩人美之。斯干之詩是也。上章道宮室之如制。下章言子孫之衆多也。及魯嚴公刻飾宗廟。多築臺囿。後嗣再絕。春秋刺焉。周宣如彼而昌。魯秦如此而絕。是則奢儉之得失也。陛下卽位。躬親節儉。始營初陵。其制絕小。天下莫不稱賢明。及徙昌陵。增埤爲高。積土爲山。發民墳墓。積以數萬。營起邑居。期日迫卒。功費大萬百餘。死者恨于下。生者愁于上。怨氣感動陰陽。因之以饑饉。物故流離以十萬數。臣甚惽焉。以死者爲有知。發人之墓。其害多矣。若其無知。又安用大。謀之賢知則不說。以示衆庶則苦之。若苟以說愚夫淫侈之人。又何爲哉。陛下慈仁篤美甚厚聰明疏達蓋世宜宏漢家之德崇劉氏之美光昭五帝三王而顧與暴秦亂君競爲奢侈比方邱隴說愚夫之目隆一時之觀違賢知之心亡萬世之安臣竊爲陛下羞之惟陛下上覽明聖黃帝堯舜禹湯文武周公仲尼之制下觀賢知穆公延陵樗里張釋之之意孝文皇帝去墳薄葬以儉安神可以爲則秦昭始皇增山厚藏以侈生害足以爲戒初陵之橅宜從公卿大臣之議以息衆庶

論甘延壽等疏

郅支單于囚殺使者吏士以百數事暴揚外國傷威毀重羣臣皆閔焉陛下赫然欲誅之意未嘗有忘西域都護延壽副校尉湯承聖指倚神靈總百蠻之君攬城郭之兵出百死入絕域遂蹈康居屠五重城搴歙侯之旗斬郅支之首縣旌萬里之外揚威昆山之西掃谷吉之恥立昭明之功萬夷慴伏莫不懼震呼韓邪單于見郅支已誅且喜且懼鄉風馳義稽首來賓願守北藩累世稱臣立千載之功建萬世之安羣臣之勳莫大焉昔周大夫方叔吉甫爲宣王誅獫狁而百蠻從其詩曰嘽嘽焞焞如霆如雷顯允方叔征伐獫狁蠻荊來威易曰有嘉折首獲匪其醜言美誅惡首之人而諸不順者皆來從也今延壽湯所誅震雖易之折首詩之雷霆不能及也論大功者不錄小過舉大美者不疵細瑕司馬法曰軍賞不踰月欲民速得爲善之利也蓋急武功重用人也吉甫之歸周厚賜之其詩曰吉甫宴喜既多受祉來

歸自鎬。我行永久。千里之鎬。猶以爲遠。況萬里之外。其勤至矣。延壽湯旣未獲受祉之報。反屈捐命之功。久挫于刀筆之前。非所以勸有功厲戎士也。昔齊桓公前有尊周之功。後有滅項之罪。君子以功覆過。而爲之諱行事。貳師將軍李廣利。捐五萬之師。靡億萬之費。經四年之勞。而厪獲駿馬三十匹。雖斬宛王母鼓之首。猶不足以復費。其私罪惡甚多。孝武以爲萬里征伐。不錄其過。遂封拜兩侯三卿二千石百有餘人。今康居國强于大宛。郅支之號重于宛王。殺使者罪甚于留馬。而延壽湯不煩漢士。不費斗糧。比于貳師。功德百之。且常惠隨欲擊之烏孫。鄭吉迎自來之日逐。猶皆裂土受爵。故言威武勤勞。則大于方叔吉甫。列功覆過。則優于齊桓貳師。近事之功。則高于安遠長羅。而大功未著。小惡數布。臣竊痛之。宜以時解縣通籍。除過勿治。尊寵爵位。以勸有功。

使人上變事書

竊聞故前將軍蕭望之等。皆忠正無私。欲致大治。忤於貴戚尙書。今道路人聞望之等復進。以爲且復見毀讒。必曰嘗有過之臣。不宜復用。是大不然。臣聞春秋地震。爲在位執政太盛也。不爲三獨夫動。亦已明矣。且往者高皇帝時。季布有罪。至於夷滅。後赦以爲將軍。高后孝文之間。卒爲名臣。孝武帝時。兒寬有重罪繫。按道侯韓說諫曰。前吾邱壽王死。陛下至今恨之。今殺寬。後將復大恨矣。上感其言。遂貰寬。復用之。位至御史大夫。御史大夫未有及寬者也。及董仲舒坐私爲災異書。主父偃取奏之。下吏。罪至不道。幸蒙不誅。復爲大中大夫。膠西相。以老病免歸。漢有所欲興。常有詔問仲舒。爲世儒宗。定議有益天下。孝宣皇帝時。夏侯勝坐誹謗繫獄。三年免爲庶人。宣帝復用勝。至長信少府太子太傅。名敢直言。天下美之。若乃羣臣。多此比類。難一二記。有過之臣。無負國家。有益天下。此四臣者。足以觀矣。前弘恭奏望之等獄決。三月。地大震。恭移病出。後復視事。天陰雨雪。由是言之。地動殆爲恭等。臣愚以爲宜退恭顯。以章蔽善之罰。進望之等。以通賢者之路。如此。太平之門開。災異之原塞矣。

條災異封事

臣前幸得以骨肉備九卿。奉法不謹。乃復蒙恩。竊見災異並起。天地失常。徵表爲國。欲終不言。念忠臣雖在甽畝。猶不忘君。惓惓之義也。況重以骨肉之親。又加以舊恩未報乎。欲竭愚誠。又恐越職。然惟二恩未報。忠臣之義。一抒愚意。退就農畝。死無所恨。臣聞舜命九官。濟濟相讓。和之至也。衆賢和於朝。則萬物和於野。故簫韶九成。而鳳皇來儀。擊石拊石。百獸率舞。四海之內。靡不和寧。及至周文。開基西郊。雜遝衆賢。罔不肅和。崇推讓之風。以銷分爭之訟。文王既沒。周公思慕。歌詠文王之德。其詩曰。於穆淸廟。肅雍顯相。濟濟多士。秉文之德。當此之時。武王周公繼政。朝臣和於內。萬國和於外。故盡得其驩心。以事其先祖。其詩曰。有來雍雍。至止肅肅。相維辟公。天子穆穆。言四方皆以和來也。諸侯和於下。天應報於上。故周頌曰降福穰穰。又曰。飴我釐麰。釐麰。麥也。始自天降。此皆以和致和。獲天助也。下至幽厲之際。朝廷不和。轉相非怨。詩人疾而憂之曰。民之無良。相怨一方。衆小在位而從邪議。歙歙相是而背君子。故其詩曰。歙歙訿訿。亦孔之哀。謀之其臧。則具是違。謀之不臧。則具是依。君子獨處守正。不撓衆枉。勉强以從王事。則反見憎毒讒愬。故其詩曰。密勿從事。不敢告勞。無罪無辜。讒口嗷嗷。當是之時。日月薄蝕而無光。其詩曰。朔日辛卯。日有食之。亦孔之醜。又曰。彼月而微。此日而微。今此下民。亦孔之哀。又曰。日月鞠凶。不用其行。四國無政。不用其良。天變見於上。地變動於下。水泉沸騰。山谷易處。其詩曰。百川沸騰。山冢卒崩。高岸爲谷。深谷爲陵。哀今之人。胡憯莫懲。霜降失節。不以其時。其詩曰。正月繁霜。我心憂傷。民之訛言。亦孔之將。言民以是爲非。甚衆大也。此皆不和。賢不肖易位之所致也。自此之後。天下大亂。篡殺殃禍並作。厲王奔彘。幽王見殺。至乎平王末年。魯隱之始卽位也。周大夫祭伯乖離不和。出奔于魯。而春秋爲諱。不言來奔。傷其禍殃自此始也。是後尹氏世卿而專恣。諸侯背畔而不朝。周室卑微。二百四十二年之間。日食三十六。地震五。山陵崩阤二。彗星三見。夜常星不見。夜中星隕如雨一。火災十四。長狄入三國。五石隕墜。六鷁退飛。多麋。有蜮。蜚。鸜鵒來巢者。皆一見。晝冥晦。雨木冰。李梅冬實。七月霜降。草木不死。八月殺菽。大雨雹。雨雪雷霆失序相乘。水旱饑蝝螽螟蠭午並起。當是時。禍亂輒應。弑君三十六。亡國五十二。諸侯奔走不得保其社稷者不可勝數也。周室多禍。晉敗其師於貿戎。伐其郊。鄭傷桓王。戎執其使。衞侯朔召不往。齊逆命而助朔。五大夫爭權。三君更立。莫能正理。遂至陵夷。不能復興。由此觀之。和氣致祥。乖氣致異。祥多者其國安。異衆者其國危。天地之常經。古今之通義也。今陛下開三代之業。招文學之士。優游寬容。使得並進。今賢不肖渾淆。白黑不分。邪正雜糅。忠讒並進。章交公車。人滿北軍。朝臣舛午。膠戾乖刺。更相讒愬。轉相是非。傳授增加。文書紛糾。前後錯繆。毀譽渾亂。所以營惑耳目。感移心意。不可勝載。分曹爲黨。往往羣朋。將同心以陷正臣。正臣進者。治之表也。正臣陷者。亂之機也。乘治亂之機。未知孰任。而災異數見。此臣所以寒心者也。乘夫權藉勢之人。子弟鱗集于朝。羽翼陰附者衆。輻湊于前。毀譽將必用以終乖離之咎。是以日月無光。雪霜夏隕。海水沸出。陵谷易處。列星失行。皆怨氣之所致也。夫遵衰周之軌迹。循詩人之所刺。而欲以成太平。致雅頌。猶卻行而求及前人也。初元以來六年矣。案春秋六年之中。災異未有稠如今者也。夫有春秋之異。無孔子之救。猶不能解紛。況甚于春秋乎。原其所以然者。讒邪並進也。讒邪之所以並進者。繇上多疑心。既已用賢臣而行善政。如或譖之。則賢人退而善政還。夫執狐疑之心者。來讒賊之口。持不斷之意者。開羣枉之門。讒邪進則衆賢退。羣枉盛則正事消。故易有否泰。小人道長。君子道消。君子道消。則政日亂。故爲否。否者閉而亂也。君子道長。小人道消。小人道消。則政日治。故爲泰。泰者通而治也。詩又云。雨雪麃麃。見晛聿消。與易同義。昔者鯀共工驩兜。與舜禹雜處堯朝。周公與管蔡並居周位。當是時。迭進相毀。流言相謗。豈可勝道哉。帝堯成王。能賢舜禹周公。而消共工管蔡。故以大治。榮華至今。孔子與季孟偕仕于魯。李斯與叔孫通俱宦于秦。定公始皇賢季孟李斯。而消孔子叔孫。故以大亂。汚辱至今。故治亂榮辱之端。在所信任。信任既賢。在于堅固而不移。詩云。我心匪石。不可轉也。言守善篤也。易曰。渙汗其大號。言號令如汗。汗出而不反者也。今出善令。未能踰時而反。是反汗也。用賢未能三旬而退。是轉石也。論語曰。見不善如探湯。今二府奏佞讇不當在位。歷年而不去。故出令則如反汗。用賢則如轉石。去佞則如拔山。如此望陰陽之調。不亦難乎。是以羣小窺見閒隙。緣飾文字。巧言醜詆。流言飛文。譁于民間。故詩云。憂心悄悄。慍于羣小小人成羣。誠足慍也。昔孔子與顏淵子貢。更相稱譽。不爲朋黨。禹稷與皋陶。傳相汲引。不爲比周。何則。忠于爲國。無邪心也。故賢人在上位。則引其類而聚之于朝。易曰。飛龍在天。大人聚也。在下位。則思與其類俱進。易曰。拔茅茹以其彙。征吉。在上則引其類。在下則推其類。故湯用伊尹。不仁者遠。而衆賢。至類相致也。今佞邪與賢臣。並在交戟之內。合黨共誅。違善依。惡歙歙訾訾。數設危險之言。欲以傾移主上。如忽然用之。此天地之所以先戒。災異之所以重至者也。自古明聖。未有無誅而治者也。故舜有四放之罰。而孔子有兩觀之誅。然後聖化可得而行也。今以陛下明知。誠深思天地之心。迹察兩觀之誅。覽否泰之卦。觀雨雪之詩。歷周唐之所進以爲法。原秦魯之所消以爲戒。考祥應之福。省災異之禍。爲揆當世之變。放遠佞邪之黨。壞散險詖之聚。杜閉羣枉之門。廣開衆正之路。決斷狐疑。分別猶豫。使是非炳然可知。則百異消滅。而衆祥並至。太平之基。萬世之利也。臣幸得託肺腑。誠見陰陽不調。不敢不通所聞。竊推春秋災異。以效今事一二。條其所以不宜宣泄。臣謹重封昧死上。

極諫外家封事

臣聞人君莫不欲安。然而常危。莫不欲存。然而常亡。失御臣之術也。夫大臣操權柄。持國政。未有不爲害者也。昔晉有六卿。齊有田崔。衞有孫甯。魯有季孟。常掌國事。世執朝柄。終後田氏取齊。六卿分晉。崔杼弑其君光。孫林父甯殖出其君衎。弑其君剽。季氏八佾舞于庭。三家者以雍徹。並專國政。卒逐昭公。周大夫尹氏筦朝事。濁亂王室。子朝子猛更立。連年乃定。故經曰。王室亂。又曰。尹氏殺王子克。甚之也。春秋舉成敗。錄禍福。如此類甚衆。皆陰盛而陽微。下失臣道之所致也。故書曰。臣之有作威作福。害于而家。凶于而國。孔子曰。祿去公室。政逮大夫。危亡之兆。秦昭王舅穰侯。及涇陽華陽君。專國擅勢。上假太后之威。三人者權重于昭王。家富于秦國。國甚危殆。賴寤范睢之言。而秦復存。二世委任趙高。專權自恣。壅蔽大臣。終有閻樂望夷之禍。秦遂以亡。近事不遠。卽漢所代也。漢興。諸呂無道。擅相尊王。呂產呂祿席太后之寵。據將相之位。兼南北軍之衆。擁梁趙王之尊。驕盈無厭。欲危劉氏。賴忠正大臣絳侯朱虛侯等竭誠盡節以誅滅之。然後劉氏復安。今王氏一姓乘朱輪華轂者二十三人。青紫貂蟬充盈幄內。魚鱗左右。大將軍秉事用權。五侯驕奢僭盛。並作威福。擊斷自恣。行汚而寄治。身私而託公。依東宮之尊。假甥舅之親。以爲威重。尚書九卿州牧郡守皆出其門。筦執樞機。朋黨比周。稱譽者登進。忤恨者誅傷。遊談者助之說。執政者爲之言。排擯宗室。孤弱公族。其有智能者。尤非毀而不進。遠絕宗室之任。不令得給事朝省。恐其與己分權。數稱燕王蓋主以疑上心。避諱呂霍而弗肯稱。內有管蔡之萌。外假周公之論。兄弟據重。宗族磐互。歷上古至秦漢。外戚僭貴未有如王氏者也。雖周皇甫。秦穰侯。漢武安。呂霍上官之屬。皆不及也。物盛必有非常之變先見。爲其人徵象。孝昭帝時。冠石立于泰山。仆柳起于上林。而孝宣帝即位。今王氏先祖墳墓在濟南者。其梓柱生枝葉。扶疏上出屋。根垂地中。雖立石起柳。無以過此之明也。事勢不兩大。王氏與劉氏亦且不並立。如下有泰山之安。則上有累卵之危。陛下爲人子孫。守持宗廟。而令國祚移于外親。降爲皂隸。縱不爲身。奈宗廟何。婦人內夫家。外父母家。此亦非皇太后之福也。孝宣皇帝不與舅平昌樂昌侯權。所以全安之也。夫明者起福于無形。銷患于未然。宜發明詔。吐德音。援近宗室。親而納信。黜遠外戚。毋授以政。皆罷令就第。以則效先帝之所行。厚安外戚。全其宗族。誠東宮之意。外家之福也。王氏永存。保其爵祿。劉氏常安。不失社稷。所以褒睦外內之姓。子子孫孫無彊之計也。如不行此策。田氏復見於今。六卿必起于漢。為後嗣憂。昭昭甚明。不可不深圖。不可不蚤慮。易曰。君不密則失臣。臣不密則失身。幾事不密則害成。惟陛下深留聖思。審固幾密。覽往事之戒。以折中取信。居萬安之實。用保宗廟。久承皇太后。天下幸甚。

說成帝興禮樂

興辟雍。設庠序。陳禮樂。隆雅頌之聲。盛揖讓之容。以風化天下。如此而不治者。未之有也。或曰。不能具禮。禮以養人為本。如有過差。是過而養人也。刑罰之過。或至死傷。今之刑。非皋陶之法也。而有司請定法。削則削。筆則筆。救時務也。至於禮樂。則曰不敢。是敢於殺人。不敢於養人也。為其俎豆管絃之間小不備。因是絕而不為。是去小不備而就大不備。大不備或莫甚焉。夫教化之比於刑法。刑法輕。是舍所重而急所輕也。且教化所恃以為治也。刑法以助治也。今廢所恃而獨立其所助。非所以致太平也。自京師有誖逆不順之子孫。至於陷大辟受刑戮者不絕。繇不習五常之道也。夫承千歲之衰周。繼暴秦之餘敝。民漸漬惡俗。貪饕險詖。不閑義禮。不示以大化。而獨敺以刑罰。終已不改。故曰。道之以禮樂。而民和睦。初叔孫通將制定禮儀。見非於齊魯之士。然卒為漢儒宗。業垂後嗣。斯成法也。

古文治要卷一

古文十七家

揚雄

漢成都人。字子雲。少好學。不爲章句訓詁通而已。博覽無所不見。口吃不能劇談。默而好深湛之思。年四十餘。來遊京師。成帝詔對承明庭。奏甘泉河東長楊羽獵四賦。遂以爲郎給事黃門。歷成哀平三朝而官不遷。王莽時卒。年七十一。按雄爲學最好模擬。嘗作太玄以擬易。作法言以擬論語。後人多譏其徒爲貌似。不能恢宏儒學。其文亦然。諸賦仿司馬相如。州箴仿虞箴。反離騷仿離騷。解嘲仿東方朔答客難。然雄本博極羣書。深通小學。其文賦諸作。謀篇造句。法度謹嚴。往來馳騁。尤稱雄健。所模擬者。雖不能盡過前人。而實兼有前人之勝。故自韓愈以下。多推服焉。有揚子雲集。

諫不受單于朝書

臣聞六經之治。貴於未亂。兵家之勝。貴於未戰。二者皆微。然而大事之本。不可不察也。今單于上書求朝。國家不許而辭之。臣愚以爲漢與匈奴從此隙矣。夫北地之狄。五帝所不能臣。三王所不能制。其不可使隙甚明。臣不敢遠稱。請引秦以來明之。以秦始皇之強。蒙恬之威。帶甲四十餘萬。然不敢窺西河。迺築長城以界之。會漢初興。以高祖之威靈。三十萬衆困於平城。士或七日不食。時奇譎之士。石畫之臣甚衆。卒其所以脫者。世莫得而言也。又高皇后嘗忿匈奴。羣臣廷議。樊噲請以十萬衆橫行匈奴中。季布曰。噲可斬也。妄阿順指。於是大臣權書遺之。然後匈奴之結解。中國之憂平。及孝文時。匈奴侵暴北邊。候騎至雍甘泉。京師大駭。發三將軍屯細柳棘門霸上以備之。數月迺罷。孝武即位。設馬邑之權。欲誘匈奴。使韓安國將三十萬衆徼於便墜。匈奴覺之而去。徒費財勞師。一虜不可得見。況單于之面乎。其後深惟社稷之計。規恢萬載之策。迺大興師數十萬。使衞青霍去病操兵。前後十餘年。於是浮西河。絕大幕。破寘顏。襲王庭。窮極其地。追奔逐北。封狼居胥山。禪於姑衍。以臨翰海。虜名王貴人以百數。自是之後。匈奴震怖。益求和親。然而未肯稱臣也。且夫前世豈樂傾無量之費。役無罪之人。快心於狼望之北哉。以為不一勞者不久佚。不暫費者不永寧。是以忍百萬之師。以摧餓虎之喙。運府庫之財。填盧山之壑。而不悔也。至本始之初。匈奴有桀心。欲掠烏孫。侵公主。迺發五將之師十五萬騎。獵其南。而長羅侯以烏孫五萬騎震其西。皆至質而還。時鮮有所獲。徒奮揚威武。明漢兵若風雷耳。雖空行空反。尚誅兩將軍。故北狄不服。中國未得高枕安寢也。逮至元康神爵之間。大化神明。鴻恩溥洽。而匈奴內亂。五單于爭立。日逐呼韓邪攜國歸死。扶伏稱臣。然尚羈縻之。計不顓制。自此之後。欲朝者不距。不欲者不彊。何者。外國天性忿鷙。形容魁健。負力怙氣。難化以善。易隸以惡。其彊難詘。其和難得。故未服之時。勞師遠攻。傾國殫貨。伏尸流血。破堅拔敵。如彼之難也。既服之後。慰薦撫循。交接賂遺。威儀俯仰。如此之備也。往時嘗屠大宛之城。蹈烏桓之壘。探姑繒之壁。籍蕩姐之場。艾朝鮮之旃。拔兩越之旗。近不過旬月之役。遠不離二時之勞。固已犂其庭。掃其閭。郡縣而置之。雲徹席捲。後無餘菑。惟北狄爲不然。眞中國之堅敵也。三垂比之懸矣。前世重之茲甚。未易可輕也。今單于歸義。懷款誠之心。欲離其庭。陳見於前。此迺上界之遺策。神靈之所想望。國家雖費不得已者也。奈何距以來厭之辭。疏以無日之期。消往昔之恩。開將來之隙。夫款而隙之。使有恨心。負前言。緣往辭。歸怨於漢。因以自絕。終無北面之心。威之不可。諭之不能。焉得不爲大憂乎。夫明者視於無形。聽者聽於無聲。誠先於未然。卽蒙恬樊噲不復施。棘門細柳不復備。馬邑之策安所設。衞霍之功何得用。五將之威安所震。不然。壹有隙之後。雖智者勞心於內。辯者轂擊於外。猶不若未然之時也。且往者圖西域。制車師。置城郭都護三十六國。費歲以大萬計者。豈爲康居烏孫能踰白龍堆而寇西邊哉。迺以制匈奴也。夫百年勞之。一日失之。費十而愛一。臣竊爲國不安也。惟陛下少留意於未亂未戰。以遏邊萌之禍。

州箴

洋洋冀州。鴻原大陸。岳陽是都。島夷皮服。濡溰河流。表以碣石。三后攸降。列爲侯伯。降周之末。趙魏是宅。冀土麋沸。炫沄如湯。更盛更衰。載從載衡。陪臣擅命。天王是替。趙魏相反。秦拾其弊。北築長城。恢夏之場。漢興定制。改列藩王。仰覽前世。厥力孔多。初安如山。後崩如崖。故治不忘亂。安不忘危。周室自怙。云焉有予。驪六國奮矯。渠絕其維。牧臣司冀。敢告在階。

右冀州牧箴

悠悠濟河。兗州之寓。九河既導。雷夏攸處。草繇木條。漆絲絺紵。濟漯既通。降邱宅土。成湯五徙。卒都於亳。盤庚北渡。牧野是宅。丁感雊雉。祖己伊忠。爰正厥事。遂緒高宗。厥後陵遲。顛覆湯緒。西伯戡黎。祖伊奔走。致大威命。不恐不震。婦言是用。牝雞是晨。三仁既知。武果戎殷。牧野之禽。豈復能耽。甲子之朝。豈復能笑。有國雖久。必畏天咎。有民雖長。必懼人殃。箕子欷歔。厥居為墟。牧臣司兗。敢告執書。

右兗州牧箴

茫茫青州。海岱是極。鹽鐵之地。鉛松怪石。羣水攸歸。萊夷作牧。貢篚以時。莫怠莫違。昔在文武。封呂於齊。厥土塗泥。在邱之營。五侯九伯。是討是征。馬殆其御。御失其度。周室荒亂。小白以霸。諸侯僉服。復尊京師。小白既沒。周卒陵遲。嗟茲天王。附命下土。失其法度。喪其文武。牧臣司青。敢告執矩。

右青州牧箴

海岱伊淮。東海是渚。徐州之土。邑于蕃宇。大野既瀦。有羽有蒙。孤桐蠙珠。泗沂攸同。實列蕃蔽。侯衞東方。民好農蠶。大野以康。帝癸及辛。不祗不恪。沈湎於酒。而忘其東。作天命湯。武劓絕其緒。祗降周任。姜鎮於瑯邪。姜姓絕。苗田氏攸都。事由細微。不慮不圖。禍如邱山。本在萌芽。牧臣司徐。敢告僕夫。

右徐州牧箴

矯矯揚州。江漢之滸。彭蠡既豬。陽鳥攸處。橘柚羽貝。瑤琨篠簜。閩越北垠。沅湘攸往。獷矣淮夷。蠢蠢荊蠻。翩彼昭王。南征不旋。人咸躓於垤。莫躓於山。咸跌於污。莫跌於川。明哲不云。我昭童蒙。不云我昬。湯武聖而師伊呂。桀紂悖而誅逢干。蓋邇不可不察。遠不可不親。靡有孝而逆父。罔有義而忘君。太伯遜位。基吳紹類。夫差一誤。太伯無祚。周室不匡。句踐入霸。當周之隆。越裳重譯。春秋之末。侯甸叛道。元首不可不思。股肱不可不孳。堯勤屢省。舜盛欽謀。牧臣司揚。敢告執籌。

右揚州牧箴

幽幽巫山。在荊之陽。江漢朝宗。其流湯湯。夏君遭洚。荊衡是調。雲夢塗泥。包匭菁茅。金玉砥礪。象齒元龜。貢篚百物。世世以饒。戰戰慄慄。至桀荒溢。曰我帝在位。若天有日。不順庶國。孰敢余奪。亦有成湯。果秉其鉞。放之南巢。號之以桀。南巢茫茫。包楚與荊。風慄以悍。氣銳以剛。有道後服。無道先彊。世雖安平。無敢逸豫。牧臣司荊。敢告執御。

右荊州牧箴

都都荊河。伊雒是經。榮播泉漆。惟用攸成。田田相挐。廬廬相距。夏殷不都。成周攸處。豫野所居。爰在鶉墟。四隩咸宅。寓內莫如。陪臣執命。不慮不圖。王室陵遲。喪其爪牙。靡哲靡聖。捐失其正。方伯不維。韓卒擅命。文武孔純。至厲作昏。成康孔寧。至幽作傾。故有天下者。毋曰我大。莫或余敗。毋曰我彊。靡克余亡。夏宅九州。至于季世。放于南巢。成康太平。降及周微。帶蔽屏營。屏營不起。施于孫子。至赧爲極。實絕周祀。牧臣司豫。敢告柱史。

右豫州牧箴

巖巖岷山。古曰梁州。華陽西極。黑水南流。茫茫洪波。鯀堙降陸。于時八都。厥民不隩。禹導江沱。岷嶓啟乾。遠近底貢。磬錯砮丹。絲麻條暢。有粳有稻。自京徂畛。民攸溫飽。帝有桀紂。湎沈頗僻。遏絕苗民。滅夏殷績。爰周受命。復古之常。幽厲夷業。破絕爲荒。秦作無道。三方潰叛。義兵征暴。遂國於漢。拓開疆宇。恢梁之野。列爲十二。光羨虞夏。牧臣司梁。是職是圖。經營盛衰。敢告士夫。

右益州牧箴

黑水西河。横截崑崙。邪指閶闔。畫爲雍垠。上侵積石。下礙龍門。自彼氐羌。莫敢不來庭。莫敢不來匡。每在季主。常失厥緒。侯紀不貢。荒侵其寓。陵遲衰微。秦據以戾。興兵山東。六國顛沛。上帝不寧。命漢作京。隴山以徂。列爲西荒。南排勁越。北啟彊胡。并連屬國。一護攸都。蓋安不忘危。盛不諱衰。牧臣司雍。敢告綴衣。

右雍州牧箴

蕩蕩平川。惟冀之別。北阨幽都。戎夏交偪。伊昔唐虞。實爲平陸。周末薦臻。迫於獯鬻。晉溺其倍。周使不阻。六國擅權。燕趙本都。東限穢貊。羨及東胡。彊秦北排。蒙公城疆。大漢初定。介狄之荒。元戎屢征。如風之騰。義兵涉漠。偃我邊萌。既定且康。復古虞唐。盛不可不圖。衰不可或忘。隄潰蟻穴。器漏鍼芒。牧臣司幽。敢告侍旁。

右幽州牧箴

雍別朔方。河水悠悠。北辟獯鬻。南界涇流。畫茲朔土。正直幽方。自昔何爲。莫敢不來貢。莫敢不來王。周穆遐征。犬戎不享。爰貊伊德。侵玩上國。宣王命將。攘之涇北。宗周罔職。日用爽蹉。既不俎豆。又不干戈。犬戎作難。斃於驪阿。太上曜德。其次曜兵。德兵俱顚。靡不悴荒。牧臣司幷。敢告執綱。

右幷州牧箴

交州荒裔。水與天際。越裳是南。荒國之外。爰是開闢。不羈不絆。周公攝祚。白雉是獻。昭王陵遲。周室是亂。越裳絕貢。荆楚逆叛。四國內侵。蠶食周宗。臻於季赧。遂入滅亡。大漢受命。中國兼該。南海之宇。聖武是恢。稍稍受羈。遂臻黃支。杭海三萬。來牽其犀。盛不可不憂。隆不可不懼。顧瞻陵遲。而忘其規摹。亡國多逸豫。而存國多難。泉竭中虛。池竭瀕乾。牧臣司交。敢告執憲。

右交州牧箴

趙充國頌

明靈惟宣。戎有先零。先零猖狂。侵漢西疆。漢命虎臣。惟後將軍。整我六師。是討是震。既臨其域。喩以威德。有守矜功。謂之弗克。請奮其旅。於罕之羌。天子命我。從之鮮陽。營平守節。屢奏封章。料敵制勝。威謀靡亢。遂克西戎。還師於京。鬼方賓服。罔有不庭。昔周之宣。有方有虎。詩人歌功。乃列於雅。在漢中興。充國作武。赳赳桓桓。亦紹厥後。

羽獵賦

孝成帝時羽獵。雄從。以爲昔在二帝三王。宮觀臺榭沼池苑囿林麓藪澤。財足以奉宗廟御賓客充庖廚而已。不奪百姓膏腴穀土桑柘之地。女有餘布。男有餘粟。國家殷富。上下交足。故甘露零其庭。醴泉流其唐。鳳皇巢其樹。黃龍游其沼。麒麟臻其囿。神爵棲其林。昔者禹任益虞而上下和。草木茂。成湯好田而天下用足。文王囿百里。民以爲尙小。齊宣王囿四十里。民以爲大。夫裕民之與奪民也。武帝廣開上林。東南至宜春鼎湖御宿昆吾。旁南山。西至長楊五柞。北繞黃山。濱渭而東。周袤數百里。穿昆明池象滇河。營建章鳳闕神明馺娑漸臺太液。象海水周流方丈瀛洲蓬萊。遊觀侈靡。窮妙極麗。雖頗割其三垂以贍齊民。然至羽獵甲車戎馬器械儲偫禁禦所營。尚泰奢麗誇詡。非堯舜成湯文武三驅之意也。又恐後世復修前好。不折中以泉臺。故聊因校獵賦以風之。其辭曰

或稱羲農。豈或帝王之彌文哉。論者云否。各亦並時而得宜。奚必同條而共貫。則泰山之封焉得七十而有二儀。有以創業垂統者。俱不見其爽。遐邇三五。孰知其是非。遂作頌曰。麗哉神聖。處於元宮。富既與地乎侔訾。貴正與天乎比崇。齊桓曾不足使扶轂。楚嚴未足以爲驂乘。狹三王之阸僻。嶠高舉而大興。歷五帝之寥廓。涉三皇之登閎。建道德以爲師。友仁義與之爲朋。於是元冬季月。天地隆烈。萬物權輿於內。徂落於外。帝將惟田于靈之囿。開北垠受不周之制。以終始顓頊元冥之統。乃詔虞人典澤。東延昆鄰。西馳閶闔。儲積共偫。戍卒夾道斬叢棘。夷野草。禦自汧渭。經營酆鎬。章皇周流。出入日月。天與地沓。爾乃虎落三嵕以爲司馬。圍經百里而爲殿門。外則正南極海。邪界虞淵。鴻濛沆茫。碣以崇山。營合圍會。然後先置乎白楊之南。昆明靈沼之東。賁育之倫。蒙盾負羽。杖鏌邪而羅者以萬計。其餘荷垂天之畢。張竟壄之罘。靡日月之朱竿。曳彗星之飛旗。青雲爲紛。虹蜺爲繯。屬之乎崑崙之墟。渙若天星之羅。浩如濤水之波。淫淫與與。前後要遮。欃槍爲闉。明月爲候。熒惑司命。天弧發射。鮮扁陸離。駢衍佖路。徽車輕武。鴻絧緁獵。殷殷軫軫。被陵緣阪。窮夐極遠者。相與迾乎高原之上。

羽騎營營。昈分殊事。繽紛往來。轠轤不絕。若光若滅者。布乎青林之下。於是天子乃以陽鼂。始出乎元宮。撞鴻鐘。建九旒。六白虎。載靈輿。蚩尤並轂。蒙公先驅。立歷天之旂。曳捎星之旃。霹靂列缺。吐火施鞭。萃傱沇溶。淋離廓落。戲八鎮而開關。飛廉雲師。吸嚊潚率。鱗羅布列。攢以龍翰。啾啾蹌蹌。入西園。切神光。望平樂。徑竹林。蹂蕙圃。踐蘭唐。舉烽烈火。轡者施技。方馳千駟。狡騎萬帥。虓虎之陳。從橫膠轕。猋拉雷厲。繽駢駖磕。洶洶旭旭。天動地岌。羨漫半散。蕭條數千里外。若夫壯士慷慨。殊鄉別趣。東西南北。騁嗜奔欲。拕蒼豨。跋犀犛。蹶浮麋。斮巨狿。搏元猿。騰空虛。距連卷。踔天蟜。娭澗門。莫莫紛紛。山谷爲之風猋。林叢爲之生塵。及至獲夷之徒。蹶松柏。掌蒺藜。獵蒙籠。轔輕飛。履般首。帶修蛇。鉤赤豹。摼象犀。跇巒阬。超唐陂。車騎雲會。登降闇藹。泰華爲旒。熊耳爲綴。木仆山還。漫若天外。儲與乎大浦。聊浪乎宇內。於是天清日晏。逢蒙列眦。羿氏控弦。皇車幽輵。光純天地。望舒彌轡。翼乎徐至於上蘭。移圍徙陳。浸淫蹴部。曲隊堅重。各案行伍。壁壘天旋。神抶電擊。逢之則碎。近之則破。鳥不及飛。獸不得過。軍驚師駭。刮野掃地。及至罕車飛揚。武騎聿皇。蹈飛豹。羂嘄陽。追天寶。出一方。應駍聲。擊流光。野盡山窮。囊括其雌雄。沇沇溶溶。遙噱乎紘中。三軍芒然。窮冘閼與。亶觀夫剽禽之紲隃。犀兕之抵觸。熊羆之挐攫。虎豹之淩遽。徒角槍題柱。蹙竦讋怖。魂亡魄失。觸輻關脰。妄發期中。進退履獲。創淫輪夷。邱累陵聚。於是禽殫中衰。相與集於靖冥之館。以臨珍池。灌以岐梁。溢以江河東。瞰目盡西。暢亡涯。隨珠和氏。焯爍其陂。玉石嶜崟。眩燿青熒。漢女水潛。怪物暗冥。不可殫形。玄鸞孔雀。翡翠垂榮。王睢關關。鴻雁嚶嚶。羣娭乎其中。噍噍昆鳴。梟鷺振鷺。上下砰磕。聲若雷霆。乃使文身之伎。水格鱗蟲。淩堅冰。犯嚴淵。探巖排碕。薄索蛟螭。蹈獱獺。據黿鼉。抾靈蠵。入洞穴。出蒼梧。乘鉅鱗。騎京魚。浮彭蠡。目有虞。方椎夜光之流離。剖明月之胎珠。鞭洛水之宓妃。餉屈原與彭胥。於茲乎鴻生鉅儒。俄軒冕。雜衣裳。修唐典。匡雅頌。揖讓於前。昭光振燿。響忽如神。仁聲惠於北狄。武誼動於南鄰。是以旃裘之王。胡貉之長。移珍來享。抗手稱臣。前入圍口。後陳盧山。羣公常伯。楊朱墨翟之徒。喟然並稱曰。崇哉乎德。雖有唐虞大夏成周之隆。何以侈茲。夫古之觀東嶽。禪梁基。舍此世也。其誰與哉。上猶謙讓而未俞也。方將上獵三靈之光。下決醴泉之滋。發黃龍之穴。窺鳳皇之巢。臨麒麟之囿。幸神雀之林。奢雲夢。侈孟諸。非章華。是靈臺。罕徂離宮而輟觀遊。土事不飾。木功不彫。承民乎農桑。勸之以弗怠。儕男女。使莫違。恐貧窮者不偏被洋溢之饒。開禁苑。散公儲。創道德之囿。宏仁惠之虞。馳弋乎神明之囿。覽觀乎羣臣之有亡。放雉兔。收罝罘。麋鹿芻蕘。與百姓共之。蓋所以臻茲也。於是醇洪鬯之德。豐茂世之規。加勞三皇。勖勤五帝。不亦至乎。乃祗莊雍睦之徒。立君臣之節。崇賢聖之業。未遑苑囿之麗。遊獵之靡也。因迴軫還衡。背阿房。反未央。

長楊賦

明年。上將大誇胡人以多禽獸。秋。命右扶風發民入南山。西自褒斜。東至宏農。南驅漢中。張羅網罝罘。捕熊羆豪豬虎豹狖玃狐兔麋鹿。載以檻車。輸長楊射熊館。以網爲周阹。縱禽獸其中。令胡人手搏之。自取其獲。上親臨觀焉。是時農民不得收斂。雄從至射熊館。還。上長楊賦。聊因筆墨之成文章。故藉翰林以爲主人。子墨爲客卿以諷。其辭曰。

子墨客卿問於翰林主人曰。蓋聞聖主之養民也。仁霑而恩洽。動不爲身。今年獵長楊。先命右扶風。左太華而右褒斜。椓巀嶭而爲弋。紆南山以爲罝。羅千乘於林莽。列萬騎於山隅。帥軍踤阹。錫戎獲胡。搤熊羆。拖豪豬。木擁槍纍。以爲儲胥。此天下之窮覽極觀也。雖然。亦頗擾於農人。三旬有餘。其廑至矣。而功不圖。恐不識者。外之則以爲娛樂之游。內之則不以爲乾豆之事。豈爲民乎哉。且人君以玄默爲神。淡泊爲德。今樂遠出以露威靈。數搖動以罷車甲。本非人主之急務也。蒙竊惑焉。翰林主人曰。吁。客何謂茲邪。若客所謂知其一。未睹其二。見其外。不識其內也。僕嘗倦談。不能一二其詳。請略舉其凡。而客自覽其切焉。客曰。唯唯。主人曰。昔有彊秦。封豕其士。窫窳其民。鑿齒之徒。相與磨牙而爭之。豪俊麋沸雲擾。羣黎爲之不康。於是上帝眷顧高祖。高祖奉命。順斗極。運天關。橫巨海。漂崑崙。提劍而叱之。所過麾城擕邑。下將降旗。一日之戰。不可殫記。當此之勤。頭蓬不暇梳。飢不及餐。鞮鍪生蟣蝨。介胄被霑汗。以爲萬姓請命乎皇天。迺展民之所詘。振民之所乏。規億載。恢帝業。七年之間。而天下密如也。逮至聖文。隨風乘流。方垂意於至寧。躬服節儉。綈衣不敝。革鞜不穿。大廈不居。木器無文。於是後宮賤瑇瑁而疏珠璣。卻翡翠之飾。除彫瑑之巧。惡麗靡而不近。斥芬芳而不御。抑止絲竹晏衍之樂。憎聞鄭衞幼眇之聲。是以玉衡正而太階平也。其後熏鬻作虐。東夷橫畔。羌戎睚眦。閩越相亂。遐甿為之不安。中國蒙被其難。於是聖武勃怒。爰整其旅。迺命驃衞。紛紜沸渭。雲合電發。猋騰波流。機駭蠭軼。疾如奔星。擊如震霆。碎轒轀。破穹廬。腦沙幕。髓余吾。遂躐乎王庭。敺橐駝。燒熐蠡。分剓單于。磔裂屬國。夷阬谷。拔鹵莽。刊山石。蹂屍輿厮。係累老弱。吮鋋瘢耆金鏃淫夷者數十萬人。皆稽顙樹頷。扶服蛾伏。二十餘年矣。尚不敢惕息。夫天兵四臨。幽都先加。迴戈邪指。南越相夷。靡節西征。羌僰東馳。是以遐方疏俗。殊鄰絕黨之域。自上仁所不化。茂德所不綏。莫不蹻足抗首。請獻厥珍。使海內澹然。永無邊城之災。金革之患。今朝廷純仁。遵道顯義。并包書林。聖風雲靡。英華沈浮。洋溢八區。普天所覆。莫不沾濡。士有不談王道者。則樵夫笑之。意者以為事罔隆而不殺。物靡盛而不虧。故平不肆險。安不忘危。迺時以有年出兵。整輿竦戎。振師五柞。習馬長楊。簡力狡獸。校武票禽。迺萃然登南山。瞰烏弋。西壓月𩨓。東震日域。又恐後代迷於一時之事。常以此為國家之大務。淫荒田獵。陵夷而不禦也。是以車不安軔。日未靡旃。從者彷彿。骫屬而還。亦所以奉太尊之烈。遵文武之度。復三王之田。反五帝之虞。使農不輟耰。工不下機。婚姻以時。男女莫違。出愷弟。行簡易。矜劬勞。休力役。見百年。存孤弱。帥與之同苦樂。然後陳鐘鼓之樂。鳴鞀磬之和。建碣磍之虡。拮隔鳴球。掉八列之舞。酌允鑠。肴樂胥。聽廟中之雍雍。受神人之福祜。歌投頌。吹合雅。其勤若此。故眞神之所勞也。方將俟元符。以禪梁父之基。增泰山之高。延光於將來。比榮乎往號。豈徒欲淫覽浮觀。馳騁秔稻之地。周流梨栗之林。蹂踐芻蕘。誇詡衆庶。盛狖玃之收。多麋鹿之獲哉。且盲者不見咫尺。而離婁燭千里之隅。客徒愛胡人之獲我禽獸。曾不知我亦已獲其王侯。言未卒。墨客降席再拜稽首曰。大哉體乎。允非小人之所能及也。迺今日發矇。廓然已昭矣。

解嘲

哀帝時。丁傅董賢用事。諸附離之者。起家至二千石。時雄方草創太玄。有以自守。泊如也。人有嘲雄以玄之尙白。而雄解之。號曰解嘲。其辭曰。

客嘲揚子曰。吾聞上世之士。人綱人紀。不生則已。生必上尊人君。下榮父母。析人之珪。儋人之爵。懷人之符。分人之祿。紆青拖紫。朱丹其轂。今吾子幸得遭盛明之世。處不諱之朝。與羣賢同行。歷金門。上玉堂。有日矣。曾不能畫一奇。出一策。上說人主。下談公卿。目如燿星。舌如電光。一從一橫。論者莫當。顧默而作太玄五千文。枝葉扶疏。獨說數十餘萬言。深者入黃泉。高者出蒼天。大者含元氣。細者入無間。然而位不過侍郎。擢纔給事黃門。意者玄得無尙白乎。何爲官之拓落也。揚子笑而應之曰。客徒欲朱丹吾轂。不知一跌將赤吾之族也。往者周綱解結。羣鹿爭逸。離爲十二。合爲六七。四分五剖。并爲戰國。士無常君。國無定臣。得士者富。失士者貧。矯翼厲翮。恣意所存。故士或自盛以橐。或鑿坏以遁。是故鄒衍以頡頏而取世資。孟軻雖連蹇。猶爲萬乘師。今大漢左東海。右渠搜。前番禺。後陶塗。東南一尉。西北一候。徽以糾墨。製以鑕鈇。散以禮樂。風以詩書。曠以歲月。結以倚廬。是以天下之士。雷動雲合。魚鱗雜襲。咸營於八區。家家自以爲稷契。人人自以爲皋陶。戴縰垂纓而談者。皆擬於阿衡。五尺童子羞比晏嬰與夷吾。當塗者升青雲。失路者委溝渠。旦握權則爲卿相。夕失勢則爲匹夫。譬若江湖之崖。渤澥之島。乘雁集不爲之多。雙鳧飛不爲之少。昔三仁去而殷墟。二老歸而周熾。子胥死而吳亡。種蠡存而越霸。五羖入而秦喜。樂毅出而燕懼。范睢以折摺而危穰侯。蔡澤以噤吟而笑唐舉。故當其有事也。非蕭曹子房平勃樊霍則不能安。當其無事也。章句之徒相與坐而守之。亦無所患。故世亂則聖哲馳騖而不足。世治則庸夫高枕而有餘。夫上世之士。或解縛而相。或釋褐而傅。或倚夷門而笑。或橫江潭而漁。或七十說而不遇。或立談間而封侯。或枉千乘於陋巷。或擁篲而先驅。是以士頗得信其舌而奮其筆。窒隙蹈瑕而無所詘也。當今縣令不請士。郡守不迎師。羣卿不揖客。將相不俛眉。言奇者見疑。行殊者得辟。是以欲談者卷舌而同聲。欲步者擬足而投跡。嚮使上世之士處乎今。世策非甲科。行非孝廉。

舉非方正。獨可抗疏。時道是非。高得待詔。下觸聞罷。又安得青紫。且吾聞之。炎炎者滅。隆隆者絕。觀雷觀火。爲盈爲實。天收其聲。地藏其熱。高明之家。鬼瞰其室。攫拏者亡。默默者存。位極者高危。自守者身全。是故知玄知默。守道之極。爰清爰靜。游神之庭。惟寂惟漠。守德之宅。世異事變。人道不殊。彼我易時。未知何如。今子乃以鴟梟而笑鳳皇。執蝘蜓而嘲龜龍。不亦病乎。子之笑我玄之尚白。吾亦笑子病甚不遇俞跗與扁鵲也。悲夫。客曰。然則靡玄無所成名乎。范蔡以下。何必玄哉。揚子曰。范雎魏之亡命也。折脅拉髂。免於徽索。翕肩蹈背。扶服入橐。激卬萬乘之主。介涇陽。抵穰侯而代之。當也。蔡澤山東之匹夫也。顩頤折頞。涕唾流沫。西揖彊秦之相。搤其咽而亢其氣。拊其背而奪其位。時也。天下已定。金革已平。都於洛陽。婁敬委輅脫輓。掉三寸之舌。建不拔之策。舉中國徙之長安。適也。五帝垂典。三王傳禮。百世不易。叔孫通起於枹鼓之閒。解甲投戈。遂作君臣之儀。得也。呂刑靡敝。秦法酷烈。聖漢權制。而蕭何造律。宜也。故有造蕭何律於唐虞之世。則誖矣。有作叔孫通儀於夏殷之時。則惑矣。有建婁敬之策於成周之世。則悝矣。有談范蔡之說於金張許史之閒。則狂矣。夫蕭規曹隨。留侯畫策。陳平出奇。功若泰山。響若坻隤。雖其人之贍智哉。亦會其時之可爲也。故爲可爲於可爲之時。則從。爲不可爲於不可爲之時。則凶。若夫藺生收功於章臺。四皓采榮於南山。公孫創業於金馬。驃騎發跡於祁連。司馬長卿竊貲於卓氏。東方朔割炙於細君。僕誠不能與此數子並故默然獨守吾太玄。

解難

客難揚子曰。凡著書者。爲衆人之所好也。美味期乎合口。工聲調於比耳。今吾子乃抗辭幽說。閎意眇指。獨馳騁於有亡之際。而陶冶大鑪。旁薄羣生。歷覽者茲年矣。而殊不寤。亶費精神於此。而煩學者於彼。譬畫者畫於無形。絃者放於無聲。殆不可乎。揚子曰。俞。若夫閎言崇議。幽微之途。蓋難與覽者同也。昔人有觀象於天。視度於地。察法於人者。天麗且彌。地普而深。昔人之辭。迺玉迺金。彼豈好爲艱難哉。勢不得已也。獨不見夫翠虬絳螭之將登乎天。必聳身於蒼梧之淵。不階浮雲。翼疾風。虛舉而上升。則不能撠膠葛。騰九閎。日月之經不千里。則不能燭六合。燿八紘。泰山之高不嶕嶢。則不能浡滃雲而散歊烝。是以宓羲氏之作易也。綿絡天地。經以八卦。文王附六爻。孔子錯其象而彖其辭。然後發天地之藏。定萬物之基。典謨之篇。雅頌之聲。不溫純深潤。則不足以揚鴻烈而章緝熙。蓋胥靡爲宰。寂寞爲尸。大味必淡。大音必希。大語叫叫。大道低回。是以聲之眇者不可同於衆人之耳。形之美者不可混於世俗之目。辭之衍者不可同於庸人之聽。今夫絃者高張急徽。追趨逐耆。則坐者不期而附矣。試爲之施咸池。揄六莖。發簫韶。詠九成。則莫有和也。是故鍾期死。伯牙絕絃破琴而不肯與衆鼓。獿人亡。則匠石輟斤而不敢妄斲。師曠之調鍾。竢知音者之在後也。孔子作春秋。幾君子之前睹也。老聃有遺言。貴知我者希。此非其操歟。

反離騷

有周氏之嬋嫣兮。或鼻祖於汾隅。靈宗初諜伯僑兮。流於末之揚侯。淑周楚之豐烈兮。超既離乎皇波。因江潭而淮記兮。欽弔楚之湘纍。惟天軌之不辟兮。何純絜而離紛。紛纍以其淟涊兮。暗纍以其繽紛。漢十世之陽朔兮。招搖紀於周正。正皇天之清則兮。度后土之方貞。圖纍承彼洪族兮。又覽纍之昌辭。帶鉤矩而佩衡兮。履欃槍以爲綦。纍初貯厥麗服兮。何文肆而質䉋。資娵娃之珍髢兮。鬻九戎而索賴。鳳皇翔於蓬陼兮。豈駕鵝之能捷。騁驊騮以曲囏兮。驢騾連蹇而齊足。枳棘之榛榛兮。蝯貁擬而不敢下。靈修既信椒蘭之唼佞兮。吾纍忽焉而不蚤睹。衿芰茄之綠衣兮。被夫容之朱裳。芳酷烈而莫聞兮。固不如襞而幽之離房。閨中容競淖約兮。相態以麗佳。知衆嫭之嫉妒兮。何必颺纍之蛾眉。懿神龍之淵潛兮。竢慶雲而將舉。亡春風之被離兮。孰焉知龍之所處。愍吾纍之衆芬兮。颺燁燁之芳苓。遭季夏之凝霜兮。慶夭顇而喪榮。橫江湘以南淮兮。云走乎彼蒼吾。馳江潭之汎濫兮。將折衷乎重華。舒中情之煩或兮。恐重華之不纍與。陵陽侯之素波兮。豈吾纍之獨見許。精瓊靡與秋菊兮。將以延夫天年。臨汨羅而自隕兮。恐日薄於西山。解扶桑之總轡兮。縱令之遂奔馳。鸞皇騰而不屬兮。豈獨飛廉與雲師。卷薜芷與若蕙兮。臨湘兮而投之。棍申椒與菌桂兮。赴江湖而漚之。

費椒稰以要神兮。又勤索彼瓊茅。違靈氛而不從兮。反湛身於江皋。纍既𠬜夫傅說兮。奚不信而遂行。徒恐鷤鴂之將鳴兮。顧先百草爲不芳。初纍棄彼虙妃兮。更思瑤臺之逸女。抨雄鴆以作媒兮。何百離而曾不壹耦。乘雲蜺之旖旎兮。望崑崙以樛流。覽四荒而顧懷兮。奚必云女彼高邱。既亡鸞車之幽藹兮。焉駕八龍之委蛇。臨江瀕而掩涕兮。何有九招與九歌。夫聖哲之不遭兮。固時命之所有。雖增欷以於邑兮。吾恐靈修之不纍改。昔仲尼之去魯兮。斐斐遲遲而周邁。終回復於舊都兮。何必湘淵與濤瀨。溷漁父之餔歠兮。絜沐浴之振衣。棄由罕之所珍兮。蹠彭咸之所遺。

古文治要卷一

古文十七家

韓愈　唐昌黎人。字退之。三歲而孤。嫂鄭鞠之。貞觀中擢進士第。張建封辟爲府推官。調四門博士。遷監察御史。上疏極論宮市。貶山陽令。元和中復爲博士。憲宗將平蔡。命裴度宣慰淮西。奏愈行軍司馬。愈請乘遽入汴說韓弘使協力。元濟平。遷刑部侍郎。憲宗遣使往鳳翔迎佛骨入禁中。愈上表極諫。貶潮州刺史。改袁州。詔拜國子祭酒。轉兵部侍郎。鎮州王庭湊亂。詔愈宣撫之。歸轉吏部侍郎。卒年五十七。諡文。愈性明銳。盡通六經百家之說。以攘斥佛老爲己任。論者方之孟子之闢揚墨。文章閎中肆外。佐佑六經。一掃魏晉以來駢儷之弊。而返之周漢。宋蘇軾稱之曰。文起八代之衰。道濟天下之溺。故其所作。遂爲後世學古文者之正宗。有昌黎先生集。

原道

博愛之謂仁。行而宜之之謂義。由是而之焉之謂道。足乎己無待於外之謂德。仁與義爲定名。道與德爲虛位。故道有君子小人。而德有凶有吉。老子之小仁義。非毀之也。其見者小也。坐井而觀天。曰天小者。非天小也。彼以煦煦爲仁。孑孑爲義。其小之也則宜。其所謂道。道其所道。非吾所謂道也。其所謂德。德其所德。非吾所謂德也。凡吾所謂道德云者。合仁與義言之也。天下之公言也。老子之所謂道德云者。去仁與義言之也。一人之私言也。周道衰。孔子沒。火於秦。黃老於漢。佛於晉魏梁隋之間。其言道德仁義者。不入於楊。則入於墨。不入於老。則入於佛。入於彼。必出於此。入者主之。出者奴之。入者附之。出者汙之。噫。後之人其欲聞仁義道德之說。孰從而聽之。老者曰。孔子吾師之弟子也。佛者曰。孔子吾師之弟子也。爲孔子者。習聞其說。樂其誕而自小也。亦曰吾師亦嘗師之云爾。不惟舉之於其口。而又筆之於其書。噫。後之人雖欲聞仁義道德之說。其孰從而求之。甚矣人之好怪也。不求其端。不訊其末。惟怪之欲聞。古之爲民者四。今之爲民者六。古之敎者處其一。今之敎者處其三。農之家一。而食粟之家六。工之家一。而用器之家六。賈之家一。而資焉之家六。奈之何民不窮且盜也。古之時。人之害多矣。有聖人者立。然後敎之以相生養之道。爲之君。爲之師。驅其蟲蛇禽獸。而處之中土。寒。然後爲之衣。飢。然後爲之食。木處而顚。土處而病也。然後爲之宮室。爲之工。以贍其器用。爲之賈。以通其有無。爲之醫藥。以濟其夭死。爲之葬埋祭祀。以長其恩愛。爲之禮。以次其先後。爲之樂。以宣其湮鬱。爲之政。以率其怠勌。爲之刑。以鋤其彊梗。相欺也。爲之符璽斗斛權衡以信之。相奪也。爲之城郭甲兵以守之。害至而爲之備。患生而爲之防。今其言曰。聖人不死。大盜不止。剖斗折衡。而民不爭。嗚呼。其亦不思而已矣。如古之無聖人。人之類滅久矣。何也。無羽毛鱗介以居寒熱也。無爪牙以爭食也。是故君者。出令者也。臣者。行君之令而致之民者也。民者。出粟米麻絲。作器皿。通貨財。以事其上者也。君不出令。則失其所以爲君。臣不行君之令而致之民。則失其所以爲臣。民不出粟米麻絲。作器皿。通貨財。以事其上。則誅。今其法曰。必棄而君臣。去而父子。禁而相生養之道。以求其所謂淸淨寂滅者。嗚呼。其亦幸而出於三代之後。不見黜於禹湯文武周公孔子也。其亦不幸而不出於三代之前。不見正於禹湯文武周公孔子也。帝之與王。其號雖殊。其所以爲聖一也。夏葛而冬裘。渴飮而飢食。其事雖殊。其所以爲智一也。今其言曰。曷不爲太古之無事。是亦責冬之裘者曰。曷不爲葛之之易也。責飢之食者曰。曷不爲飮之之易也。傳曰。古之欲明明德於天下者。先治其國。欲治其國者。先齊其家。欲齊其家者。先修其身。欲修其身者。先正其心。欲正其心者。先誠其意。然則古之所謂正心而誠意者。將以有爲也。今也欲治其心。而外天下國家。滅其天常。子焉而不父其父。臣焉而不君其君。民焉而不事其事。孔子之作春秋也。諸侯用夷禮則夷之。進於中國則中國之。經曰。夷狄之有君。不如諸夏之亡也。詩曰。戎狄是膺。荆舒是懲。今也舉夷狄之法。而加之先王之敎之上。幾何其不胥而爲夷也。夫所謂先王之敎者何也。博愛之謂仁。行而宜之之謂義。由是而之焉之謂道。足乎己無待於外之謂德。其文詩書易春秋。其法禮樂刑政。其民士農工商。其位君臣父子師友賓主。昆弟夫婦。其服麻絲。其居宮室。其食粟米果蔬魚肉。其爲道易明。而其爲敎易行也。是故以之爲己。則順而祥。以之爲人。則愛而公。以之爲心。則和而平。以之爲天下國家。無所處而不當。是故生則得其情。死則盡其常。郊焉而天神假。廟焉而人鬼饗。曰斯道也何道也。曰斯吾所謂道也。非向所謂老與佛之道也。堯以是傳之舜。舜以是傳之禹。禹以是傳之湯。湯以是傳之文武周公。文武周公傳之孔子。孔子傳之孟軻。軻之死。不得其傳焉。荀與揚也。擇焉而不精。語焉而不詳。由周公而上。上而爲君。故其事行。由周公而下。下而爲臣。故其說長。然則如之何而可也。曰不塞不流。不止不行。人其人。火其書。廬其居。明先王之道以道之。鰥寡孤獨廢疾者有養也。其亦庶乎其可也。

原性

性也者。與生俱生也。情也者。接於物而生也。性之品有三。而其所以爲性者五。情之品有三。而其所以爲情者七。曰何也。曰性之品有上中下三。上焉者善焉而已矣。中焉者可導而上下也。下焉者惡焉而已矣。其所以爲性者五。曰仁。曰禮。曰信。曰義。曰智。上焉者之於五也。主於一而行於四。中焉者之於五也。一不少有焉。則少反焉。其於四也混。下焉者之於五也。反於一而悖於四。性之於情視其品。情之品有上中下三。其所以爲情者七。曰喜。曰怒。曰哀。曰懼。曰愛。曰惡。曰欲。上焉者之於七也。動而處其中。中焉者之於七也。有所甚。有所亡。然而求合其中者也。下焉者之於七也。亡與甚。直情而行者也。情之於性視其品。孟子之言性曰。人之性善。荀子之言性曰。人之性惡。揚子之言性曰。人之性善惡混。夫始善而進惡。與始惡而進善。與始也混而今也善惡。皆舉其中而遺其上下者也。得其一而失其二者也。叔魚之生也其母視之知其必以賄死揚食我之生也叔向之母聞其號也知必滅其宗越椒之生也子文以爲大戚知若敖氏之鬼不食也。人之性果善乎后稷之生也其母無災其始匍匐也則岐岐然嶷嶷然文王之在母也母不憂既生也傅不勤既學也師不煩。人之性果惡乎堯之朱。舜之均。文王之管蔡。習非不善也而卒爲姦。瞽叟之舜。鯀之禹。習非不惡也而卒爲聖人之性善惡果混乎。故曰三子之言性也舉其中而遺其上下者也。得其一而失其二者也曰。然則性之上下者其終不可移乎。曰上之性就學而愈明。下之性畏威而寡罪。是故上者可教。而下者可制也。其品則孔子謂不移也。曰今之言性者異於此何也。曰今之言者雜佛老而言也。雜佛老而言也者。奚言而不異。

師說

古之學者必有師。師者所以傳道受業解惑也。人非生而知之者。孰能無惑。惑而不從師。其爲惑也終不解矣。生乎吾前。其聞道也固先乎吾。吾從而師之。生乎吾後。其聞道也亦先乎吾。吾從而師之。吾師道也。夫庸知其年之先後生於吾乎。是故無貴無賤。無長無少。道之所存。師之所存也。嗟乎。師道之不傳也久矣。欲人之無惑也難矣。古之聖人。其出人也遠矣。猶且從師而問焉。今之衆人。其下聖人也亦遠矣。而恥學於師。是故聖益聖。愚益愚。聖人之所以爲聖。愚人之所以爲愚。其皆出於此乎。愛其子。擇師而教之。於其身也。則恥師焉。惑矣。彼童子之師。授之書而習其句讀者也。非吾所謂傳其道解其惑者也。句讀之不知。惑之不解。或師焉。或不焉。小學而大遺。吾未見其明也。巫醫樂師百工之人。不恥相師。士大夫之族。曰師曰弟子云者。則羣聚而笑之。問之。則曰彼與彼年相若也。道相似也。位卑則足羞。官盛則近諛。嗚呼。師道之不復可知矣。巫醫樂師百工之人。君子不齒。今其智乃反不能及。其可怪也歟。聖人無常師。孔子師郯子。萇弘。師襄。老聃。郯子之徒。其賢不及孔子。孔子曰。三人行。則必有我師。是故弟子不必不如師。師不必賢於弟子。聞道有先後。術業有專攻。如是而已。李氏子蟠。年十七。好古文。六藝經傳。皆通習之。不拘於時。學於余。余嘉其能行古道。作師說以貽之。

張中丞傳後敍

元和二年四月十三日夜。愈與吳郡張籍閱家中舊書。得李翰所爲張巡傳。翰以文章自名。爲此傳頗詳密。然尚恨有闕者。不爲許遠立傳。又不載雷萬春事首尾。遠雖材若不及巡者。開門納巡。位本在巡上。授之柄而處其下。無所疑忌。竟與巡俱守死。成功名。城陷而虜。與巡死先後異耳。兩家子弟材智下。不能通知二父志。以爲巡死而遠就虜。疑畏死而辭服於賊。遠誠畏死。何苦守尺寸之地。食其所愛之肉。以與賊抗而不降乎。當其圍守時。外無蚍蜉蟻子之援。所欲忠者。國與主耳。而賊語以國亡主滅。遠見救援不至。而賊來益衆。必以其言爲信。外無待而猶死守。人相食且盡。雖愚人不能數日而知死處矣。遠之不畏死亦明矣。烏有城壞其徒俱死。獨蒙愧恥求活。雖至愚者不忍爲。嗚呼。而謂遠之賢而爲之耶。說者又謂遠與巡分城而守。城之陷自遠所分始。以此詬遠。此又與兒童之見無異。人之將死。其臟腑必有先受其病者。引繩而絕之。其絕必有處。觀者見其然。從而尤之。其亦不達於理矣。小人之好議論。不樂成人之美如是哉。如巡遠之所成就。如此卓卓。猶不得免。其他則又何說。當二公之初守也。寧能知人之卒不救。棄城而逆遁。苟此不能守。雖避之他處何益。及其無救而且窮也。其創殘餓羸之餘。雖欲去必不達。二公之賢。其講之精矣。守一城。捍天下。以千百就盡之卒。戰百萬日滋之師。蔽遮江淮。沮遏其勢。天下之不亡。其誰之功也。當是時。棄城而圖存者。不可一二數。擅彊兵坐而觀者。相環也。不追議此。而責二公以死守。亦見其自比於逆亂。設淫辭而助之攻也。愈嘗從事於汴徐二府。屢道於兩府間。親祭於其所謂雙廟者。其老人。往往說巡遠時事云。南霽雲之乞救於賀蘭也。賀蘭嫉巡遠之聲威功績出己上。不肯出師。救愛霽雲之勇且壯。不聽其語。彊留之。具食與樂。延霽雲坐。霽雲慷慨語曰。雲來時。睢陽之人。不食月餘日矣。雲雖欲獨食。義不忍。雖食且不下咽。因拔所佩刀。斷一指。血淋漓。以示賀蘭。一座大驚。皆感激爲雲泣下。雲知賀蘭終無爲雲出師意。卽馳去。將出城。抽矢射佛寺浮圖。矢著其上甎半箭。曰。吾歸破賊。必滅賀蘭。此矢所以志也。愈貞元中過泗州。船上人猶指以相語。城陷。賊以刃脅降巡。巡不屈。卽牽去將斬之。又降霽雲。雲未應。巡呼雲曰。南八。男兒死耳。不可爲不義屈。雲笑曰。欲將以有爲也。公有言。雲敢不死。卽不屈。張籍曰。有于嵩者。少依於巡。及巡起事。嵩常在圍中。籍大曆中於和州烏江縣見嵩。嵩時年六十餘矣。以巡初嘗得臨渙縣尉。好學無所不讀。籍時尚小。粗問巡遠事。不能細也。云巡長七尺餘。鬚髯若神。嘗見嵩讀漢書。謂嵩曰。何爲久讀此。嵩曰。未熟也。巡曰。吾於書讀不過三徧。終身不忘也。因誦嵩所讀書。盡卷不錯一字。嵩驚。以爲巡偶熟此卷。因亂抽他帙以試。無不盡然。嵩又取架上諸書。試以問巡。巡應口誦無疑。嵩從巡久。亦不見巡常讀書也。爲文章。操紙筆立書。未嘗起草。初守睢陽時。士卒僅萬人。城中居人戶亦且數萬。巡因一見問姓名。其後無不識者。巡怒。鬚髯輒張。及城陷。賊縛巡等數十人坐。且將戮。巡起旋。其衆見巡起。或起或泣。巡曰。汝勿怖。死命也。衆泣不能仰視。巡就戮時。顏色不亂。陽陽如平常。遠寬厚長者。貌如其心。與巡同年生。月日後於巡。呼巡爲兄。死時年四十九。嵩貞元初死於亳宋間。或傳嵩有田在亳宋間。武人奪而有之。嵩將詣州訟理。爲所殺。嵩無子。張籍云。

論佛骨表

臣某言。伏以佛者夷狄之一法耳。自後漢時流入中國。上古未嘗有也。昔者黃帝在位百年。

年百一十歲。少昊在位八十年。年百歲。顓頊在位七十九年。年九十八歲。帝嚳在位七十年。年百五歲。帝堯在位九十八年。年百一十八歲。帝舜及禹。年皆百歲。此時天下太平。百姓安樂壽考。然而中國未有佛也。其後殷湯亦年百歲。湯孫太戊在位七十五年。武丁在位五十九年。書史不言其年壽所極。推其年數。蓋亦俱不減百歲。周文王年九十七歲。武王年九十三歲。穆王在位百年。此時佛法亦未入中國。非因事佛而致然也。漢明帝時。始有佛法。明帝在位纔十八年耳。其後亂亡相繼。運祚不長。宋齊梁陳元魏已下。事佛漸謹。年代尤促。惟梁武帝在位四十八年。前後三度捨身施佛。宗廟之祭。不用牲牢。晝日一食。止於菜果。其後竟爲侯景所逼。餓死臺城。國亦尋滅。事佛求福。乃更得禍。由此觀之。佛不足事。亦可知矣。高祖始受隋禪。則議除之。當時羣臣材識不遠。不能深知先王之道。古今之宜。推闡聖明。以救斯弊。其事遂止。臣常恨焉。伏惟睿聖文武皇帝陛下。神聖英武。數千百年以來。未有倫比。卽位之初。卽不許度人爲僧尼道士。又不許創立寺觀。臣常以爲高祖之志。必行於陛下之手。今縱未能卽行。豈可恣之轉令盛也。今聞陛下令羣僧迎佛骨於鳳翔。御樓以觀。舁入大內。又令諸寺遞迎供養。臣雖至愚。必知陛下不惑於佛。作此崇奉。以祈福祥也。直以年豐人樂。徇人之心。爲京都士庶設詭異之觀。戲翫之具耳。安有聖明若此。而肯信此等事哉。然百姓愚冥。易惑難曉。苟見陛下如此。將謂眞心事佛。皆云天子大聖。猶一心敬信。百姓何人。豈合更惜身命。焚頂燒指百十爲羣。解衣散錢。自朝至暮。轉相倣效。惟恐後時。老少奔波。棄其業次。若不卽加禁遏。更歷諸寺。必有斷臂臠身以爲供養者。傷風敗俗。傳笑四方。非細事也。夫佛本夷狄之人。與中國言語不通。衣服殊製。口不言先王之法言。身不服先王之法服。不知君臣之義。父子之情。假如其身至今尚在。奉其國命。來朝京師。陛下容而接之。不過宣政一見。禮賓一設。賜衣一襲。衞而出之於境。不令惑衆也。況其身死已久。枯朽之骨。凶穢之餘。豈宜令入宮禁。孔子曰。敬鬼神而遠之。古之諸侯。行弔於其國。尚令巫祝先以桃茢祓除不祥。然後進弔。今無故取朽穢之物。親臨觀之。巫祝不先。桃茢不用。羣臣不言其非。御史不舉其失。臣實恥之。乞以此骨付之有司。投之水火。永絕根本。斷天下之疑。絕後代之惑。使天下之人知大聖人之所作爲。出於尋常萬萬也。豈不盛哉。豈不快哉。佛如有靈。能作禍祟。凡有殃咎。宜加臣身。上天鑒臨。臣不怨悔。無任感激懇悃之至。謹奉表以聞。臣某誠惶誠恐。

與孟尚書書

愈白。行官自南迴。過吉州。得吾兄二十四日手書數番。忻悚兼至。未審入秋來眠食何似。伏惟萬福。來示云。有人傳愈近少信奉釋氏。此傳之者妄也。潮州時。有一老僧號大顚。頗聰明。識道理。遠地無可與語者。故自山召至州郭。留十數日。實能外形骸。以理自勝。不爲事物侵亂。與之語。雖不盡解。要自胸中無滯礙。以爲難得。因與來往。及祭神至海上。遂造其廬。及來袁州。留衣服爲別。乃人之情。非崇信其法。求福田利益也。孔子云。丘之禱久矣。凡君子行己立身。自有法度。聖賢事業。具在方冊。可效可師。仰不愧天。俯不愧人。內不愧心。積善積惡。殃慶自各以其類至。何有去聖人之道。捨先王之法。而從夷狄之教。以求福利也。詩不云乎。愷悌君子。求福不回。傳又曰。不爲威惕。不爲利疚。假如釋氏能與人爲禍祟。非守道君子之所懼也。況萬萬無此理。且彼佛者。果何人哉。其行事類君子邪。小人邪。若君子也。必不妄加禍於守道之人。如小人也。其身已死。其鬼不靈。天地神祇。昭布森列。非可誣也。又肯令其鬼行胸臆。作威福於其間哉。進退無所據。而信奉之。亦且惑矣。且愈不助釋氏而排之者。其亦有說。孟子云。今天下不之楊。則之墨。楊墨交亂。而聖賢之道不明。則三綱淪而九法斁。禮樂崩而夷狄橫。幾何其不爲禽獸也。故曰。能言拒楊墨者。皆聖人之徒也。揚子雲云。古者楊墨塞路。孟子辭而闢之。廓如也。夫楊墨行。正道廢。且將數百年。以至於秦。卒滅先王之法。燒除其經。阬殺學士。天下遂大亂。及秦滅。漢興且百年。尚未知修明先王之道。其後始除挾書之律。稍求亡書。招學士。經雖少得。尚皆殘缺。十亡二三。故學士多老死。新者不見全經。不能盡知先王之事。各以所見爲守。分離乖隔。不合不公。二帝三王羣聖人之道。於是大壞。後之學者無所尋逐。以至於今泯泯也。其禍出於楊墨肆行而莫之禁故也。孟子雖聖賢。不得位。空言無施。雖切何補。然賴其言。而今學者尚知宗孔氏。崇仁義。貴王賤霸而已。其大經大法。皆亡滅而不救。壞爛而不收。所謂存十一於千百。安在其能廓如也。然向無孟氏。則皆服左衽而言侏離矣。故愈嘗推尊孟氏。以爲功不在禹下者。爲此也。漢氏已來。羣儒區區修補。百孔千瘡。隨亂隨失。其危如一髮引千鈞。緜緜延延。寖以微滅。於是時也。而唱釋老於其間。鼓天下之衆而從之。嗚呼。其亦不仁甚矣。釋老之害。過於楊墨。韓愈之賢。不及孟子。孟子不能救之於未亡之前。而韓愈乃欲全之於已壞之後。嗚呼。其亦不量其力。且見其身之危。莫之救以死也。雖然。使其道由愈而粗傳。雖滅死萬萬無恨。天地鬼神。臨之在上。質之在旁。又安得因一摧折。自毀其道。以從於邪也。籍湜輩雖屢指教。不知果能不叛去否。獲吾兄眷厚而不獲承命。惟增慙懼。死罪死罪。愈再拜。

答崔立之書

斯立足下。僕見險不能止。動不得時。顚頓狼狽。失其所操持。困不知變。以至辱於再三。君子小人之所憫笑。天下之所背而馳者也。足下猶復以爲可教。貶損道德。乃至手筆以問之。攀援古昔。辭義高遠。且進且勸。足下之於故舊之道得矣。雖僕亦固望於吾子。不敢望於他人者耳。然尙有似不相曉者。非故欲發余乎。不然。何子之不以丈夫期我也。不能默默。聊復自明。僕始年十六七時。未知人事。讀聖人之書。以爲人之仕者。皆爲人耳。非有利乎己也。及年二十時。苦家貧。衣食不足。謀於所親。然後知仕之不惟爲人耳。及來京師。見有舉進士者。人多貴之。僕誠樂之。就求其術。或出禮部所試賦詩策等以相示。僕以爲可無學而能。因詣州縣求舉。有司者好惡出於其心。四舉而後有成。亦未卽得仕。聞吏部有以博學宏辭選者。人尤謂之才。且得美仕。就求其術。或出所試文章。亦禮部之類。私怪其故。然猶樂其名。因又詣州府求舉。凡二試於吏部。一既得之。而又黜於中書。雖不得仕。人或謂之能焉。退自取所試讀之。乃類於俳優者之辭。顏忸怩而心不寧者數月。既已爲之。則欲有所成就。書所謂恥過作非者也。因復求舉。亦無幸焉。乃復自疑。以爲所試與得之者不同其程度。及得觀之。余亦無甚愧焉。夫所謂博學者。豈今之所謂者乎。夫所謂宏辭者。豈今之所謂者乎。誠使古之豪傑之士。若屈原孟軻司馬遷相如揚雄之徒。進於是選。必知其懷慚。乃不自進而已耳。設使與夫今之善進取者。競於蒙昧之中。僕必知其辱焉。然彼五子者。且使生於今之世。其道雖不顯於天下。其自負何如哉。肯與夫斗筲者決得失於一夫之目而爲之憂樂哉。故凡僕之汲汲於進者。其小得蓋欲以具裘葛養窮孤。其大得蓋欲以同吾之所樂於人耳。其他可否自計已熟。誠不待人而後知。今足下乃復比之獻玉者。以爲必俟工人之剖。然後見知於天下。雖兩刖足不爲病。且無使勍者再剋。誠足下相勉之意厚也。然仕進者豈捨此而無門哉。足下謂我必待是而後進者。尤非相悉之辭也。僕之玉固未嘗獻。而足下固未嘗刖。足下無爲爲我戚戚也。方今天下風俗尚有未及於古者。邊境尚有被甲執兵者。主上不得怡。而宰相以爲憂。僕雖不賢。亦且潛究其得失。致之乎吾相。薦之乎吾君。上希卿大夫之位。下猶取一障而乘之。若都不可得。猶將耕於寬閒之野。釣於寂寞之濱。求國家之遺事。考賢人哲士之終始。作唐之一經。垂之於無窮。誅姦諛於既死。發潛德之幽光。二者將必有一可。足下以爲僕之玉凡幾獻。而足凡幾刖也。又所謂勍者果誰哉。再刻之刑信如何也。士固信於知己。微足下。無以發吾之狂言。愈再拜。

答衞中行書

大受足下辱書。爲賜甚大。然所稱道過盛。豈所謂誘之而欲其至於是歟。不敢當。不敢當。其中擇其一二近似者而竊取之。則於交友忠而不反於背面者少近似焉。亦其心之所好耳。行之不倦。則未敢自謂能爾也。不敢當。不敢當。至於汲汲於富貴以救世爲事者。皆聖賢之事業。知其智能謀力能任者也。如愈者。又焉能之。始相識時。方甚貧。衣食於人。其後相見於汴徐二州。僕皆爲之從事。日月有所入。比之前時。豐約百倍。足下視吾飲食衣服。亦有異乎。然則僕之心。或不爲此汲汲也。其所不忘於仕進者。亦將小行乎其志耳。此未易遽言也。凡禍福吉凶之來。似不在我。惟君子得禍爲不幸。而小人得禍爲恆。君子得福爲恆。而小人得福爲幸。以其所爲。似有以取之也。必曰君子則吉小人則凶者不可也。賢不肖存乎己。貴與賤禍與福存乎天。名聲之善惡存乎人。存乎己者。吾將勉之。存乎天存乎人者。吾將任彼而不用吾力焉。其所守者。豈不約而易行哉。足下曰。命之窮通。自我爲之。吾恐未合於道。足下徵前世而言之。則知矣。若曰以道德爲己任。窮通之來。不接吾心。則可也。窮居荒涼。草樹茂密。出無驢馬。因與人絕。一室之內。有以自娛。足下喜吾復脫禍亂。不當安安而居。遲遲而來也。

答李翊書

六月二十六日。愈白李生足下。生之書辭甚高。而其問何下而恭也。能如是。誰不欲告生以其道。道德之歸也有日矣。況其外之文乎。抑愈所謂望孔子之門牆而不入於其宮者。焉足以知是且非邪。雖然。不可不爲生言之。生所謂立言者。是也。生所爲者與所期者。甚似而幾矣。抑不知生之志。蘄勝於人而取於人邪。將蘄至於古之立言者邪。蘄勝於人而取於人。則固勝於人而可取於人矣。將蘄至於古之立言者。則無望其速成。無誘於勢利。養其根而俟其實。加其膏而希其光。根之茂者其實遂。膏之沃者其光曄。仁義之人。其言藹如也。抑又有難者。愈之所爲。不自知其至猶未也。雖然。學之二十餘年矣。始者非三代兩漢之書不敢觀。非聖人之志不敢存。處若忘。行若遺。儼乎其若思。茫乎其若迷。當其取於心而注於手也。惟陳言之務去。戛戛乎其難哉。其觀於人。不知其非笑之爲非笑也。如是者亦有年。猶不改。然後識古書之正僞。與雖正而不至焉者。昭昭然白黑分矣。而務去之。乃徐有得也。當其取於心而注於手也。汩汩然來矣。其觀於人也。笑之則以為喜。譽之則以為憂。以其猶有人之說者存也。如是者亦有年。然後浩乎其沛然矣。吾又懼其雜也。迎而距之。平心而察之。其皆醇也。然後肆焉。雖然不可以不養也。行之乎仁義之途。游之乎詩書之源。無迷其途。無絕其源。終吾身而已矣。氣水也。言浮物也。水大而物之浮者大小畢浮。氣之與言猶是也。氣盛則言之短長與聲之高下者皆宜。雖如是。其敢自謂幾於成乎。雖幾於成。其用於人也奚取焉。雖然。待用於人者。其肖於器邪。用與舍屬諸人。君子則不然。處心有道。行己有方。用則施諸人。舍則傳諸其徒。垂諸文而為後世法。如是者其亦足樂乎。其無足樂也。有志乎古者希矣。志乎古必遺乎今。吾誠樂而悲之。亟稱其人。所以勸之。非敢褒其可褒而貶其可貶也。問於愈者多矣。念生之言不志乎利。聊相為言之。愈白。

答劉正夫書

愈白。進士劉君足下。辱箋教以所不及。既荷厚賜。且愧其誠然。幸甚幸甚。凡舉進士者。於先進之門。何所不往。先進之於後輩。苟見其至。寧可以不答其意邪。來者則接之。舉城士大夫莫不皆然。而愈不幸。獨有接後輩名。名之所存。謗之所歸也。有來問者。不敢不以誠答。或問為文宜何師。必謹答曰。宜師古聖賢人。曰古聖賢人所為書具存。辭皆不同。宜何師。必謹對曰。師其意不師其辭。又問曰文宜易宜難。必謹對曰。無難易。惟其是爾。如是而已。非固開其爲此而禁其爲彼也。夫百物朝夕所見者。人皆不注視也。及覩其異者。則共觀而言之。夫文豈異於是乎。漢朝人莫不能爲文。獨司馬相如太史公劉向揚雄爲之最。然則用功深者。其收名也遠。若皆與世沈浮。不自樹立。雖不爲當時所怪。亦必無後世之傳也。足下家中百物皆賴而用也。然其所珍愛者。必非常物。夫君子之於文。豈異於是乎。今後進之爲文。能深探而力取之。以古聖賢人爲法者。雖未必皆是。要若有司馬相如太史公劉向揚雄之徒出。必自於此。不自於循常之徒也。若聖人之道。不用文則已。用則必尚其能者。能者非他。能自樹立。不因循者是也。有文字來。誰不爲文。然其存於今者。必其能者也。顧常以此爲說耳。愈於足下。忝同道而先進者。又常從游於賢尊給事。既辱厚賜。又安得不進其所有以爲答也。足下以爲何如。愈白。

答尉遲生書

愈白。尉遲生足下。夫所謂文者。必有諸其中。是故君子愼其實。實之美惡。其發也不揜。本深而末茂。形大而聲宏。行峻而言厲。心醇而氣和。昭晰者無疑。優游者有餘。體不備不可以爲成人。辭不足不可以爲成文。愈之所聞者如是。有問於愈者。亦以是對。今吾子所爲皆善矣。謙謙然若不足。而以徵於愈。愈又敢有愛於言乎。抑所能言者。皆古之道。古之道不足以取於今。吾子何其愛之異也。賢公卿大夫在上比肩。始進之賢士在下比肩。彼其得之。必有以取之也。子欲仕乎。其往問焉。皆可學也。若獨有愛於是。而非仕之謂。則愈也嘗學之矣。請繼今以言。

與馮宿論文書

辱示初筮賦。實有意思。但力為之。古人不難到。但不知直似古人。亦何得於今人也。僕為文久。每自測。意中以為好。則人必以為惡矣。小稱意。人亦小怪之。大稱意。即人必大怪之也。時時應事作俗下文字。下筆令人慚。及示人。則人以為好矣。小慚者。亦蒙謂之小好。大慚者。即必以為大好矣。不知古文直何用於今世也。然以俟知者知耳。昔揚子雲著太玄。人皆笑之。子雲之言曰。世不我知。無害也。後世復有揚子雲。必好之矣。子雲死近千載。竟未有揚子雲。可歎也。其時桓譚亦以為雄書勝老子。老子未足道也。子雲豈止與老子爭彊而已乎。此未為知雄者。其弟子侯芭頗知之。以為其師之書勝周易。然侯之他文不見於世。不知其人果何如耳。以此而言。作者不祈人之知也明矣。直百世以俟聖人而不惑。質諸鬼神而無疑耳。足下豈不謂然乎。近李翺從僕學文。頗有所得。然其人家貧多事。未能卒其業。有張籍者。年長於翺。而亦學於僕。其文與翺相上下。一二年業之。庶幾乎至也。然閔其棄俗尙而從於寂寞之道。以之爭名於時也。久不談。聊感足下能自進於此。故復發憤一道。愈再拜。

送王秀才塤序

吾嘗以爲孔子之道。大而能博。門弟子不能徧觀而盡識也。故學焉而皆得其性之所近。其後離散。分處諸侯之國。又各以所能授弟子。原遠而末益分。蓋子夏之學。其後有田子方。子方之後。流而爲莊周。故周之書。喜稱子方之爲人。荀卿之書。語聖人必曰孔子子弓。子弓之事業不傳。惟太史公書弟子傳有姓名字。曰馯臂子弓。子弓受易於商瞿。孟軻師子思。子思之學。蓋出曾子。自孔子沒。羣弟子莫不有書。獨孟軻氏之傳得其宗。故吾少而樂觀焉。太原王塤示予所爲文。好舉孟子之所道者。與之言。信悅孟子而屢贊其文辭。夫沿河而下。苟不止。雖有遲疾。必至於海。如不得其道也。雖疾不止。終莫幸而至焉。故學者必愼其所道。道於楊墨老莊佛之學。而欲之聖人之道。猶航斷港絕潢以望至於海也。故求觀聖人之道。必自孟子始。今塤之所由。旣幾於知道。如又得其船與檝。知沿而不止。嗚呼。其可量也哉。

送孟東野序

大凡物不得其平則鳴。草木之無聲。風撓之鳴。水之無聲。風蕩之鳴。其躍也或激之。其趨也或梗之。其沸也或炙之。金石之無聲。或擊之鳴。人之於言也亦然。有不得已者而後言。其歌也有思。其哭也有懷。凡出乎口而爲聲者。其皆有弗平者乎。樂也者。鬱於中而泄於外者也。擇其善鳴者而假之鳴。金石絲竹匏土革木八者。物之善鳴者也。維天之於時也亦然。擇其善鳴者而假之鳴。是故以鳥鳴春。以雷鳴夏。以蟲鳴秋。以風鳴冬。四時之相推敓。其必有不得其平者乎。其於人也亦然。人聲之精者爲言。文辭之於言。又其精也。尤擇其善鳴者而假之鳴。其在唐虞。咎陶禹其善鳴者也。而假以鳴。夔弗能以文辭鳴。又自假於韶以鳴。夏之時。五子以其歌鳴。伊尹鳴殷。周公鳴周。凡載於詩書六藝。皆鳴之善者也。周之衰。孔子之徒鳴之。其聲大而遠。傳曰。天將以夫子爲木鐸。其弗信矣乎。其末也。莊周以其荒唐之辭鳴。楚大國也。其亡也。以屈原鳴。臧孫辰孟軻荀卿。以道鳴者也。楊朱墨翟管夷吾晏嬰老聃申不害韓非慎到田駢鄒衍尸佼孫武張儀蘇秦之屬。皆以其術鳴。秦之興。李斯鳴之。漢之時。司馬遷相如揚雄。最其善鳴者也。其下魏晉氏。鳴者不及於古。然亦未嘗絕也。就其善鳴者。其聲清以浮。其節數以急。其辭淫以哀。其志弛以肆。其爲言也。亂雜而無章。將天醜其德莫之顧邪。何爲乎不鳴其善鳴者也。唐之有天下。陳子昂蘇源明元結李白杜甫李觀。皆以其所能鳴。其存而在下者。孟郊東野。始以其詩鳴。其高出魏晉。不懈而及於古。其他浸淫乎漢氏矣。從吾遊者。李翺張籍其尤也。三子者之鳴信善矣。抑不知天將和其聲。而使鳴國家之盛邪。抑將窮餓其身。思愁其心腸。而使自鳴其不幸邪。三子者之命。則懸乎天矣。其在上也奚以喜。其在下也奚以悲。東野之役於江南也。有若不釋然者。故吾道其命於天者以解之。

送李愿歸盤谷序

太行之陽有盤谷。盤谷之間。泉甘而土肥。草木藂茂。居民鮮少。或曰。謂其環兩山之間。故曰盤。或曰。是谷也宅幽而勢阻。隱者之所盤旋。友人李愿居之。愿之言曰。人之稱大丈夫者。我知之矣。利澤施於人。名聲昭於時。坐於廟朝。進退百官。而佐天子出令。其在外。則樹旗旄。羅弓矢。武夫前呵。從者塞途。供給之人。各執其物。夾道而疾馳。喜有賞。怒有刑。才俊滿前。道古今而譽盛德。入耳而不煩。曲眉豐頰。清聲而便體。秀外而惠中。飄輕裾。翳長袖。粉白黛綠者。列屋而閒居。妒寵而負恃。爭妍而取憐。大丈夫之遇知於天子。用力於當世者之所為也。吾非惡此而逃之。是有命焉。不可幸而致也。窮居而野處。升高而望遠。坐茂樹以終日。濯清泉以自潔。採於山。美可茹。釣於水。鮮可食。起居無時。惟適之安。與其有譽於前。孰若無毀於其後。與其有樂於身。孰若無憂於其心。車服不維。刀鋸不加。理亂不知。黜陟不聞。大丈夫不遇於時者之所為也。我則行之。伺候於公卿之門。奔走於形勢之途。足將進而趑趄。口將言而囁嚅。處穢汙而不羞。觸刑辟而誅戮。徼倖於萬一。老死而後止者。其於為人。賢不肖何如也。昌黎韓愈。聞其言而壯之。與之酒而為之歌曰。盤之中。維子之宮。盤之土。可以稼。盤之泉。可濯可沿。盤之阻。誰爭子所。窈而深。廓其有容。繚而曲。如往而復。嗟盤之樂兮。樂且無央。虎豹遠跡兮。蛟龍遁藏。鬼神守護兮。呵禁不祥。飲且食兮。壽而康。無不足兮。奚所望。膏吾車兮。秣吾馬。從子於盤兮。終吾生以徜徉。

祭鱷魚文

維年月日。潮州刺史韓愈。使軍事衙推秦濟。以羊一豬一。投惡谿之潭水。以與鱷魚食。而告之曰。昔先王既有天下。烈山澤。罔繩擉刃。以除蟲蛇惡物爲民害者。驅而出之四海之外。及後王德薄。不能遠有。則江漢之間。尙皆棄之以與蠻夷楚越。況潮嶺海之間。去京師萬里哉。鱷魚之涵淹卵育於此。亦固其所。今天子嗣唐位。神聖慈武。四海之外。六合之內。皆撫而有之。況禹跡所揜。揚州之近地。刺史縣令之所治。出貢賦以供天地宗廟百神之祀之壤者哉。鱷魚其不可與刺史雜處此土也。刺史受天子命。守此土。治此民。而鱷魚睅然不安谿潭。據處食民畜熊豕鹿麞。以肥其身。以種其子孫。與刺史亢拒。爭爲長雄。刺史雖駑弱。亦安肯爲鱷魚低首下心。伈伈俔俔。爲民吏羞。以偸活於此邪。且承天子命而來爲吏。固其勢不得不與鱷魚辨。鱷魚有知。其聽刺史言。潮之州。大海在其南。鯨鵬之大。蝦蟹之細。無不容歸。以生以食。鱷魚朝發而夕至也。今與鱷魚約。盡三日。其率醜類南徙於海。以避天子之命吏。三日不能。至五日。五日不能。至七日。七日不能。是終不肯徙也。是不有刺史聽從其言也。不然。則是鱷魚冥頑不靈。刺史雖有言。不聞不知也。夫傲天子之命吏。不聽其言。不徙以避之。與冥頑不靈。爲民物害者。皆可殺。刺史則選材技吏民。操强弓毒矢。以與鱷魚從事。必盡殺乃止。其無悔。

平淮西碑

天以唐克肖其德。聖子神孫。繼繼承承。於千萬年。敬戒不怠。全付所覆。四海九州。罔有內外。悉主悉臣。高祖太宗。既除既治。高宗中睿。休養生息。至於玄宗。受報收功。極熾而豐。物衆地大。孽牙其間。肅宗代宗。德祖順考。以勤以容。大慝適去。稂莠不薅。相臣將臣。文恬武嬉。習熟見聞。以爲當然。睿聖文武皇帝。既受羣臣朝。乃考圖數貢。曰嗚呼天既全付予有家。今傳次在予。予不能事事。其何以見於郊廟。羣臣震懾。奔走率職。明年平夏。又明年平蜀。又明年平江東。又明年平澤潞。遂定易定。致魏博貝衞澶相。無不從志。皇帝曰不可究武。予其少息。九年蔡將死。蔡人立其子元濟以請。不許。遂燒舞陽。犯葉襄城。以動東都。放兵四劫。皇帝歷問於朝。一二臣外。皆曰蔡帥之不廷授。於今五十年。傳三姓四將。其樹本堅。兵利卒頑。不與他等。因撫而有。順且無事。大官臆決唱聲。萬口和附。并爲一談。牢不可破。皇帝曰惟天惟祖宗所以付任予者。庶其在此。予何敢不力。況一二臣同。不爲無助。曰光顏。汝爲陳許帥。維是河東魏博郃陽三軍之在行者。汝皆將之。曰重胤。汝故有河陽懷。今益以汝。維是朔方義成陝益鳳翔延慶七軍之在行者。汝皆將之。曰宏。汝以卒萬二千。屬而子公武往討之。曰文通。汝守壽。維是宣武淮南宣歙浙西四軍之行於壽者。汝皆將之。曰道古。汝其觀察鄂岳。曰愬。汝帥唐鄧隨。各以其兵進戰。曰度。汝長御史。其往視師。曰度。惟汝予同。汝遂相予。以賞罰用命不用命。曰宏。汝其以節都統諸軍。曰守謙。汝出入左右。汝惟近臣。其往撫師。曰度。汝其往衣服。飲食予士。無寒無饑。以既厥事。遂生蔡人。賜汝節斧。通天御帶。備卒三百。凡茲廷臣。汝擇自從。惟其賢能。無憚大吏。庚申。予其臨門送汝曰。御史。予閔士大夫戰甚苦。自今以往。非郊廟祠祀。其無用樂。顏胤武合攻其北。大戰十六。得柵城縣二十三。降人卒四萬。道古攻其東南。八戰降萬三千。再入申。破其外城。文通戰其東。十餘遇。降萬二千。愬入其西。得賊將。輒釋不殺。用其策。戰比有功。十二年八月。丞相度至師。都統宏責戰益急。顏胤武合戰益用命。元濟盡并其衆洄曲以備。十月壬申。愬用所得賊將。自文城因天大雪。疾馳百二十里。用夜半到蔡。破其門。取元濟以獻。盡得其屬人卒。辛巳。丞相度入蔡。以皇帝命赦其人。淮西平。大饗賚功。師還之日。因以其食賜蔡人。凡蔡卒三萬五千。其不樂爲兵。願歸爲農者十九。悉縱之。斬元濟京師。册功。宏加侍中。愬爲左僕射。帥山南東道。顏胤皆加司空。公武以散騎常侍帥鄜坊丹延。道古進大夫。文通加散騎常侍。丞相度朝京師。道封晉國公。進階金紫光祿大夫。以舊官相。而以其副總爲工部尙書。領蔡任。既還奏。羣臣請紀聖功。被之金石。皇帝以命臣愈。臣愈再拜稽首而獻文曰。

唐承天命。遂臣萬邦。孰居近土。襲盜以狂。往在玄宗。崇極而圮。河北悍驕。河南附起。四聖不宥。屢興師征。有不能剋。益戍以兵。夫耕不食。婦織不裳。輸之以車。爲卒賜糧。外多失朝。曠不嶽狩。百隸怠官。事亡其舊。帝時繼位。顧瞻咨嗟。惟汝文武。孰恤予家。既斬吳蜀。旋取山東。魏將首義。六州降從。淮蔡不順。自以爲强。提兵叫讙。欲事故常。始命討之。遂連姦鄰。陰遣刺客。來賊相臣。方戰未利。內驚京師。羣公上言。莫若惠來。帝爲不聞。與神爲謀。乃相同德。以訖天誅。乃敕顏胤。愬武古通。咸統於宏。各奏汝功。三方分攻。五萬其師。大軍北乘。厥數倍之。常兵時曲。軍士蠢蠢。旣翦陵雲。蔡卒大窘。勝之邵陵。郾城來降。自夏入秋。復屯相望。兵頓不厲。告功不時。帝哀征夫。命相往釐。士飽而歌。馬騰於槽。試之新城。賊遇敗逃。盡抽其有。聚以防我。西師躍入。道無留者。頟頟蔡城。其疆千里。旣入而有。莫不順俟。帝有恩言。相度來宣。誅止其魁。釋其下人。蔡之卒夫。投甲呼舞。蔡之婦女。迎門笑語。蔡人告饑。船粟往哺。蔡人告寒。賜以繒布。始時蔡人。禁不往來。今相從戲。里門夜開。始時蔡人。進戰退戮。今旰而起。左餐右粥。爲之擇人。以收餘憊。選吏賜牛。教而不稅。蔡人有言。始迷不知。今乃大覺。羞前之爲。蔡人有言。天子明聖。不順族誅。順保性命。汝不吾信。視此蔡方。孰爲不順。往斧其吭。凡叛有數。聲勢相倚。吾强不支。汝弱奚恃。其告而長。而父而兄。奔走偕來。同我太平。淮蔡爲亂。天子伐之。旣伐而饑。天子活之。始議伐蔡。卿士莫隨。旣伐四年。小大並疑。不赦不疑。由天子明。凡此蔡功。惟斷乃成。旣定淮蔡。四夷畢來。遂開明堂。坐以治之。

柳子厚墓誌銘

子厚諱宗元。七世祖慶。爲拓跋魏侍中。封濟陰公。姚範曰。柳慶仕終於宇文。又不爲侍中。周書本傳可考。封平濟公。其封濟陰乃子厚六世祖旦。慶之子也。旦封濟陰公。見柳集。隋書本傳不載。曾伯祖奭。爲唐宰相。與褚遂良韓瑗俱得罪武后。死高宗朝。皇考諱鎮。以事母棄太常博士。求爲縣令江南。其後以不能媚權貴。失御史。權貴人死。乃復拜侍御史。號爲剛直。所與游皆當世名人。子厚少精敏。無不通達。逮其父時。雖年少。已自成人。能取進士第。嶄然見頭角。衆謂柳氏有子矣。其後以博學宏詞。授集賢殿正字。儁傑廉悍。議論證據今古。出入經史百子。踔厲風發。率常屈其坐人。名聲大振。一時皆慕與之交。諸公要人爭欲令出我門下。交口薦譽之。貞元十九年。由藍田尉拜監察御史。順宗卽位。拜禮部員外郎。遇用事者得罪。例出爲刺史。未至。又例貶永州司馬。居閒益自刻苦。務記覽。爲詞章。汎濫停蓄。爲深博無涯涘。而自肆於山水間。元和中。嘗例召至京師。又偕出爲刺史。而子厚得柳州。既至。歎曰。是豈不足爲政邪。因其土俗。爲設教禁。州人順賴。其俗以男女質錢。約不時贖。子本相侔。則沒爲奴婢。子厚與設方計。悉令贖歸。其尤貧力不能者。令書其傭。足相當。則使歸其質。觀察使下其法於他州。比一歲。免而歸者且千人。衡湘以南爲進士者。皆以子厚爲師。其經承子厚口講指畫爲文詞者。悉有法度可觀。其召至京師而復爲刺史也。中山劉夢得禹錫亦在遣中。當詣播州。子厚泣曰。播州非人所居。而夢得親在堂。吾不忍夢得之窮。無辭以白其大人。且萬無母子俱往理。請於朝。將拜疏。願以柳易播。雖重得罪。死不恨。遇有以夢得事白上者。夢得於是改刺連州。嗚呼。士窮乃見節義。今夫平居里巷相慕悅。酒食游戲相徵逐。詡詡强笑語以相取下。握手出肺肝相示。指天日涕泣。誓生死不相背負。眞若可信。一旦臨小利害。僅如毛髮比。便反眼若不相識。落陷穽。不一引手救。反擠之。又下石焉者。皆是也。此宜禽獸夷狄所不忍爲。而其人自視以爲得計。聞子厚之風。亦可以少愧矣。子厚前時少年。勇於爲人。不自貴重顧藉。謂功業可立就。故坐廢退。既退。又無相知有氣力得位者推挽。故卒死於窮裔。材不爲世用。道不行於時也。使子厚在臺省時。自持其身。已能如司馬刺史時。亦自不斥。斥時有人力能擧之。且必復用不窮。然子厚斥不久。窮不極。雖有出於人。其文學辭章。必不能自力。以致必傳於後如今。無疑也。雖使子厚得所願。爲將相於一時。以彼易此。孰得孰失。必有能辨之者。子厚以元和十四年十一月八日卒。年四十七。以十五年七月十日。歸葬萬年先人墓側。子厚有子男二人。長曰周六。始四歲。季曰周七。子厚卒乃生。女子二人。皆幼。其得歸葬也。費皆出觀察使河東裴君行立。行立有節概。重然諾。與子厚結交。子厚亦爲之盡。竟賴其力。葬子厚於萬年墓者。舅弟盧遵。遵涿人。性謹愼。學問不厭。自子厚之斥。遵從而家焉。逮其死不去。既往葬子厚。又將經紀其家。庶幾有始終者。銘曰。

是惟子厚之室。既固既安。以利其嗣人。

圬者王承福傳

圬之爲技。賤且勞者也。有業之。其色若自得者。聽其言。約而盡。問之。王其姓。承福其名。世爲京兆長安農夫。天寶之亂。發人爲兵。持弓矢十三年。有官勳。棄之來歸。喪其土田。手鏝衣食餘三十年。舍於市之主人。而歸其屋食之當焉。視時屋食之貴賤。而上下其圬之傭以償之。有餘。則以與道路之廢疾餓者焉。又曰。粟稼而生者也。若布與帛。必蠶績而後成者也。其他所以養生之具。皆待人力而後完也。吾皆賴之。然人不可徧爲。宜乎各致其能以相生也。故君者。理我所以生者也。而百官者。承君之化者也。任有小大。惟其所能。若器皿焉。食焉而怠其事。必有天殃。故吾不敢一日捨鏝以嬉。夫鏝易能。可力焉。又誠有功。取其直。雖勞無愧。吾心安焉。夫力易强而有功也。心難强而有智也。用力者使於人。用心者使人。亦其宜也。吾特擇其易爲而無愧者取焉。嘻。吾操鏝以入富貴之家有年矣。有一至者焉。又往過之。則爲墟矣。有再至三至者焉。而往過之。則爲墟矣。問之其鄰。或曰。噫。刑戮也。或曰。身旣死而其子孫不能有也。或曰。死而歸之官也。吾以是觀之。非所謂食焉怠其事而得天殃者邪。非强心以智而不足。不擇其才之稱否而冒之者邪。非多行可愧。知其不可而强爲之者邪。將富貴難守。薄功而厚饗之者邪。抑豐悴有時。一去一來而不可常者邪。吾之心憫焉。是故擇其力之可能者行焉。樂富貴而悲貧賤。我豈異於人哉。又曰。功大者。其所以自奉也博。妻與子皆養於我者也。吾能薄而功小。不有之可也。又吾所謂勞力者。若立吾家而力不足。則心又勞也。一身而二任焉。雖聖者不可能也。愈始聞而惑之。又從而思之。蓋賢者也。蓋所謂獨善其身者也。然吾有譏焉。謂其自爲也過多。其爲人也過少。其學楊朱之道者邪。楊之道不肯拔我一毛而利天下。而夫人以有家爲勞心。不肯一動其心以畜其妻子。其肯勞其心以爲人乎哉。雖然。其賢於世之患不得之而患失之者。以濟其生之欲。貪邪而亡道以喪其身者。其亦遠矣。又其言有可以警余者。故余爲之傳而自鑒焉。

毛穎傳

毛穎。中山人也。其先明眎。佐禹治東方土。養萬物有功。因封於卯地。死爲十二神。嘗曰。吾子孫神明之後。不可與物同。當吐而生。已而果然。明眎八世孫䨲。世傳當殷時居中山。得神僊之術。能匿光使物。竊姮娥。騎蟾蜍入月。其後代遂隱不仕云。居東郭者曰㕙。狡而善走。與韓盧爭能。盧不及。盧怒。與宋鵲謀而殺之。醢其家。秦始皇時。蒙將軍恬南伐楚。次中山。將大獵以懼楚。召左右庶長與軍尉。以連山筮之。得天與人文之兆。筮者賀曰。今日之獲。不角不牙。衣褐之徒。缺口而長鬚。八竅而趺居。獨取其髦。簡牘是資。天下其同書。秦其遂兼諸侯乎。遂獵。圍毛氏之族。拔其豪。載穎而歸。獻俘於章臺宮。聚其族而加束縛焉。秦皇帝使恬賜之湯沐。而封諸管城。號曰管城子。日見親寵任事。穎爲人。强記而便敏。自結繩之代以及秦事。無不纂錄。陰陽卜筮占相醫方族氏山經地志字書圖畫九流百家天人之書。及至浮圖老子外國之說。皆所詳悉。又通於當代之務。官府簿書。市井貨錢注記。惟上所使。自秦皇帝及太子扶蘇胡亥丞相斯中車府令高下及國人無不愛重。又善隨人意正邪直曲巧拙。一隨其人。雖見廢棄。終默不洩。惟不喜武士。然見請亦時往。累拜中書令。與上益狎。上嘗呼為中書君。上親決事。以衡石自程。雖宮人不得立左右。獨穎與執燭者常侍。上休方罷。穎與絳人陳玄。宏農陶泓。及會稽褚先生友善。相推致。其出處必偕。上召穎。三人者不待詔。輒俱往。上未嘗怪焉。後因進見。上將有任使。拂拭之。因免冠謝。上見其髮禿。又所摹畫不能稱上意。上嘻笑曰。中書君老而禿。不任吾用。吾嘗謂君中書。君今不中書邪。對曰。臣所謂盡心者。因不復召。歸封邑。終於管城。其子孫甚多。散處中國夷狄。皆冒管城。惟居中山者。能繼父祖業。

太史公曰。毛氏有兩族。其一姬姓。文王之子。封於毛。所謂魯衞毛聃者也。戰國時有毛公毛遂。獨中山之族。不知其本所出。子孫最為蕃昌。春秋之成。見絕於孔子。而非其罪。及蒙將軍拔中山之豪。始皇封諸管城。世遂有名。而姬姓之毛無聞。穎始以俘見。卒見任使。秦之滅諸侯。穎與有功。賞不酬勞。以老見疏。秦真少恩哉。

畫記

雜古今人物小畫共一卷。騎而立者五人。騎而被甲載兵立者十人。一人騎執大旗前立。騎而被甲載兵行且下牽者十人。騎且負者二人。騎執器者二人。騎擁田犬者一人。騎而牽者二人。騎而驅者三人。執羈靮立者二人。騎而下倚馬臂隼而立者一人。騎而驅涉者二人。徒而驅牧者二人。坐而指使者一人。甲冑手弓矢鈇鉞植者七人。甲冑執幟植者十人。負者七人。偃寢休者二人。甲冑坐睡者一人。方涉者一人。坐而脫足者一人。寒附火者一人。雜執器物役者八人。奉壺矢者一人。舍而具食者十有一人。挹且注者四人。牛牽者二人。驢驅者四人。一人杖而負者。婦人以孺子載而可見者六人。載而上下者三人。孺子戲者九人。凡人之事三十有二。爲人大小百二十有三。而莫有同者焉。馬大者九匹。於馬之中。又有上者。下者。行者。牽者。涉者。陸者。翹者。顧者。鳴者。寢者。訛者。立者。人立者。齕者。飲者。溲者。陟者。降者。痒磨樹者。噓者。嗅者。喜相戲者。怒相踶齧者。秣者。騎者。驟者。走者。載服物者。載狐兔者。凡馬之事二十有七。爲馬大小八十有三。而莫有同者焉。牛大小十一頭。橐駝三頭。驢如橐駝之數而加其一焉。隼一。犬羊狐兔麋鹿共三十。旃車三兩。雜兵器弓矢旌旗刀劍矛楯弓服矢房甲冑之屬。缾盂簦笠筐筥錡釜飲食服用之器。壺矢博奕之具。二百五十有一。皆曲極其妙。貞元甲戌年。余在京師。甚無事。同居有獨孤生申叔者。始得此畫。而與余彈棊。余幸勝而獲焉。意甚惜之。以爲非一工人之所能運思。蓋藂集衆工人之所長耳。雖百金不願易也。明年出京師。至河陽。與二三客論畫品格。因出而觀之。坐有趙侍御者。君子人也。見之戚然若有感然。少而進曰。噫。余之手模也。亡之且二十年矣。余少時嘗有志乎茲事。得國本。絕人事而摹得之。遊閩中而喪焉。居閒處獨。時往來余懷也。以其始爲之勞。而夙好之篤也。今雖遇之。力

好惡箴

無善而好。不觀其道。無悖而惡。不詳其故。前之所好。今見其尤。從也爲比。捨也爲讐。前之所惡。今見其臧。從也爲愧。捨也爲狂。維讐維比。維狂維愧。於身不祥。於德不義。不義不祥。惟惡之大。幾如是爲。而不顚沛。齒之尙少。庸有不思。今其老矣。不愼胡爲。

知名箴

內不足者。急於人知。霈焉有餘。厥聞四馳。今日告汝。知名之法。勿病無聞。病其嘩嘩。昔者子路。惟恐有聞。赫然千載。德譽愈尊。矜汝文章。負汝言語。乘人不能。揜以自取。汝非其父。汝非其師。不請而敎。誰云不欺。欺以賈憎。揜以媒怨。汝曾不寤。以及於難。小人在辱。亦克知悔。及其既寧。終莫能戒。既出汝心。又銘汝前。汝如不顧。禍亦宜然。

進學解

國子先生晨入太學。招諸生立館下。誨之曰。業精於勤。荒於嬉。行成於思。毁於隨。方今聖賢相逢。治具畢張。拔去兇邪。登崇畯良。占小善者率以錄。名一藝者無不庸。爬羅剔抉。刮垢磨光。蓋有幸而獲選。孰云多而不揚。諸生業患不能精。無患有司之不明。行患不能成。無患有司之不公。言未既。有笑於列者曰。先生欺余哉。弟子事先生。於茲有年矣。先生口不絕吟於六藝之文。手不停披於百家之編。記事者必提其要。纂言者必鉤其玄。貪多務得。細大不捐。

焚膏油以繼晷。恆兀兀以窮年。先生之業。可謂勤矣。觝排異端。攘斥佛老。補苴罅漏。張皇幽眇。尋墜緒之茫茫。獨旁搜而遠紹。障百川而東之。迴狂瀾於既倒。先生之於儒。可謂有勞矣。沈浸醲郁。含英咀華。作爲文章。其書滿家。上規姚姒。渾渾無涯。周誥殷盤。佶屈聱牙。春秋謹嚴。左氏浮誇。易奇而法。詩正而葩。下逮莊騷。太史所錄。子雲相如。同工異曲。先生之於文。可謂閎其中而肆其外矣。少始知學。勇於敢爲。長通於方。左右具宜。先生之於爲人。可謂成矣。然而公不見信於人。私不見助於友。跋前躓後。動輒得咎。暫爲御史。遂竄南夷。三年博士。冗不見治。命與仇謀。取敗幾時。冬煖而兒號寒。年豐而妻啼飢。頭童齒豁。竟死何裨。不知慮此。而反教人爲。先生曰。吁子來前。夫大木爲杗。細木爲桷。欂櫨侏儒。椳闑扂楔。各得其宜。施以成室者。匠氏之工也。玉札丹砂。赤箭青芝。牛溲馬勃。敗鼓之皮。俱收並蓄。待用無遺者。醫師之良也。登明選公。雜進巧拙。紆餘爲妍。卓犖爲傑。校短量長。惟器是適者。宰相之方也。昔者孟軻好辯。孔道以明。轍環天下。卒老於行。荀卿守正。大論是宏。逃讒於楚。廢死蘭陵。是二儒者。吐辭爲經。舉足爲法。絕類離倫。優入聖域。其遇於世何如也。今先生學雖勤而不繇其統。言雖多而不要其中。文雖奇而不濟於用。行雖修而不顯於衆。猶且月費俸錢。歲靡廩粟。子不知耕。婦不知織。乘馬從徒。安坐而食。踵常途之促促。窺陳編以盜竊。然而聖主不加誅。宰臣不見斥。非其幸歟。動而得謗。名亦隨之。投閒置散。乃分之宜。若夫商財賄之有亡。計班資

之崇卑忘己量之所稱指前人之瑕疵是所謂詰匠氏之不以杙爲楹而訾醫師以昌陽引年欲進其豨苓也

祭柳子厚文

嗟嗟子厚而至然邪自古莫不然我又何嗟人之生世如夢一覺其間利害竟亦何校當其夢時有樂有悲及其既覺豈足追惟凡物之生不願爲材犧尊青黃乃木之災子之中棄天脫馽羈玉佩瓊琚大放厥辭富貴無能磨滅誰紀子之自著表表愈偉不善爲斲血指汗顏巧匠旁觀縮手袖閒子之文章而不用世乃令吾等掌帝之制子之視人自以無前一斥不復羣飛刺天嗟嗟子厚今也則亡臨絕之音一何琅琅徧告諸友以寄厥子不鄙謂余亦託以死凡今之交觀勢厚薄余豈可保能承子託非我知子子實命我猶有鬼神寧敢遺墮念子永歸無復來期設祭棺前矢心以辭嗚呼哀哉尚饗

祭十二郎文

年月日季父愈聞汝喪之七日乃能銜哀致誠使建中遠具時羞之奠告汝十二郎之靈嗚呼吾少孤及長不省所怙惟兄嫂是依中年兄沒南方吾與汝俱幼從嫂歸葬河陽既又與汝就食江南零丁孤苦未嘗一日相離也吾上有三兄皆不幸早世承先人後者在孫惟汝在子惟吾兩世一身形單影隻嫂嘗撫汝指吾而言曰韓氏兩世惟此而已汝時尤小當不

復記憶。吾時雖能記憶。亦未知其言之悲也。吾年十九。始來京城。其後四年而歸視汝。又四年。吾往河陽省墳墓。遇汝從嫂喪來葬。又二年。吾佐董丞相于汴州。汝來省吾。止一歲。請歸取其孥。明年。丞相薨。吾去汴州。汝不果來。是年。吾佐戎徐州。使取汝者始行。吾又罷去。汝又不果來。吾念汝從于東。東亦客也。不可以久。圖久遠者。莫如西歸。將成家而致汝。嗚呼。孰謂汝遽去吾而沒乎。吾與汝俱少年。以爲雖暫相別。終當久與相處。故捨汝而旅食京師。以求斗斛之祿。誠知其如此。雖萬乘之公相。吾不以一日輟汝而就也。去年。孟東野往。吾書與汝曰。吾年未四十。而視茫茫。而髮蒼蒼。而齒牙動搖。念諸父與諸兄皆康彊而早世。如吾之衰者。其能久存乎。吾不可去。汝不肯來。恐旦暮死。而汝抱無涯之戚也。孰謂少者歿而長者存。彊者夭而病者全乎。嗚呼。其信然邪。其夢邪。其傳之非其眞邪。信也。吾兄之盛德而夭其嗣乎。汝之純明而不克蒙其澤乎。少者彊者而夭歿。長者衰者而存全乎。未可以爲信也。夢也。傳之非其眞也。東野之書。耿蘭之報。何爲而在吾側也。嗚呼。其信然矣。吾兄之盛德而夭其嗣矣。汝之純明宜業其家者。不克蒙其澤矣。所謂天者誠難測。而神者誠難明矣。所謂理者不可推。而壽者不可知矣。雖然。吾自今年來。蒼蒼者或化而爲白矣。動搖者或脫而落矣。毛血日益衰。志氣日益微。幾何不從汝而死也。死而有知。其幾何離。其無知。悲不幾時。而不悲者無窮期矣。汝之子始十歲。吾之子始五歲。少而彊者不可保。如此孩提者。又可冀其成立

邪。嗚呼哀哉。嗚呼哀哉。汝去年書云。比得軟腳病。往往而劇。吾曰。是疾也。江南之人。常常有
之。未始以爲憂也。嗚呼。其竟以此而殞其生乎。抑別有疾而至斯乎。汝之書。六月十七日也。
東野云。汝歿以六月二日。耿蘭之報無月日。蓋東野之使者。不知問家人以月日。如耿蘭之
報。不知當言月日。東野與吾書。乃問使者。使者妄稱以應之耳。其然乎。其不然乎。今吾使建
中祭汝。弔汝之孤與汝之乳母。彼有食可守以待終喪。則待終喪而取以來。如不能守以終
喪。則遂取以來。其餘奴婢。竝令守汝喪。吾力能改葬。終葬汝於先人之兆。然後惟其所願。嗚
呼。汝病吾不知時。汝歿吾不知日。生不能相養以共居。歿不得撫汝以盡哀。斂不憑其棺。窆
不臨其穴。吾行負神明而使汝夭。不孝不慈。而不得與汝相養以生。相守以死。一在天之涯。
一在地之角。生而影不與吾形相依。死而魂不與吾夢相接。吾實爲之。其又何尤。彼蒼者天。
曷其有極。自今以往。吾其無意於人世矣。當求數頃之田於伊潁之上。以待餘年。教吾子與
汝子。幸其成。長吾女與汝女。待其嫁。如此而已。嗚呼。言有窮而情不可終。汝其知也邪。其不
知也邪。嗚呼哀哉。尙饗。

古文治要卷一

古文十七家

柳宗元　河東人。字子厚。少敏悟絕倫。為文章卓偉精緻。類古名家之說。一時輩行推仰。第貞元進士博學宏辭科。拜監察御史。坐王叔文黨。貶永州司馬。復徙柳州刺史。宗元既竄斥。地又荒癘。因自放山澤間。其堙厄感鬱。一寓諸文。而文乃益進。與韓愈友善。年四十七卒。愈誌其墓。又為文祭之。評其文曰。雄深雅健。似司馬子長。崔蔡不足多也。後世言古文者。因皆以韓柳並稱云。有柳河東集外集龍城錄。

天說

韓愈謂柳子曰。若知天之說乎。吾為子言天之說。今夫人有疾痛倦辱飢寒甚者。因仰而呼天曰。殘民者昌。佑民者殃。又仰而呼天曰。何為使我至此極戾也。若是者。舉不能知天。夫果蓏飲食既壞。蟲生之。人之血氣敗逆壅底。為癰瘍疣贅瘻痔。蟲生之。木朽而蝎中。草腐而螢飛。是豈不以壞而後出邪。物壞。蟲由之生。元氣陰陽之壞。人由之生。蟲之生而物益壞。食齧之。攻穴之。蟲之禍物也滋甚。其有能去之者。有功於物者也。繁而息之者。物之讎也。人之壞元氣陰陽也亦滋甚。墾原田。伐山林。鑿泉以井飲。窾墓以送死。而又穴為偃溲。築為牆垣城郭。臺榭觀游。疏為川瀆溝洫陂池。燧木以燔。革金以鎔。陶甄琢磨。悴然使天地萬物不得其情。倖倖衝衝。攻殘敗撓而未嘗息。其爲禍元氣陰陽也。不甚於蟲之所爲乎。吾意有能殘斯人使日薄歲削。禍元氣陰陽者滋少。是則有功於天地者也。蕃而息之者。天地之讎也。今夫人舉不能知天。故爲是呼且怨也。吾意天聞其呼且怨。則有功者受賞必大矣。其禍焉者受罰亦大矣。子以吾言爲如何。柳子曰。子誠有激而爲是邪。則信辯且美矣。吾能終其說。彼上而玄者。世謂之天。下而黃者。世謂之地。渾然而中處者。世謂之元氣。寒而暑者。世謂之陰陽。是雖大。無異果蓏癰痔草木也。假而有能去其攻穴者。是物也。其能有報乎。蕃而息之者。其能有怒乎。天地。大果蓏也。元氣。大癰痔也。陰陽。大草木也。其惡能賞功而罰禍乎。功者自功。禍者自禍。欲望其賞罰者。大謬矣。呼而怨。欲望其哀且仁者。愈（一作亦）大謬矣。子而信子之仁義以游其內。生而死爾。烏置存亡得喪於果蓏癰痔草木邪。

桐葉封弟辯

古之傳者有言。成王以桐葉與小弱弟戲曰。以封汝。周公入賀。王曰。戲也。周公曰。天子不可戲。乃封小弱弟於唐。吾意不然。王之弟當封耶。周公宜以時言於王。不待其戲而賀以成之也。不當封耶。周公乃成其不中之戲。以地以人與小弱者爲之主。其得爲聖乎。且周公以王之言不可苟焉而已。必從而成之耶。設有不幸。王以桐葉戲婦寺。亦將舉而從之乎。凡王者之德。在行之何若。設未得其當。雖十易之不爲病。要於其當。不可使易也。而況以其戲乎。若戲而必行之。是周公教王遂過也。吾意周公輔成王。宜以道從容優樂。要歸之大中而已。必不逢其失而爲之辭。又不當束縛之馳驟之。使若牛馬然。急則敗矣。且家人父子尚不能以此自克。況號爲君臣者耶。是特小丈夫趹趹者之事。非周公所宜用。故不可信。或曰。封唐叔史佚成之。

西漢文類序

左右史混久矣。言事駁亂。尚書春秋之旨不立。自左邱明傳孔氏。太史公述歷古今。合而爲史記。迄於今交錯相糾。莫能離其說。獨左氏國語紀言。不參於事。戰國策春秋後語頗本右史尚書之制。然無古聖人蔚然之道。大抵促數耗矣。而後之文者襲之。文之近古而尤壯麗。莫若漢之西京。班固書傳之。吾嘗病其畔散不屬。無以考其變。欲采比義。會年長疾作。駑墮日甚。未能勝也。幸吾弟宗直愛古書。樂而成之。搜討磔裂。捃摭融結。離而同之。與類推移。不易時月。而咸得從其條貫。森然炳然。若開羣玉之府。指揮聯累。圭璋琮璜之狀。各有列位。不失其序。雖第其價可也。以文觀之。則賦頌詩歌書奏詔策辨論之詞畢具。以語觀之。則右史記言。尚書國語戰國策成敗興衰之說大備。無不包也。噫。是可以爲學者之端邪。始吾少時。有路子者。自贊爲是書。吾嘉而序其意。而其書終莫能具。卒俟宗直也。故刪取其序繫於左。以爲西漢文類首。紀殷周之前。其文簡而野。魏晉已降。則盪而靡。得其中者漢氏。漢氏之東則既衰矣。當文帝時。始得賈生明儒術。武帝尤好焉。而公孫弘董仲舒司馬遷相如之徒作。風雅益盛。敷施天下。自天子至公卿大夫士庶人咸通焉。於是宣於詔策。達於奏議。諷於辭賦。傳於歌謠。由高帝迄於哀平王莽之誅。四方之文章蓋爛然矣。史臣班孟堅修其書。拔其尤者充於簡冊。則二百三十年間。列辟之達道。名臣之大範。賢能之志業。黔黎之風習列焉。若乃合其英精。離其變通。論次其序位。必俟學古者興行之。唐興用文理。貞元間文章特盛。本之三代。浹於漢氏。與之相準。於是有能者取孟堅書。類其文。次其先後。爲四十卷。

愚溪詩序

灌水之陽有溪焉。東流入於瀟水。或曰。冉氏嘗居也。故姓是溪曰冉溪。或曰。可以染也。名之以其能。故謂之染溪。余以愚觸罪。謫瀟水上。愛是溪。入二三里。得其尤絕者家焉。古有愚公谷。今余家是溪。而名莫能定。土之居者猶齗齗然。不可以不更也。故更之爲愚溪。愚溪之上。買小邱。爲愚邱。自愚邱東北行六十步。得泉焉。又買居之。爲愚泉。愚泉凡六穴。皆出山下平地。蓋上出也。合流屈曲而南。爲愚溝。遂負土累石。塞其隘。爲愚池。愚池之東。爲愚堂。其南爲愚亭。池之中爲愚島。嘉木異石錯置。皆山水之奇者。以余故。咸以愚辱焉。夫水。智者樂也。今是溪獨見辱於愚。何哉。蓋其流甚下。不可以灌溉。又峻急多坻石。大舟不可入也。幽邃淺狹。蛟龍不屑。不能興雲雨。無以利世。而適類於余。然則雖辱而愚之。可也。寧武子邦無道則愚。

智而爲愚者也。顏子終日不違如愚。睿而爲愚者也。皆不能爲眞愚。今余遭有道而違於理。悖於事。故凡爲愚者莫我若也。夫然則天下莫能爭是溪。余得專而名焉。溪雖莫利於世而善鑒萬類。清瑩秀澈。鏘鳴金石。能使愚者喜笑眷慕。樂而不能去也。余雖不合於俗。亦頗以文墨自慰。漱滌萬物。牢籠百態。而無所避之。以愚辭歌愚溪。則茫然而不違。昏然而同歸。超鴻蒙。混希夷。寂寥而莫我知也。於是作八愚詩。紀於溪石上。

楊評事文集後序

文之用。辭令褒貶。導揚諷諭而已。雖其言鄙埜。足以備於用。然而闕其文采。固不足以竦動時聽。夸示後學。立言而朽。君子不由也。故作者抱其根源。而必由是假道焉。作於聖。故曰經。述於才。故曰文。文有二道。辭令褒貶。本乎著述者也。導揚諷諭。本乎比興者也。著述者流。蓋出於書之謨訓。易之象繫。春秋之筆削。其要在於高壯廣厚。詞正而理備。謂宜藏於簡冊也。比興者流。蓋出於虞夏之詠歌。殷周之風雅。其要在於麗則清越。言暢而意美。謂宜流於謠誦也。茲二者考其旨義。乖離不合。故秉筆之士。恆偏勝獨得。而罕有兼者焉。厥有能而專美。命之曰藝成。雖古文雅之盛世。不能並肩而生。唐興以來。稱是選而不怍者。梓潼陳拾遺。其後燕文貞以著述之餘。攻比興而莫能極。張曲江以比興之隟。窮著述而不克備。其餘各探一隅。相與背馳於道者。其去彌遠。文之難兼。斯亦甚矣。若楊君者。少以篇什著聲於時。其炳爟尤巽之詞。諷誦於文人。滿盈於江湖。達於京師。晚節偏悟文體。尤邃敘述。學富識遠。才湧未已。其雄傑老成之風。與時增加。既獲是。不數年而夭。其季年所作尤善。其爲鄂州新城頌諸葛武侯傳論。餞送梓潼陳衆甫。汝南周愿。河東裴泰。武都符義府。太山羊士諤。隴西李鍊凡六序。廬山禪居記。辭李常侍啓。遠遊賦。七夕賦。皆人文之選已。用是陪陳君之後。其可謂具體者歟。嗚呼。公既悟文而疾。既即功而廢。廢不逾年。大病及之。卒不得窮其工。竟其才。遺文未克流於世。休聲未克充於時。凡我從事於文者。所宜追惜而悼慕也。宗元以通家修好幼獲省謁。故得奉公元兄命。論次篇簡。遂述其制作之所詣。以繫於後。

讀韓愈所作毛穎傳

自吾居夷。不與中州人通書。有來南者。時言韓愈爲毛穎傳。不能舉其辭。而獨大笑以爲怪。而吾久不克見。楊子誨之來。始持其書。索而讀之。若捕龍蛇。搏虎豹。急與之角。而力不敢暇。信韓子之怪於文也。世之模擬竄竊。取青媲白。肥皮厚肉。柔筋脆骨。而以爲辭者之讀之也。其大笑固宜。且世人笑之也。不以其俳乎。且俳又非聖人之所棄者。詩曰。善戲謔兮。不爲虐兮。太史公書有滑稽列傳。皆取乎有益於世者也。故學者終日討論答問。呻吟習復。應對進退。掬溜播灑。則罷憊而廢亂。故有息焉游焉之說。不學操縵。不能安弦。有所拘者。有所縱也。大羹玄酒。體節之薦。味之至者。而又設以奇異小蟲水草樝梨橘柚。苦鹹酸辛。雖蜇吻裂鼻縮舌澀齒而咸有篤好之者文王之菖蒲菹屈到之芰曾皙之羊棗然後盡天下之奇味以足於口獨文異乎韓子之爲也亦將弛焉而不爲虐歟息焉游焉而有所縱歟盡六藝之奇味以足於口歟而不若是則韓子之詞若壅大川焉其必決而放諸陸不可以不陳也且凡古今是非六藝百家大細穿穴用而不遺者毛穎之功也韓子窮古書好斯文嘉穎之能盡其意故奮而爲之傳以發其鬱積而學者得之勵其有益於世歟是其言也固與異世者語而貪常嗜瑣者猶呫呫然動其喙彼亦勞甚矣乎

答劉禹錫天論書

宗元白發書得天論三篇以僕所爲天說爲未究欲畢其言始得之大喜謂有以開明吾志慮及詳讀五六日求其所以異吾說卒不可得其歸要曰非天預乎人也凡子之論乃吾天說傳疏耳無異道焉諄諄佐吾言而曰有以異不識何以爲異也子之所以爲異者豈不以贊天之能生植也歟夫天之能生植久矣不待贊而顯且子以天之生植也爲天耶爲人耶抑自生而植乎若以爲爲人則吾愈不識也若果以爲自生而植則彼自生而植耳何以異夫果蓏之自爲果蓏癰痔之自爲癰痔草木之自爲草木耶是非爲蟲謀明矣猶天之不謀乎人也彼不我謀而我何爲務勝之耶子所謂交勝者若天恆爲惡人恆爲善人勝天則善者行是又過德乎人過罪乎天也又曰天之能者生植也人之能者法制也是判天與人爲

四而言之者也。余則曰。生植與災荒。皆天也。法制與悖亂。皆人也。二之而已。其事各行不相預。而凶豐理亂出焉。究之矣。凡子之辭。枝葉甚美。而根不直。取以遂焉。又子之喻乎旅者。皆人也。而一曰天勝焉。一曰人勝焉。何哉。莽蒼之先者。力勝也。邑郛之先者。智勝也。虞芮力窮也。匡宋智窮也。是非存亡。皆未見其可以喻乎天者。若子之說。要以亂爲天理。理爲人理耶。謬矣。若操舟之言人與天者。愚民恆說耳。幽厲之云爲上帝者。無所歸怨之辭爾。皆不足喻乎道。子其熟之。無羨言侈論以益其枝葉。姑務本之爲得。不亦裕乎。獨所謂無形爲無常形者甚善。宗元白。

答韓愈論史官書

正月二十一日。宗元頓首十八丈退之侍者。前獲書言史事。云具與劉秀才書。及今乃見書藁。私心甚不喜。與退之往年言史事甚大謬。若書中言退之不宜一日在館下。安有探宰相意。以爲苟以史榮一韓退之耶。若果爾。退之豈宜虛受宰相榮己。而冒居館下。近密地。食奉祿。役使掌故。利紙筆爲私書。取以供子弟費。古之志於道者。不宜若是。且退之以爲紀錄者有刑禍。避不肯就。尤非也。史以名爲褒貶。猶且恐懼不敢爲。設使退之爲御史中丞大夫。其褒貶成敗人愈益顯。其宜恐懼尤大也。則又將揚揚入臺府。美食安坐。行呼唱於朝廷而已邪。在御史猶爾。設使退之爲宰相。生殺出入升黜天下士。其敵益衆。則又將揚揚入政事堂美食安坐行呼唱於內廷外衢而已邪。又何以異不為史而榮其號利其祿者也。又言不有人禍則有天刑。若以罪夫前古之為史者。然亦甚惑。凡居其位思直其道。道苟直雖死不可迴也。如迴之。莫若亟去其位。孔子之困於魯衛陳宋蔡齊楚者。其時暗諸侯不能以也。其不遇而死。不以作春秋故也。當其時雖不作春秋。孔子猶不遇而死也。若周公史佚雖紀言書事。猶遇且顯也。又不得以春秋為孔子累。范曄悖亂。雖不為史。其族亦赤。司馬遷觸天子喜怒。班固不檢下。崔浩沽其直以鬬暴虜。皆非中道。左邱明以疾盲。出於不幸。子夏不為史亦盲。不可以是為戒。其皆於不出此。是退之宜守中道。不忘其直。無以他事自恐。退之之恐。唯在不直不得中道。刑禍非所恐也。凡言二百年文武事多有誠如此者。今退之曰我一人也何能明。則同職者又所云若是。後來繼今者又所云若是。人人皆曰我一人。則卒誰能紀傳之邪。如退之但以所聞知孜孜不敢怠。則同職者後來繼今者亦各以所聞知孜孜不敢怠則庶幾不墜。使卒有明也。不然。徒信人口語。每每異辭。日以滋久。則所云磊磊軒天地者決不沈沒。且亂雜無可考。非有志者所忍恣也。果有志。豈當待人督責迫蹙然後為官守邪。又凡鬼神事。眇茫荒惑無可準。明者所不道。退之之智而猶懼於此。今學如退之。辭如退之。好言論如退之。慷慨自謂正直行行焉如退之。猶所云若是。則唐之史述其卒無可託乎。明天子賢宰相得史才如此。而又不果。甚可痛哉。退之宜更思。可為速為。果卒以為恐懼不敢。則

一日可引去又何以云行且謀也今當爲而不爲又誘館中他人及後生者此大惑已不勉己而欲勉人難矣哉

答韋中立論師道書

二十一日宗元白辱書云欲相師僕道不篤業甚淺近環顧其中未見可師者雖嘗好言論爲文章甚不自是也不意吾子自京師來蠻夷間乃幸見取僕自卜固無取假令有取亦不敢爲人師爲衆人師且不敢況敢爲吾子師乎孟子稱人之患在好爲人師由魏晉氏以下人益不事師今之世不聞有師有輒譁笑之以爲狂人獨韓愈奮不顧流俗犯笑侮收召後學作師說因抗顏而爲師世果羣怪聚罵指目牽引而增與爲言詞愈以是得狂名居長安炊不暇熟又挈挈而東如是者數矣屈子賦曰邑犬羣吠吠所怪也僕往聞庸蜀之南恆雨少日日出則犬吠余以爲過言則六七年僕來南二年冬幸大雪踰嶺被南越中數州數州之犬皆蒼黃吠噬狂走者累日至無雪乃已然後始信前所聞者今韓愈既自以爲蜀之日而吾子又欲使吾爲越之雪不以病乎非獨見病亦以病吾子然雪與日豈有過哉顧吠者犬耳度今天下不吠者幾人而誰敢衒怪於羣目以召鬧取怒乎僕自謫過以來益少志慮居南中九年增腳氣病漸不喜鬧豈可使呶呶者早暮咈吾耳騷吾心則固僵仆煩憒愈不可過矣平居望外遭齒舌不少獨欠爲人師耳抑又聞之古者重冠禮將以責成人之道是

聖人所尤用心者也。數百年來。人不復行。近有孫昌允者。獨發憤行之。既成禮。明日造朝至外廷。薦笏言於卿士曰。某子冠畢。應之者咸憮然。京兆尹鄭叔則怫然曳笏卻立曰。何預我耶。廷中皆大笑。天下不以非鄭尹而快孫子。何哉。獨爲所不爲也。今之命師者大類此。吾子行厚而辭深。凡所作皆恢恢然有古人形貌。雖僕敢爲師。亦何所增加也。假而以僕年先吾子。聞道著書之日不後。誠欲往來言所聞。則僕固願悉陳中所得者。吾子苟自擇之。取某事去某事則可矣。若定是非以教吾子。僕材不足。而又畏前所陳者。其爲不敢也決矣。吾子前所欲見吾文。既悉以陳之。非以耀明於子。聊欲以觀子氣色。誠好惡何如也。今書來言者皆大過。吾子誠非佞譽誣諛之徒。直見愛甚故然耳。始吾幼且少。爲文章以辭爲工。及長乃知文者以明道。是固不苟爲炳炳烺烺。務采色。誇聲音。而以爲能也。凡吾所陳。皆自能近道。而不知道之果近乎遠乎。吾子好道而可吾文。或者其於道不遠矣。故吾每爲文章。未嘗敢以輕心掉之。懼其剽而不留也。未嘗敢以怠心易之。懼其弛而不嚴也。未嘗敢以昏氣出之。懼其昧沒而雜也。未嘗敢以矜氣作之。懼其偃蹇而驕也。抑之欲其奧。揚之欲其明。疏之欲其通。廉之欲其節。激而發之欲其清。固而存之欲其重。此吾所以羽翼夫道也。本之書以求其質。本之詩以求其恆。本之禮以求其宜。本之春秋以求其斷。本之易以求其動。此吾所以取道之原也。參之穀梁氏以厲其氣。參之孟荀以暢其支。參之莊老以肆其端。參之國語以博其趣。參之離騷以致其幽。參之太史以著其潔。此吾所以旁推交通而以爲之文也。凡若此者。果是耶。非耶。有取乎。抑其無取乎。吾子幸觀焉擇焉。有餘以告焉。苟亟來以廣是道。子不有得焉。則我得矣。又何以師云爾哉。取其實而去其名。無招越蜀吠怪而爲外廷所笑。則幸矣。宗元復白。

答韋珩示韓愈相推以文墨事書

足下所封示退之書。云欲推避僕以文墨事。且以勵足下。若退之之才。過僕數人。尚不宜推避於僕。非其實可知。固相假借爲之辭耳。退之所敬者。司馬遷揚雄。遷於退之固相上下。若雄者。如太玄法言及四愁賦。退之獨未作耳。決作之。加恢奇。至他文過揚雄遠甚。雄文遺言措意。頗短局滯澀。不若退之猖狂恣睢。肆意有所作。若然者。使雄來。尚不宜推避。而況僕耶。彼好獎人善。以爲不屈己。善不可獎。故慊慊云爾也。足下幸勿信之。且足下志氣高。好讀南北史書。通國朝事。穿穴古今。後來無能和。而僕稚騃。卒無所爲。但趦趄文墨筆硯淺事。今退之不以吾子勵僕。而反以僕勵吾子。愈非所宜。然卒篇欲足下自挫抑。合當世事。固當。雖僕亦知無出此。吾子年甚少。知己者如麻。不患不顯。患道不立耳。此僕以自勵。亦以佐退之勵足下。不宜。宗元頓首再拜。

與許京兆孟容書

宗元再拜五丈座前。伏蒙賜書誨諭。微悉重厚。欣踊恍惚。疑若夢寐。捧書叩頭。悸不自定。伏念得罪來五年。未嘗有故舊大臣肯以書見及者。何則。罪謗交積。羣疑當道。誠可怪而畏也。是以兀兀忘行。尤負重憂。殘骸餘魂。百病所集。痞結伏積。不食自飽。或時寒熱。水火互至。內消肌骨。非獨瘴癘爲也。忽奉教命。乃知幸爲大君子所宥。欲使膏肓沈沒。復起爲人。夫何素望。敢以及此。宗元早歲與負罪者親善。始奇其能。謂可以共立仁義。裨教化。過不自料。懃懃勉勵。惟以中正信義爲志。以興堯舜孔子之道。利安元元爲務。不知愚陋不可力彊。其素意如此也。末路厄塞臲兀。事既壅隔。很忤貴近。狂疏繆戾。蹈不測之辜。羣言沸騰。鬼神交怒。加以素卑賤。暴起領事。人所不信。射利求進者。塡門排戶。百不一得。一旦快意。更造怨讟。以此大罪之外。詆訶萬端。旁午搆扇。便爲敵讎。協心同攻。外連彊暴失職者以致其事。此皆丈人所聞見。不敢爲他人道說。懷不能已。復載簡牘。此人雖萬被誅戮。不足塞責。而豈有賞哉。今其黨與。幸獲寬貸。各得善地。無公事。坐食俸祿。明德至渥也。尙何敢更俟除棄廢痼。以希望外之澤哉。年少氣銳。不識幾微。不知當不。但欲一心直遂。果陷刑法。皆自所求取得之。又何怪也。宗元於衆黨人中。罪狀最甚。神理降罰。又不能卽死。猶對人言語。求食自活。迷不知恥。日復一日。然亦有大故。自以得姓來二千五百年。代爲冢嗣。今抱非常之罪。居夷獠之鄉。卑溼昏霧。恐一日塡委溝壑。曠墜先緒。以是怛然痛恨。心骨沸熱。煢煢孤立。未有子息。荒陬中少士人女子。無與爲婚。世亦不肯與罪人親昵。以是嗣續之重。不絕如縷。每當春秋時饗。子立捧奠。顧眄無後繼者。懍懍然欷歔惴惕。恐此事便已。摧心傷骨。若受鋒刃。此誠丈人所共憫惜也。先墓在城南。無異子弟爲主。獨託村鄰。自譴逐來。消息存亡不一至。鄉閭主守者因以益怠。晝夜哀憤。懼便毀傷松柏。芻牧不禁。以成大戾。近世禮重拜埽。今已闕者四年矣。每遇寒食。則北向長號。以首頓地。想田野後路。士女遍滿。皁隸庸丐。皆得上父母丘墓。馬醫夏畦之鬼。無不受子孫追養者。然此已息望。又何以云哉。城西有數頃田。樹果數百株。多先人手自封植。今已荒穢。恐便斬伐。無復愛惜。家有賜書三千卷。尚在善和里舊宅。宅今已三易主。書存亡不可知。皆付受所重。常繫心腑。然無可爲者。立身一敗。萬事瓦裂。身殘家破。爲世大僇。復何敢更望大君子撫慰收卹。尚置人數中耶。是以當食不知辛鹹節適。洗沐盥漱。動逾歲時。一搔皮膚。塵垢滿爪。誠憂恐悲傷。無所告愬。以至此也。自古賢人才士。秉志遵分。被謗議不能自明者。僅以百數。故有無兄盜嫂。娶孤女云撾婦翁者。然賴當世豪傑。分明辨別。卒光史籍。管仲遇盜。升爲功臣。匡章被不孝之名。孟子禮之。今已無古人之實爲。而有詬。欲望世人之明己。不可得也。直不疑買金以償同舍。劉寬下車。歸牛鄉人。此誠知疑似之不可辯。非口舌所能勝也。鄭詹束縛於晉。終以無死。鍾儀南音。卒獲返國。叔向囚虜。自期必免。范痤騎危。以生易死。蒯通據鼎耳。爲齊上客。張蒼韓信伏斧鑕。終取將相。鄒陽獄中。以書自活。

賈生斥逐。復召宣室。倪寬擯死。後至御史大夫。董仲舒劉向下獄當誅。爲漢儒宗。此皆瓌偉博辯奇壯之士。能自解脫。今以恇怯淟涊。下才末伎。又嬰恐懼痼病。雖欲慷慨攘臂。自同昔人。愈疏闊矣。賢者不得志於今。必取貴於後。古之著書者皆是也。宗元近欲務此。然力薄才劣。無異能解。雖欲秉筆覼縷。神志荒耗。前後遺忘。終不能成章。往時讀書。自以不至牴滯。今皆頑然無復省錄。每讀古人一傳。數紙已後。則再三伸卷。復觀姓氏。旋又廢失。假令萬一除刑部囚籍。復爲士列。亦不堪當世用矣。伏惟興哀於無用之地。垂德於不報之所。但以通家宗祀爲念。有可動心者。操之勿失。不敢望歸掃塋域。退託先人之廬。以盡餘齒。姑遂少北。益輕瘴癘。就婚娶。求胤嗣。有可付託。卽冥然長辭。如得甘寢。無復恨矣。書辭繁委。無以自道。然卽文以求其志。君子固得其肺肝焉。無任懇戀之至。不宣。宗元再拜。

種樹郭橐駝傳

郭橐駝。不知始何名。病僂。隆然伏行。有類橐駝者。故鄉人號之。橐駝聞之曰。甚善。名我固當。因捨其名。亦自謂橐駝云。其鄉曰豐樂鄉。在長安西。駝業種樹。凡長安豪富人爲觀游及賣果者。皆爭迎取養。視駝所種樹。或移徙。無不活。且碩茂。蚤實以蕃。他植者雖窺伺傚慕。莫能如也。有問之。對曰。橐駝非能使木壽且孳也。能順木之天。以致其性焉爾。凡植木之性。其本欲舒。其培欲平。其土欲故。其築欲密。既然已。勿動勿慮。去不復顧。其蒔也若子。其置也若棄。

則其天者全。而其性得矣。故吾不害其長而已。非有能碩茂之也。不抑耗其實而已。非有能蚤而蕃之也。他植者則不然。根拳而土易。其培之也。若不過焉則不及焉。苟有能反是者。則又愛之太殷。憂之太勤。旦視而暮撫。已去而復顧。甚者爪其膚以驗其生枯。搖其本以觀其疏密。而木之性日以離矣。雖曰愛之。其實害之。雖曰憂之。其實讎之。故不我若也。吾又何能爲哉。問者曰。以子之道。移之官理可乎。駝曰。我知種樹而已。理非吾業也。然吾居鄉。見長人者好煩其令。若甚憐焉。而卒以禍。旦暮吏來而呼曰。官命促爾耕。勗爾植。督爾穫。蚤繅而緒。蚤織而縷。字而幼孩。遂而雞豚。鳴鼓而聚之。擊木而召之。吾小人輟飧饔以勞吏者。且不得暇。又何以蕃吾生而安吾性耶。故病且怠。若是則與吾業者其亦有類乎。問者嘻曰。不亦善夫。吾問養樹。得養人術。傳其事以爲官戒也。

捕蛇說

永之野產異蛇。黑質而白章。觸草木盡死。以齧人。無禦之者。然得而腊之以爲餌。可以已大風攣踠瘻癘。去死肌。殺三蟲。其始太醫以王命聚之。歲賦其二。募有能捕之者。當其租入。永之人爭奔走焉。有蔣氏者。專其利三世矣。問之。曰。吾祖死於是。吾父死於是。今吾嗣爲之十二年。幾死者數矣。言之貌若甚慼者。余悲之。且曰。若毒之乎。余將告於莅事者。更若役。復若賦。則何如。蔣氏大慼。汪然出涕曰。君將哀而生之乎。則吾斯役之不幸。未若復吾賦不幸之甚也。嚮吾不爲斯役。則久已病矣。自吾之三世居是鄉。積於今六十歲矣。而鄉鄰之生日蹙。殫其地之出。竭其廬之入。號呼而轉徙。飢渴而頓踣。觸風雨。犯寒暑。呼噓毒癘。往往而死者相藉也。曩與吾祖居者。今其室十無一焉。與吾父居者。今其室十無二三焉。與吾居十二年者。今其室十無四五焉。非死則徙爾。而吾以捕蛇獨存。悍吏之來吾鄉。叫囂乎東西。隳突乎南北。譁然而駭者。雖雞狗不得寧焉。吾恂恂而起。視其缶。而吾蛇尚存。則弛然而臥。謹食之。時而獻焉。退而甘食其土之有。以盡吾齒。蓋一歲之犯死者二焉。其餘則熙熙而樂。豈若吾鄉鄰之旦旦有是哉。今雖死乎此。比吾鄉鄰之死則已後矣。又安敢懼毒邪。余聞而愈悲。孔子曰。苛政猛於虎。吾常疑乎是。今以蔣氏觀之。猶信。嗚呼。孰知賦斂之毒有甚是蛇者乎。故爲之說。俟乎觀人風者得焉。

始得西山宴遊記

自余爲僇人。居是州。恆惴慄。其隙也。則施施而行。漫漫而游。日與其徒上高山。入深林。窮迴溪。幽泉怪石。無遠不到。到則披草而坐。傾壺而醉。醉則更相枕以臥。意有所極。夢亦同趣。覺而起。起而歸。以爲凡是州之山有異態者。皆我有也。而未始知西山之怪特。今年九月二十八日。因坐法華西亭。望西山。始指異之。遂命僕過湘江。緣染溪。斫榛莽。焚茅茷。窮山之高而止。攀援而登。箕踞而遨。則凡數州之土壤。皆在衽席之下。其高下之勢。岈然洼然。若垤若穴。

尺寸千里。攢蹙累積。莫得遯隱。縈青繚白。外與天際。四望如一。然後知是山之特出。不與培塿為類。悠悠乎與灝氣俱。而莫得其涯。洋洋乎與造物者游。而不知其所窮。引觴滿酌。頹然就醉。不知日之入。蒼然暮色。自遠而至。至無所見。而猶不欲歸。心凝形釋。與萬化冥合。然後知吾嚮之未始游。游於是乎始。故為之文以志。是歲元和四年也。

鈷鉧潭記

鈷鉧潭在西山西。其始蓋冉水自南奔注。抵山石。屈折東流。其顛委勢峻。盪擊益暴。齧其涯。故旁廣而中深。畢至石乃止。流沫成輪。然後徐行。其清而平者且十畝。有樹環焉。有泉懸焉。其上有居者。以予之亟游也。一旦款門來告曰。不勝官租私券之委積。既芟山而更居。願以潭上田貿財以緩禍。予樂而如其言。則崇其臺。延其檻。行其泉於高者墜之潭。有聲潨然。尤與中秋觀月為宜。於以見天之高。氣之迥。孰使予樂居夷而忘故土者。非茲潭也歟。

鈷鉧潭西小邱記

得西山後八日。尋山口西北道二百步。又得鈷鉧潭。西二十五步。當湍而浚者為魚梁。梁之上有邱焉。生竹樹。其石之突怒偃蹇。負土而出。爭為奇狀者。殆不可數。其嶔然相累而下者。若牛馬之飲於溪。其衝然角力而上者。若熊羆之登於山。邱之小不能一畝。可以籠而有之。問其主。曰唐氏之棄地。貨而不售。問其價。曰止四百。余憐而售之。李深源元克己時同遊。皆大喜。出自意外。卽更取器用。剷刈穢草。伐去惡木。烈火而焚之。嘉木立。美竹露。奇石顯。由其中以望。則山之高。雲之浮。溪之流。鳥獸魚之遨遊。舉熙熙然迴巧獻技。以效茲邱之下。枕席而臥。則清泠之狀與目謀。瀯瀯之聲與耳謀。悠然而虛者與神謀。淵然而靜者與心謀。不匝旬而得異地者二。雖古好事之士。或未能至焉。噫。以茲邱之勝。致之灃鎬鄠杜。則貴游之士爭買者。日增千金而愈不可得。今棄是州也。農夫漁父過而陋之。賈四百。連歲不能售。而我與深源克己獨喜得之。是其果有遭乎。書於石。所以賀茲邱之遭也。

至小邱西小石潭記

從小邱西行百二十步。隔篁竹。聞水聲。如鳴佩環。心樂之。伐竹取道。下見小潭。水尤清冽。全石以爲底。近岸卷石底以出。爲坻。爲嶼。爲嵁。爲巖。青樹翠蔓。蒙絡搖綴。參差披拂。身中魚可百許頭。皆若空遊無所依。日光下徹。影布石上。怡然不動。俶爾遠逝。往來翕忽。似與遊者相樂。潭西南面望。斗折蛇行。明滅可見。其岸勢犬牙差互。不可知其源。坐潭上。四面竹樹環合。寂寥無人。淒神寒骨。悄愴幽邃。以其境過清。不可久居。乃記之而去。同遊者。吳武陵。龔古。余弟宗玄。隸而從者。崔氏二小生。曰恕己。曰奉壹。

古文治要卷一

古文十七家

歐陽修

宋廬陵人。字永叔。號六一居士。舉進士甲科。慶歷初。召知諫院。改右正言。知制誥。時杜衍韓琦范仲淹富弼相繼罷去。修上書極諫。出知滁州。徙揚州潁州。還爲翰林學士。八年知無不言。嘉祐間拜參知政事。與韓琦同心輔政。熙寧初。與王安石不合。以太子少師致仕。年六十六卒。自五代以來。文章多襲唐人聲韻之體。宋初柳開穆修志欲復古而力未逮。至修得韓愈遺稿。苦心探索。遂以古文爲天下倡。導三蘇曾王諸大家。皆出其門。故當時風尚。爲之不變。然修爲古文。名曰宗韓。其氣體實與之各別。前賢論之頗詳。蓋不欲於形貌求似。而能得其神理者。此所以自成爲一大家也。著有新唐書新五代史詩文集等種。

本論中

佛法爲中國患千餘歲。世之卓然不惑而有力者。莫不欲去之。已嘗去矣。而復大集。攻之暫破而愈堅。撲之未滅而愈熾。遂至於無可奈何。是果不可去耶。蓋亦未知其方也。夫醫者之於疾也。必推其病之所自來。而治其受病之處。病之中人。乘乎氣虛而入焉。則善醫者不攻其疾。而務養其氣。氣實則病去。此自然之效也。故救天下之患者。亦必推其患之所自來。而治其受患之處。佛爲夷狄。去中國最遠。而有佛固已久矣。堯舜三代之際。王政修明。禮義之敎。充於天下。於此之時。雖有佛無繇而入。及三代衰。王政闕。禮義廢。後二百餘年而佛至乎中國。繇是言之。佛所以爲吾患者。乘其闕廢之時而來。此其受患之本也。補其闕。修其廢。使其政明而禮義充。則雖有佛。無所施於吾民矣。此亦自然之勢也。昔堯舜三代之爲政。設爲井田之法。籍天下之人。計其口而皆授之田。凡人之力能勝耕者。莫不有田而耕之。斂以什一。差其征賦以督其不勤。使天下之人力皆盡於南畝。而不暇乎其他。然又懼其勞且怠而入於邪僻也。於是爲制牲牢酒醴以養其體。弦匏俎豆以悅其耳目。於其不耕休力之時。而敎之以禮。故因其田獵而爲蒐狩之禮。因其嫁娶而爲婚姻之禮。因其死葬而爲喪祭之禮。因其飲食羣聚而爲鄉射之禮。非徒以防其亂。又因而敎之使知尊卑長幼。凡人之大倫也。故凡養生送死之道。皆因其欲而爲之制。飾之物采而文焉。所以悅之使其易趣也。順其情性而節焉。所以防之使其不過也。然猶懼其未也。又爲立學以講明之。故上自天子之郊。下至鄉黨。莫不有學。擇民之聰明者而習焉。使相告語而誘勸其愚惰。嗚呼。何其備也。蓋堯舜三代之爲政如此。其慮民之意甚精。治民之具甚備。防民之術甚周。誘民之道甚篤。行之以勤而被於物者洽。浸之以漸而入於人者深。故民之生也。不用力乎南畝。則從事乎禮樂之際。不在乎家。則在乎庠序之間。耳聞目見。無非仁義。樂而趨之。不知其倦。終身不見異物。又奚暇夫外慕哉。故曰。雖有佛。無繇而入者。謂有此具也。及周之衰。秦并天下。盡去三代之法而王道中絕。後之有天下者。不能勉強。其爲治之具不備。防民之漸不周。佛於此時乘間而出。千有餘歲之間。佛之來者日益衆。吾之所爲者日益壞。井田最先廢。而兼併遊惰之姦起。而後所爲蒐狩婚姻喪祭鄉射之禮。凡所以教民之具。相次而盡廢。然後民之姦者有暇而爲他。其良者泯然不見禮義之及。已夫姦民有餘力。則思爲邪僻。良民不見禮義。則莫之所趣。佛於此時乘其隙。方鼓其雄誕之說而牽之。則民不得不從而歸矣。又況王公大人往往倡而毆之。曰佛是眞可歸依者。然則吾民何疑而不歸焉。幸而有一不惑者。方艴然而怒曰佛何爲者。吾將操戈而逐之。又曰吾將有說以排之。夫千歲之患徧於天下。豈一人一日之可爲。民之沈酣入於骨髓。非口舌之可勝。然則將奈何。曰莫若修其本以勝之。昔戰國之時。楊墨交亂。孟子患之而專言仁義。故仁義之說勝。則楊墨之學廢。漢之時百家並興。董生患之。而退修孔氏。故孔氏之道明而百家息。此所謂修其本以勝之之效也。今八尺之夫。被甲荷戟。勇冠三軍。然而見佛則拜。聞佛之說則有畏慕之誠者。何也。彼誠壯佼。其中心茫然無所守而然也。一介之士。眇然柔懦。進趨畏怯。然而聞有道佛者則義形於色。非徒不爲之屈。又欲驅而絕之者。何也。彼無他焉。學問明而禮義純熟。中心有所守以勝之也。然則禮義者。勝佛之本也。今一介之士。知禮義者。尙能不爲之屈。使天下皆知禮義。則勝之矣。此自然之勢也。

朋黨論（在諫院進）

臣聞朋黨之說。自古有之。惟幸人君辨其君子小人而已。大凡君子與君子。以同道爲朋。小人與小人。以同利爲朋。此自然之理也。然臣謂小人無朋。惟君子則有之。其故何哉。小人所好者祿位也。所貪者財貨也。當其同利之時。暫相黨引以爲朋者。僞也。及其見利而爭先。或利盡而交疏。則反相賊害。雖其兄弟親戚。不能相保。故臣謂小人無朋。其暫爲朋者。僞也。君子則不然。所守者道義。所行者忠信。所惜者名節。以之修身。則同道而相益。以之事國。則同心而共濟。終始如一。此君子之朋也。故爲人君者。但降退小人之僞朋。用君子之眞朋。則天下治矣。堯之時。小人共工驩兜等四人爲一朋。君子八元八凱十六人爲一朋。舜佐堯。退四凶小人之朋。而進元凱君子之朋。堯之天下大治。及舜自爲天子。而臯夔稷契等二十二人並列於朝。更相稱美。更相推讓。凡二十二人爲一朋。而舜皆用之。天下亦大治。書曰。紂有臣億萬。惟億萬心。周有臣三千。惟一心。紂之時。億萬人各異心。可謂不爲朋矣。然紂以亡國。周武王之臣三千人爲一大朋。而周用以興。後漢獻帝時。盡取天下名士囚禁之。目爲黨人。及黃巾賊起。漢室大亂。後方悔悟。盡解黨人而釋之。然已無救矣。唐之晚年。漸起朋黨之論。及昭宗時。盡殺朝之名士。或投之黃河。曰。此輩清流。可投濁流。而唐遂亡矣。夫前世之主。能使人人異心不爲朋。莫如紂。能禁絕善人爲朋。莫如漢獻帝。能誅戮清流之朋。莫如唐昭宗之世。然皆亂亡其國。更相稱美推讓而不自疑。莫如舜之二十二臣。舜亦不疑而皆用之。然而後世不誚舜爲二十二人朋黨所欺。而稱舜爲聰明之聖者。以能辨君子與小人也。周武之世。舉其國之臣三千人共爲一朋。自古爲朋之多且大莫如周。然周用此以興者。善人雖多而不厭也。夫興亡治亂之迹。爲人君者可以鑒矣。按後漢禁錮黨人。乃靈帝建寧二年事。文作獻帝誤。

唐書藝文志序

自六經焚於秦而復出於漢。其師傳之道中絕。而簡編脫亂訛缺。學者莫得其本眞。於是諸儒章句之學興焉。其後傳注箋解義疏之流。轉相講述。而聖道粗明。然其爲說固已不勝其繁矣。至於上古三皇五帝以來世次。國家興滅終始。僭竊僞亂。史官備矣。而傳記小說。外暨方言地理職官氏族。皆出於史官之流也。自孔子在時。方修明聖經以絀繆異。而老子著書論道德。接乎周衰。戰國遊談放蕩之士。田駢愼到列莊之徒。各極其辨。而孟軻荀卿始專修孔氏。以折異端。迹諸子之論。各成一家。自前世皆存而不絕也。夫王迹熄而詩亡。離騷作而文辭之士興。歷代盛衰。文章與時高下。然其變態百出。不可窮極。何其多也。自漢以來。史官列其名氏篇第。以爲六藝九種七略。至唐始分爲四類。曰經史子集。而藏書之盛。莫盛於開元。其著錄者。五萬三千九百一十五卷。而唐之學者自爲之書。又二萬八千四百六十九卷。嗚呼。可謂盛矣。六經之道。簡嚴易直。而天人備。故其愈久而益明。其餘作者衆矣。質之聖人。

或離或合。然其精深閎博。各盡其術。而怪奇偉麗。往往震發於其間。此所以使好奇愛博者不能忘也。然凋零磨滅。亦不可勝數。豈其華文少實。不足以行遠歟。而俚言俗說。猥有存者。亦其有幸不幸歟。今著於篇。有其名而無其書者。十蓋五六也。可不惜哉。

五代史宦者傳序

自古宦者亂人之國。其源流深於女禍。女色而已。宦者之害。非一端也。蓋其用事也近而習。其為心也專而忍。能以小善中人之意。小信固人之心。使人主必信而親之。待其已信。然後懼以禍福而把持之。雖有忠臣碩士列於朝廷。而人主以為去己疏遠。不若起居飲食前後左右之親為可恃也。故前後左右者日益親。則忠臣碩士日益疏。而人主之勢日益孤。勢孤則懼禍之心日益切。而把持者日益牢。安危出其喜怒。禍患伏於帷闥。則嚮之所謂可恃者乃所以為患也。患已深而覺之。欲與疏遠之臣圖左右之親近。緩之則養禍而益深。急之則挾人主以為質。雖有聖智。不能與謀。謀之而不可為。為之而不可成。至其甚則俱傷而兩敗。故其大者亡國。其次亡身。而使姦豪得借以為資而起。至抉其種類。盡殺以快天下之心而後已。此前史所載宦者之禍常如此者。非一世也。夫為人主者。非欲養禍於內而疏忠臣碩士於外。蓋其漸積而勢使之然也。夫女色之惑。不幸而不悟。則禍斯及矣。使其一悟。捽而去之可也。宦者之為禍。雖欲悔悟。而勢有不得而去也。唐昭宗之事是已。故曰深於女禍者謂此也。可不戒哉。

五代史伶官傳序

嗚呼。盛衰之理。雖曰天命。豈非人事哉。原莊宗之所以得天下。與其所以失之者。可以知之矣。世言晉王之將終也。以三矢賜莊宗而告之曰。梁吾仇也。燕王吾所立。契丹與吾約爲兄弟。而皆背晉以歸梁。此三者吾遺恨也。與爾三矢。爾其無忘乃父之志。莊宗受而藏之於廟。其後用兵。則遣從事以一少牢告廟。請其矢。盛以錦囊。負而前驅。及凱旋而納之。方其係燕父子以組。函梁君臣之首。入於太廟。還矢先王。而告以成功。其意氣之盛。可謂壯哉。及仇讎已滅。天下已定。一夫夜呼。亂者四應。倉皇東出。未及見賊。而士卒離散。君臣相顧。不知所歸。至於誓天斷髮。泣下沾襟。何其衰也。豈得之難而失之易歟。抑本其成敗之迹。而皆自於人歟。書曰。滿招損。謙受益。憂勞可以興國。逸豫可以亡身。自然之理也。故方其盛也。舉天下之豪傑。莫能與之爭。及其衰也。數十伶人困之。而身死國滅。爲天下笑。夫禍患常積於忽微。而智勇多困於所溺。豈獨伶人也哉。作伶官傳。

集古錄目序

物常聚於所好。而常得於有力之彊。有力而不好。好之而無力。雖近且易。有不能致之。象犀虎豹。蠻夷山海殺人之獸。然其齒角皮革。可聚而有也。玉出崑崙流沙萬里之外。經十餘譯。

乃至乎中國。珠出南海。常生深淵。採者腰絙而入水。形色非人。往往不出。則下飽鮫魚。金礦於山。鑿深而穴遠。篝火餱糧而後進。其崖崩窟塞。則遂葬於其中者。率常數十百人。其遠且難而又多死禍。常如此。然而金玉珠璣。世常兼聚而有也。凡物好之而有力。則無不有也。湯盤孔鼎。岐陽之鼓。岱山鄒嶧會稽之刻石。與夫漢魏已來聖君賢士桓碑彝器銘詩序記。下至古文籀篆分隸諸家之字書。皆三代以來至寶。怪奇偉麗。工妙可喜之物。其去人不遠。其取之無禍。然而風霜兵火。湮沒磨滅。散棄於山崖墟莽之間。未嘗收拾者。由世之好者少也。幸而有好之者。又其力或不足。故僅得其一二。而不能使其聚也。夫力莫如好。好莫如一。予性顓而嗜古。凡世人之所貪者。皆無欲於其間。故得一其所好於斯。好之已篤。則力雖未足。猶能致之。故上自周穆王已來。下更秦漢隋唐五代。外至四海九州。名山大澤。窮崖絕谷。荒林破冢。神仙鬼物。詭怪所傳。莫不皆有。以爲集古錄。以謂傳寫失眞。故因其石本。軸而藏之。有卷帙次第。而無時世之先後。蓋其取多而未已。故隨其所得而錄之。又以謂聚多而終必散。乃撮其大要。別爲錄目。因并載夫可與史傳正其闕謬者。以傳後學。庶益於多聞。或譏予曰。物多則其勢難聚。久聚而無不散。何必區區於是哉。予對曰。足吾所好。玩而老焉可也。象犀金玉之聚。其能果不散乎。予固未能以此而易彼也。

蘇氏文集序

予友蘇子美之亡後四年。始得其平生文章遺稿於太子太傅杜公之家。而集錄之以爲十卷。子美杜氏壻也。遂以其集歸之。而告於公曰。斯文金玉也。棄擲埋沒糞土。不能銷蝕。其見遺於一時。必有收而寶之於後世者。雖其埋沒而未出。其精氣光怪。已能常自發見。而物亦不能揜也。故方其擯斥摧挫流離窮厄之時。文章已自行於天下。雖其故家仇人。及嘗能出力而擠之死者。至其文章。則不能少毀而揜蔽之也。凡人之情。忽近而貴遠。子美屈於今世猶若此。其伸於後世宜如何也。公其可無恨。予嘗考前世文章政理之盛衰。而怪唐太宗致治。幾乎三王之盛。而文章不能革五代之餘習。後百有餘年。韓李之徒出。然後元和之文始復於古。唐衰兵亂。又百餘年而宋聖興。天下一定。晏然無事。又幾百年。而古文始盛於今。自古治時少而亂時多。幸時治矣。文章或不能純粹。或遲久而不能及。何其難之若是歟。豈非難得其人歟。苟一有其人。又幸而及出於治世。世其可不爲之貴重而愛惜之歟。嗟吾子美以一酒食之過。至廢爲民而流落以死。此其可以歎息流涕。而爲當世仁人君子之職位。宜與國家樂育賢才者惜也。子美之齒少於予。而予學古文反在其後。天聖之間。予舉進士於有司。見時學者務以言語聲偶擿裂。號爲時文。以相誇尚。而子美獨與其兄才翁及穆參軍伯長。作爲古歌詩雜文。時人頗共非笑之。而子美不顧也。其後天子患時文之弊。下詔書。諷勉學者以近古。由是其風漸息。而學者稍趨於古焉。獨子美爲於舉世不爲之時。其始終自守。不牽世俗趨舍。可謂特立之士也。子美官至大理評事集賢校理。而廢。後爲湖州長史以卒。享年四十有一。其狀貌奇偉。望之昂然。而卽之溫溫。久而愈可愛慕。其材雖高。而人亦不甚嫉忌。其擊而去之者。意不在子美也。賴天子聰明仁聖。凡當時所指名排斥。二三大臣而下。欲以子美爲根而累之者。皆蒙保全。今並列於榮寵。雖與子美同時飲酒得罪之人。多一時之豪俊。亦被收采。進顯於朝廷。而子美獨不幸死矣。豈非其命也。悲夫。

記舊本韓文後

予少家漢東。漢東僻陋無學者。吾家又貧無藏書。州南有大姓李氏者。其子堯輔頗好學。予爲兒童時。多遊其家。見其敝筐貯故書在壁間。發而視之。得唐昌黎先生文集六卷。脫落顚倒無次序。因乞李氏以歸。讀之。見其言深厚而雄博。然予猶少。未能悉究其義。徒見其浩然無涯。若可愛。是時天下學者楊劉之作。號爲時文。能者取科第。擅名聲。以誇榮當世。未嘗有道韓文者。予亦方舉進士。以禮部詩賦爲事。年十有七。試於州。爲有司所黜。因取所藏韓氏之文復閱之。則喟然歎曰。學者當至於是而止耳。因怪時人之不道。而顧己亦未暇學。徒時時獨念於予心。以謂方從進士干祿以養親。苟得祿矣。當盡力於斯文。以償其素志。後七年。舉進士及第。官於洛陽。而尹師魯之徒皆在。遂相與作爲古文。因出所藏昌黎集而補綴之。求人家所有舊本而校定之。其後天下學者。亦漸趨於古。而韓文遂行於世。至於今蓋三十餘年矣。學者非韓不學也。可謂盛矣。嗚呼。道固有行於遠而止於近。有忽於往而貴於今者。非惟世俗好惡之使然。亦其理有當然者。昔孔孟惶惶於一時。而師法於千萬世。韓氏之文沒而不見者二百年。而後大施於今。此又非特好惡之所上下。蓋其久而愈明。不可磨滅。雖蔽於暫而終耀於無窮者。其道當然也。予之始得於韓也。當其沉沒棄廢之時。予固知其不足以追時好而取勢利。於是就而學之。則予之所爲者。豈所以急名利而干勢利之用哉。亦志乎久而已矣。故予之仕。於進不爲喜。退不爲懼者。蓋其志先定。而所學者宜然也。集本出於蜀。文字刻畫頗精於今世俗本。而脫繆猶多。此三十年間。聞人有善本者。必求而改正之。其最後卷缺不足。今不復補者。重增其故也。予家藏書萬卷。獨昌黎先生集爲舊物也。嗚呼。韓氏之文之道。萬世所共尊。天下所共傳而有也。予於此本。特以其舊物而尤惜之。

與尹師魯書

某頓首師魯十二兄書記。前在京師相別時。約使人如河上。既受命。便遣白頭奴出城。而還言不見舟矣。其夕又得師魯手簡。乃知留船以待。怪不如約。方悟此奴懶去。而見紿。臨行。臺吏催苛百端。不比催師魯人長者有體。使人惶迫不知所爲。是以又不留下書在京師。但深託君貺因書道修意。以西始謀陸赴夷陵。以大暑又無馬。乃作此行。沿汴絕淮。泛大江。凡五千里。用一百一十程。纔至荊南。在路無附書處。不知君貺曾作書道修意否。及來此。問荊人云去郢止兩程。方喜得作書以奉問。又見家兄。言有人見師魯過襄州。計今在郢久矣。師魯歎戚不問可知。所渴欲問者。別後安否。及家人處之如何。莫苦相尤否。六郎舊疾平否。修行雖久。然江湖皆昔所遊。往往有親舊留連。又不遇惡風水。老母用術者言。果以此行爲幸。又聞夷陵有米麪魚。如京洛。又有梨栗橘柚大筍茶荈。皆可飲食。益相喜賀。昨日因參轉運。作庭趨。始覺身是縣令矣。其餘皆如昔時。師魯簡中言。疑修有自疑之意者。非他。蓋懼責人太深以取直爾。今而思之。自決不復疑也。然師魯又云闇於朋友。此似未知修心。當與高書時。蓋以知其非君子。發於極憤而切責之。非以朋友待之也。其所爲何足驚駭。路中來頗有人以罪出不測見弔者。此皆不知修心也。師魯又云非忘親。此又非也。得罪雖死。不爲忘親。此事須相見。可盡其說也。五六十年來。天生此輩。沈默畏懼。布在世間。相師成風。忽見吾輩作此事。下至竈門老婢。亦相疑怪。交口議之。不知此事古人日日有也。但問所言當否而已。又有深相賞歎者。此亦是不慣見事人也。可嗟世人不見如往時事久矣。往時砧斧鼎鑊。皆是烹斬人之物。然士有死不失義。則趨而就。與几席枕藉之無異。有義君子在旁。見其就死。知其當然。亦不甚歎賞也。史册所以書之者。蓋特欲警後世愚懦者。使知事有當然而不得避爾。非以爲奇事而詫人也。幸今世用刑至仁慈。無此物。使有而一人就之。不知作何等怪駭也。然吾輩亦自當絕口。不可及前事也。居閒僻處。日知進道而已。此事不須言。然師魯以修有自疑之言。要知修處之如何。故略道也。安道與予在楚州。談禍福事甚詳。安道亦以爲然。俟到夷陵寫去。然後得知修所以處之之心也。又嘗與安道言。每見前世有名人當論事時。感激不避誅死。眞若知義者。及到貶所。則慼慼怨嗟。有不堪之窮愁。形於文字。其心歡戚無異庸人。雖韓文公不免此累。用此戒安道愼勿作慼慼之文。師魯察修此語。則處之之心又可知矣。近世人因言事亦有被貶者。然或傲逸狂醉。自言我爲大不爲小。故師魯相別。自言益愼職。無飲酒。此事修今亦遵此語。咽喉自出京愈矣。至今不曾飲酒。到縣後勤官。以懲洛中時懶慢矣。夷陵有一路。祗數日可至郢。白頭奴足以往來。秋寒矣。千萬保重。

答吳充秀才書

修頓首白先輩吳君足下。前辱示書及文三篇。發而讀之。浩乎若千萬言之多。及少定而視焉。纔數百言爾。非夫辭豐意雄。霈然有不可禦之勢。何以至此。然猶自患倀倀莫有開之使前者。此好學之謙言也。修材不足用於時。仕不足榮於世。其毀譽不足輕重。氣力不足動人。世之欲假譽以爲重。借力而後進者。奚取於修焉。先輩學精文雄。其施於時。又非待假譽而爲重。借力而後進者也。然而惠然見臨。若有所責。得非急於謀道。不擇其人而問焉者歟。夫學者未始不爲道。而至者鮮焉。非道之於人遠也。學者有所溺焉爾。蓋文之爲言。難工而可喜。易悅而自足。世之學者往往溺之。一有工焉。則曰吾學足矣。甚者至棄百事不關於心。曰吾文士也。職於文而已。此其所以至之鮮也。昔孔子老而歸魯。六經之作。數年之頃爾。然讀易者如無春秋。讀書者如無詩。何其用功少而能極其至也。聖人之文。雖不可及。然大抵道勝者。文不難而自至也。故孟子皇皇不暇著書。荀卿蓋亦晚而有作。若子雲仲淹。方勉焉以模言語。此道未足而强言者也。後之惑者。徒見前世之文傳。以爲學者文而已。故用力愈勤而愈不至。此足下所謂終日不出於軒序。不能縱横高下皆如意者。道未足也。若道之充焉。雖行乎天地。入乎淵泉。無不之也。足下之文。浩乎霈然。可謂善矣。而又志於爲道。猶自以爲未廣。若不止焉。孟荀可至而不難也。修學道而不至者。然幸不甘於所悅而溺於所止。因吾子之能不自止。又以勵修之少進焉。幸甚。

送徐無黨南歸序

草木鳥獸之爲物。衆人之爲人。其爲生則異。而爲死則同。一歸於腐壞澌盡泯滅而已。而衆人之中。有聖賢者。固亦生且死於其間。而獨異於草木鳥獸衆人者。雖死而不朽。愈遠而彌存也。其所以爲聖賢者。修之於身。施之於事。見之於言。是三者所以能不朽而存也。修於身者。無所不獲。施於事者。有得有不得焉。其見於言者。則又有能有不能也。施於事矣。不見於言。可也。自詩書史記所傳。其人豈必皆能言之士哉。修於身矣。而不施於事。不見於言。亦可也。孔子弟子。有能政事者矣。有能言語者矣。若顏回者。在陋巷曲肱飢臥而已。其羣居則默然終日如愚人。然自當時羣弟子。皆推尊之。以爲不敢望而及。而後世更千百歲。亦未有能及之者。其不朽而存者。固不待施於事。況於言乎。予讀班固藝文志。唐四庫書目。見其所列自三代秦漢以來著書之士。多者至百餘篇。少者猶三十四十篇。其人不可勝數。而散亡磨滅。百不一二存焉。予竊悲其人。文章麗矣。言語工矣。無異草木榮華之飄風。鳥獸好音之過耳也。方其用心與力之勞。亦何異衆人之汲汲營營。而忽焉以死者。雖有遲有速。而卒與三者同歸於泯滅。夫言之不可恃也蓋如此。今之學者。莫不慕古聖賢之不朽。而勤一世以盡心於文字間者。皆可悲也。東陽徐生。少從予學。爲文章。稍稍見稱於人。既去。而與羣士試於禮部。得高第。由是知名。其文辭日進。如水涌而山出。予欲摧其盛氣而勉其思也。故於其歸告以是言。然予固亦喜爲文辭者。亦因以自警焉。

胡先生墓表

先生諱瑗。字翼之。姓胡氏。其上世爲陵州人。一本作京兆。後爲泰州如皋人。一作海陵。先生爲人師。言行而身化之。使誠明者達。昏愚者勵。而頑傲者革。故其爲法嚴而信。爲道久而尊。師道廢久矣。自景祐明道以來。學者有師。惟先生暨泰山孫明復。石守道三人。而先生之徒最盛。其在湖州之學。弟子去來常數百人。各以其經轉相傳授。其教學之法最備。行之數年。東南之士。莫不以仁義禮樂爲學。慶曆四年。天子開天章閣。與大臣講天下事。始慨然詔州縣皆立學。

於是建太學於京師。而有司請下湖州。取先生之法以爲太學法。至今著爲令。後十餘年。先生始來居太學。學者自遠而至。太學不能容。取旁官署以爲學舍。禮部貢舉歲所得士。先生弟子十常居四五。其高第者知名當時。或取甲科。居顯仕其餘散在四方隨其人賢愚皆循循雅飭。其言談舉止。（一本有遇字。）不問可知爲先生弟子。其學者相語稱先生。不問可知爲胡公也。先生初以白衣見天子論樂。拜（一有試字。）祕書省校書郎。辟丹州軍事推官。改密州觀察推官。丁父憂去職。服除。爲保寧軍節度推官。遂居湖學。召爲諸王宮教授。以疾免。已而以太子中舍致仕。遷殿中丞於家。皇祐中。驛召至京師。議樂。復以爲大理評事。兼太常寺主簿。又以疾辭。歲餘。爲光祿寺丞國子監直講。迺居太學。遷大理寺丞。賜緋衣銀魚。嘉祐元年。遷太子中允。充天章閣侍講。仍居太學。已而病不能朝。天子數遣使者存問。又以太常博士致仕東歸之日。太學之諸生與朝廷賢士大夫。送之東門。執弟子禮。路人嗟歎以爲榮。以四年六月六日卒於杭州。享年六十有七。以明年十月五日。葬於烏程何山之原。其世次官邑與其行事。莆陽蔡君謨具誌於幽堂。嗚呼。先生之德在乎人。不待表而見於後世。然非此無以慰學者之思。乃揭於其墓之原。六年八月三日。廬陵歐陽修述。

瀧岡阡表

嗚呼。惟我皇考崇公卜吉於瀧岡之六十年。其子修始克表於其阡。非敢緩也。蓋有待也。修

不幸生四歲而孤。太夫人守節自誓。居窮。自力於衣食。以長以教。俾至於成人。太夫人告之
曰。汝父為吏廉而好施與。喜賓客。其俸祿雖薄。常不使有餘。曰毋以是為我累。故其亡也。無
一瓦之覆。一壠之植以庇而為生。吾何恃而能自守耶。吾於汝父知其一二。以有待於汝也。
自吾為汝家婦。不及事吾姑。然知汝父之能養也。汝孤而幼。吾不能知汝之必有立。然知汝
父之必將有後也。吾之始歸也。汝父免於母喪方逾年。歲時祭祀。則必涕泣曰。祭而豐。不如
養之薄也。間御酒食。則又涕泣曰。昔常不足。而今有餘。其何及也。吾始一二見之。以為新免
於喪適然耳。既而其後常然。至其終身未嘗不然。吾雖不及事姑。而以此知汝父之能養也。
汝父為吏。嘗夜燭治官書。屢廢而歎。吾問之。則曰。此死獄也。我求其生不得爾。吾曰。生可求
乎。曰。求其生而不得。則死者與我皆無恨也。矧求而有得耶。以其有得。則知不求而死者有
恨也。夫常求其生。猶失之死。而世常求其死也。回顧乳者劍汝而立於旁。因指而歎曰。術者
謂我歲行在戌將死。使其言然。吾不及見兒之立也。後當以我語告之。其平居教他子弟。常
用此語。吾耳熟焉。故能詳也。其施於外事。吾不能知。其居於家。無所矜飾。而所為如此。是眞
發於中者耶。嗚呼。其心厚於仁者耶。此吾知汝父之必將有後也。汝其勉之。夫養不必豐。要
於孝。利雖不得博於物。要其心之厚於仁。吾不能教汝。此汝父之志也。修泣而志之。不敢忘。
先公少孤力學。咸平三年進士及第。為道州判官。泗緜二州推官。又為泰州判官。享年五十

有九葬沙溪之瀧岡太夫人姓鄭氏考諱德儀世爲江南名族太夫人恭儉仁愛而有禮初封福昌縣太君進封樂安安康彭城三郡太君自其家少微時治其家以儉約其後常不使過之曰吾兒不能苟合於世儉薄所以居患難也其後修貶夷陵太夫人言笑自若曰汝家故貧賤也吾處之有素矣汝能安之我亦安矣自先公之亡二十年修始得祿而養又十有二年列官於朝始得贈封其親又十年修爲龍圖閣直學士尚書吏部郎中留守南京太夫人以疾終於官舍享年七十有二又八年修以非才入副樞密遂參政事又七年而罷自登二府天子推恩褒其三世蓋自嘉祐以來逢國大慶必加寵錫皇曾祖府君累贈金紫光祿大夫太師中書令曾祖妣累封楚國太夫人皇祖府君累贈金紫光祿大夫太師中書令兼尚書令祖妣累封吳國太夫人皇考崇公累贈金紫光祿大夫太師中書令兼尚書令皇妣累封越國太夫人今上初郊皇考賜爵爲崇國公太夫人進號魏國於是小子修泣而言曰嗚呼爲善無不報而遲速有時此理之常也惟我祖考積善成德宜享其隆雖不克有於其躬而賜爵受封顯榮褒大實有三朝之錫命是足以表見於後世而庇賴其子孫矣乃列其世譜具刻於碑既又載我皇考崇公之遺訓太夫人之所以教而有待於修者並揭於阡俾知夫小子修之德薄能鮮遭時竊位而幸全大節不辱其先者其來有自熙寧三年歲次庚戌四月辛酉朔十有五日乙亥男推誠保德崇仁翊戴功臣觀文殿學士特進行兵部尚書

知青州軍州事兼管內勸農使充京東東路安撫使上柱國樂安郡開國公食邑四千三百戶食實封一千二百戶修表。

醉翁亭記

環滁皆山也。其西南諸峯。林壑尤美。望之蔚然而深秀者。瑯琊也。山行六七里。漸聞水聲潺潺。而瀉出於兩峯之間者。釀泉也。峯回路轉。有亭翼然臨於泉上者。醉翁亭也。作亭者誰。山之僧曰智僊也。名之者誰。太守自謂也。太守與客來飲於此。飲少輒醉。而年又最高。故自號曰醉翁也。醉翁之意不在酒。在乎山水之間也。山水之樂。得之心而寓之酒也。若夫日出而林霏開。雲歸而巖穴暝。晦明變化者。山閒之朝暮也。野芳發而幽香。佳木秀而繁陰。風霜高潔。水清而石出者。山閒之四時也。朝而往。暮而歸。四時之景不同。而樂亦無窮也。至於負者歌於塗。行者休於樹。前者呼。後者應。傴僂提攜。往來而不絕者。滁人遊也。臨溪而漁。溪深而魚肥。釀泉爲酒。泉香而酒洌。山肴野蔌。雜然而前陳者。太守宴也。宴酣之樂。非絲非竹。射者中。弈者勝。觥籌交錯。起坐而諠譁者。衆賓懽也。蒼顏白髮。頹然乎其閒者。太守醉也。已而夕陽在山。人影散亂。太守歸而賓客從也。樹林陰翳。鳴聲上下。遊人去而禽鳥樂也。然而禽鳥知山林之樂。而不知人之樂。人知從太守遊而樂。不知太守之樂其樂也。醉能同其樂。醒能述以文者。太守也。太守謂誰。廬陵歐陽修也。

秋聲賦

歐陽子方夜讀書。聞有聲自西南來者。悚然而聽之。曰。異哉。初淅瀝以蕭颯。忽奔騰而澎湃。如波濤夜驚。風雨驟至。其觸於物也。鏦鏦錚錚。金鐵皆鳴。又如赴敵之兵。銜枚疾走。不聞號令。但聞人馬之行聲。余謂童子。此何聲也。汝出視之。童子曰。星月皎潔。明河在天。四無人聲。聲在樹間。余曰。噫嘻悲哉。此秋聲也。胡爲乎來哉。蓋夫秋之爲狀也。其色慘澹。煙霏雲斂。其容清明。天高日晶。其氣慄冽。砭人肌骨。其意蕭條。山川寂寥。故其爲聲也。淒淒切切。呼號奮發。豐草綠縟而爭茂。佳木蔥蘢而可悅。草拂之而色變。木遭之而葉脫。其所以摧敗零落者。乃一氣之餘烈。夫秋。刑官也。於時爲陰。又兵象也。於行爲金。是謂天地之義氣。常以肅殺而爲心。天之於物。春生秋實。故其在樂也。商聲主西方之音。夷則爲七月之律。商。傷也。物既老而悲傷。夷。戮也。物過盛而當殺。嗟乎。草木無情。有時飄零。人爲動物。惟物之靈。百憂感其心。萬事勞其形。有動乎中。必搖其精。而況思其力之所不及。憂其智之所不能。宜其渥然丹者爲槁木。黟然黑者爲星星。奈何非金石之質。欲與草木而爭榮。念誰爲之戕賊。亦何恨乎秋聲。童子莫對。垂頭而睡。但聞四壁蟲聲唧唧。如助予之歎息。

祭石曼卿文

嗚呼曼卿。生而爲英。死而爲靈。其同乎萬物生死。而復歸於無物者。暫聚之形。不與萬物共盡。而卓然其不朽者。後世之名。此自古聖賢。莫不有然。而著在簡冊者。昭於日星。嗚呼曼卿。吾不見子久矣。猶能髣髴子之平生。其軒昂磊落。突兀崢嶸。而埋藏於地下者。意其不化爲朽壤。而爲金玉之精。不然。生長松之千尺。產靈芝而九莖。奈何荒煙野蔓。荊棘縱橫。風淒露下。走燐飛螢。但見牧童樵叟。歌吟而上下。與夫驚禽駭獸。悲鳴躑躅而咿嚶。今固如此。更千秋而萬歲兮。安知其不穴藏狐貉與鼯鼪。此自古聖賢亦皆然兮。獨不見夫纍纍兮曠野與荒城。嗚呼曼卿。盛衰之理。吾固知其如此。而感念疇昔。悲涼悽愴。不覺臨風而隕涕者。有愧夫太上之忘情。

古文治要卷一

古文十七家

蘇洵　宋眉山人。字明允。號老泉。年二十七始發憤爲學。博覽經史百家之說。留心時務。長於策論。每自況以賈誼。文章老鍊。雄肆操縱自如。至和嘉祐間。與二子軾轍同至京師。翰林學士歐陽修上其所著權書衡論二十二篇。士大夫爭傳之。一時學者競效蘇氏爲文章。宰相韓琦奏於朝。除祕書省校書郎。與姚闢同修建隆以來禮書。爲太常因革禮一百卷。書成而卒。年五十八。有嘉祐集。世以其父子俱知名。稱洵爲老蘇。軾爲大蘇。轍爲小蘇。合稱三蘇。

樂論

禮之始作也。難而易行。既行也。易而難久。天下未知君之爲君。父之爲父。兄之爲兄。而聖人爲之君父兄。天下未有以異其君父兄。而聖人爲之拜起坐立。天下未肯靡然以從我拜起坐立。而聖人身先之以恥。嗚呼。其亦難矣。天下惡夫死也久矣。聖人招之曰。來。吾生爾。既而其法果可以生天下之人。天下之人視其嚮也如此之危。而今也如此之安。則宜何從。故當其時雖難而易行。既行也。天下之人視君父兄如頭足之不待別白而後識。視拜起坐立如寢食之不待告語而後從事。雖然。百人從之。一人不從。則其勢不得遽至乎死。天下之人不知其初之無禮而死。而見其今之無禮而不至乎死也。則曰聖人欺我。故當其時雖易而難久。嗚呼。聖人之所恃以勝天下之勞逸者。獨有死生之說耳。死生之說不信於天下。則勞逸之說將出而勝之。勞逸之說勝。則天下之權去矣。酒有鴆。肉有堇。然後人不敢飲食。藥可以生死。然後人不以苦口爲諱。去其鴆。徹其堇。則酒肉之權固勝於藥。聖人之始作禮也。其亦逆知其勢之將必如此也。曰告人以誠。而後人信之。幸今之時。吾之所以告人者。其理誠然。而其事亦然。故人以爲信。吾知其理。而天下之人知其事。事有不必然者。則吾之理不足以折天下之口。此告語之所不及也。告語之所不及。必有以陰驅而潛率之。於是觀之天地之間。得其至神之機。而竊之以爲樂。雨吾見其所以溼萬物也。日吾知其所以燥萬物也。風吾知其所以動萬物也。隱隱谹谹而謂之雷者。彼何用也。陰凝而不散。物蹙而不遂。雨之所不能溼。日之所不能燥。風之所不能動。雷一震焉。而凝者散。蹙者遂。曰雨者。曰日者。曰風者。以形用。曰雷者以神用。用莫神於聲。故聖人因聲以爲樂。爲之君臣父子兄弟者。禮也。禮之所不及。而樂及焉。正聲入乎耳。而人皆有事君事父事兄之心。則禮者固吾心之所有也。而聖人之說又何從而不信乎。

史論上

史何爲而作乎。其有憂也。何憂乎。憂小人也。何由知之。以其名知之。楚之史曰檮杌。檮杌四凶之一也。君子不待褒而勸。不待貶而懲。然則史之所懲勸者。獨小人耳。仲尼之志大。故其憂愈大。憂愈大。故其作愈大。是以因史修經。卒之論其效者。必曰亂臣賊子懼。由是知史與經皆憂小人而作。其義一也。其義一。其體二。故曰史焉曰經焉。大凡文之用四。事以實之。詞以章之。道以通之。法以檢之。此經史所兼而有之者也。雖然。經以道法勝。史以事詞勝。經不得史無以證其褒貶。史不得經無以酌其輕重。經非一代之實錄。史非萬世之常法。體不相沿。而用實相資焉。夫易禮樂詩書。言聖人之道與法詳矣。然弗驗之行事。仲尼懼後世以是爲聖人之私言。故因赴告策書以修春秋。旌善而懲惡。此經之道也。猶懼後世以爲己之臆斷。故本周禮以爲凡。此經之法也。至於事則舉其略。詞則務於簡。吾故曰經以道法勝。史則不然。事既曲詳。詞亦夸耀。所謂褒貶。論贊之外無幾。吾故曰史以事詞勝。使後人不知史而觀經。則所褒莫見其善狀。所貶弗聞其惡實。故曰經不得史無以證其褒貶。使後人不通經而傳史。則稱爲不知所法。懲勸不知所沮。吾故曰史不得經無以酌其輕重。經或從僞赴而書。或隱諱而不書。若此者衆。皆適於教而已。吾故曰經非一代之實錄。史之一紀。一世家。一傳。其間美惡得失。固不可以一二數。則其論贊數十百言之中。安能事爲之褒貶。使天下之人動有所法。如春秋哉。吾故曰史非萬世之常法。夫規矩準繩。所以制器。器所待而正者也。然而不得器則規無所效其圓。矩無所用其方。準無所施其平。繩無所措其直。史待經而正。

不得史則經晦吾故曰體不相沿而用實相資焉噫一規一矩一準一繩足以制萬器後之人其務希遷固實錄可也愼無若王通陸長源輩囂囂然冗且僭則善矣

管仲論

管仲相威公霸諸侯攘戎翟終其身齊國富强諸侯不叛管仲死豎刁易牙開方用威公薨於亂五公子爭立其禍蔓延訖簡公齊無寧歲夫功之成非成於成之日蓋必有所由起禍之作不作於作之日亦必有所由兆故齊之治也吾不曰管仲而曰鮑叔及其亂也吾不曰豎刁易牙開方而曰管仲何則豎刁易牙開方三子彼固亂人國者顧其用之者威公也夫有舜而後知放四凶有仲尼而後知去少正卯彼威公何人也顧其使威公得用三子者管仲也仲之疾也公問之相當是時也吾以仲且舉天下之賢者以對而其言乃不過曰豎刁易牙開方三子非人情不可近而已嗚呼仲以爲威公果能不用三子矣乎仲與威公處幾年矣亦知威公之爲人矣乎威公聲不絕乎耳色不絕乎目而非三子者則無以遂其欲彼其初之所以不用者徒以有仲焉耳一日無仲則三子者可以彈冠相慶矣仲以爲將死之言可以縶威公之手足耶夫齊國不患有三子而患無仲有仲則三子者三匹夫耳不然天下豈少三子之徒哉雖威公幸而聽仲誅此三人而其餘者仲能悉數而去之耶嗚呼仲可謂不知本者矣因威公之問舉天下之賢者以自代則仲雖死而齊國未爲無仲也夫何患

三子者。不言可也。五霸莫盛於威文。文公之才。不過威公。其臣又皆不及仲。靈公之虐。不如孝公之寬厚、文公死。諸侯不敢叛晉。晉襲文公之餘威。得爲諸侯之盟主者。百有餘年。何者。其君雖不肖。而尙有老成人焉。威公之薨也。一敗塗地。無惑也。彼獨恃一管仲。而仲則死矣。夫天下未嘗無賢者。蓋有有臣而無君者矣。威公在焉。而曰天下不復有管仲者。吾不信也。仲之書。有記其將死論鮑叔賓胥無之爲人。且各疏其短。是其心以爲是數子者。皆不足以託國。而又逆知其將死。則其書誕謾不足信也。吾觀史鰌。以不能進蘧伯玉而退彌子瑕。故有身後之諫。蕭何且死。舉曹參以自代。大臣之用心。固宜如此也。夫國以一人興。以一人亡。賢者不悲其身之死。而憂其國之衰。故必復有賢者。而後可以死。彼管仲者。何以死哉。

權書八 六國

六國破滅。非兵不利。戰不善。弊在賂秦。賂秦而力虧。破滅之道也。或曰。六國互喪。率賂秦耶。曰。不賂者以賂者喪。蓋失彊援。不能獨完。故曰弊在賂秦也。秦以攻取之外。小則獲邑。大則得城。較秦之所得。與戰勝而得者。其實百倍。諸侯之所亡。與戰敗而亡者。其實亦百倍。則秦之所大欲。諸侯所大患。固不在戰矣。思厥先祖父。暴霜露。斬荊棘。以有尺寸之地。子孫視之不甚惜。舉以與人。如棄草芥。今日割五城。明日割十城。然後得一夕安寢。起視四境。而秦兵又至矣。然則諸侯之地有限。暴秦之欲無厭。奉之彌繁。侵之愈急。故不戰而强弱勝負已判矣。至於顛覆。理固宜然。古人云。以地事秦。猶抱薪救火。薪不盡。火不滅。此言得之。齊人未嘗賂秦。終繼五國遷滅。何哉。與嬴而不助五國也。五國既喪。齊亦不免矣。燕趙之君。始有遠略。能守其土。義不賂秦。是故燕雖小國而後亡。斯用兵之效也。至丹以荊卿爲計。始速禍焉。趙嘗五戰於秦。二敗而三勝。後秦擊趙者再。李牧連卻之。洎牧以讒誅。邯鄲爲郡。惜其用武而不終也。且燕趙處秦革滅殆盡之際。可謂智力孤危。戰敗而亡。誠不得已。向使三國各愛其地。齊人勿附於秦。刺客不行。良將猶在。則勝負之數。存亡之理。當與秦相較。或未易量。嗚呼。以賂秦之地。封天下之謀臣。以事秦之心。禮天下之奇才。幷力西嚮。則吾恐秦人食之不得下咽也。悲夫。有如此之勢。而爲秦人積威之所劫。日削月割。以趨於亡。爲國者無使爲積威之所劫哉。夫六國與秦皆諸侯。其勢弱於秦。而猶有可以不賂而勝之之勢。苟以天下之大。而從六國破亡之故事。是又在六國下矣。

衡論七　申法

古之法簡。今之法繁。簡者不便於今。而繁者不便於古。非今之法不若古之法。而今之時不若古之時也。先王之作法也。莫不欲服民之心。服民之心。必得其情。情然耶。而罪亦然。則固入吾法矣。而民之情。又不皆如其罪之輕重大小。是以先王忿其皐而哀其無辜。故法舉其略。而吏制其詳。殺人者死。傷人者刑。則以著於法。使民知天子之不欲我殺人傷人耳。若其輕重出入。求其情而服其心者。則以屬吏。任吏而不任法。故其法簡。今則不然。吏姦矣。不若古之良民。媮矣。不若古之淳。吏姦則以喜怒制其輕重而出入之。或至於誣執。民媮則吏雖以情出入。而彼得執其罪之大小以爲辭。故今之法。纖悉委備。不執於一。左右前後。四顧而不可逃。是以輕重其罪。出入其情。皆可以求之法。吏不奉法。輒以舉劾。任法而不任吏。故其法繁。古之法若方書。論其大概。而增損劑量。則以屬醫者。使之視人之疾。而參以己意。今之法若鸞屨。既爲其大者。又爲其次者。又爲其小者。以求合天下之足。故其繁簡則殊。而求民之情以服其心。則一也。然則今之法。不劣於古矣。而用法者尚不能無弊。何則。律令之所禁。畫一明備。雖婦人孺子。皆知畏避。而其間有習於犯禁而遂不改者。舉天下皆知之而未嘗怪也。先王欲杜天下之欺也。爲之度以一天下之長短。爲之量以齊天下之多寡。爲之權衡以信天下之輕重。故度量權衡。法必資之官。資之官而後天下同。今也庶民之家。刻木比竹。繩絲縋石以爲之。富商豪賈。內以大。出以小。齊人適楚。不知其孰爲斗。孰爲斛。持東家之尺而校之西鄰。則若十指然。此舉天下皆知之而未嘗怪者一也。先王惡奇貨之蕩民。且哀夫微物之不能遂其生也。故禁民採珠貝。惡夫物之僞而假眞。且重費也。故禁民糜金以爲塗飾。今也採珠貝之民。溢於海濱。糜金之工。肩摩於列肆。此又舉天下皆知之而未嘗怪者二也。先王患賤之淩貴。而下之僭上也。故冠服器皿。皆以爵列爲等差。長短大小。莫不有制。今也。工商之家曳紈錦。服珠玉。一人之身。循其首以至足。而犯法者十九。此又舉天下皆知之而未嘗怪者三也。先王懼天下之吏負縣官之勢以侵劫齊民也。故使市之坐賈視時百物之貴賤而錄之。旬輒以上。百以百聞。千以千聞。以待官吏之私債。十則損三。三則損一。以聞以備縣官之公糴。今也吏之私債而從縣官公糴之法。民曰公家之取於民也固如是。是吏與縣官斂怨於下。此又舉天下皆知之而未嘗怪者四也。先王不欲人之擅天下之利也。故仕則不商。商則有罰。不仕而商。商則有征。是民之商不免征。而吏之商又加以罰。今也吏之商既幸而不罰。又從而不征。資之以縣官公糴之法。負之以縣官之徒。載之以縣官之舟。關防不譏。津梁不呵。然則爲吏而商。誠可樂也。民將安所措手足。此又舉天下皆知之而未嘗怪者五也。若此之類。不可悉數。天下之人耳習目熟。以爲當然。憲官法吏目擊其事。亦恬而不問。夫法者天子之法也。法明禁之。而人明犯之。是不有天子之法也。衰世之事也。而議者皆以爲今之弊。不過吏胥骫法以爲姦。而吾以爲吏胥之姦由此五者始。今有盜白晝持梃入室。而主人不之禁。則踰垣穿穴之徒。必且相告而肆行於其家。其必先治此五者。而後詰吏胥之姦可也。

族譜引

蘇氏族譜。譜蘇氏之族也。蘇氏出於高陽。而蔓延於天下。唐神堯初。長史味道刺眉州。卒於官。一子留於眉。眉之有蘇氏自此始。而譜不及者。親盡也。親盡則曷爲不及。譜爲親作也。凡子得書而孫不得書者何也。以著代也。自吾之父以至吾之高祖。仕不仕。娶某氏。享年幾。某日卒。皆書。而他不書者何也。詳吾之所自出也。自吾之父以至吾之高祖。皆曰諱某。而他則遂名之何也。尊吾之所自出也。譜爲蘇氏作。而獨吾之所自出得詳與尊何也。譜吾作也。嗚呼。觀吾之譜者。孝弟之心。可以油然而生矣。情見於親。親見於服。服始於衰。而至於緦麻。而至於無服。無服則親盡。親盡則情盡。情盡則喜不慶。憂不弔。喜不慶。憂不弔。則途人也。吾所與相視如途人者。其初兄弟也。兄弟其初一人之身也。悲夫。一人之身。分而至於途人。此吾譜之所以作也。其意曰。分至於途人者。勢也。勢吾無如之何也。幸其未至於途人也。使其無至於忽忘焉可也。嗚呼。觀吾之譜者。孝弟之心。可以油然而生矣。系之以詩曰。吾父之子。今爲吾兄。吾疾在身。兄呻不寧。數世之後。不知何人。彼死而生。不爲戚欣。兄弟之情。如足與手。其能幾何。彼不相能。彼獨何心。

上歐陽內翰書

洵布衣窮居。常竊自歎。以爲天下之人。不能皆賢。不能皆不肖。故賢人君子之處於世。合必離。離必合。往者天子方有意於治。而范公在相府。富公爲樞密副使。執事與余公蔡公爲諫官。尹公馳騁上下。用力於兵革之地。方是之時。天下之人。毛髮絲粟之才。紛紛然而起。合而爲一。而洵也自度其愚魯無用之身。不足以自奮於其間。退而養其心。幸其道之將成。而可以復見於當世之賢人君子。不幸道未成。而范公西富公北。執事與余公蔡公分散四出。而尹公亦失勢。奔走於小官。洵時在京師。親見其事。忽忽仰天歎息。以爲斯人之去。而道雖成。不復足以爲榮也。既復自思念往者衆君子之進於朝。其始也。必有善人焉推之。今也亦必有小人焉間之。今之世無復有善人也。則已矣。如其不然也。吾何憂焉。姑養其心。使其道大有成而待之。何傷。退而處十年。雖未敢自謂其道有成矣。然浩浩乎其胸中。若與曩者異。而余公適亦有成功於南方。執事與蔡公復相繼登於朝。富公復自外入爲宰相。其勢將復合爲一。喜且自賀。以爲道既已粗成。而果將有以發之也。既又反而思其向之所慕望愛悅之而不得見之者。蓋有六人焉。今將往見之矣。而六人者。已有范公尹公二人亡焉。則又爲之潸然出涕以悲。嗚呼。二人者不可復見矣。而所恃以慰此心者。猶有四人也。則又以自解。思其止於四人也。則又汲汲欲一識其面。以發其心之所欲言。而富公又爲天子之宰相。遠方寒士。未可遽以言通於其前。而余公蔡公。遠者又在萬里外。獨執事在朝廷間。而其位差不甚貴。可以叫呼攀援而聞之以言。而饑寒衰老之病。又痼而留之。使不克自至於執事之庭。夫以慕望愛悅其人之心。十年而不得見。而其人已死。如范公尹公二人者。則四人者之中。非其勢不可遽以言通者。何可以不能自往而遽已也。執事之文章。天下之人莫不知之。然竊自以爲洵之知之特深。愈於天下之人。何者。孟子之文。語約而意盡。不爲巉刻斬絕之言。而其鋒不可犯。韓子之文。如長江大河。渾浩流轉。魚黿蛟龍。萬怪惶惑。而抑遏蔽掩。不使自露。而人望見其淵然之光。蒼然之色。亦自畏避。不敢迫視。執事之文。紆徐委備。往復百折。而條達疏暢。無所間斷。氣盡語極。急言竭論。而容與閒易。無艱難勞苦之態。此三者。皆斷然自爲一家之文也。惟李翺之文。其味黯然而長。其光油然而幽。俯仰揖讓。有執事之態。陸贄之文。遺言措意。切近的當。有執事之實。而執事之才。又自有過人者。蓋執事之文。非孟子韓子之文。而歐陽子之文也。夫樂道人之善而不爲諂者。以其人誠足以當之也。彼不知者。則以爲譽人以求其悅己也。夫譽人以求其悅己。洵亦不爲也。而其所以道執事光明盛大之德而不自知止者。亦欲執事之知其知我也。雖然。執事之名。滿於天下。雖不見其文。而固已知有歐陽子矣。而洵也不幸。墮在草野泥塗之中。而其知道之心。又近而有成。欲徒手奉咫尺之書。自託於執事。將使執事何從而知之。何從而信之哉。洵少年不學。生二十五歲。始知讀書。從士君子游。年既已晚。而又不遂刻意厲行。以古人自期。而視與己同列者。皆不勝己。則遂以爲可矣。其後困益甚。然後取古人之文而讀之。始覺其出言用意。與己大異。時復內顧。自思其才。則又似夫不遂止於是而已者。由是盡燒其曩時所爲文數百篇。取論語孟子韓子。及其他聖人賢人之文。而兀然端坐。終日以讀之者。七八年矣。方其始也。入其中而惶然博觀於其外而駭然以驚。及其久也讀之益精。而其胸中豁然以明。若人之言固當然者。然猶未敢自出其言也。時既久。胸中之言日益多。不能自制。試出而書之。已而再三讀之。渾渾乎覺其來之易矣。然猶未敢以爲是也。近所爲洪範論史論凡七篇。執事觀其如何。噫嘻。區區而自言。不知者又將以爲自譽以求人之知己也。惟執事思其十年之心如是之不偶然也而察之。

上韓樞密書

太尉執事。洵著書無他長。及言兵事。論古今形勢。至自比賈誼。所獻權書。雖古人已往成敗之迹。苟深曉其義。施之於今。無所不可。昨因請見。求進末議。太尉許諾。謹撰其說。言語朴直。非有驚世絕俗之談。甚高難行之論。太尉取其大綱。而無責其纖悉。蓋古者非用兵決勝之爲難。而養兵不用之可畏。今夫水激之山。放之海。決之爲溝塍。壅之爲沼沚。是天下之人能之。委江河。注淮泗。匯爲洪波。瀦爲太湖。萬世而不溢者。自禹之後未之見也。夫兵者聚天下不義之徒。授之以不仁之器。而教之以殺人之事。夫惟天下之未安。盜賊之未殄。然後有以施其不義之心。用其不仁之器。而試其殺人之事。當是之時。勇者無餘力。智者無餘謀。巧者無餘技。故其不義之心。變而爲忠。不仁之器。加之於不仁。而殺人之事。施之於當殺。及夫天下既平。盜賊既殄。不義之徒。聚而不散。勇者有餘力。則思以爲亂。智者有餘謀。則思以爲姦巧者有餘技。則思以爲詐。於是天下之患雜然出矣。蓋虎豹終日而不殺。則跳踉大叫以發其怒。蝮蝎終日而不螫。則噬齧草木以致其毒。其理固然無足怪者。昔者劉項奮臂於草莽之閒。秦楚無賴子弟千百爲輩爭起而應者。不可勝數。轉鬬五六年。天下厭兵。項籍死而高祖亦已老矣。方是時分王諸侯。改定律令。與天下休息。而韓信黥布之徒相繼而起者七國。高祖死於介冑之閒。而莫能止也。連延及於呂氏之禍。訖孝文而後定。是何起之易而收之難也。劉項之勢。初若決河順流而下。誠有可喜。及其崩潰四出。放乎數百里之閒。拱手而莫能救也。嗚呼不有聖人。何以善其後。太祖太宗躬擐甲冑。跋涉險阻。以斬刈四方之蓬蒿。用兵數十年。謀臣猛將滿天下。一旦卷甲而休之。傳四世而天下無變。此何術也。荆楚九江之地。不分於諸將。而韓信黥布之徒。無以啟其心也。雖然天下無變。而兵久不用。則其不義之心。蓄而無所發。飽食優游。求逞於良民。觀其平居無事。出怨言以邀其上。一日有急。是非人得千金不可使也。往年詔天下繕完城池。西川之事。洵實親見。凡郡縣之富民。舉而籍其名。得錢數百萬以爲酒食饋餉之費。杵聲未絕。城輒隨壞。如此者數年而後定。卒事。官吏相賀。卒徒相矜。若戰勝凱旋而待賞者。比來京師。遊阡陌閒。其曹往往偶語。無所諱忌。聞之土人。方春時尤不忍聞。蓋時五六月矣。會京師憂大水。鉏耰畚築。列於兩河之壖。縣官日費千萬。傳呼勞問之聲不絕者數十里。猶且睊睊狠顧。莫肯效用。且夫內之如京師之所聞。外之如西川之所親見。天下之勢。今何如也。御將者。天子之事也。御兵者。將之職也。天子者。養尊而處優。樹恩而收名。與天下爲喜樂者也。故其道不可以御兵。人臣執法而不求情。盡心而不求名。出死力以捍社稷。使天下之心繫於一人。而己不與焉。故御兵者。人臣之事。不可以累天子也。今之所患。大臣好名而懼謗。好名則多樹私恩。懼謗則執法不堅。是以天下之兵。豪縱至此。而莫之或制也。頃者狄公在樞府。號爲寬厚愛人。狎昵士卒。得其歡心。而太尉適承其後。彼狄公者。知御外之術。而不知治內之道。此邊將才也。古者兵在外。愛將軍而忘天子。在內。愛天子而忘將軍。愛將軍所以戰。愛天子所以守。狄公以其御外之心。而施諸其內。太尉不反其道。而何以爲治。或者以爲兵久驕不治。一旦繩以法。恐因以生亂。昔者郭子儀去河南。李光弼實代之。將至之日。張用濟斬於轅門。三軍股慄。夫以臨淮之悍。而代汾陽之長者。三軍之士。竦然如赤子之脫慈母之懷。而立乎嚴師之側。何亂之敢生。且夫天子者。天下之父母也。將相者。天下之師也。師雖嚴。赤子不敢以怨其父母。將相雖厲。天下不敢以咎其君。其勢然也。天子者。可以生人。可以殺人。故天下望其生。及其殺之也。天下曰是天子殺之。故天子不可以多殺。人臣奉天子之法。雖多殺。天下無所歸怨。此先王所以威懷天下之術也。伏惟太尉思天下所以長久之道。而無幸一時之名。盡至公之心。而無恤三軍之多言。夫天子推深仁以結其心。太尉厲威武以振其惰。彼其思天子之深仁。則畏而不至於怨。思太尉之威武。則愛而不至於驕。君臣之體順。而畏愛之道立。非太尉吾誰望耶。

仲兄文甫說

洵讀易至渙之六四曰。渙其羣。元吉。曰。嗟夫。羣者。聖人之所欲渙以混一天下者也。蓋余仲兄名渙而字公羣。則是以聖人之所欲解散滌蕩者以自命也。而可乎。他日以告兄曰。子其可爲我易之。洵曰。唯。既而曰。請以文甫易之。如何。且兄嘗見夫水之與風乎。油然而行。淵然而留。渟洄汪洋。滿而上浮者。是水也。而風實起之。蓬蓬然而發乎太空。不終日而行乎四方。蕩乎其無形。飄乎其遠來。既往而不知其迹之所存者。是風也。而水實形之。今夫風水之相遭乎大澤之陂也。紆徐委蛇。蜿蜒淪漣。安而相推。怒而相凌。舒而如雲。蹙而如鱗。疾而如馳。徐而如緬。揖讓旋辟。相顧而不前。其繁如縠。其亂如霧。紛紜鬱擾。百里若一。汩乎順流。至乎滄海之濱。磅礴洶湧。號怒相軋。交橫綢繆。放乎空虛。掉乎無垠。橫流逆折。濆旋傾側。宛轉膠戾。回者如輪。縈者如帶。直者如燧。奔者如燄。跳者如鷺。躍者如鯉。殊狀異態。而風水之極觀備矣。故曰。風行水上渙。此亦天下之至文也。然而此二物者。豈有求乎文哉。無意乎相求。不期而相遭。而文生焉。是其爲文也。非水之文也。非風之文也。二物者非能爲文。而不能不爲文也。物之相使。而文出於其間也。故曰此天下之至文也。今夫玉非不溫然美矣。而不得以爲文。刻鏤組繡。非不文矣。而不可以論乎自然。故夫天下之無營而文生之者。非水與風而已。昔者君子之處於世。不求其功。不得已而功成。則天下以爲賢。不求有言。不得已而言著。則天下以爲口實。嗚呼。此不可與他人道之。惟吾兒可也。

送石昌言爲北使引

昌言舉進士時。吾始數歲。未學也。憶與羣兒戲先府君側。昌言從旁取棗栗啖我。家居相近。又以親戚故。甚狎。昌言舉進士。日有名。吾後漸長。亦稍知讀書。學句讀屬對聲律。未成而廢。昌言聞吾廢學。雖不言。察其意甚恨。後十餘年。昌言及第第四人。守官四方。不相聞。吾日以壯大。乃能感悟。摧折復學。又數年。遊京師。見昌言長安。相與勞問。如平生歡。出文十數首。昌言甚喜稱善。吾晚學無師。雖日爲文。中心自慚。及聞昌言說。乃頗自喜。今十餘年。又來京師。而昌言官兩制。乃爲天子出使萬里之外。彊悍不屈之虜廷。建大旆。從騎數百。送車千乘。出都門。意氣慨然。自思爲兒時。見昌言先府君旁。安知其至此。富貴不足怪。吾於昌言。獨自有感也。大丈夫生不爲將。得爲使。折衝口舌之間足矣。往年彭任從富公使還。爲我言曰。既出境。宿驛亭。聞介馬數萬騎馳過。劍槊相摩。終夜有聲。從者怛然失色。及明。視道上馬跡。尙心掉不自禁。凡虜所以誇耀中國者。多此類也。中國之人不測也。故或至於震懼而失辭。以爲夷狄笑。嗚呼。何其不思之甚也。昔者奉春君使冒頓。壯士健馬。皆匿不見。是以有平城之役。今之匈奴。吾知其無能爲也。孟子曰。說大人則藐之。況於夷狄。請以爲贈。

古文治要卷一

古文十七家

曾鞏　宋南豐人。字子固。少警敏。援筆成文。歐陽修一見奇其文。登嘉祐進士。歷知齊襄洪福明亳滄諸州。所至務去民疾苦。拜中書舍人。卒年六十五。追謚文定。鞏性孝友。爲文源本六經。斟酌於司馬遷韓愈之書。雖才氣橫溢。不足而典雅篤實。卓然爲儒家之言。論者謂與漢之董仲舒劉向爲尤近也。有元豐類稿。

戰國策目錄序

劉向所定戰國策三十三篇。崇文總目稱十一篇者闕。臣訪之士大夫家。始盡得其書。正其誤謬。而疑其不可考者。然後戰國策三十三篇復完。敘曰。向敘此書。言周之先。明教化。修法度。所以大治。及其後謀詐用。而仁義之路塞。所以大亂。其說既美矣。卒以謂此書戰國之謀士。度時君之所能行。不得不然。則可謂惑於流俗。而不篤於自信者也。夫孔孟之時。去周之初。已數百歲。其舊法已亡。舊俗已熄久矣。二子乃獨明先王。以謂不可改者。豈將彊天下之主。以後世之不可爲哉。亦將因其所遇之時。所遭之變。而爲當世之法。使不失乎先王之意而已。二帝三王之治。其變固殊。其法固異。而其爲國家天下之意。本末先後。未嘗不同也。二子之道。如是而已。蓋法者。所以適變也。不必盡同。道者。所以立本也。不可不一。此理之不可易者也。故二子者守此。豈好爲異論哉。能勿苟而已矣。可謂不惑乎流俗而篤於自信者也。戰國之游士則不然。不知道之可信。而樂於說之易合。其設心注意。偸爲一切之計而已。故論詐之便而諱其敗。言戰之善而蔽其患。其相率而爲之者。莫不有利焉。而不勝其害也。有得焉。而不勝其失也。卒至蘇秦商鞅孫臏吳起李斯之徒。以亡其身。而諸侯及秦用之者。亦滅其國。其爲世之大禍明矣。而俗猶莫之寤也。惟先王之道。因時適變。爲法不同。而考之無疵。用之無弊。故古之聖賢。未有以此而易彼也。或曰。邪說之害正也。宜放而絕之。則此書之不泯。其可乎。對曰。君子之禁邪說也。固將明其說於天下。使當世之人皆知其說之不可從。然後以禁則齊。使後世之人皆知其說之不可爲。然後以戒則明。豈必滅其籍哉。放而絕之。莫善於是。是以孟子之書。有爲神農之言者。有爲墨子之言者。皆著而非之。至於此書之作。則上繼春秋。下至楚漢之起。二百四十五年之間。載其行事。固不可得而廢也。此書有高誘注者二十一篇。或曰二十二篇。崇文總目存者八篇。今存者十篇云。

列女傳目錄序

劉向所敍列女傳凡八篇。事具漢書向列傳。而隋書及崇文總目。皆稱向列女傳十五篇。曹大家注。以頌義考之。蓋大家所注。離其七篇爲十四。與頌義凡十五篇。而益以陳嬰母及東海以來凡十六事。非向書本然也。蓋向舊書之亡久矣。嘉祐中。集賢校理蘇頌始以頌義爲篇次復定其書爲八篇。與十五篇者並藏於館閣。而隋以頌義爲劉歆作。與向列傳不合。今驗頌義之文。蓋向之自敘。又藝文志有向列女傳頌圖。明非歆作也。自唐之亂。古書之在者少矣。而唐志錄列女傳凡十六家。至大家注十五篇者。亦無錄。然其書今在。則古書之或有錄而亡。或無錄而在者。亦衆矣。非可惜哉。今校讎其八篇及十五篇者。已定。可繕寫。初漢承秦之敝。風俗已大壞矣。而成帝後宮趙衞之屬尤自放。向以謂王政必自內始。故列古女善惡所以致興亡者。以戒天子。此向述作之大意也。其言太任之娠文王也。目不視惡色。耳不聽淫聲。口不出敖言。又以謂古之人胎教者皆如此。夫能正其視聽言動者。此大人之事。而有道者之所畏也。顧令天下之女子能之。何其盛也。以臣所聞。蓋爲之師傅保姆之助。詩書圖史之戒。珩璜琚瑀之節。威儀動作之度。其教之者雖有此具。然古之君子。未嘗不以身化也。故家人之義歸於反身。二南之業本於文王。夫豈自外至哉。世皆知文王之所以興。能得內助。而不知其所以然者。蓋本於文王之躬化。故內則后妃有關雎之行。外則羣臣有二南之美。與之相成。其推而及遠。則商辛之昏俗。江漢之小國。兔罝之野人。莫不好善而不自知。此所謂身修故家國天下治者也。後世自學問之士。多徇於外物。而不安其守。其室家既不見可法。故競於邪侈。豈獨無相成之道哉。士之苟於自恕。顧利冒恥而不知反己者。往往以家自絫故也。故曰身不行道。不行於妻子。信哉。如此人者。非素處顯也。然去二南之風亦已遠矣。況於南鄉天下之主哉。向之所述勸戒之意。可謂篤矣。然向號博極羣書。而此傳稱詩芣苢柏舟大車之類。與今序詩者之說尤乖異。蓋不可考。至於式微之一篇。又以謂二人之作。豈其所取者博。故不能無失歟。其曰象計謀殺舜。及舜所以自脫者。頗合於孟子。然此傳或有之。而孟子所不道者。蓋亦不足道也。凡後世諸儒之言經傳者。固多如此。覽者采其有補。而擇其是非可也。故爲之序論以發其端云。

南齊書目錄序

南齊書八紀。十一志。四十列傳。合五十九篇。梁蕭子顯撰。始江淹以爲十志。沈約又爲齊紀。而子顯自表武帝。別爲此書。臣等因校正其訛謬。而敍其篇目。曰將以是非得失興壞理亂之故而爲法戒。則必得其所言而後能傳於久。此史之所以作也。然而所託不得其人。則失其意。或亂其實。或析理之不通。或設辭之不善。故雖有殊功韙德非常之跡。將闇而不章。鬱而不發。而檮杌嵬瑣姦回凶慝之形。可幸而掩也。嘗試論之。古之所謂良史者。其明必足以周萬事之理。其道必足以適天下之用。其智必足以通難知之意。其文必足以發難顯之情。然後其任可得而稱也。何以知其然耶。昔者唐虞有神明之性。有微妙之德。使由之者不能知。知之者不能明。以爲治天下之本。號令之所布。法度之所設。其言至約。其體至備。以爲治天下之具。而爲二典者。推而明之。所記者獨其跡耶。并與其深微之意而傳之。小大精粗。無不盡也。本末先後。無不白也。使誦其說者。如出乎其時。求其指者。如即乎其人。是可不謂明足以周萬事之理。道足以適天下之用。智足以通難知之意。文足以發難顯之情者乎。則方是之時。豈特任政者。皆天下之士哉。蓋執簡操筆而隨者。亦皆聖人之徒也。兩漢以來。爲史者去之遠矣。司馬遷從五帝三王既沒數千載之後。秦火之餘。因散絕殘脫之經。以及傳記百家之說。區區掇拾。以集著其善惡之迹。興廢之端。又創己意。以爲本紀世家八書列傳之文。斯亦可謂奇矣。然而蔽害天下之聖法。是非顛倒而采摭謬亂者。亦豈少哉。是豈可不謂明不足以周萬事之理。道不足以適天下之用。智不足以通難知之意。文不足以發難顯之情者乎。夫自三代以後。爲史者如遷之文。亦不可不謂儁偉拔出之材。非常之士也。然顧以謂不足以發難顯之情者。何哉。蓋聖賢之高致。遷固有不能達其情而見之於後者。以故不得而與之也。遷之得失如此。況其他耶。至於宋齊梁陳後魏後周之書。蓋無以議爲也。子顯之於斯文。喜自馳騁。其更改破析。刻彫藻績之變。尤多。而其文益下。豈夫材固不可以彊而有耶。數世之史既然。故其辭迹曖昧。雖有隨世以就功名之君。相與合謀之臣。未有赫然得其傾動天下之耳目。播天下之口者也。而一時偷奪傾危悖理反義之人。亦幸而不暴著於世。豈非所託不得其人故耶。可不惜哉。蓋史者所以明夫治天下之道也。故爲之者亦必天下之材。然後其任可得而稱也。豈可忽哉。豈可忽哉。

書魏鄭公傳後

予觀太宗常屈己以從羣臣之議。而魏鄭公之徒。喜遭其時。感知己之遇。事之大小。無不諫諍。雖其忠誠自至。亦得君以然也。則思唐之所以治。太宗之所以稱賢主。而前世之君不及者。其淵源皆出於此也。能知其有此者。以其書存也。及觀鄭公以諫諍事付史官。而太宗怒之。薄其恩禮。失終始之義。則未嘗不反覆嗟惜。恨其不思而益知鄭公之賢焉。夫君之使臣與臣之事君者何。大公至正之道而已矣。大公至正之道。非滅人言以掩己過。取小亮以私其君。此其不可者也。又有甚不可者。夫以諫諍爲當掩。是以諫諍爲非美也。則後世誰復當諫諍乎。況前代之君有納諫之美。而後世不見。則非惟失一時之公。又將使後世之君謂前代無諫諍之事。是啟其怠且忌矣。太宗末年。羣下既知此意而不言。漸不知天下之得失。至於遼東之敗。而始恨鄭公不在。世未嘗知其悔之萌芽出於此也。夫伊尹周公何如人也。伊尹周公之切諫其君者。其言至深。而其事至迫。存之於書。未嘗掩焉。至今稱太甲成王爲賢君。而伊尹周公爲良相者。以其書可見也。令當時削而棄之。成區區之小讓。則後世何所據依而諫。又何以知其賢且良與。桀紂幽厲始皇之亡。則其臣之諫詞無見焉。非其史之遺。乃天下不敢言而然也。則諫諍之無傳。乃此數君之所以益暴其惡於後世而已矣。或曰。春秋之法。爲尊親賢者諱。與此戾矣。夫春秋之所以諱者。惡也。納諫豈惡乎。然則焚藁者非歟。曰。

焚藁者誰歟。非伊尹周公爲之也。近世取區區之小亮者爲之耳。其事又未是也。何則。以焚其藁爲掩君之過。而使後世傳之。則是使後世不見藁之是非。而必其過常在於君。美常在於己也。豈愛其君之謂歟。孔光之去其藁之所言。其在正邪。未可知也。而焚之而惑後世。庸詎知非謀己之奸計乎。或曰。造辟而言。詭辭而出。異乎此。曰。此非聖人之所曾言也。今萬一有是理。亦謂君臣之間。議論之際。不欲漏其言於一時之人耳。豈杜其告萬世也。噫。以誠信待己。而事其君。而不欺乎萬世者。鄭公也。益知其賢云。豈非然哉。豈非然哉。

禮閣新儀目錄序

禮閣新儀三十篇。韋公肅撰。記開元以後至元和之變禮。史館祕閣及臣書皆三十篇。集賢院書二十篇。以參相校。讎史館祕閣及臣書多複重。其篇少者八。集賢院書獨具。然臣書有目錄一篇。以考其次序。蓋此書本三十篇。則集賢院書雖具。然其篇次亦亂。既正其脫謬。因定著從目錄。而禮閣新儀三十篇復完。夫禮者。其本在於養人之性。而其用在於言動視聽之間。使人之言動視聽一於禮。則安有放其邪心。而窮於外物哉。不放其邪心。不窮於外物。則禍亂可息。而財用可充。其立意微。其爲法遠矣。故設其器。制其物。爲其數。立其文。以待其有事者。皆人之起居出入吉凶哀樂之具。所謂其用在乎言動視聽之間者也。然而古今之變不同。而俗之便習亦異。則法制度數。其久而不能無弊者。勢固然也。故爲禮者。其始莫不宜於當世。而其後多失而難遵。亦其理然也。失則必改制以求其當。故羲農以來。至於三代。禮未嘗同也。後世去三代。蓋千有餘歲。其所遭之變。所習之便不同。固已遠矣。而議者不原聖人制作之方。乃爲設其器。制其物。爲其數。立其文。以待其有事。而爲其起居出入吉凶哀樂之具者。當一一以追先王之迹。然後禮可得而興也。至其說之不可求。其制之不可考。或不宜於人。不合於用。則寧至於漠然而不敢爲。使人之言動視聽之間。蕩然莫之爲節。至患夫爲罪者之不止。則繁於爲法以禦之。故法至於不勝其繁。而犯者亦至於不勝其衆。豈不惑哉。蓋上世聖人。有爲耒耜者。或不爲宮室。爲舟車者。或不爲棺椁。豈其智不足爲哉。以爲人之所未病者。不必改也。至於後聖。有爲宮室者。不以土處爲不可變也。爲棺椁者。不以葛溝爲不可易也。豈好爲相反哉。以爲人之所既病者。不可因也。又至於後聖。則有設兩觀而更采椽之質。攻文梓而易瓦棺之素。豈不能從儉哉。以爲人情之所好。能爲之節。而不能變也。由是觀之。古今之變不同。而俗之便習亦異。則亦屢變其法以宜之。何必一一以追先王之迹哉。其要在於養民之性。防民之欲者。本末先後。能合乎先王之意而已。此制作之方也。故瓦樽之尚。而薄酒之用。大羹之先。而庶羞之飽。一以爲貴本。一以爲親用。則知有聖人作而爲後世之禮者。必貴俎豆。而今之器用不廢也。先弁冕。而今之衣服不禁也。其推之皆然。然後其所改易更革。不至於拂天下之勢。駭天下之情。而固已合乎先王之意矣。是以羲農以來。至於三代。禮未嘗同。而制作之如此者。未嘗異也。後世不惟其如此。而或至於不敢爲。或爲之者。特出於其勢之不可得已。故苟簡而不能備。希闊而不常行。又不過用之於上而未有加之於民者也。故其禮本在於養人之性。而其用在於言動視聽之間者。歷千餘歲。民未嘗得接於耳目。況於服習而安之者乎。至於陷於罪戾。則繁於爲法以禦之。其亦不仁也哉。此書所紀。雖其事已淺。然凡世之記禮者。亦皆有所本。而一時之得失具焉。昔孔子於告朔。愛其禮之存。況於一代之典籍哉。故其書不得不貴。因爲之定著。以俟夫論禮者考而擇焉。

寄歐陽舍人書

鞏頓首載拜。舍人先生。去秋人還。蒙賜書及所譔先大父墓碑銘。反覆觀誦。感與慚并。夫銘誌之著於世。義近於史。而亦有與史異者。蓋史之於善惡。無所不書。而銘者。蓋古之人有功德材行志義之美者。懼後世之不知。則必銘而見之。或納於廟。或存於墓。一也。苟其人之惡。則於銘乎何有。此其所以與史異也。其辭之作。所以使死者無有所憾。生者得致其嚴。而善人喜於見傳。則勇於自立。惡人無有所紀。則以愧而懼。至於通材達識。義烈節士。嘉言善狀。皆見於篇。則足爲後法。警勸之道。非近乎史。其將安近。及世之衰。人之子孫者。一欲褒揚其親而不本乎理。故雖惡人。皆務勒銘。以誇後世。立言者既莫之拒而不爲。又以其子孫之所請也。書其惡焉。則人情之所不得。於是乎銘始不實。後之作銘者。當觀其人。苟託之非人。則書之非公與是。則不足以行世而傳後。故千百年來。公卿大夫至於里巷之士。莫不有銘。而傳者蓋少。其故非他。託之非人。書之非公與是故也。然則孰為其人而能盡公與是歟。非畜道德而能文章者無以為也。蓋有道德者之於惡人。則不受而銘之。於眾人則能辨焉。而人之行。有情善而跡非。有意奸而外淑。有善惡相懸而不可以實指。有實大於名。有名侈於實。猶之用人。非畜道德者。惡能辨之不惑。議之不徇。不惑不徇。則公且是矣。而其辭之不工。則世猶不傳。於是又在其文章兼勝焉。故曰非畜道德而能文章者無以為也。豈非然哉。然畜道德而能文章者。雖或並世而有。亦或數十年或一二百年而有之。其傳之難如此。其遇之難又如此。若先生之道德文章。固所謂數百年而有者也。先祖之言行卓卓。幸遇而得銘。其公與是。其傳世行後無疑也。而世之學者。每觀傳記所書古人之事。至其所可感。則往往衋然不知涕之流落也。況其子孫也哉。況鞏也哉。其追晞祖德而思所以傳之之由。則知先生推一賜於鞏。而及其三世。其感與報宜若何而圖之。抑又思若鞏之淺薄滯拙。而先生進之。先祖之屯蹶否塞以死。而先生顯之。則世之魁閎豪傑不世出之士。其誰不願進於門。潛遁幽抑之士。其誰不有望於世。善誰不為。而惡誰不愧以懼。為人之父祖者。孰不欲教其子孫。為人之子孫者。孰不欲寵榮其父祖。此數美者。一歸於先生。既拜賜之辱。且敢進其所以然。

所論世族之次。敢不承教而加詳焉。愧甚不宣。

宜黃縣學記

古之人自家至於天子之國。皆有學。自幼至於長。未嘗去於學之中。學有詩書六藝。絃歌洗爵。俯仰之容。升降之節。以習其心體耳目手足之舉措。又有祭祀鄉社養老之禮。以習其恭讓。進材論獄出兵授捷之法。以習其從事。師友以解其惑。勸懲以勉其進。戒其不率。其所以爲具如此。而其大要則務使人人學其性。不獨防其邪僻放肆也。雖有剛柔緩急之異。皆可以進之於中。而無過不及。使其識之明。氣之充於其心。則用之於進退語默之際。而無不得其宜。臨之以禍福死生之故。而無足動其意者。爲天下之士。而所以養其身之備如此。則又使知天地事物之變。古今治亂之理。至於損益廢置先後終始之要。無所不知。其在堂戶之上。而四海九州之業。萬世之策。皆得及出而履天下之任。列百官之中。則隨所施爲無不可者。何則其素所學問然也。蓋凡人之起居飲食動作之小事。至於修身爲國家天下之大體。皆自學出。而無斯須去於教也。其勸於視聽四支者。必使其洽於內。其謹於初者。必使其要於終。馴之以自然。而待之以積久。噫何其至也。故其俗之成。則刑罰措。其材之成。則三公百官得其士。其爲法之永。則中材可以守。其入人之深。則雖更衰世而不亂。爲教之極至此。鼓舞天下。而人不知其從之。豈用力也哉。及三代衰。聖人之制作盡壞。千餘年之間。學有存者。

亦非古法。人之體性。之舉動。唯其所自肆。而臨政治人之方。固不素講。士有聰明朴茂之質。而無敎養之漸。則其材之不成固然。蓋以不學未成之材而爲天下之吏。又承衰弊之後而治不敎之民。嗚呼。仁政之所以不行。盜賊刑罰之所以積。其不以此也歟。宋興幾百年矣。慶曆元年。天子圖當世之務。而以學爲先。於是天下之學乃得立。而方此之時。撫州之宜黃猶不能有學。士之學者。皆相率而寓於州。以羣聚講習。其明年。天下之學復廢。士亦皆散去。而春秋釋奠之事。以著於令。則常以廟祀孔氏。廟廢不復理。皇祐元年。會令李君詳至。始議立學。而縣之士某某與其徒。皆自以爲得發憤於此。莫不相勵而趨爲之。故其材不賦而羨。匠不發而多。其成也。積屋之區若干。而門序正位講藝之堂。棲士之舍皆足。積器之數若干。而祀飲寢食之用皆具。其像孔氏而下從祭之士皆備。其書經史百氏翰林子墨之文章。無外求者。其相基會作之本末。總爲日若干而已。何其周且速也。當四方學廢之初。有司之議。固以謂學者人情之所不樂。及觀此學之作。其在廢學數年之後。唯其令之一唱。而四境之內響應而圖之。如恐不及。則夫言人之情不樂於學者。其果然也歟。宜黃之學者。固多良士。而李君之爲令。威行愛立。訟清事舉。其政又良也。夫及良令之時。而順其慕學發憤之俗。作爲宮室敎肄之所。以致圖書器用之須。莫不皆有以養其良材之士。雖古之去今遠矣。然聖人之典籍皆在。其言可考。其法可求。使其相與學而明之。禮樂節文之詳。固有所不得爲者。若夫正心修身爲國家天下之大務。則在其進之而已。使一人之行修。移之於一家。一家之行修。移之於鄉鄰族黨。則一縣之風俗成。人材出矣。教化之行。道德之歸。非遠人也。可不勉歟。縣之士來請曰。願有記。故記之。十二月某日也。

筠州學記

周衰。先王之迹熄。至漢。六藝出於秦火之餘。士學於百家之後。言道德者。矜高遠而遺世用。語政理者。務卑近而非師古。刑名兵家之術。則狃於暴詐。惟知經者。爲善矣。又爭爲章句訓詁之學。以其私見妄臆穿鑿爲說。故先王之道不明。而學者靡然溺於所習。當是時。能明先王之道者。揚雄而已。而雄之書。世未知好也。然士之出於其時者。皆勇於自立。無苟簡之心。其取與進退去就。必度於禮義。及其已衰。而搢紳之徒。抗志於強暴之間。至於廢錮殺戮而其操愈厲者。相望於先後。故雖有不軌之臣。猶低徊沒世不敢遂其篡奪。自此至於魏晉以來。其風俗之弊。人材之乏久矣。以迄於今。士乃有特起於千載之外。明先王之道。以寤後之學者。世雖不能皆知其意。而往往好之。故習其說者。論道德之旨。而知應務之非近。議政理之體。而知法古之非迂。不亂於百家。不蔽於傳疏。其所知者若此。此漢之士所不能及。然能尊而守之者。則未必衆也。故樂易敦朴之俗微。而詭欺薄惡之習勝。其於貧富貴賤之地。則養廉遠恥之意少。而偸合苟得之行多。此俗化之美。所以未及於漢也。夫所聞或淺。而其義甚高。與所知有餘。而其守不足者。其故何哉。由漢之士。察舉於鄉閭。故不得不篤於自修。至於漸摩之久。則果於義者。非強而能也。今之士選用於文章。故不得不篤於所學。至於循習之深。則得於心者。亦不自知其至也。由是觀之。則上所好。下必有甚者焉。豈非信歟。令漢與今。有教化開導之方。有庠序養成之法。則士於學行。豈有彼此之偏。先後之過乎。夫大學之道。將欲誠意正心修身。以治其國家天下。而必本於先致其知。則知者固善之端。而人之所難至也。以今之士。於人所難至者既幾矣。則上之施化。莫易於斯時。顧所以導之如何爾。筠爲州在大江之西。其地僻絕。當慶曆之初。詔天下立學。而筠獨不能應詔。州之士以爲病。至治平三年。蓋二十有三年矣。始告於知州事尚書都官郎中董君儀。董君乃與通判州事國子博士鄭君蒨。相州之東南。得亢爽之地。築宮於其上。齋祭之室。誦講之堂。休息之廬。至於庖湢庫廄。各以序爲。經始於其春。而落成於八月之望。既而來學者常數十百人。二君乃以書走京師。請記於余。余謂二君之於政。可謂知所務矣。使筠之士相與升降乎其中。講先王之遺文。以致其知。其賢者超然自信而獨立。其中材勉焉以待上之教化。則是宮之作。非獨使夫來者玩思於空言。以干世取祿而已。故爲之著余之所聞者以爲記。而使歸刻焉。

越州趙公救菑記

熙寧八年夏。吳越大旱。九月。資政殿大學士右諫議大夫知越州趙公。前民之未饑。爲書問屬縣菑所被者幾鄉。民能自食者有幾。當廩於官者幾人。溝防構築可僦民使治之者幾所。庫錢倉廩可發者幾何。富人可募出粟者幾家。僧道士食之羨粟書於籍者其幾具存。使各書以對。而謹其備。州縣吏錄民之孤老疾弱不能自食者二萬一千九百餘人以告。故事歲廩窮人當給粟三千石而止。公斂富人所輸及僧道士食之羨者得粟四萬八千餘石佐其費。使自十月朔人受粟日一升。幼小半之。憂其衆相蹂也。使受粟者男女異日而人受二日之食。憂其且流亡也。於城市郊野爲合粟之所凡五十有七。使各以便受之而告以去其家者勿給。計官爲不足用也。取吏之不在職而寓於境者給其食而任以事。不能自食者有是具也。能自食者。爲之告富人無得閉糴。又爲之出官粟得五萬二千餘石平其價予民爲糶粟之所凡十有八。使糴者自便如受粟。又僦民完城四千一百丈爲工三萬八千計其傭與錢。又與粟再倍之。民取息錢者。告富人縱予之而待熟。官爲責其償。棄男女者使人得收養之。明年春大疫。爲病坊處疾病之無歸者。募僧二人屬以視醫藥飲食。令無失所時。凡死者使在處隨收瘞之。法廩窮人盡三月當止。是歲盡五月而止。事有非便文者。公一以自任不以累其屬。有上請者。或便宜多輒行。公於此時蚤夜憊心力不少懈。事鉅細必躬親。給病者藥食多出私錢。民不幸罹旱疫。得免於轉死。雖死得無失斂埋。皆公力也。是時旱疫被於吳越。民饑饉疾厲。死者殆半。菑未有鉅於此也。天子東向憂勞。州縣推布上恩。人人盡其力。公

古文治要卷一

古文十七家

王安石　宋臨川人。字介甫。號半山。擢進士第。嘉祐中。歷度支判官。上萬言書。以變法爲言。俄直集賢院知制誥。神宗時爲相。謀改革政治。興青苗水利均輸保甲免役市易保馬方田諸法。物議騰沸。時名臣皆被斥。而新法卒無效。罷爲鎮南軍節度使。元豐中。復拜左僕射。封荆國公。卒年六十六。謚文。安石性强忮。果於自用。能博辨以濟其說。文章拗折峭深。如其爲人。而論者謂宋以來善學韓文者。惟安石一人。所微遜者。間有過於瘦硬。無韓之渾融而恣肆耳。有周官新義臨川集唐百家詩選。

原性

或曰。孟荀楊韓四子者。皆古之有道仁人。而性者有生之大本也。以古之有道仁人。而言有生之大本。其爲言也宜無惑。何其說之相戾也。吾願聞子之所安。曰。吾所安者。孔子之言而已。夫太極者。五行之所由生。而五行非太極也。性者。五常之太極也。而五常不可以謂之性。此吾所以異於韓子。且韓子以仁義禮智信五者謂之性。而曰天下之性。惡焉而已矣。五者之謂性。而惡焉者。豈五者之謂哉。孟子言人之性善。荀子言人之性惡。夫太極生五行。然後利害生焉。而太極不可以利害言也。性生乎情。有情然後善惡形焉。而性不可以善惡言也。

此吾所以異於二子。孟子以惻隱之心人皆有之。因以謂人之性無不仁。就所謂性者如其說。必也怨毒忿戾之心人皆無之。然後可以言人之性無不善。而人果皆無之乎。孟子以惻隱之心爲性者。以其在內也。夫惻隱之心與怨毒忿戾之心。其有感於外而後出乎中者有不同乎。荀子曰。其爲善者僞也。就所謂性者如其說。必也惻隱之心人皆無之。然後可以言善者僞也。而人果皆無之乎。荀子曰。陶人化土而爲埴。埴豈土之性也哉。夫陶人不以木爲埴者。惟土有埴之性焉。烏在其爲僞也。且諸子之所言。皆吾所謂情也。習也。非性也。楊子之言爲似矣。猶未出乎以習而言性也。古者有不謂喜怒愛惡欲情者乎。喜怒愛惡欲而善。然後從而命之曰。仁也。義也。喜怒愛惡欲而不善。然後從而命之曰。不仁也。不義也。故曰有情然後善惡形焉。然則善惡者。情之成名而已矣。孔子曰。性相近也。習相遠也。吾之言如此。然則上智與下愚不移有說乎。曰此之謂智愚。吾所云者。性與善惡也。惡者之於善也。爲之則是。愚者之於智也。或不可強而有也。伏羲作易。而後世聖人之言也。非天下之至精至神。其孰能與於此。孔子作春秋。則游夏不能措一辭。蓋伏羲之智非至精至神不能與。惟孔子之智雖游夏不可強而能也。況所謂下愚者哉。其不移明矣。或曰。四子之云爾。其皆有意於教乎。曰。是說也。吾不知也。聖人之教。正名而已。

周公論

甚哉。荀卿之好妄也。載周公之言曰。吾所執贄而見者十人。還贄而相見者三十人。貌執者百有餘人。欲言而請畢事千有餘人。是誠周公之所爲。則何周公之小也。夫聖人爲政於天下也。吾初無爲於天下。而天下卒以無所不治者。其法誠修也。故三代之制。立庠於黨。立序於遂。立學於國。而盡其道以爲養賢教士之法。是士之賢雖未及用。而固無不見尊養者矣。此則周公待士之道也。誠若荀卿之言。則春申孟嘗之行。亂世之事也。豈足爲周公乎。且聖世之士。各有其業。講道習藝。患日之不足。豈暇於遊公卿之門哉。彼遊公卿之門。求公卿之禮者。皆戰國之姦民。而毛遂侯嬴之徒也。荀卿生於亂世。不能考論先王之法。著之天下。而惑於亂世之俗。遂以爲聖世之士亦若是而已。亦已過也。且周公之所禮者大賢與。則周公豈唯執贄見之而已。固當薦之天子而共天位也。如其不賢。不足與共天位。則周公如何其與之爲禮也。子產聽鄭國之政。以其乘輿濟人於溱洧。孟子曰。惠而不知爲政。蓋君子之爲政。立善法於天下。則天下治。立善法於一國。則一國治。如其不能立法。而欲人人悅之。則日亦不足矣。使周公知爲政。則宜立學校之法於天下矣。不知立學校。而徒能勞身以待天下之士。則不唯力有所不足。而勢亦有所不得。周公亦可謂愚也。又曰。仰祿之士猶可驕。正身之士不可驕也。夫君子之不驕。雖闇室不敢自慢。豈爲其人之仰祿而可以驕乎。嗚呼。所謂君子者。貴其能不易乎世也。荀卿生於亂世。而遂以亂世之事量聖人。後世之士尊荀卿以爲大儒而繼孟子者。吾不之信矣。

周禮義序

士弊於俗學久矣。聖上閔焉。以經術造之。乃集儒臣訓釋厥旨。將播之校學。而臣某實董周官。惟道之在政事。其貴賤有位。其後先有序。其多寡有數。其遲速有時。制而用之存乎法。推而行之存乎人。其人足以任官。其官足以行法。莫盛乎成周之時。其法可施於後世。其文有見於載籍。莫具乎周官之書。蓋其因習以崇之。賡續以終之。至於後世。無以復加。則豈特文武周公之力哉。猶四時之運。陰陽積而成寒暑。非一日也。自周之衰。以至於今。歷歲千數百矣。太平之遺跡。埽蕩幾盡。學者所見。無復全經。於是時也。乃欲訓而發之。臣誠不自揆。然知其難也。以訓而發之之爲難。則又以知夫立政造事。追而復之之爲難。然竊觀聖上致法就功。取成於心。訓迪在位。有馮有翼。亹亹乎鄉六服承德之世矣。以所觀乎今。考所學乎古。所謂見而知之者。臣誠不自揆。妄以爲庶幾焉。故遂冒昧自竭。而忘其材之弗及也。謹列其書爲二十有二卷。凡十餘萬言。上之御府。副在有司。以待制詔頒焉。謹序。

讀孟嘗君傳

世皆稱孟嘗君能得士。士以故歸之。而卒賴其力。以脫於虎豹之秦。嗟乎。孟嘗君特雞鳴狗盜之雄耳。豈足以言得士。不然。擅齊之彊。得一士焉。宜可以南面而制秦。尚何取雞鳴狗盜之力哉。夫雞鳴狗盜之出其門。此士之所以不至也。

讀刺客傳

曹沬將而亡人之城。又劫天下盟主。管仲因勿倍以市信一時可也。予獨怪智伯國士豫讓。豈顧不用其策耶。讓誠國士也。曾不能逆策三晉。救智伯之亡。一死區區。尙足校哉。其亦不欺其意者也。聶政售於嚴仲子。荆軻豢於燕太子丹。此兩人者。汙隱困約之時。自貴其身不妄願知。亦曰有待焉。彼挾道德以待世者何如哉。

本朝百年無事剳子

臣前蒙陛下問及本朝所以享國百年天下無事之故。臣以淺陋。誤承聖問。迫於日晷。不敢久留。語不及悉。遂辭而退。竊惟念聖問及此。天下之福。而臣遂無一言之獻。非近臣所以事君之義。故敢冒昧而粗有所陳。伏惟太祖躬上智獨見之明。而周知人物之情僞。指揮付託必盡其材。變置設施。必當其務。故能駕馭將帥。訓齊士卒。外以扞夷狄。內以平中國。於是除苛賦。止虐刑。廢强橫之藩鎭。誅貪殘之官吏。躬以簡儉爲天下先。其於出政發令之間。一以安利元元爲事。太宗承之以聰武。眞宗守之以謙仁。以至仁宗英宗。無有逸德。此所以享國百年而天下無事也。仁宗在位。歷年最久。臣於時實備從官。施爲本末。臣所親見。嘗試爲陛下陳其一二。而陛下詳擇其可。亦足以申鑒於方今。伏惟仁宗之爲君也。仰畏天俯畏人。寬仁恭儉出於自然而忠恕誠愨終始如一。未嘗妄興一役。未嘗妄殺一人。斷獄務在生之而特惡吏之殘擾。寧屈己棄財於夷狄。而終不忍加兵。刑平而公賞重而信。納用諫官御史公聽並觀。而不蔽於偏至之讒。因任衆人耳目。拔擧疏遠。而隨之以相坐之法。蓋監司之吏以至州縣。無敢暴虐殘酷擅有調發以傷百姓。自夏人順服。蠻夷遂無大變。邊人父子夫婦得免於兵死。而中國之人安逸蕃息。以至今日者。未嘗妄興一役。未嘗妄殺一人。斷獄務在生之。而特惡吏之殘擾。寧屈己棄財於夷狄。而不忍加兵之效也。大臣貴戚左右近習。莫敢强横犯法。其自重慎或甚於閭巷之人。此刑平而公之效也。募天下驍雄横猾以爲兵。幾至百萬。非有良將以御之。而謀變者輒敗。聚天下財物。雖有文籍。委之府史。非有能吏以鉤考。而斷盜者輒發。凶年饑歲。流者塡道。死者相枕。而寇攘者輒得。此賞重而信之效也。大臣貴戚左右近習。莫能大擅威福。廣私貨賂。一有姦慝。隨輒上聞。貪邪横猾。雖間或見用。未嘗得久。此納用諫官御史。公聽並觀。而不蔽於偏至之讒之效也。自縣令京官以至監司臺閣。升擢之任。雖不皆得人。然一時之所謂才士。亦罕蔽塞而不見收擧者。此因任衆人之耳目。拔擧疏遠而隨之以相坐之法之效也。升遐之日。天下號慟。如喪考妣。此寬仁恭儉。出於自然。忠恕誠愨。終始如一之效也。然本朝累世因循末俗之弊。而無親友羣臣之議。人君朝夕與處。不過宦官女子。出而視事。又不過有司之細故。未嘗如古大有爲之君。與學士大夫討論先王之法以措之天下也。一切因任自然之理勢。而精神之運。有所不加。名實之間。有所不察。君子非不見貴。然小人亦得廁其間。正論非不見容。然邪說亦有時而用。以詩賦記誦求天下之士。而無學校養民之法。以科名資歷敍朝廷之位。而無官司課試之方。監司無檢察之人。守將非選擇之吏。轉徙之亟。既難於考績。而遊談之衆。因得以亂眞。交私養望者多得顯官。獨立營職者或見排沮。故上下偷惰取容而已。雖有能者在職。亦無以異於庸人。農民壞於繇役。而未嘗特見救恤。又不爲之設官以修其水土之利。兵士雜於疲老。而未嘗申敕訓練。又不爲之擇將而久其疆埸之權。宿衞則聚卒伍無賴之人。而未有以變五代姑息羈縻之俗。宗室則無教訓選擧之實。而未有以合先王親疏隆殺之宜。其於理財。大抵無法。故雖儉約而民不富。雖憂勤而國不強。賴非夷狄昌熾之時。又無堯湯水旱之變。故天下無事過於百年。雖曰人事。亦天助也。蓋累聖相繼。仰畏天。俯畏人。寬仁恭儉。忠恕誠愨。此其所以獲天助也。伏惟陛下躬上聖之質。承無窮之緒。知天助之不可常恃。知人事之不可怠終。則大有爲之時。正在今日。臣不敢輒廢將明之義。而苟逃諱忌之誅。伏惟陛下幸赦而留神。則天下之福也。取進止。

答司馬諫議書

某啟。昨日蒙教。竊以爲與君實游處相好之日久。而議事每不合。所操之術多異故也。雖欲強聒。終必不蒙見察。故略上報。不復一一自辨。重念蒙君實視遇厚。於反覆不宜鹵莽。故今具道所以。冀君實或見恕也。蓋儒者所爭。尤在於名實。名實已明。而天下之理得矣。今君實所以見教者。以爲侵官生事征利拒諫。以致天下怨謗也。某則以爲受命於人主。議法度而修之於朝廷。以授之於有司。不爲侵官。舉先王之政。以興利除弊。不爲生事。爲天下理財。不爲征利。闢邪說。難壬人。不爲拒諫。至於怨誹之多。則固前知其如此也。人習於苟且非一日。士大夫多以不恤國事同俗自媚於衆爲善。上乃欲變此。而某不量敵之衆寡。欲出力助上以抗之。則衆何爲而不洶洶然。盤庚之遷。胥怨者民也。非特朝廷士大夫而已。盤庚不爲怨者故改其度。度義而後動。是而不見可悔故也。如君實責我以在位久。未能助上大有爲。以膏澤斯民。則某知罪矣。如曰今日當一切不事事。守前所爲而已。則非某之所敢知。無由會晤。不任區區向往之至。

附錄司馬光與王介甫書

光居常無事。不敢涉兩府之門。以是久不得通名於將命者。春暖。伏惟機政餘裕。台候萬福。孔子曰。益者三友。損者三友。光不才。不足以辱介甫爲友。然自接侍以來。十有餘年。屢常同僚。亦不可謂無一日之雅也。雖愧多聞。至於直諒。不敢不勉。若乃便佞。則固不敢爲也。孔子曰。君子和而不同。小人同而不和。君子之道。出處語默。安可同也。然其志則皆欲立身行道。輔世養民。此其所以和也。向者與介甫議論朝廷事數相違。未知介甫之察不察。然於光嚮慕之心未始變移也。竊見介甫獨負天下大名三十餘年。才高而學富。難進而易退。遠近之士。識與不識。咸謂介甫不起則已。起則太平可立致。生民咸被其澤矣。天子用此起介甫於不可起之中。引參大政。豈非欲望衆人之所望於介甫邪。今介甫從政始朞年。而士大夫在朝廷及自四方來者。莫不非議介甫。如出一口。下至閭閻細民。小吏走卒。亦切切怨歎。人人歸咎於介甫。不知介甫亦嘗聞其言而知其故乎。光竊意門下之士。方日譽盛德而贊功業。未始有一人敢以此聞達於左右者也。非門下之士。則皆曰。彼方得君而專政。無爲觸之以取禍。不若坐而待之。不過二三年。彼將自敗。若是者。不惟不忠於介甫。亦不忠於朝廷。若介甫果信此志。推而行之。及二三年。則朝廷之患已深矣。安可救乎。如光則不然。忝備交遊之末。不敢苟避譴怒。不爲介甫一一陳之。今天下之人惡介甫之甚者。詆毀無所不至。光獨知其不然。介甫固大賢。其失在於用心太過。自信太厚而已。何以言之。自古聖賢所以治國者。不過使百官各稱其職。委任而責成功也。其所以養民者。不過輕租稅。薄賦斂。已逋責也。介甫以爲此皆腐儒之常談。不足爲。思得古人所未嘗爲者而爲之。於是財利不以委三司。而自治之。更立制置三司條例司。聚文章之士及曉財利之人。使之講利。孔子曰。君子喩於義。小人喩於利。樊須請學稼。孔子猶鄙之。以爲不知禮義信況講商賈之末乎。使彼誠君子耶。則固不能言利。彼誠小人耶。則固民是盡以饜上之欲。又可從乎。是知條例一司已不當置而置之。又於其中不次用人。往往暴得美官。於是言利之人皆攘臂圜視。衒鬻爭進。各鬭智巧。以變更祖宗舊法。大抵所利不能補其所傷。所得不能償其所亡。徒欲別出新意以自爲功名耳。此其爲害已甚矣。又置提舉句當常平廣惠倉使者四十餘人。使行新法於四方。先散青苗錢。次欲使比戶出助役錢。次又欲更搜求農田水利而行之。所遣者雖皆選擇才俊。然其中亦有輕佻狂躁之人。陵轢州縣。騷擾百姓者。於是士大夫不伏。農商喪業。故謗議沸騰。怨嗟盈路。迹其本原。或以此也。書曰。民不靜。亦惟在王宮邦君室。伊尹爲阿衡。有一夫不獲其所。若己推而內之溝中。孔子曰。君子求諸己。介甫亦當自思所以致其然者。不可專罪天下之人也。夫侵官者。亂政也。介甫更以爲治術而先施之。貸息錢。鄙事也。介甫更以爲王政而力行之。繇役自古皆從民出。介甫更欲斂民錢雇市傭而使之。此三者常人皆知其不可。而介甫獨以爲可。非介甫之智不及常人也。直欲求非常之功。而忽常人之所知耳。夫皇極之道施之於天地人皆不可須臾離。故孔子曰。道之不明也。我知之矣。智者過之。愚者不及也。道之不行也。我知之矣。賢者過之。不肖者不及也。介甫之智與賢皆過人。及其失也。乃與不及之患均。此光所謂用心太過者也。自古人臣之聖。無過周公與孔子。周公孔子亦未嘗無過。未嘗無師。介甫雖大賢。於周公孔子則有間矣。今乃自以我之所見。天下莫能及。人之議論。與我合則善之。與我不合則惡之。如此。方正之士何由進。諂諛之士何由遠。方正日疏。諂諛日親。而望萬事之得其宜。令名之施四遠。難矣。夫從諫納善。不獨人君爲美也。於人臣亦然。昔鄭人遊於鄉校。以議執政之善否。或謂子產毀鄉校。子產曰。其所善者吾則行之。其所惡者吾則改之。是吾師也。若之何毀之。薳子馮爲楚令尹。有寵於薳子者八人。皆無祿而多馬。申叔豫以子南觀起之事警之。薳子懼。辭八人者。而後王安之。趙簡子有臣曰周舍。好直諫。日有記。月有成。歲有效。周舍死。簡子臨朝而歎曰。千羊之皮。不如一狐之腋。諸大夫朝。徒聞唯唯。不聞周舍之鄂鄂。吾是以憂也。子路人告之以有過則喜。鄧文終侯相漢。有書過之史。諸葛孔明相蜀。發敎與羣下曰。違覆而得中。猶棄弊蹻而獲珠玉。然人心苦不能盡。惟董幼宰參畫七年。事有不至。至於十反。孔明嘗自校簿書。主簿楊顒諫曰。爲治有體。上下不可相侵。請爲明公以作家譬之。今有人使奴執耕稼。婢典炊爨。鷄主司晨。犬主吠盜。私業無曠。所求皆足。忽一旦盡欲以身親其役。不復付任。形疲神困。終無一成。豈其智之不如奴婢雞狗哉。失其家主之法也。孔明謝之。及顒卒。孔明垂泣三日。呂定公有親近曰徐原。有才志。定公薦拔至侍御史。原性忠壯。好直言。定公時有得失。原輒諫爭。又公論之。人或以告定公。定公歎曰。是我所以貴德淵者也。及原卒。定公哭之盡哀。曰德淵呂岱之益友。今不幸。岱復於何聞過哉。此數君子者。所以能功成名立。皆由樂聞直諫。不諱過失故也。若其餘驕亢自用。不受忠諫而亡者。不可勝數。介甫多識前世之載。固不俟光言而知之矣。孔子稱有一言而可以終身行之者。其恕乎。詩云。伐柯伐柯。其則不遠。言以其所願乎上交乎下。以所願乎下事乎上。不遠求也。介甫素剛直。每議事於人主前。如與朋友爭辨於私室。不少降辭氣。視斧鉞鼎鑊無如也。及賓客僚屬謁見論事。則惟希意迎合。曲從如流者。親而禮之。或所見小異。微言新令之不便者。介甫輒艴然加怒。或詬罵以辱之。或言於上而逐之。不待其辭之畢也。明主寬容如此。而介甫拒諫乃爾。無乃不足於恕乎。昔王子雍方於事上。而好下佞己。介甫不幸亦近是乎。此光所謂自信太厚者也。光昔從介甫游。於諸書無不觀。而特好孟子與老子之言。今得君得位而行其道。是宜先其所美。必不先其所不美也。孟子曰。仁義而已矣。何必曰利。又曰。爲民父母使民盻盻然。將終歲勤動。不得以養其父母。又稱貸而益之。惡在其爲民父母也。今介甫爲政。首制置條例。大講財利之事。又命薛向行均輸法於江淮。欲盡奪商賈之利。又分遣使者。散青苗錢於天下。而收其息。使人人愁痛。父子不相見。兄弟妻子離散。此豈孟子之志乎。老子曰。天下神器。不可爲也。爲者敗之。執者失之。又曰。我無爲而民自化。我好靜而民自正。我無事而民自富。我無欲而民自樸。又曰。治大國若烹小鮮。今介甫爲政。盡變更祖宗舊法。先者後之。上者下之。右者左之。成者毁之。異者取之。矻矻焉窮日力。繼之以夜而不得息。使上自朝廷。下及田野。內起京師。外周四海。士吏兵農工商僧道。無一人得襲故而守常者。紛紛擾擾。莫安其居。此豈老氏之志乎。何介甫總角讀書。白頭秉政。乃盡棄其所學。而從今世淺丈夫之謀乎。古者國有大事。謀及卿士。謀及庶人。成王戒君陳曰。有廢有興。出入自爾師虞。庶言同則繹。詩云。先民有言。詢於芻蕘。孔子曰。上酌民言。則下天上施。上不酌民言。則下不天上施。自古立功立事。未有專欲違衆而能有濟者也。使詩書孔子之言。皆不可信則已。若猶可信。則豈得盡棄而不顧哉。今介甫獨信數人之言。而棄先聖之道。違天下人之心。將以致治。不亦難乎。近者藩鎭大臣。有言散青苗錢不便者。天子出其議。以示執政。而介甫遽悻悻然不樂。引疾臥家。光被旨爲批答。見士民方不安如此。而介甫乃欲辭位而去。殆非明主所以拔擢委任之意。故直敍其事。以義責介甫。早出視事。更新令之不便於民者。以福天下。其辭雖樸拙。然無一字不得其實者。竊聞介甫不相識察。頗督過之。上書自辨。至使天子自爲手詔以遜謝。又使呂學士再三諭意。然後乃出視事。誠是也。然當速改前令之非者。以慰安士民。報天子之盛德。今則不然。更加忿怒。行之愈急。李正言。青苗錢不便。詰責使分析。呂司封傳語。祥符知縣未散青苗錢。劾奏乞行勘會。觀介甫之意。必欲力戰天下之人。與之一決勝負。不復顧義理之是非。生民之憂樂。國家之安危。光竊爲介甫不取也。光近蒙聖恩過聽。欲使之副貳樞府。光竊惟居高位者。不可以無功。受大恩者。不可以不報。故輒敢申明去歲之論。進當今之急務。乞罷制置三司條例司。及追還諸路提舉常平廣惠倉使者。主上以介甫爲心。未肯俯從。光竊念主上親重介甫。中外羣臣無能及者。動靜取捨。惟介甫之爲信。介甫曰可罷。則天下之人咸被其澤。曰不可罷。則天下之人咸被其害。方今生民之憂樂。國家之安危。惟繫介甫之一言。介甫何忍必遂己意而不恤乎。夫人誰無過。君子之過。如日月之食。過也。人皆見之。更也。人皆仰之。何損於明。介甫誠能進一言於主上。請罷條例司。追還常平使者。則國家太平之業皆復其舊。而介甫改過從善之美。愈光大於前日矣。於介甫何所虧喪。而固不移哉。光今所言。正逆介甫之意。明知其不合也。然光與介甫趣嚮雖殊。大歸則同。介甫方欲得位以行其道。澤天下之民。光方欲辭位以行其志。救天下之民。此所謂和而不同者也。故敢一陳其志。以自達於介甫。以終益友之義。其捨之取之。則在介甫矣。詩云。周爰咨謀。介甫得光書。儻未賜棄擲。幸與忠信之士謀其可否。不可示諂諛之人。必不肯以光言爲然也。彼諂諛之人。欲依附介甫。因緣改法。以爲進身之資。一旦罷局。譬如魚之失水。此所以挽引介甫。使不得由直道行者也。介甫奈何徇此曹之所欲。而不思國家之大計哉。孔子曰。巧言令色鮮矣仁。彼忠言之士。於介甫當路之時。或齟齬可憎。及失勢之後。必徐得其力。詔諛之士。於介甫當路之時。誠有順適之快。一旦失勢。必有賣介甫以自售者矣。介甫將何擇焉。國武子好盡言。以招人之過。卒不得其死。光常自病似之而不能改也。雖然。於善人亦何憂之有。用是故敢妄發而不疑也。屬以辭避恩命未得請。且病膝瘡不可出。不獲親侍言於左右。而布陳以書。悚懼尤深。介甫其受而聽之。與罪而絕之。或詬罵而辱之。與言於上而逐之。無不可者。光俟命而已。

答韶州張殿丞書

某啟。伏蒙再賜書。示及先君韶州之政。爲吏民稱頌。至今不絕。傷今之士大夫不盡知。又恐史官不能記載。以次前世良吏之後。此皆不肖之孤。言行不足信於天下。不能推揚先人之功緒餘烈。使人人得聞知之。所以夙夜愁痛。疚心疾首而不敢息者。以此也。先人之存。某尚少。不得備聞爲政之迹。然嘗侍左右。尚能記誦教誨之餘。蓋先君所存。嘗欲大潤澤於天下。一物枯槁以爲身羞。大者既不得試。已試乃其小者耳。小者又將泯沒而無傳。則不肖之孤。罪大釁厚矣。尚何以自立於天地之間耶。閣下勤勤惻惻。以不傳爲念。非夫仁人君子樂道人之善。安能以及此。自三代之時。國各有史。而當時之史。多世其家。往往以身死職。不負其意。蓋其所傳。皆可考據。後既無諸侯之史。而近世非尊爵盛位。雖雄奇儁烈。道德滿衍。不幸不爲朝廷所稱。輒不得見於史。而執筆者又雜出一時之貴人。觀其在廷論議之時。人人得講其然不。尙或以忠爲邪。以異爲同。誅當前而不慄。訕在後而不羞。苟以饜其忿好之心而止耳。而況陰挾翰墨。以裁前人之善惡。疑可以貸褒。似可以附毀。往者不能訟當否。生者不能論曲直。賞罰謗譽。又不施其間。以彼其私。獨安能無欺於冥昧之間邪。善既不盡傳。而傳者又不可盡信。如此。惟能言之君子。有大公至正之道。名實足以信後世者。耳目所遇。一以言載之。則遂以不朽於無窮耳。伏惟閣下於先人。非有一日之雅。餘論所及。無黨私之嫌。苟以發潛德爲己事。務推所聞。告世之能言而足信者。使得論次以傳焉。則先君之不得列於史官。豈有恨哉。

上人書

嘗謂文者禮教治政云爾。其書諸策而傳之人。大體歸然而已。而曰言之不文。行之不遠云者。徒謂辭之不可以已也。非聖人作文之本意也。自孔子之死久。韓子作。望聖人於百千年中。卓然也。獨子厚名與韓並。子厚非韓比也。然其文卒配韓以傳。亦豪傑可畏者也。韓子嘗語人以文矣。曰云云。子厚亦曰云云。疑二子者徒語人以其辭耳。作文之本意不如是。其已也。孟子曰。君子欲其自得之也。自得之。則居之安。居之安。則資之深。資之深。則取諸左右逢其原。孟子之云爾。非直施於文而已。然亦可託以爲作文之本意。且所謂文者。務爲有補於世而已矣。所謂辭者。猶器之有刻鏤繪畫也。誠使巧且華。不必適用。誠使適用。亦不必巧且華要之以適用爲本。以刻鏤繪畫爲之容而已。不適用。非所以爲器也。不爲之容。其亦若是乎。否也。然容亦未可已也。勿先之。其可也。某學文久。數挾此說以自治。始欲書之策而傳之人。其試於事者。則有待矣。其爲是非邪。未能自定也。執事正人也。不阿其所好者。書雜文十篇獻左右。願賜之教。使之是非有定焉。

祭歐陽文忠公文

夫事有人力之可致。猶不可期。況乎天理之溟漠。又安可得而推。惟公生有聞於當時。死有傳於後世。苟能如此。足矣。而亦又何悲。如公器質之深厚。智識之高遠。而輔學術之精微。故充於文章。見於議論。豪健俊偉。怪巧瑰琦。其積於中者。浩如江河之停蓄。其發於外者。爛如日星之光輝。其清音幽韻。淒如飄風急雨之驟至。其雄辭閎辨。快如輕車駿馬之奔馳。世之學者。無問乎識與不識。而讀其文。則其人可知。嗚呼。自公仕宦四十年。上下往復。感世路之崎嶇。雖屯邅困躓。竄斥流離。而終不可掩者。以其公議之是非。既壓復起。遂顯於世。果敢之氣。剛正之節。至晚而不衰。方仁宗皇帝臨朝之末年。顧念後事。謂如公者。可寄以社稷之安危。及夫發謀決策。從容指顧。立定大計。謂千載而一時。功名成就。不居而去。其出處進退。又庶乎英魄靈氣。不隨異物腐敗。而長在乎箕山之側與潁水之湄。然天下之無賢不肖。且猶爲涕泣而歔欷。而況朝士大夫。平昔游從。又予心之所嚮慕而瞻依。嗚呼。盛衰興廢之理。自

古文治要卷一

古文十七家

蘇軾　宋眉山人。字子瞻。洵之長子。博通經史。嘉祐中試禮部。歐陽修擢置第二。曰吾當避此人出一頭地。簽書鳳翔府判官。召直史官。熙寧中王安石創行新法。軾上書論其不便。安石怒。使御史謝景溫論奏其過。窮治無所得。軾遂請外。通判杭州。再徙知湖州。言者摭其詩語以爲訕謗。逮赴臺獄。欲置之死。鍛鍊久不決。以黃州團練副使安置。軾築室於東坡。自號東坡居士。移汝州。元祐中累官翰林學士兼侍讀。以龍圖閣學士知杭州。召爲翰林承旨。歷端明殿翰林侍讀兩學士。出知惠州。紹聖中累貶瓊州別駕。赦還。建中靖國初卒於常州。年六十六。謚文忠。軾文章初師父洵。所爲既而得之於天。其體渾涵光芒。雄視百代。嘗自評其文如萬斛泉源。不擇地皆可出。良爲善喻。詩詞書畫亦皆有名。所著有易書傳論語說仇池筆記東坡志林東坡集等。

韓非論

聖人之所爲惡夫異端。盡力而排之者。非異端之能亂天下。而天下之亂。所由出也。昔周之衰。有老聃莊周列禦寇之徒。更爲虛無淡泊之言。而治其猖狂浮游之說。紛紜顚倒。而卒歸於無有。由其道者。蕩然莫得其當。是以忘乎富貴之樂。而齊乎死生之分。此不得志於天下。高世遠舉之人。所以放心而無憂。雖非聖人之道。而其用意。固亦無惡於天下。自老聃之死百餘年。有商鞅韓非著書。言治天下無若刑名之賢。及秦用之。終於勝廣之亂。教化不足而法有餘。秦以不祀而天下被其毒。後世之學者。知申韓之罪。而不知老聃莊周之使然。何者。仁義之道。起於夫婦父子兄弟相親之間。而禮法刑政之原。出於君臣上下相忌之際。相愛則有所不忍。相忌則有所不敢。不敢與不忍之心合。而後聖人之道得存乎其中。今老聃莊周論君臣父子之間。汎汎乎若萍游於江湖。而適相值也。夫是以父不足愛。而君不足忌。不忌其君。不愛其父。則仁不足以懷。義不足以勸。禮樂不足以化。此四者皆不足用。而欲置天下於無有。夫無有。豈誠足以治天下哉。商鞅韓非求爲其說而不得。得其所以輕天下而齊萬物之術。是以敢爲殘忍而無疑。今夫不忍殺人。而不足以爲仁。而仁亦不足以治民。則是殺人不足以爲不仁。而不仁亦不足以亂天下。如此則舉天下惟吾之所爲。刀鋸斧鉞。何施而不可。昔者夫子未嘗一日易其言。雖天下之小物。亦莫不有所畏。今其視天下眇然若不足爲者。此其所以輕殺人歟。太史遷曰。申子卑卑施於名實。韓子引繩墨切事情。明是非。其極慘礉少恩。皆原於道德之意。嘗讀而思之。事固有不相謀而相感者。莊老之後。其禍爲申韓。由三代之衰。至於今。凡所以亂聖人之道者。其弊固已多矣。而未知其所終。奈何其不爲之所也。

志林　戰國任俠

春秋之末。至於戰國。諸侯卿相。皆爭養士。自謀夫說客談天雕龍堅白同異之流。下至擊劍扛鼎雞鳴狗盜之徒。莫不賓禮。靡衣玉食以館於上者。何可勝數。越王句踐有君子六千人。魏無忌齊田文趙勝黃歇呂不韋皆有客三千人。而田文招致任俠姦人六萬家於薛。齊稷下談者亦千人。魏文侯燕昭王太子丹皆致客無數。下至秦漢之間。張耳陳餘號多士。賓客廝養。皆天下豪傑。而田橫亦有士五百人。其略見於傳記者如此。度其餘當倍官吏而半農夫也。此皆姦民蠹國者。民何以支。而國何以堪乎。蘇子曰。此先王之所不能免也。國之有姦也。猶鳥獸之有猛鷙。昆蟲之有毒螫也。區處條理。使各安其處。則有之矣。鋤而盡去之。則無是道也。吾考之世變。知六國之所以久存。而秦之所以速亡者。蓋出於此。不可以不察也。夫智勇辯力。此四者皆天民之秀傑者也。類不能惡衣食以養人。皆役人以自養者也。故先王分天下之富貴。與此四者共之。此四者不失職。則民靖矣。四者雖異。先王因俗設法。使出於一。三代以上出於學。戰國至秦出於客。漢以後出於郡縣吏。魏晉以來出於九品中正。隋唐至今出於科舉。雖不盡然。取其多者論之。六國之君。虐用其民。不減始皇二世。然當是時。百姓無一人叛者。以凡民之秀傑者。多以客養之。不失職也。其力耕以奉上。皆椎魯無能爲者。雖欲怨叛。而莫爲之先。此其所以少安而不卽亡也。始皇初欲逐客。用李斯之言而止。既幷天下。則以客爲無用。於是任法而不任人。謂民可以恃法而治。謂吏不必才。取能守吾法而已。故墮名城。殺豪傑。民之秀異者。散而歸田畝。向之食於四公子呂不韋之徒者。皆安歸哉。不知其能槁項黃馘以老死於布褐乎。抑將輟耕太息以俟時也。秦之亂雖成於二世。然使始皇知畏此四人者。有以處之。使不失職。秦之亡不至若是速也。縱百萬虎狼於山林而饑渴之。不知其將噬人。世以始皇爲智。吾不信也。楚漢之禍。生民盡矣。豪傑宜無幾。而代相陳豨。從車千乘。蕭曹爲政。莫之禁也。至文景武之世。法令至密。然吳濞淮南梁王魏其武安之流。皆爭致賓客。世主不問也。豈懲秦之禍。以爲爵祿不能盡縻天下士。故少寬之。使得或出於此也耶。若夫先王之政則不然。曰君子學道則愛人。小人學道則易使也。嗚呼。此豈秦漢之所及也哉。

范文正公文集序

慶曆三年。軾始總角入鄉校。士有自京師來者。以魯人石守道所作慶曆聖德詩示鄉先生。軾從旁竊觀。則能誦習其詞。問先生以所頌十一人者何人也。先生曰。童子何用知之。軾曰。此天人也耶。則不敢知。若亦人耳。何爲其不可。先生奇軾言。盡以告之。且曰。韓范富歐陽此四人者。人傑也。時雖未盡了。則已私識之矣。嘉祐二年。始舉進士至京師。則范公沒。期葬而墓碑出。讀之至流涕。曰。吾得其爲人。蓋十有五年。而不一見其面。豈非命也歟。是歲登第。始見知於歐陽公。因公以識韓富。皆以國士待軾。曰。恨子不識范文正公。其後三年。過許。始識公之仲子今丞相堯夫。又六年。始見其叔彝叟京師。又十一年。遂與其季德孺同僚於徐。皆一見如舊。且以公遺藁見屬爲序。又十三年乃克爲之。嗚呼。公之功德。蓋不待文而顯。其文亦不待序而傳。然不敢辭者。自以八歲知敬愛公。今四十七年矣。彼三傑者。皆得從之遊。而公獨不識。以爲平生之恨。若獲挂名其文字中。以自託於門下士之末。豈非疇昔之願也哉。古之君子。如伊尹太公管仲樂毅之流。其王霸之略。皆素定於畎畝中。非仕而後學者也。淮陰侯見高帝於漢中。論劉項短長。畫取三秦。如指諸掌。及佐帝定天下。漢中之言。無一不酬者。諸葛孔明臥草廬中。與先主論曹操孫權。規取劉璋。因蜀之資。以爭天下。終身不易其言。此豈口傳耳受嘗試爲之而僥倖其或成者哉。公在天聖中。居太夫人憂。則已有憂天下致太平之意。故爲萬言書以遺宰相。天下傳誦。至用爲將。擢爲執政。考其平生所爲。無出此書者。今其集二十卷。爲詩賦二百六十八。爲文一百六十五。其於仁義禮樂忠信孝弟。蓋如饑渴之於飲食。欲須臾忘而不可得。如火之熱。如水之溼。蓋其天性有不得不然者。雖弄翰戲語。率然而作。必歸於此。故天下信其誠。爭師尊之。孔子曰。有德者必有言。非有言也。德之發於口者也。又曰。我戰則克。祭則受福。非能戰也。德之見於怒者也。元祐四年四月十一日。

六一居士集序

夫言有大而非誇。達者信之。衆人疑焉。孔子曰。天之將喪斯文也。後死者不得與於斯文也。

孟子曰。禹抑洪水。孔子作春秋。而予距楊墨。蓋以是配禹也。文章之得喪。何與於天。而禹之功與天地並。孔子孟子以空言配之。不已誇乎。自春秋作而亂臣賊子懼。孟子之言行而楊墨之道廢。天下以爲是固然而不知其功。孟子既沒。有申商韓非之學。違道而趨利。殘民以厚主。其說至陋也。而士以是罔其上。上之人僥倖一切之功。靡然從之。而世無大人先生如孔子孟子者。推其本末。權其禍福之輕重。以救其惑。故其學遂行。秦以是喪天下。陵夷至於勝廣劉項之禍。死者十八九。天下蕭然。洪水之患。蓋不至是也。方秦之未得志也。使復有一孟子。則申韓爲空言。作於其心。害於其事。作於其事。害於其政者。必不至若是烈也。使楊墨得志於天下。其禍豈減於申韓哉。由是言之。雖以孟子配禹可也。太史公曰。蓋公言黃老。賈誼鼂錯明申韓。錯不足道也。而誼亦爲之。予以是知邪說之移人。雖豪傑之士有不免者。況衆人乎。自漢以來。道術不出於孔氏。而亂天下者多矣。晉以老莊亡。梁以佛亡。莫或正之。五百餘年而後得韓愈。學者以愈配孟子。蓋庶幾焉。愈之後三百有餘年。而後得歐陽子。其學推韓愈孟子。以達於孔氏。著禮樂仁義之實。以合於大道。其言簡而明。信而通。引物連類。折之於至理。以服人心。故天下翕然師尊之。自歐陽子之存。世之不說者。譁而攻之。能折困其身。而不能屈其言。士無賢不肖。不謀而同。曰歐陽子今之韓愈也。宋興七十餘年。民不知兵。富而教之。至天聖景祐極矣。而斯文終有愧於古。士亦因陋守舊。論卑氣弱。自歐陽子出。天下爭自濯磨。以通經學古爲高。以救時行道爲賢。以犯顏納諫爲忠。長育成就。至嘉祐末。號稱多士。歐陽子之功爲多。嗚呼。此豈人力也哉。非天其孰能使之。歐陽子沒十有餘年。士始爲新學。以佛老之似。亂周孔之眞。識者憂之。賴天子明聖。詔修取士法。風厲學者。專治孔氏。黜異端。然後風俗一變。考論師友淵源所自。復知講習歐陽子之書。予得其詩文七百六十六篇於其子棐。乃次而論之曰。歐陽子論大道似韓愈。論事似陸贄。記事似司馬遷。詩賦似李白。此非予言也。天下之言也。歐陽子名修。字永叔。既老自謂六一居士云。

上皇帝書

熙寧四年二月日。具位臣蘇軾。謹冒萬死。再拜上書皇帝陛下。臣近者不度愚賤。輒上封章言買燈事。自知瀆犯天威。罪在不赦。席藁私室。以待斧鉞之誅。而側聽逾旬。威命不至。問之司府。則買燈之事。尋已停罷。乃知陛下不惟赦之。又能聽之。驚喜過望。以至感泣。何者。改過不吝。從善如流。此堯舜禹湯之所勉強而力行。秦漢以來之所絕無而僅有。顧此買燈毫髮之失。豈能上累日月之明。而陛下翻然改命。曾不移刻。則所謂智出天下。而聽於至愚。威加四海。而屈於匹夫。臣今知陛下可與爲堯舜。可與爲湯武。可與富民而措刑。可與強兵而伏戎虜矣。有君如此。其忍負之。惟當披露腹心。捐棄肝膽。盡力所至。不知其他。乃者臣亦知天下之事。有大於買燈者矣。而獨區區以此爲先者。蓋未信而諫。聖人不與。交淺言深。君子所戒。是以試論其小者。而其大者。固將有待而後言。今陛下果赦而不誅。則是旣已許之矣。許而不言。臣則有罪。是以願終言之。臣之所欲言者三。願陛下結人心。厚風俗。存紀綱而已。人莫不有所恃。人臣恃陛下之命。故能役使小民。恃陛下之法。故能勝伏強暴。至於人主。所恃者誰歟。書曰。予臨兆民。懍乎若朽索之馭六馬。言天下莫危於人主也。聚則爲君臣。散則爲仇讎。聚散之間。不容毫釐。故天下歸往謂之王。人各有心謂之獨夫。由此觀之。人主之所恃者。人心而已。人心之於人主也。如木之有根。如燈之有膏。如魚之有水。如農夫之有田。如商賈之有財。木無根則槁。燈無膏則滅。魚無水則死。農夫無田則饑。商賈無財則貧。人主失人心則亡。此必然之理也。不可逭之災也。其爲可畏。從古以然。苟非樂禍好亡。狂易喪志。詎敢肆其胸臆。輕犯人心乎。昔子產焚載書以弭衆言。賂伯石以安巨室。以爲衆怒難犯。專欲難成。而孔子亦曰。信而後勞其民。未信則以爲厲己也。惟商鞅變法。不顧人言。雖能驟致富強。亦以召怨天下。使其民知利而不知義。見刑而不見德。雖得天下。旋踵而亡。至於其身。亦卒不免負罪出走。而諸侯不納。車裂以徇。而秦人莫哀。君臣之間。豈願如此。宋襄公雖行仁義。失衆而亡。田常雖不義。得衆而強。是以君子未論行事之是非。先觀衆心之向背。謝安之用諸桓未必是。而衆之所樂。則國以大安。庾亮之召蘇峻未必非。而勢有不可。則反爲危辱。自古及今。未有和易同衆而不安。剛果自用而不危者也。今陛下亦知人心之不悅矣。中外之人無賢不肖。皆言祖宗以來。治財用者。不過三司使副判官。經今百年。未嘗闕事。今者無故又創一司。號曰制置三司條例司。六七少年。日夜講求於內。使者四十餘輩。分行營幹於外。造端宏大。民實驚疑。創法新奇。吏皆惶惑。賢者則求其說而不可得。未免於憂。小人則以其意度於朝廷。遂以爲謗謂陛下以萬乘之主而言利。謂執政以天子之宰而治財。商賈不行。物價騰踊。近自淮甸。遠及川蜀。喧傳萬口。論說百端。或言京師正店。議置監官。夔路深山。當行酒禁。拘收僧尼常住。減剋兵吏廩祿。如此等類。不可勝言。而甚者至以爲欲復肉刑。斯言一出。民且狼顧。陛下與二三大臣。亦聞其語矣。然而莫之顧者。徒曰我無其事。又無其意。何恤於人言。夫人言雖未必皆然。而疑似則有以致謗。人必貪財也。而後人疑其盜。人必好色也。而後人疑其淫。何者。未置此司。則無此謗。豈去歲之人皆忠厚。而今歲之士皆虛浮。孔子曰。工欲善其事。必先利其器。又曰。必也正名乎。今陛下操其器而諱其事。有其名而辭其意。雖家置一喙以自解。市列千金以購人。人必不信。謗亦不止。夫制置三司條例司。求利之名也。六七少年與使者四十餘輩。求利之器也。驅鷹犬而赴林藪。語人曰。我非獵也。不如放鷹犬而獸自馴。操網罟而入江湖。語人曰。我非漁也。不如捐網罟而人自信。故臣以爲消讒慝而召和氣。復人心而安國本。則莫若罷制置三司條例司。夫陛下之所以創此司者。不過以興利除害也。使罷之而利不興。害不除。則勿罷。罷之而天下悅。人心安。興利除害。無所不可。

則何若而不罷。陛下欲去積弊而立法。必使宰相熟議而後行事。若不由中書。則是亂世之法。聖君賢相夫豈其然。必若立法不免由中書熟議。不免使宰相。此司之設。無乃冗長而無名。智者所圖貴於無迹。漢之文景紀無可書之事。唐之房杜傳無可載之功。而天下之言治者與文景。言賢者與房杜。蓋事已立而迹不見。功已成而人不知。故曰善用兵者無赫赫之功。豈惟用兵事莫不然。今所圖者萬分未獲其一也。而迹之布於天下。已若泥中之鬭獸。亦可謂拙謀矣。陛下誠欲富國。擇三司官屬與漕運使副。而陛下與二三大臣。孜孜講求。磨以歲月。則積弊自去。而人不知。但恐立志不堅。中道而廢。孟子有言。其進銳者其退速。若有始有卒。自可徐徐十年之後。何事不立。孔子曰。欲速則不達。見小利則大事不成。使孔子而非聖人。則此言亦不可用。書曰。謀及卿士。至於庶人。翕然大同。乃底元吉。若逆多而從少。則靜吉而作凶。今上自宰相大臣。既已辭免不爲。則外之議論。斷亦可知。宰相人臣也。且不欲以此自污。而陛下獨安受其名而不辭。非臣愚之所識也。君臣宵旰幾一年矣。而富國之效茫如捕風。徒聞內帑出數百萬緡。祠部度五千餘人耳。以此爲術。其誰不能。且遣使縱橫。本非令典。漢武遣繡衣直指。桓帝遣八使。皆以守宰狠籍。盜賊公行。出於無術。行此下策。宋文帝元嘉之政。比於文景。當時責成郡縣。未嘗遣使。至孝武以爲郡縣遲緩。始命臺使督之。以至蕭齊。此弊不革。故景陵王子良上疏極言其事。以爲此等朝辭禁門。情態即異。暮宿州縣。威禍使行。驅迫郵傳。折辱守宰。公私煩擾。民不聊生。唐開元中。宇文融。奏置勸農判官使裴寬等二十九人。並攝御史。分行天下。招攜戶口。檢責漏田。時張說。楊瑒。皇甫璟。楊相如。皆以爲不便。而相繼罷黜。雖得戶八十餘萬。皆州縣希旨。以主爲客。以少爲多。及使百官集議都省。而公卿以下。懼融威勢。不敢異辭。陛下試取其傳而讀之。觀其所行。爲是爲否。近者均稅寬恤。冠蓋相望。朝廷亦旋覺其非。而天下至今以爲謗。曾未數歲。是非較然。臣恐後之視今。猶今之視昔。且其所遣。尤不適宜。事少而員多。人輕而權重。夫人輕而權重。則人多不服。或致侮慢以興爭。事少而員多。則無以爲功。必須生事以塞責。陛下雖嚴賜約束。不許邀功。然人臣事君之常情。不從其令而從其意。今朝廷之意。好動而惡靜。好同而惡異。指趣所在。誰敢不從。臣恐陛下赤子。自此無寧歲矣。至於所行之事。行路皆知其難。何者。汴水濁流。自生民以來。不以種稻。秦人之歌曰。涇水一石。其泥數斗。且溉且糞。長我禾黍。何嘗曰長我糯稻耶。今欲陂而清之。萬頃之稻。必用千頃之陂。一歲一淤。三歲而滿矣。陛下遽信其說。卽使相視地形。萬一官吏苟且順從。眞謂陛下有意興作。上糜帑廩。下奪農時。隄防一開。水失故道。雖食議者之肉。何補於民。天下久平。民物滋息。四方遺利。蓋略盡矣。今欲鑿空訪尋水利。所謂卽鹿無虞。豈惟徒勞。必大煩擾。凡所擘畫利害。不問何人。小則隨事酬勞。大則量才錄用。若官私格沮。並重行黜降。不以赦原。若材力不辦興修。便許申奏替換。賞可謂重。罰可謂輕。然並終不言。諸色人妄有申陳。或官私誤興功役。當得何罪。如此。則妄庸輕剽。浮浪姦人。自此爭言水利矣。成功則有賞。敗事則無誅。官司雖知其疏。豈可便行抑退。所在追集老少。相視可否。吏卒所過。雞犬一空。若非灼然難行。必須且爲興役。何則。格沮之罪重。而誤興之過輕。人多愛身。勢必如此。且古陂廢堰。多爲側近冒耕。歲月既深。已同永業。苟欲興復。必盡追改。人心或搖。甚非善政。又有好訟之黨。多怨之人。妄言某處可作陂渠。規壞所怨田產。或指人舊業。以爲官陂。冒佃之訟。必倍今日。臣不知朝廷本無一事。何苦而行此哉。自古役人必用鄉戶。猶食之必用五穀。衣之必用絲麻。濟川之必用舟楫。行地之必用牛馬。雖其間或有以他物充代。然終非天下所可常行。今者徒聞江浙之間。數郡雇役。而欲措之天下。是猶見燕晉之棗栗。岷蜀之蹲鴟。而欲以廢五穀。豈不難哉。又欲官賣所在坊場。以充衙前雇直。雖有長役。更無酬勞。長役所得既微。自此必漸衰散。則州郡事體。憔悴可知。士大夫捐親戚。棄墳墓。以從官於四方者。宣力之餘。亦欲取樂。此人之至情也。若凋弊太甚。廚傳蕭然。則似危邦之陋風。恐非太平之盛觀。陛下誠慮及此。必不肯爲。且今法令莫嚴於御軍。軍法莫嚴於逃竄。禁軍三犯。廂軍五犯。大率處死。然逃軍常半天下。不知雇人爲役。與廂軍何異。若有逃者。何以罪之。其勢必輕於逃軍。則其逃必甚於今日。爲其官長。不亦難乎。近者雖使鄉戶頗得雇人。然至於所雇逃亡。鄉戶猶任其責。今遂欲於兩稅之外。別立一科。謂之庸錢。以備官雇。

則雇人之責。官所自任矣。自唐楊炎廢租庸調以爲兩稅。取大曆十四年應於賦斂之數以定兩稅之額。則是租調與庸。兩稅既兼之矣。今兩稅如故。奈何復欲取庸。聖人立法。必慮後世。豈可於常稅之外。別立科名。萬一不幸。後世有多欲之君。輔之以聚斂之臣。庸錢不除。差役仍舊。使天下怨毒。推所從來。則必有任其咎者矣。又欲使坊郭等第之民。與鄉戶均役。品官形勢之家。與齊民並事。其說曰。周禮田不耕者出屋粟。宅不毛者有里布。而漢世宰相之子。不免戍邊。此其所以藉口也。古者官養民。今者民養官。給之以田而不耕。勸之以農而不力。於是乎有里布屋粟夫家之征。而民無以爲生。去爲商賈。事勢當耳。何名役之。且一歲之戍。不過三日。三日之雇。其直三百。今世三大戶之役。自公卿以降。無得免者。其費豈特三百而已。大抵事若可行。不必皆有故事。若民所不悅。俗所不安。縱有經典明文。無補於怨。若行此二者。必怨無疑。女戶單丁。蓋天民之窮者也。古之王者。首務恤此。而今陛下首欲役之。此等苟非戶將絕而未亡。則是家有丁而尚幼。若假之數歲。則必成丁而就役。老死而沒官。富有四海。忍不加恤。孟子曰。始作俑者。其無後乎。春秋書作邱甲。用田賦。皆重其始爲民患也。青苗放錢。自昔有禁。今陛下始立成法。每歲常行。雖云不許抑配。而數世之後。暴君汙吏。陛下能保之歟。異日天下恨之。國史記之。曰青苗錢自陛下始。豈不惜哉。且東南買絹。本用見錢。陝西糧草。不許折兌。朝廷既有著令。職司又每舉行。然而買絹未嘗不折鹽。糧草未嘗不折鈔。乃知青苗不許抑配之說。亦是空文。只如治平之初。揀刺義勇。當時詔旨慰諭。明言永不成邊。著在簡書。有如盟約。於今幾日。議論已搖。或以代還東軍。或欲抵換弓手。約束難恃。豈不明哉。縱使此令決行。果不抑配。計其間願請之戶。必皆孤貧不濟之人。家若自有贏餘。何至與官交易。此等鞭撻已急。則繼之以逃亡。逃亡之餘。則均之鄰保。勢有必至。理有固然。且夫常平之爲法也。可謂至矣。所守者約。而所及者廣。借使萬家之邑。已有千斛。而穀貴之際。千斛在市。物價自平。一市之價既平。一邦之食自足。無操瓢乞丐之弊。無里正催驅之勞。今若變爲青苗。家貸一斛。則千戶之外。孰救其饑。且常平官錢。常患其少。若盡數收糴。則無借貸。若留充借貸。則所糴幾何。乃知常平青苗。其勢不能兩立。壞彼成此。所喪愈多。虧官害民。雖悔何逮。臣竊計陛下欲考其實。則亦必問人。人知陛下方欲力行。必謂此法有利無害。以臣愚見。恐未可憑。何以明之。臣頃在陝西。見刺義勇。提舉諸縣。臣嘗親行。愁怨之民。哭聲振野。當時奉使還者。皆言民盡樂爲。希合取容。自古如此。不然則山東之盜。二世何緣不覺。南詔之敗。明皇何緣不知。今雖未至於斯。亦望陛下審聽而已。昔漢武之世。財力匱竭。用賈人桑宏羊之說。買賤賣貴。謂之均輸。於時商賈不行。盜賊滋熾。既至於亂。孝昭既立。學者爭排其說。霍光順民所欲。從而予之。天下歸心。遂以無事。不意今者此論復興。立法之初。其說尙淺。徒言徙貴就賤。用近易遠。然而廣置官屬。多出緡錢。豪商大賈。皆疑而不敢動。以爲雖不明言販賣。然既已許之變易。變易既行。而不與商賈爭利者。未之聞也。夫商賈之事。曲折難行。其買也先期而取錢。其賣也後期而取直。多方相濟。委曲相通。倍稱之息。由此而得。今官買是物。必先設官置吏。簿書廩祿。爲費已厚。非良不售。非賄不行。是以官買之價。比民必貴。及其賣也。弊復如前。商賈之利。何緣而得。朝廷不知慮此。乃捐五百萬緡以與之。此錢一出。恐不可復。縱使其間薄有所獲。而征商之額。所損必多。今有人爲其主牧牛羊者。不告其主。而以一牛易五羊。一牛之失。則隱而不言。五羊之獲。則指爲勞績。陛下以爲壞常平而言青苗之功。虧商稅而取均輸之利。何以異此。陛下天機洞照。聖略如神。此事至明。豈有不曉。必謂已行之事。不欲中變。恐天下以爲執德不一。用人不終。是以遲留歲月。庶幾萬一。臣竊以爲過矣。古之英主。無出漢高。酈生謀撓楚權。欲復六國。高祖曰善。趣刻印。及聞留侯之言。吐哺而罵曰。趣銷印。夫稱善未幾。繼之以罵。刻印銷印。有同兒戲。何嘗累高祖之知人。適足以明聖人之無我。陛下以爲可而行之。知其不可而罷之。至聖至明。無以加此。議者必謂民可與樂成。難與慮始。故陛下堅執不顧。期於必行。此乃戰國貪功之人。行險僥倖之說。陛下若信而用之。則是徇高論而逆至情。持空名而邀實禍。未及樂成。而怨已起矣。臣之所謂願結人心者。此之謂也。士之進言者。爲不少矣。亦嘗有以國家之所以存亡。曆數之所以長短告陛下者乎。夫國家之所以存亡者。在道德之淺深。而不在乎强與弱。曆數之所以長短者。

在風俗之厚薄。而不在乎富與貧。道德誠深。風俗誠厚。雖貧且弱。不害於長而存。道德誠淺。風俗誠薄。雖强且富。不救於短而亡。人主知此。則知所輕重矣。是以古之賢君。不以弱而亡道德。不以貧而傷風俗。而智者觀人之國。亦必以此察之。齊至强也。周公知其後必有簒弒之臣。衞至弱也。季子知其後亡。吳破楚入郢。而陳大夫逢滑知楚之必復。晉武既平吳。何曾知其將亂。隋文既平陳。房喬知其不久。元帝斬郅支。朝呼韓。功多於武宣矣。偷安而王氏之釁生。宣宗收燕趙。復河湟。力强於憲武矣。銷兵而龐勛之亂起。臣願陛下務崇道德而厚風俗。不願陛下急於有功而貪富强。使陛下富如隋。强如秦。西取靈武。北取燕薊。謂之有功可也。而國之長短。則不在此。夫國之長短。如人之壽夭。人之壽夭在元氣。國之長短在風俗。世有尫羸而壽考。亦有盛壯而暴亡。若元氣猶存。則尫羸而無害。及其已耗。則盛壯而愈危。是以善養生者。愼起居。節飲食。導引關節。吐故納新。不得已而用藥。則擇其品之上。性之良。可以久服而無害者。則五臟和平而壽命長。不善養生者。薄節愼之功。遲吐納之效。厭上藥而用下品。伐眞氣而助彊陽。根本已危。僵仆無日。天下之勢。與此無殊。故臣願陛下愛惜風俗。如護元氣。古之聖人。非不知深刻之法。可以齊衆。勇悍之夫。可以集事。忠厚近於迂闊。老成初若遲鈍。然終不肯以彼而易此者。知其所得小而所喪大也。曹參賢相也。曰愼無擾獄市。黃霸循吏也。曰治道去泰甚。或譏謝安以淸談廢事。安笑曰。秦用法吏。二世而亡。劉晏爲度支。專用果銳少年。務在急速集事。好利之黨。相師成風。德宗初卽位。擢崔祐甫爲相。祐甫以道德寬大。推廣上意。故建中之政。其聲翕然。天下想望庶幾貞觀。及盧杞爲相。諷上以刑名整齊天下。馴致澆薄。以及播遷。我仁祖之御天下也。持法至寬。用人有敘。專務掩覆過失。未嘗輕改舊章。然考其成功。則曰未至。以言乎用兵。則十出而九敗。以言其府庫。則僅足而無餘。徒以德澤在人。風俗知義。是以升遐之日。天下如喪考妣。社稷長遠。終必賴之。則仁祖可謂知本矣。今議者不檢。徒見其末年吏多因循。事不振舉。乃欲矯之以苛察。齊之以智能。招來新進勇銳之人。以圖一切速成之效。未享其利。澆風已成。且天時不齊。人誰無過。國君含垢。至察無徒。若陛下多方包容。則人材取次可用。必欲廣置耳目。務求瑕疵。則人不自安。各圖苟免。恐非朝廷之福。亦豈陛下所願哉。漢文帝欲用虎圈嗇夫。釋之以爲利口傷俗。今若以口舌捷給而取士。以應對遲鈍而退人。以虛誕無實爲能文。以矯激不仕爲有德。則先王之澤。遂將散微。自古用人。必須歷試。雖有卓異之器。必有已成之功。一則使其更變而知難。事不輕作。一則待其功高而望重。人自無辭。昔先主以黃忠爲後將軍。而諸葛亮憂其不可。以爲忠之名望。素非關張之倫。若班爵遽同。則必不悅。其後關羽果以爲言。以黃忠豪勇之姿。以先主君臣之契。尙復慮此。而況其他。世嘗謂漢文不用賈生。以爲深恨。臣嘗推究其旨。竊謂不然。賈生固天下之奇才。所言亦一時之良策。然請爲屬國。欲係單于。則是處士之大言。少年之銳氣。昔高祖以三十萬衆困於平城。當時將相羣臣。豈無賈生之比。三表五餌。人知其疏。而欲以困中行說。尤不可信矣。兵凶器也。而易言之。正如趙括之輕秦。李信之易楚。若文帝亟用其說。則天下殆將不安。使賈生嘗歷艱難。亦必自悔其說。用之晚歲。其術必精。不幸喪亡。非意所及。不然。文帝豈棄才之主。絳灌豈蔽賢之士。至於鼂錯。尤號刻薄。文帝之世。止於太子家令。而景帝既立。以爲御史大夫。申屠賢相。發憤而死。紛更政令。天下騷然。及至七國發難。而錯之術亦窮矣。文景優劣。於此可見。大抵名器爵祿。人所奔趨。必使積勞而後遷。以明持久而難得。則人各安其分。不敢躁求。今若多開驟進之門。使有意外之得。公卿侍從。跬步可圖。其得者既不肯以僥倖自名。則不得者必皆以沈淪爲恨。使天下常調。舉生妄心。恥不若人。何所不至。欲望風俗之厚。豈可得哉。選人之改京官。常須十年以上。薦更險阻。計析毫釐。其間一事聱牙。常至終身淪棄。今乃以一人之薦舉而予之。猶恐未稱章服。隨至。使積勞久次而得者。何以厭服哉。夫常調之人。非守則令。員多闕少。久已患之。不可復開多門。以待巧進。若巧者侵奪已甚。則拙者迫怵無聊。利害相形。不得不察。故近來朴拙之人愈少。而巧進之士益多。惟陛下重之惜之。哀之救之。如近日三司獻言。使天下郡選一人。催驅三司文字。許之先次指射。以酬其勞。則其數年之後。審官吏部。又有三百餘人。得先占闕。常調待次。不其愈難。此外句當發運均輸。按行農田水利。已據監司之體。各懷進用之心。轉對者望以稱旨而驟遷。奏課者求爲優等而速化。相勝以力。相高以言。而名實亂矣。惟陛下以簡易爲法。以清淨爲心。使姦無所緣。而民德歸厚。臣之所願厚風俗者。此之謂也。古者建國。使內外相制。輕重相權。如周如唐。則外重而內輕。如秦如魏。則外輕而內重。內重之失。必有姦臣指鹿之患。外重之弊。必有大國問鼎之憂。聖人方盛而慮衰。當先立法以救弊。國家租賦籍於計省。重兵聚於京師。以古揆今。則似內重。恭惟祖宗所以深計而預圖。固非小臣所能臆度。而周知。然觀其委任臺諫之一端。則是聖人過防之至計。歷觀秦漢以及五代。諫諍而死。蓋數百人。而自建隆以來。未嘗罪一言者。縱有薄責。旋卽超升。許以風聞。而無官長風采所繫。不問尊卑。言及乘輿。則天子改容。事關廊廟。則宰相待罪。故仁宗之世。議者譏宰相但奉行臺諫風旨而已。聖人深意。流俗豈知。擢用臺諫。固未必皆賢。所言亦未必皆是。然須養其銳氣。而借之重權者。豈徒然哉。將以折姦臣之萌。而救內重之弊也。夫姦臣之始。以臺諫折之而有餘。及其既成。以干戈取之而不足。今法令嚴密。朝廷清明。所謂姦臣。萬無此理。然養貓所以去鼠。不可以無鼠而養不捕之貓。畜狗所以防姦。不可以無姦而畜不吠之狗。陛下得不上念祖宗設此官之意。下爲子孫立萬世之防。朝廷綱紀。孰大於此。臣自幼小所記。及聞長老之談。皆謂臺諫所言。常隨天下公議。公議所與。臺諫亦與之。公議所擊。臺諫亦擊之。及至英廟之初。始建稱親之議。本非人主大過。亦無典禮明文。徒以衆心未安。公議不允。當時臺諫以死爭之。今者物論沸騰。怨讟交至。公議所在。亦可知矣。而相顧不發。中外失望。夫彈劾積威之後。雖庸人亦可以奮揚風采。消委之餘。雖豪傑有所不能振起。臣恐自玆以往。習慣成風。盡爲執政私人。以致人主孤立。紀綱一廢。何事不生。孔子曰。鄙夫可與事君也歟哉。其未得之也。患不得之。既得之。患失之。苟患失之。無所不至矣。臣始讀此書。疑其太過。以爲鄙夫之患失。不過備位而苟容。及觀李斯憂蒙恬之奪其權。則立二世以亡秦。盧杞憂懷光之數其惡。則誤德宗以再亂。其心本生於患失。而其禍乃至於喪邦。孔子之言。良不爲過。是以知爲國者。平居必常有忘軀犯顏之士。則臨難庶幾有徇義守死之臣。苟平居尙不能一言。則臨難何以責其死節。人臣苟皆如此。天下亦曰殆哉。君子和而不同。小人同而不和。和如和羹。同如濟水。故孫寶有言。周公大聖。召公大賢。猶不相悅。著於經典。兩不相損。晉之王導。可謂元臣。每與客言。舉坐稱善。而王述不悅。以爲人非堯舜。安得每事盡善。導亦斂衽謝之。若使言無不同。意無不合。更唱迭和。何者非賢。萬一有小人居其間。則人主何緣知覺。臣之所謂願存紀綱者。此之謂也。臣非敢歷詆新政。苟爲議論。如近日裁減皇族恩例。刊定任子條式。修完器械。閱習鼓旗。皆陛下神算之至明。乾綱之必斷。物議既允。臣敢有辭。然至於所獻之三言。則非臣之私見。中外所病。其誰不知。昔禹戒舜曰。無若丹朱傲。惟慢游是好。舜豈有是哉。周公戒成王曰。無若商王受之迷亂。酗於酒德。成王豈有是哉。周昌以漢高爲桀紂。劉毅以晉武爲桓靈。當時人君。曾莫之罪。而書之史冊。以爲美談。使臣所獻三言。皆朝廷未嘗有此。則天下之幸。臣與有焉。若有萬一似之。則陛下安可不察。然而臣之爲計。可謂愚矣。以螻蟻之命。試雷霆之威。積其狂愚。豈可屢赦。大則身首異處。破壞家門。小則削籍投荒。流離道路。雖然。陛下必不爲此。何也。臣天賦至愚。篤於自信。向者與議學校貢舉。首違大臣本意。已期竄逐。敢意自全。而陛下獨然其言。曲賜召對。從容久之。至謂臣曰。方今政令得失安在。雖朕過失。指陳可也。臣卽對曰。陛下生知之性。天縱文武。不患不明。不患不勤。不患不斷。但患求治太速。進人太銳。聽言太廣。又俾具述所以然之狀。陛下頷之曰。卿所獻三言。朕當熟思之。臣之狂愚。非獨今日。陛下容之久矣。豈有容之於始。而不赦之於終。恃此而言。所以不懼。臣之所懼者。譏刺旣衆。怨仇實多。必將詆臣以深文。中臣以危法。使陛下雖欲赦臣而不得。豈不殆哉。死亡不辭。但恐天下以臣爲戒。無復言者。是以思之經月。夜以繼日。書成復毀。至於再三。感陛下聽其一言。懷不能已。卒進其說。陛下憐其愚忠而卒赦之。不勝俯伏待罪憂恐之至。臣軾誠惶誠恐。頓首謹書。

答李端叔書

軾聞足下名久矣。又於相識處。往往見所作詩文。雖不多。亦足以髣髴其爲人矣。尋常不通書問。怠慢之罪。猶可闕略。及足下斬然在疚。亦不能以一字奉慰。舍弟子由至。先蒙惠書。又復嬾不卽答。頑鈍廢禮。一至於此。而足下終不棄絕。遞中再辱手書。待遇益隆。覽之面熱汗下也。足下材高識明。不應輕許與人。得非用黃魯直秦太虛輩語。眞以爲然耶。不肖爲人所憎。而二子獨喜見譽。如人嗜昌歜羊棗。未易詰其所以然者。以二子爲妄。則不可。遂欲以移之衆。又大不可也。軾少年時讀書作文。專以爲應舉而已。既及進士第。貪得不已。又舉制策。其實何所有。而其科號爲直言極諫。故每紛然誦說古今。考論是非。以應其名耳。人苦不自知。既以此得。因以爲實能之。故譊譊至今。坐得此罪幾死。所謂齊虜以口舌得官。眞可笑也。然世人遂以軾爲欲立異同。則過矣。妄論利害。攙說得失。此正制科人習氣。譬之候蟲時鳥。自鳴自已。何足爲損益。軾每怪時人待軾過重。而足下又復稱說如此。愈非其實。得罪以來。深自閉塞。扁舟草屨。放浪山水間。與漁樵雜處。往往爲醉人所推罵。輒自喜漸不爲人識。平生親友。無一字見及。有書與之。亦不答。自幸庶幾免矣。足下又復創相推與。甚非所望。木有癭。石有暈。犀有通。以取妍於人。皆物之病也。謫居無事。默自觀省。三十年以來。所爲多其病者。足下所見皆故我。非今我也。無乃聞其聲不考其情。取其華而遺其實乎。抑將又有取乎此也。此事非相見不能盡。自得罪後。不敢作文字。此書雖非文。然信筆書意。不覺累幅。亦不須示人。必喻此意。

答張文潛縣丞書

軾頓首。文潛張君足下。久別思仰。到京。公私紛然。未暇奉書。忽辱手教。且審起居佳勝。至慰至慰。惠示文編。三復感歎。甚矣君之似子由也。子由之文實勝僕。而世俗不知。乃以爲不如其爲人深不願人知之。其文如其爲人。故汪洋澹泊。有一唱三歎之聲。而其秀傑之氣。終不可沒。作黃樓賦。乃稍自振厲。若欲以警發憒憒者。而或者便謂僕代作。此尤可笑。是殆見吾善者機也。文字之衰。未有如今日者也。其源實出於王氏。王氏之文。未必不善也。而患在於好使人同己。自孔子不能使人同。顏淵之仁。子路之勇。不能以相移。而王氏欲以其學同天下。地之美者。同於生物。不同於所生。惟荒瘠斥鹵之地。彌望皆黃茅白葦。此則王氏之同也。近見章子厚言。先帝晚年甚患文字之陋。欲稍變取士法。特未暇耳。議者欲稍復詩賦。立春秋學官。甚美。僕老矣。使後生猶得見古人之大全者。正賴黃魯直秦少游晁無咎陳履常與君等數人耳。如聞君作太學博士。願益勉之。德輶如毛。民鮮克舉之。我儀圖之。愛莫助之。此外千萬善愛。偶飲卯酒。醉。來人求書。不能覼縷。

與謝民師推官書

軾啟。近奉違。亟辱問訊。具審起居佳勝。感慰深矣。軾受性剛簡。學迂才下。坐廢累年。不敢復齒縉紳。自還海北。見平生親舊。惘然如隔世人。況與左右無一日之雅。而敢求交乎。數賜見臨。傾蓋如故。幸甚過望。不可言也。所示書教及詩賦雜文。觀之熟矣。大略如行雲流水。初無定質。但常行於所當行。常止於不可不止。文理自然。恣態橫生。孔子曰。言之不文。行之不遠。又曰。辭達而已矣。夫言止於達意。疑若不文。是大不然。求物之妙。如繫風捕影。能使是物了然於心者。蓋千萬人而不一遇也。而況能使了然於口與手者乎。是之謂辭達。辭至於能達。則文不可勝用矣。揚雄好爲艱深之辭。以文淺易之說。若正言之。則人人知之矣。此正所謂雕蟲篆刻者。其太玄法言。皆是類也。而獨悔於賦。何哉。終身雕蟲。而獨變其音節。便謂之經。可乎。屈原作離騷經。蓋風雅之再變者。雖與日月爭光可也。可以其似賦而謂之雕蟲乎。使賈誼見孔子。升堂有餘矣。而乃以賦鄙之。至與司馬相如同科。雄之陋如此比者甚衆。可與知者道。難與俗人言也。因論文偶及之耳。歐陽文忠公言文章如精金美玉。市有定價。非人所能以口舌定貴賤也。紛紛多言。豈能有益於左右。愧悚不已。所須惠力法雨堂字。軾本不善作大字。强作終不佳。又舟中局迫難寫。未能如教。然軾方過臨江。當往游焉。或僧有所欲記錄。當作數句留寺中。慰左右念親之意。今日已至峽山寺。少留卽去。愈遠。惟萬萬以時自愛。不宣。

日喻贈吳彥律

生而眇者不識日。問之有目者。或告之曰。日之狀如銅槃。扣槃而得其聲。他日聞鐘。以爲日也。或告之曰。日之光如燭。捫燭而得其形。他日揣籥。以爲日也。日之與鐘籥亦遠矣。而眇者不知其異。以其未嘗見而求之人也。道之難見也甚於日。而人之未習也。無以異於眇。達者告之。雖有巧譬善導。亦無以過於槃與燭也。自槃而之鐘。自燭而之籥。轉而相之。豈有既乎。故世之言道者。或卽其所見而名之。或莫之見而意之。皆求道之過也。然則道卒不可求歟。蘇子曰。道可致而不可求。何謂致。孫武曰。善戰者致人。不致於人。孔子曰。百工居肆以成其事。君子學以致其道。莫之求而自至。斯以爲致也歟。南方多沒人。日與水居也。七歲而能涉。十歲而能浮。十五而能沒矣。夫沒者豈苟然哉。必將有得於水之道者。日與水居。則十五而得其道。生不識水。則雖壯。見舟而畏之。故北方之勇者。問於沒人。而求其所以沒。以其言試之河。未有不溺者也。故凡不學而務求道。皆北方之學沒者也。昔者以聲律取士。士雜學而不志於道。今也以經術取士。士知求道而不務學。渤海吳君彥律。有志於學者。方求擧於禮部。作日喩以告之。

潮州韓文公廟碑

匹夫而爲百世師。一言而爲天下法。是皆有以參天地之化。關盛衰之運。其生也有自來。其逝也有所爲。故申呂自嶽降。而傅說爲列星。古今所傳。不可誣也。孟子曰。我善養吾浩然之氣。是氣也。寓於尋常之中。而塞乎天地之間。卒然遇之。則王公失其貴。晉楚失其富。良平失其智。賁育失其勇。儀秦失其辯。是孰使之然哉。其必有不依形而立。不恃力而行。不待生而存不隨死而亡者矣。故在天爲星辰。在地爲河嶽。幽則爲鬼神。而明則復爲人。此理之常。無足怪者。自東漢以來。道喪文獘。異端並起。歷唐貞觀開元之盛。輔以房杜姚宋而不能救。獨韓文公起布衣。談笑而麾之。天下靡然從公。復歸於正。蓋三百年於此矣。文起八代之衰。而道濟天下之溺。忠犯人主之怒。而勇奪三軍之帥。此豈非參天地關盛衰。浩然而獨存者乎。蓋嘗論天人之辨。以謂人無所不至。惟天不容僞。智可以欺王公。不可以欺豚魚。力可以得天下。不可以得匹夫匹婦之心。故公之精誠。能開衡山之雲。而不能回憲宗之惑。能馴鱷魚之暴。而不能弭皇甫鎛李逢吉之謗。能信於南海之民。廟食百世。而不能使其身一日安於朝廷之上。蓋公之所能者天也。其所不能者人也。始潮人未知學。公命進士趙德爲之師。自是潮之士。皆篤於文行。延及齊民。至於今。號稱易治。信乎孔子之言。君子學道則愛人。小人學道則易使也。潮人之事公也。飲食必祭。水旱疾疫。凡有求必禱焉。而廟在刺史公堂之後。民以出入爲艱。前太守欲請諸朝。作新廟。不果。元祐五年。朝散郎王君滌來守是邦。凡所以養士治民者。一以公爲師。民既悅服。則出令曰。願新公廟者聽。民讙趨之。卜地於州城之南七里。期年而廟成。或曰。公去國萬里。而謫於潮。不能一歲而歸。沒而有知。其不眷戀於潮也審矣。軾曰。不然。公之神在天下者。如水之在地中。無所往而不在也。而潮人獨信之深。思之至。焄蒿悽愴。若或見之。譬如鑿井得泉。而曰水專在是。豈理也哉。元豐元年。詔封公昌黎伯。

故榜曰昌黎伯韓文公之廟。潮人請書其事於石。因作詩以遺之。使歌以祀公。其辭曰。

公昔騎龍白雲鄉。手抉雲漢分天章。天孫爲織雲錦裳。飄然乘風來帝旁。下與濁世掃粃糠。西遊咸池略扶桑。草木衣被昭回光。追逐李杜參翺翔。汗流籍湜走且僵。滅沒倒景不得望。作書詆佛譏君王。要觀南海窺衡湘。歷舜九疑弔英皇。祝融先驅海若藏。約束鮫鱷如驅羊。鈞天無人帝悲傷。謳吟下招遣巫陽。犦牲雞卜羞我觴。於粲荔丹與蕉黃。公不少留我涕滂。翩然被髮下大荒。

李氏山房藏書記

象犀珠玉怪珍之物。有悅於人之耳目。而不適於用。金石草木絲麻五穀六材。有適於用。而用之則弊。取之則竭。悅於人之耳目。而適於用。用之而不弊。取之而不竭。賢不肖之所得各因其材。仁智之所見各隨其分。才分不同。而求無不獲者。惟書乎。自孔子聖人。其學必始於觀書。當是時。惟周之柱下史耼爲多書。韓宣子適魯。然後見易象與魯春秋。季札聘於上國。然後得聞詩之風雅頌。而楚獨有左史倚相。能讀三墳五典八索九邱。士之生於是時。得見六經者蓋無幾。其學可謂難矣。而皆習於禮樂。深於道德。非後世君子所及。自秦漢以來。作者益衆。紙與字畫日趨於簡便。而書益多。世莫不有。然學者益以苟簡。何哉。余猶及見老儒先生。自言其少時。欲求史記漢書而不可得。幸而得之。皆手自書。日夜誦讀。惟恐不及。近歲市人轉相摹刻諸子百家之書。日傳萬紙。學者之於書。多且易致如此。其文詞學術。當倍蓰於昔人。而後生科舉之士。皆束書不觀。游談無根。此又何也。余友李公擇。少時讀書於廬山五老峯下白石菴之僧舍。公擇既去。而山中之人思之。指其所居爲李氏山房。藏書凡九千餘卷。公擇既以涉其流。探其源。採剝其華實。而咀嚼其膏味。以爲己有。發於文詞。見於行事以聞名於當世矣。而書固自如也。未嘗少損。將以遺來者。供其無窮之求。而各足其才分之所當得。是以不藏於家。而藏於其所故居之僧舍。此仁者之心也。余既衰且病。無所用於世惟得數年之閒。盡讀其所未見之書。而廬山固所願游而不得者。蓋將老焉。盡發公擇之藏拾其餘棄以自補。庶有益乎。而公擇求余文以爲記。乃爲一言。使來者知昔之君子見書之難。而今之學者有書而不讀爲可惜也。

超然亭記

凡物皆有可觀。苟有可觀。皆有可樂。非必怪奇偉麗者也。餔糟啜漓。皆可以醉。果蔬草木。皆可以飽。推此類也。吾安往而不樂。夫所謂求福而辭禍者。以福可喜而禍可悲也。人之所欲無窮。而物之可以足吾欲者有盡。美惡之辨戰乎中。而去取之擇交乎前。則可樂者常少。而可悲者常多。是謂求禍而辭福。夫求禍而辭福。豈人之情也哉。物有以蓋之矣。彼游於物之內。而不游於物之外。物非有大小也。自其內而觀之。未有不高且大者也。彼挾其高大以臨我。則我常眩亂反覆。如隙中之觀鬭。又烏知勝負之所在。是以美惡橫生。而憂樂出焉。可不大哀乎。予自錢塘移守膠西。釋舟楫之安。而服車馬之勞。去雕牆之美。而庇采椽之居。背湖山之觀。而行桑麻之野。始至之日。歲比不登。盜賊滿野。獄訟充斥。而齋廚索然。日食杞菊。人固疑予之不樂也。處之期年。而貌加豐。髮之白者。日以反黑。予既樂從風俗之淳。而其吏民亦安予之拙也。於是治其園圃。潔其庭宇。伐安邱高密之木。以修補破敗。爲苟完之計。而園之北。因城以有臺者舊矣。稍葺而新之。時相與登覽。放意肆志焉。南望馬耳常山。出沒隱見。若近若遠。庶幾有隱君子乎。而其東則盧山。秦人盧敖之所從遁也。西望穆陵。隱然如城郭。師尚父齊桓公之遺烈。猶有存者。北俯濰水。慨然大息。思淮陰之功。而弔其不終。臺高而安。深而明。夏涼而冬溫。雨雪之朝。風月之夕。予未嘗不在。客未嘗不從。擷園蔬。取池魚。釀秫酒。瀹脫粟而食之。曰。樂哉遊乎。方是時。予弟子由適在濟南。聞而賦之。且名其臺曰超然。以見予之無所往而不樂者。蓋游於物之外也。

前赤壁賦

壬戌之秋。七月既望。蘇子與客汎舟。游於赤壁之下。清風徐來。水波不興。舉酒屬客。誦明月之詩。歌窈窕之章。少焉。月出於東山之上。徘徊於斗牛之間。白露橫江。水光接天。縱一葦之所如。淩萬頃之茫然。浩浩乎如馮虛御風。而不知其所止。飄飄乎如遺世獨立。羽化而登僊。

於是飲酒樂甚。扣舷而歌之。歌曰。桂棹兮蘭槳。擊空明兮泝流光。渺渺兮予懷。望美人兮天一方。客有吹洞簫者。倚歌而和之。其聲嗚嗚然。如怨如慕。如泣如訴。餘音嫋嫋。不絕如縷。舞幽壑之潛蛟。泣孤舟之嫠婦。蘇子愀然正襟危坐而問客曰。何爲其然也。客曰。月明星稀。烏鵲南飛。此非曹孟德之詩乎。西望夏口。東望武昌。山川相繆。鬱乎蒼蒼。此非孟德之困於周郎者乎。方其破荊州。下江陵。順流而東也。舳艫千里。旌旗蔽空。釃酒臨江。橫槊賦詩。固一世之雄也。而今安在哉。況吾與子漁樵於江渚之上。侶魚蝦而友麋鹿。駕一葉之扁舟。舉匏樽以相屬。寄蜉蝣於天地。渺滄海之一粟。哀吾生之須臾。羨長江之無窮。挾飛僊以遨游。抱明月而長終。知不可乎驟得。託遺響於悲風。蘇子曰。客亦知夫水與月乎。逝者如斯。而未嘗往也。盈虛者如彼。而卒莫消長也。蓋將自其變者而觀之。則天地曾不能以一瞬。自其不變者而觀之。則物與我皆無盡也。而又何羨乎。且夫天地之間。物各有主。苟非吾之所有。雖一毫而莫取。唯江上之淸風。與山間之明月。耳得之而爲聲。目遇之而成色。取之無禁。用之不竭。是造物者之無盡藏也。而吾與子之所共適。客喜而笑。洗盞更酌。肴核旣盡。杯盤狼籍。相與枕藉乎舟中。不知東方之旣白。

後赤壁賦

是歲十月之望。步自雪堂。將歸於臨皋。二客從予過黃泥之坂。霜露旣降。木葉盡脫。人影在地。仰見明月。顧而樂之。行歌相答。已而歎曰。有客無酒。有酒無殽。月白風淸。如此良夜何。客曰。今者薄暮。舉網得魚。巨口細鱗。狀如松江之鱸。顧安所得酒乎。歸而謀諸婦。婦曰。我有斗酒。藏之久矣。以待子不時之需。於是攜酒與魚。復游於赤壁之下。江流有聲。斷岸千尺。山高月小。水落石出。曾日月之幾何。而江山不可復識矣。予乃攝衣而上。履巉巖。披蒙茸。踞虎豹。登虬龍。攀栖鶻之危巢。俯馮夷之幽宮。蓋二客不能從焉。劃然長嘯。草木震動。山鳴谷應。風起水湧。予亦悄然而悲。肅然而恐。凜乎其不可留也。反而登舟。放乎中流。聽其所止而休焉。時夜將半。四顧寂寥。適有孤鶴。橫江東來。翅如車輪。玄裳縞衣。戛然長鳴。掠予舟而西也。須臾客去。予亦就睡。夢一道士。羽衣蹁躚。過臨皋之下。揖予而言曰。赤壁之游樂乎。問其姓名。俛而不答。嗚呼噫嘻。我知之矣。疇昔之夜。飛鳴而過我者。非子也邪。道士顧笑。予亦驚悟。開戶視之。不見其處。

祭歐陽文忠公文

嗚呼哀哉。公之生於世。六十有六年。民有父母。國有蓍龜。斯文有傳。學者有師。君子有所恃而不恐。小人有所畏而不爲。譬如大川喬嶽。不見其運動。而功利之及於物者。蓋不可以數計而周知。今公之沒也。赤子無所仰芘。朝廷無所稽疑。斯文化爲異端。而學者至於用夷。君子以爲無爲爲善。而小人沛然自以爲得。時譬如深淵大澤。龍亡而虎逝。則變怪雜出。舞鰌鱓而號狐狸。昔其未用也。天下以爲病。而其既用也。則又以爲遲。及其釋位而去也。莫不冀其復用。至其請老而歸也。莫不惆悵失望。而猶庶幾於萬一者。幸公之未衰。孰謂公無復有意於斯世也。奄一去而莫予追。豈厭世溷濁。潔身而逝乎。將民之無祿。而天莫之遺。昔我先君懷寶遁世。非公則莫能致。而不肖無狀。因緣出入。受敎於門下者。十有六年於茲。聞公之喪。義當匍匐往弔。而懷祿不去。愧古人以忸怩。緘詞千里。以寓一哀而已矣。蓋上以爲天下慟。而下以哭其私。

古文治要卷一　　國學治要五

古文十七家

虞集　元仁壽人。字伯生。號道園。隨父居崇仁。從吳澄遊。大德初。授大都路儒學教授。文宗朝。累遷奎章閣侍書學士。纂修經世大典。一時大典册咸出其手。卒年七十七。謚文靖。集學問博洽。心解神契。所爲文章典雅明淨。殆欲追武歐曾。其陶鑄羣材。亦不減廬陵之在北宋。故卒爲元世古文之大宗也。有道園學古錄道園遺稿杜律註。

李景山詩集序

古之人以其涵煦和順之積。而發於詠歌。故其聲氣明暢而溫柔。淵靜而光澤。至於世故不齊。有放臣出子斥婦囚奴之達其情於辭者。蓋其變也。所遇之不幸者也。而後之論者。乃以爲和平之氣難美。憂憤之言易工。是直以其感之速而激之深者爲言耳。盍亦觀於水。夫安流無波。演迤萬里。其深長豈易窮也。若夫風濤驚奔。瀧石險壯。是特其遇物之極於變者。而曰水之奇觀必在於是。豈觀水之術也哉。余讀景山之詩。而有感於此矣。景山蚤歲卽起家掌故樞府。不數年遂長其幙。方縣用而遽坐廢。蓋五年而後宣慰雲南。三年而報使移病。歸鄉里者。又二年矣。二十年間。爲詩凡數百篇。而雲南諸作。尤爲世所傳誦。豈非感激於其變者然哉。然余觀其樞府所賦。迺多在於西山玉泉之間。其雲南之詩。至自敘曰。其辭或傳幸得託於中州人士之末。雖能悲宕動人。察其意。則能深省順處。無怨尤忿厲之氣。其居鄉諸作。放曠平易。又若初未始更憂樂之變者。余因歷考其所遇。而察其所立言者。有以見其所存者。庶幾不謬於古之人矣。而徒以雲南之作。知景山者。特未盡窺景山者也。景山於書無不讀。而酷好老子。於古之人無不學。而獨慕白樂天。然則其能廓然以自廣。脫然以自處者殆有由來也。景山年未甚高。而道學方力。後此而有作。余將不足以窺之也。夫景山姓李氏名京。河間人。鳩巢其自號也。故其詩總題曰鳩巢漫稿。虞集序。

楊叔能詩序

人之生也。以其父母妻子所仰之身。以治乎居處飲食之具。外有姻戚州閭之好。上有公上貢賦之供。固其常也。然而氣之所禀也有盈歉。時之所遇也有治否。而得喪利害休戚吉凶有頓不相似者焉。於是處順者。則流連光景而不知返。不幸而有所嬰拂。飢寒之迫。憂患之感。死喪疾威之至。則嗟痛號呼。隨其意之所存。言之所發。蓋有不能自撿者矣。是故有知其然而思去之者。則必至於外其身以遺世。不與物接。求生息於彝倫之外。庶幾以無累焉。然其爲道。則亦人之所難者矣。蓋必若聖賢之教。有以知其大本之所自出。而修其所當爲也事變之來。視乎義命而安之。則憂患利澤舉無足以動其心。則其爲言也舒遲而澹泊。闇然而成章。是以君子貴之。予行四方。求之而未之見也。又求夫今昔之人。有詞章之傳而合乎此者。必取而諷之。以寄予意焉。然而亦鮮矣。臨川危太樸。與其友豫章楊顯民。以其族叔父叔能所爲詩一編以示予。觀其所遊。不過州郡數百里之間。觀其所慕。則千古高尚之士。澹然有餘。而不墮於空寂。悠然自適。而無或出於傷怛。迺若蟬蛻汙濁。與世略不相干。而時和氣清。卽凡見聞而自足。幾乎古人君子之遺意也哉。吾嘗以此求諸昔人之作。得四家焉。則陶處士王右丞韋蘇州柳子厚其人也。蘇州學詩於憔悴之餘。子厚精思於竄謫之久。然後世慮銷歇。得發其過人之才。高世之趣。於寬閑寂寞之地。蓋有懲創困絕而後至於斯也。右丞沖澹。何愧於昔人。然而一旦患難之來。遽失所守。是有餘於閒逸。不足於事變。良可歎也。必也。大義所存。立志不貳。乃若所遇。安乎其天。若陶處士者。其知道之言乎。雖然言不可以僞發。人不可以徒欺。千載之下。簡翰之存。苟有一人諷詠於一日之間。則安所逃乎。是故君子尙論其本也。今有讀叔能之詩者。譬諸飫芻豢之昏病。夏畦之苦。而得一句之清泉甘露。豈不悅乎。夫泉之所自出。露之所由降。尙善求之哉。

饒敬仲詩序

予歸老山中。習俗嗜好。不留於胸次。獨與幽人雅士詠詩讀書。尙未能忘情焉。四方之君子。念其衰老。不鄙而枉教。以飫予之欲。何其幸也。前年饒君敬仲遺予五言長詩凡百韻。陳義之大。論事之遠。引援於往昔聖賢之業。鋪張乎一代文章之體。縱橫開合。動蕩變化。可喜可駭可感可歎。及觀其他作。往往不異於此。而此千言者。尤足肆其馳騁云爾。問其學所從出。則嘗從乎臨川吳先生遊。宜其所聞過於人也遠矣。嘗著書一編。述山水之情性。吳公亟稱之。首爲之序。以傳於世。夫山之形。重峰峻嶺。奔騰起伏。勢若龍馬。亦或以廣衍平大爲勝。水之流。驚湍怒濤。吞天浴日。莫窮涯涘。而亦或以平川漫澤。紆餘清泠以爲美。不可執一而論也。蓋其脈絡貫通。首尾相映。精神所在。隨寓而見。是以能極其變焉。敬仲得此於其心。一託於吟咏之事。故能若此。何其快哉。昔李陽冰善篆書。自以爲有得於日月風雲山川草木動植之體。敬仲之詩。得於山川。亦何奇哉。然吾晚歲。足蹇蹇而視茫茫也。山水之間。濟勝之具頓絕。惟有端坐絕物。使善歌快誦於清風明月之際。亦足以慰吾之寂寞也乎。故爲題其篇端云。至元己卯二月朔旦。邵菴虞集序。

易南甫詩序

詩三百篇之後。楚辭出焉。西都之言賦者盛矣。自魏以降。作者代出。制作之體。愈變而愈新。因唐之詩賦。有聲律對偶之巧。推其前而別之曰古賦。詩有樂歌。可以被之樂府。其後也轉爲新聲。豪於才者。放爲歌行之肆。長於情者。變爲蕩淫之極。則又推其前者而別之曰古樂府。時非一時。人非一人。古今之體不一。今欲以一人之手。成一編之文。合備諸體而皆合中。各臻其妙。不亦難乎。高安易君南甫。示予以賦若詩一編。盡具詩賦諸體。不蹈流俗。有爲而作辭不苟造。蓋聞南甫之居。則康樂之故地。謝公之所封。而嘗遊者也。林泉之日長。山水之興足。有得於昔人之流風餘韻。是以能然也哉。今夫江河之行。湖海之浸。或爲驚濤巨浪之壯。或爲平波漫流之閒。一窪之盈。一曲之勝。其所寓不相似。而各有可觀者焉。以水之同出一源故也。善賦之君子。又以其非常之秀。有餘之興。隨所遇而有作焉。何患乎衆體之不皆妙也。固哉予昔之言詩乎。蘇子由言其兄子瞻平生無嗜好。以圖史爲苑囿。文章爲鼓吹。老亦棄去。顧獨好爲詩耳。嗟夫。予豈敢擬於古之人哉。會有耳目之疾。有園囿而無所遊觀。有鼓吹而不能以自樂。而心思凋耗。亦不復能詩。徒使弟子誦昔賢今人之詩以自娛焉。南甫之所以惠我多矣。然南甫之意。豈徒然哉。予之少也。亦嘗執筆而學焉。聞諸同志曰。性其完也。情其通也。學其資也。才其能也。氣其充也。識其決也。則將與造物者同爲變化不測於無窮焉。詩賦云乎哉。斯言也。南甫以爲有可採乎。

送李擴序

國學之置。肇自許文正公。文正以篤實之資。得朱子數書於南北未通之日。讀而領會。起敬起畏。及被遇世祖皇帝。純乎儒者之道。諸公所不及也。世祖皇帝聖明天縱。深知儒術之大思有以變化其人而用之。以爲學成於下。而後進於上。或疏遠未即自達。莫若先取侍御貴近之特異者。使受教焉。則效用立見。故文正自中書罷政。爲之師。是時風氣渾厚。人材樸茂。

文正故表章朱子小學一書以先之。勤之以灑埽應對。以折其外。嚴之以出入遊息。以養其中。擬忠孝之大綱。以立其本。發禮法之微權。以通其用。於是數十年。彬彬然號稱名卿材大夫者皆其門人矣。嗚呼。使國人知有聖賢之學。而朱子之書得行於斯世者。文正之功甚大也。文正沒。國子監始立官府。刻印章如典故。其爲之者。大抵踵襲文正之成跡而已。然余嘗觀其遺書。文正之於聖賢之道。五經之學。蓋所志甚重遠焉。其門人之得於文正者。猶未足以盡文正之心也。子夏曰。君子之道。孰先傳焉。孰後倦焉。程子曰。聖賢敎人有序。非是先敎以近者小者。而不敎之遠者大者也。夫天下之理無窮。而學亦無窮也。今日如此。明日又如此。止而不進。非學也。天下之理。無由而可窮也。故使文正復生於今日。必有以發理義道德之蘊。而大啟夫人心之精微。天理之極致。未必止如前日之法也。而後之隨聲附影者。謂修詞申義爲玩物。而從事於文章。謂辯疑答問爲躐等。而姑困其師長。謂無猷無爲爲涵養德性。謂深中厚貌爲變化氣質。是皆假美言以深護其短。外以聾瞽天下之耳目。內以蠱晦學者之心思。此上負國家。下負天下之大者也。而謂文正之學。果出於此乎。近者吳先生之來爲監官也。見聖世休明。而人材之多美也。慨然思有以作新其人。而學者翕然歸之。大小如一。於是先生之爲敎也。辯傳註之得失。而達羣經之會同。通儒先之戶牖。以極先聖之閫奧。推鬼神之用。以窮物理之變。察天人之際。以知經綸之本。禮樂制作之具。政刑因革之文。考據援引博極古今。各得其理。而非夸多以穿鑿。靈明通變。不滯於物。而未嘗析事理以爲二。使學者得有所據依以爲日用常行之地。得有所標指以爲歸宿造詣之極。噫近世以來未能或之先也。惜夫在官未久而竟以病歸。嗚呼文正與先生學之所至。非所敢知。所敢言也。然而皆聖賢之道。則一也。時與位不同而立教有先後者。勢當然也。至若用世之久速。及人之淺深。致效之遠近小大。天也。非人之所能爲也。僕之爲學官與先生先後而至。學者天資通塞不齊。聞先生言。或略解或不能盡解。或暫解而旋失之。或解而推去漸遠。退而論集於僕。僕皆得因其材而達先生之說焉。先生雖歸。祭酒劉公以端重正大臨其上。監丞齊君嚴條約以身先之。故僕得以致其力焉。未幾二公有他除。近臣以先生薦於上。而議者曰。吳幼清陸氏之學也。非朱子之學也。不合於許氏之學。不得爲國子師。是將率天下而爲陸子靜矣。遂罷其事。嗚呼陸子豈易言哉。彼又安知朱陸異同之所以然。直妄言以欺世拒人耳。是時僕亦孤立不可留。未數月移病自免去。鄧文原善之以司業招至會科詔行。善之請改學法。其言曰。今皇上責成成均至切也。而因循度日。不惟疲庸者無所勸。而英俊者摧敗無以見成效。議不合。亦投劾去。於是紛然言吳先生不可。鄧司業去而投劾。爲矯激而僕之謗尤甚。悲哉。歸德李擴事吳先生最久。先生之書皆得授而讀之。先生又嘗使來授古文。故於僕尤親近。去年以國子生舉。今年有司用科舉法。依條試之中選。將命以官。間來謁曰。比得官猶歲月間。且歸故鄉治田畝。並得溫其舊學。請一言以自警。會僕將歸江南。故略敍所見以授之。使時觀之。亦足以有所感而興起矣。

尙志齋說

亦嘗觀於射乎。正鵠者。射者之所志也。於是良爾弓。直爾矢。養爾氣。畜爾力。正爾身。守爾法。而臨之。挽必圓。視必審。發必決。求中乎正鵠而已矣。正鵠之不立。則無專一之趣鄉。則雖有善器。彊力茫茫然將安所施哉。況乎弛焉以嬉。慢焉以發。初無定的。亦不期於必中者。其君子絕之。不與為偶。以其無志也。善為學者。苟知此說。其亦可以少警矣乎。夫學者之欲至於聖賢。猶射者之求中。夫正鵠也。不以聖賢為準的。而學者。是不立正鵠而射者也。志無定向。則汎濫茫洋。無所底止。其不為妄人者幾希。此立志之最先者也。既有定向。則求所以至之之道焉。尤非有志者不能也。是故從師取友。讀書窮理。皆求至之事也。於是平居無事之時。此志未嘗慢也。應事接物之際。此志未嘗亂也。安逸順適。志不為喪。患難憂戚。志不為懾。必求達吾之欲至而後已。此立志始終不可渝者也。是故志苟立矣。雖至於聖人可也。昔人有言曰。有志者事竟成。又曰。用志不分。乃凝於神。此之謂也。志苟不立。雖細微之事。猶無可成之理。況為學之大乎。昔者夫子以生知天縱之資。其始學也。猶必曰志。況吾黨小子之至愚極困者乎。其不可不以尙志為至要至急也。審矣。今大司寇之上士浚儀黃君之善教子也。

和而有制。嚴而不離。嘗遺濟也受業於予。濟也請題其齋居以自勵。因爲書尙志二字以贈之。他日暫還其鄉。又來求說。援筆書所欲言。不覺其煩也。濟也尙思立志乎哉

鶴山書院記

昔者儒先君子論道統之傳。自伏羲神農黃帝堯舜禹湯文武周公。至於孔子。而後學者傳焉。顏子歿。其學不傳。曾子以其傳授之聖孫子思。而孔子之精微益以明著。孟子得以擴而充之。後千五百年。以至於宋。汝南周氏始有以繼顏子之絕學。傳之程伯淳氏。而正叔氏又深有取於曾子之學。以成己而敎人。而張子厚氏又多得於孟子者也。顏曾之學。均出於夫子。豈有異哉。因其資之所及。而用力有不同焉者爾。然則所謂道統者。其可以妄議乎哉。朱元晦氏論定諸君子之言。而集其成。蓋天運也。而一時小人用事。惡其厲己。倡邪說以爲之禁。士大夫身蹈其禍。而學者公自絕以苟全。及其禁開。則又皆竊取緒餘。徼倖仕進而已。論世道者。能無蠹然於茲乎。方是時。蜀之臨邛有魏華父氏。起於白鶴山之下。奮然有以倡其說於摧廢之餘。拯其弊於口耳之末。故其立朝。惓惓焉以周程張四君子易名爲請。尊其統而接其傳。非直爲之名也。及既得列祀孔廟。而贊書乃以屬諸魏氏。士君子之公論。固已與之矣。及我聖朝。奄有區夏。至於延祐之歲。文治益盛。仍以四君子幷河南邵氏涑水司馬氏新安朱氏廣漢張氏東萊呂氏。與我朝許文正公十儒者。皆在從祀之列。魏氏之曾孫曰起

者。隱居吳中。讀詔書而有感焉。曰。此吾曾大父之志也。何幸親復見諸聖明之朝哉。今天下學校並興。凡儒先之所經歷。往往列為學官。而我先世鶴山書院者。臨邛之灌莽莫之翦治。其僑諸靖州者。存亦亡幾。而曾大父實葬於吳。先廬在焉。願規為講誦之舍。奉祠先君子。而推明其學。雖然不敢專也。泰定甲子之秋。迺來京師。將有請焉。徘徊久之。莫伸其說。至順元年八月乙亥。上在奎章之閣。思道無為。鑑書博士柯九思得侍左右。因及魏氏所傳之學。與其曾孫起之志。上嘉念焉。命臣集題鶴山書院。著記以賜之。臣聞魏氏之為學。卽物以明義。反身以求仁。審夫小學文藝之細。以推致乎典禮會通之大本。諸乎居屋漏之隱。而充極於天地鬼神之著。巖巖然立朝之大節。不以夷險而少變。而立言垂世。又足以作新乎斯人。蓋庶幾乎不悖不惑者矣。若夫聖賢之書。實由秦漢以來諸儒誦而傳之。得至於今。其師弟子之所授受。以顓門相尚。雖卒莫得其要。然而古人之遺制。前哲之緒言。或者存乎其間。蓋有不可廢者。自濂洛之說行。朱氏祖述而發明之。於是學者知趨乎道德性命之本。廓如也。而從事於斯者。誦習而成言。惟日不足。所謂博文多識之事。若將略焉。則亦有所未盡者矣。況乎近世之弊。好為鹵莽。其求於此者。或未切於身心。而攻諸彼者。曾弗及於詳博。於是傳注之所存者。其舛謬牴牾之相承。既無以明辨其是非。而名物度數之幸在者。又不察其本原。誠使有為於世。何以徵聖人制作之意。而為因革損益之器哉。魏氏又有憂於此也。故其致知之日加意於儀禮周官二戴之記。及取九經注疏正義之文。據事別類而錄之。謂之九經要義。其志將以見夫道器之不離。而有以正其臆說聚訟之惑世此正張氏以禮爲教而程氏所以有徹上徹下之語者也。而後人莫究其說。以兼致其力焉。昔之所謂鹵莽日以彌甚。甘心自棄於孤陋寡聞之歸。嗚呼。魏氏之學。其可不講乎。今起之言曰。起幸甚。身逢聖天子文治之盛。追念先世。深惜舊名。起將於斯與明師良友。教其族人子孫昆弟及鄉黨州閭之俊秀。庶乎先君子之遺意。而魏氏子孫世奉其祀。事精神血氣之感通。亦於是乎在。其有託於永久而不墜也。不亦悲夫。臣之曾大父實與魏氏同學於蜀。西故臣得其粗者如此。敢輒書以爲記。魏氏名了翁。字華甫。臨卭人。年十八。登故宋慶元己未進士高第。仕至資政殿大學士。參知政事。僉書樞密事。都督江淮軍馬。贈太師。封秦國公。謚文靖。而學者稱爲鶴山先生云。十二月乙未。具官臣虞集奉敕謹記。

極高明樓記

華蓋之山。在崇仁上游。據地勢之隆厚。拔起千仞。上出霄漢。日星迴旋。無所障礙。雲雨之興。漠乎其下。若有人焉。淩空倒景。高鄰日月。而後足以對之。浮遊於塵埃之中。沈溺於汚穢之下。生死不出於旦暮。起滅不踰於尋丈者。烏足以觀乎此哉。其山之陽有水。曰珠溪。余氏族世居之。不知始於何代。而未嘗有他族間之。山如城郭之環。流泉中出。隱伏磐石。委曲淵注。

始達於外。而居人耕田鑿井。養生讀書。無所外慕。以其地僻而賦薄。遠出郡縣。公上之供給事而退。人亦無所求乎其間也。晉陶淵明所謂桃源者。依稀似之。余氏之彥曰敬。以自然醇厚之姿。居風俗質朴之鄉。以其樂易之心。保其敦睦之族。舒舒然。溫溫然。吾聞而悅之。世以爲風氣日隆。情態日趨於薄。而不可復返。豈有是耶。故翰林學士吳公之夫人。則敬之曾祖姑也。故公嘗至其處。及敬作樓於其居。以瞻華蓋於咫尺。而命敬以極高明題之也。樓成而公已去世。敬不得請一辭以表之。因其族父希聖求予記之。予嘗聞諸上蔡氏曰。孰能脫去凡近而遊高明。莫爲嬰兒之態。而有大人之器。莫爲一身之謀。而有天下之志。莫爲終身之計。而有後世之慮。不求人知而求天知。不求同俗而求同理者乎。必如是也。而後可以造乎高明之域矣。今夫小智自私。而自以爲高。曲見陋識。而自以爲明。輕獧以相尙。臆度以爲知。則其念慮之所興。云爲之所及。無非至卑至下之事。擬諸高明。眞所謂霄壤之間。是故質之美者。庶幾有以得之。內顧於家。無甚不足之慮。外視於物。無甚必欲之意。則其中之所存。淡泊而虛曠。於入道爲近矣。而又有以考夫聖賢之學。踐夫古人之迹。則日趨高明。而推致其極者。不自此乎。秋高氣淸。予將揖浮邱伯之神於山上。尙能求觀子之樓。誦吳公之言。而寄其千載之思於此也。乃若中庸之書。所謂極高明者。吳公之門人弟子。多能記公之言。敬審問之。他日爲敬講焉。是爲記。

古文治要卷一

古文十七家

宋濂　明浦江人。字景濂。元至正中。薦授翰林院編修。以親老辭不赴。隱龍門山著書。歷十餘年。明初以書幣徵。除江南儒學提舉。命授太子經。修元史。累轉至翰林學士承旨知制誥。以年老致仕。長孫愼坐法。舉家謫茂州。道過疾卒。年七十二。正統中追謚文憲。元末文章。以吳萊柳貫黃溍爲一朝後勁。濂初學於萊。後學於貫與溍。遂根柢經訓。發爲文章。有明一代禮樂制度。多所裁定。其文章醇深演迤。不動聲色。而二百餘年之中。殫力翻新者。終莫能先也。有龍門子凝道記浦江人物記宋學士全集。

文原二首

余諱人以文生相命。丈夫七尺之軀。其所學者。獨文乎哉。雖然。予之所謂文者。乃堯舜文王孔子之文。非流俗之文也。學之固宜。浦江鄭楷義烏劉綱。楷之弟柏。嘗從予學。已知以道爲文。因作文原二篇以貽之。

其上篇曰。人文之顯。始於何時。實肇於庖羲之世。庖羲仰觀俯察。畫奇偶以象陰陽。變而通之。生生不窮。遂成天地自然之文。非惟至道含括無遺。而其制器尙象。亦非文不能成。如垂衣裳而治。取諸乾坤。上棟下宇而取諸大壯。書契之造而取諸夬。舟楫牛馬之利而取之渙隨。杵臼棺槨之制而取諸小過大過。重門擊柝而取諸豫。弧矢之用而取諸睽。何莫非粲然之文。自是推而存之。天衷民彝之敍。禮樂刑政之施。師旅征伐之法。井牧州里之辨。華夷內外之別。復皆則而象之。故凡有關民用。及一切彌綸範圍之具。悉囿乎文。非文之外。別有其他也。然而事爲既著。無以記載之。則不能以行遠。始託之辭翰。以昭其文。略舉一二言之。禹敷土。隨山刊木。奠高山大川。既成功矣。然後筆之爲禹貢之文。周制聘覲燕享餽食昏喪諸禮。其升降揖讓之節。既行之矣。然後筆之爲儀禮之文。孔子居鄉黨。容色言動之間。從容中道。門人弟子既習見之矣。然後筆之爲鄉黨之文。其他格言大訓。亦莫不然。必有其實而後文隨之。初未嘗以徒言爲也。譬猶聆衆樂於洞庭之野。而後知聲音之抑揚綴兆之舒疾也。習大射於矍相之圃。而後知觀者如堵牆序點之揚觶也。苟踰度而臆決之。終不近也。昔者游夏以文學名。謂觀其會通。而酌其損益之宜而已。非專指乎辭翰之文也。嗚呼。吾之所謂文者。天生之。地載之。聖人宣之。本建則其末治。體著則其用彰。斯所謂秉陰陽之大化。正三綱而齊六紀者也。亙宇宙之終始。類萬物而周八極者也。嗚呼。非知經天緯地之文者。烏足以語此。

其下篇曰。爲文必在養氣。氣與天地同。苟能充之。則可配序三靈。管攝萬彙。不然。則一介之小夫耳。君子所以攻內不攻外。圖大不圖小也。力可以舉鼎。人之所難也。而烏獲能之。君子不貴之者。以其局乎小也。智可以搏虎。人之所難也。而馮婦能之。君子不貴之者。以其騖乎外也。氣得其養。無所不周。無所不極也。攬而爲文。無所不參。無所不包也。九天之屬。其高不可窺。八柱之列。其厚不可測。吾文之量得之。焜燿魄淵。運行不息。基地萬熒。纏次弗紊。吾文之燄得之。崑崙玄圃之崇清。層城九重之嚴邃。吾文之峻得之。南桂北瀚。東瀛西溟。杳渺而無際。涵負而不竭。魚龍生焉。波濤興焉。吾文之深得之。雷霆鼓舞之。風雨翕張之。雨露潤澤之。鬼神恍惚。曾莫窮其端倪。吾文之變化得之。上下之間。自色自形。羽而飛。足而奔。潛而泳。植而茂。若洪若纖。若高若卑。不可以數計。吾文之隨物賦形得之。嗚呼。斯文也。聖人得之。則傳之萬世爲經。賢者得之。則放諸四海爲準。輔相天地而不過。昭明日月而不忒。調變四時而無悖。此豈非文之至者乎。天德湮微。文氣日削。騖乎外而不攻其內。局乎小而不圖其大。此無他。四瑕八冥九蠹有以累之也。何謂四瑕。雅鄭不分之謂荒。本末不比之爲斷。筋骸不束之謂緩。旨趣不超之謂凡。是四者賊文之形也。何謂八冥。訐者將以賊夫誠。樁者將以蝕夫圜。庸者將以混夫奇。瘠者將以勝夫腴。觕者將以亂夫精。碎者將以害夫完。陋者將以革夫博。昧者將以損夫明。是八者傷文之膏髓也。何謂九蠹。滑其眞。散其神。糅其氛。徇其私。滅其智。麗其蔽。違其天。昧其幾。爽其貞。是九者死文之心也。有一於此。則心受死而文喪矣。春葩秋卉之爭麗也。鴟號林而蛩吟砌也。水湧蹄涔而火炫螢尾也。衣被土偶而不能聽視也。

蟣蝨死生於甕盎。不知四海之大。六合之廣也。斯皆不知養氣之故也。嗚呼。人能養氣。則情深而文明。氣盛而化神。當與天地同功也。與天地同功。而其智卒歸之一介小夫。不亦可悲哉。

予既作文原上下篇。言雖大而非夸。惟智者能擇焉。去古既遠。世之論文者有二。曰載道。曰紀事。紀事之文。當本之司馬遷班固。而載道之文。舍六籍將焉從。雖然。六籍者本與根也。遷固者枝與葉也。此近代唐子西之論。而予之所見。則有異於是也。六籍之外。當以孟子爲宗。韓子次之。歐陽子又次之。此則國之通衢。無荆榛之塞。無蛇虎之禍。可以直趨聖賢之大道。去此則曲狹僻徑耳。犖确邪蹊耳。胡可行哉。予竊怪世之爲文者。不爲不多。騁新奇者。鉤摘隱伏。變更庸常。甚至不可句讀。且曰不詰曲聱牙。非古文也。樂陳腐者。一假場屋委靡之文。紛揉龐雜。不見端緒。且曰不淺易輕順。非古文也。予皆不知其何說。大抵爲文者。欲其辭達而道明耳。吾道既明。何問其餘哉。雖然。道未易明也。必能知言養氣。始爲得之。予復悲世之爲文者。不知其故。頗能操觚遣詞。毅然以文章家自居。所以益擢落而不自振也。二三子所學日進於道。聊一言之。

畫原

史皇與倉頡。皆古聖人也。倉頡造書。史皇制畫。書與畫非異道也。其初一致也。天地初開。萬物化生自色自形。總總林林。莫得而名也。雖天地亦不知其所以名也。有聖人者出。正名萬物。高者謂何。卑者謂何。動者謂何。植者謂何。然後可得而知之也。於是上而日月風霆雨露霜雪之形。下而河海山嶽草木鳥獸之著。中而人事離合物理盈虛之分。神而變之。化而宜之。固已達民用而盡物情。然而非書則無記載。非畫則無彰施。斯二者其亦殊途而同歸乎。吾故曰書與畫非異道也。其初一致也。且書以代結繩。功信偉矣。至於辨章服之有制。畫衣冠以示警。飭車輅之等威。表旗旄之後先。所以彌綸其治具。匡贊其政原者。又烏可以廢之哉。畫繪之事。統於冬官。而春官外史專掌書令。其意可見矣。況六書首之以象形。象形乃繪事之權輿。形不能盡象而後諧之以聲。聲不能盡諧而後會之以意。意不能以盡會而後指之以事。事不能以盡指而後轉注假借之法興焉。書者所以濟畫之不足者也。使畫可盡。則無事乎書矣。吾故曰書與畫非異道也。其初一致也。古之善繪者。或畫詩。或圖孝經。或貌爾雅。或像論語暨春秋。或著易象。皆附經而行。猶未失其初也。下逮漢魏晉梁之間。講學之有圖。問禮之有圖。烈女仁智之有圖。致使圖史並傳。助名教而翼羣倫。亦有可觀者焉。世道日降。人心寖不古若。往往溺志於車馬士女之華。怡神於花鳥蟲魚之麗。游情於山林水石之幽。而古之意益衰矣。是故顧陸以來。是一變也。閻吳之後。又一變也。至於關李范三家者出。又一變也。譬之學書者古籀篆隸之茫昧。而惟俗書之姿媚者。是耽是玩。豈其初意之使然哉。雖然非有卓然拔俗之姿。亦未易言此也。南徐徐君景暘。工書史。善吟古今詩。信爲才丈夫也。旁通繪事。一時賢公卿皆與之遊。名稱籍甚。有薦於朝者。景暘以母老不仕。予尤愛景暘者。於其別去。故作畫原以贈焉。嗚呼。易有之。聖人有以見天下之賾。而擬諸形容。象其物宜。是故謂之象。然象之事。又有包乎陰陽之妙理者。誠可謂至重矣。景暘其亦知所重乎哉。

曾助教文集序

臨川曾先生日所爲文若干篇。其門人某類編成書。而以首簡請余序。序曰。天地之間。萬物有條理而弗紊者。莫非文。而三綱九法。尤爲文之著者。何也。君臣父子之倫。禮樂刑政之施。大而開物成務。小而淑身繕性。本末之相涵。終始之交貫。皆文之章章者也。所以唐虞之時。其文寓於欽天勤民明物察倫之具。三代之際。其文見於子丑寅之異建。貢助徹之殊賦。載之於籍。行之於世。其大本既備。而節文森然可觀。傳有之。三代無文人。六經無文法。無文人者。動作威儀。人皆成文。無文法者。物理即文。而非法之可拘也。秦漢以下。則大異於斯。求文於竹帛之間。而文之功用隱矣。雖然。此以文之至者言之爾。文之爲用。其亦溥博矣乎。何以見之。施之朝廷。則有詔誥册祝之文。行之師旅。則有露布符檄之文。託之國史。則有記表誌傳之文。他如序記銘箴贊頌歌吟之屬。發之性情。接之事物。隨其洪纖。稱其美惡。察其倫品之詳。盡其彌綸之變。如此者。要不可一日無也。然亦豈易致哉。必也本之於至靜之中。參之於欲動之際。有弗養焉。養之無弗充也。有弗審焉。審之無不精也。然後嚴體裁之正。調律呂之和。合陰陽之化。攝古今之事類。人己之情。著之篇翰。辭旨皆無所畔背。雖未造於至文之域。而不愧於適用之文矣。嗚呼。文乎其可易言矣乎。今先生淹貫羣經。所謂三綱九法。其文理之粲然者。加體索而擴充焉。嘗以春秋貢於鄉。科目既廢。益寓意於古文辭。用功於動靜者久。聲光燁然起矣。余取讀之。藻火黼黻之交煇。金聲玉振之迭奏。魚龍波濤之驚迅。一一可以適於世用。信夫萬物各有條理者。於先生之文。亦可以見之。余在詞林。先生方助教成均。朝夕論文甚驩。因其門人所請。推原文之至者而爲之序。著源委之眞。欲體用之兼擧也。

送東陽馬生序

余幼時卽嗜學。家貧。無從致書以觀。每假借於藏書之家。手自筆錄。計日以還。天大寒。硯冰堅。手指不可屈伸。弗之怠。錄畢。走送之。不敢稍逾約。以是人多以書假余。余因得遍觀羣書。既加冠。益慕聖賢之道。又患無碩師名人與遊。嘗趨百里外。從鄉之先達執經叩問。先達德隆望尊。門人弟子塡其室。未嘗稍降辭色。余立侍左右。援疑質理。俯身傾耳以請。或遇其叱咄。色愈恭。禮愈至。不敢出一言以復。俟其忻悅。則又請焉。故余雖愚。卒獲有所聞。當余之從師也。負篋曳屣。行深山巨谷中。窮冬烈風。大雪深數尺。足膚皸裂而不知。至舍。四支僵勁不能動。媵人持湯沃灌。以衾擁覆。久而乃和。寓逆旅主人。日再食。無鮮肥滋味之享。同舍生皆被綺繡戴朱纓寶飾之帽腰白玉之環左佩刀右佩容臭燁然若神人余則縕袍敝衣處其間略無慕豔意以中有足樂者不知口體之奉不若人也蓋余之勤且艱若此今雖耄老未有所成猶幸預君子之列而承天子之寵光綴公卿之後日侍坐備顧問四海亦謬稱其氏名況才之過於余者乎今諸生學於太學縣官日有廩稍之供父母歲有裘葛之遺無凍餒之患矣坐大廈之下而誦詩書無奔走之勞矣有司業博士爲之師未有問而不告求而不得者也凡所宜有之書皆集於此不必若余之手錄假諸人而後見也其業有不精德有不成者非天質之卑則心不若余之專耳豈他人之過哉東陽馬生君則在太學已二年流輩甚稱其賢余朝京師生以鄉人子謁余譔長書以爲贄辭甚暢達與之論辨言和而色夷自謂少時用心於學甚勞是可謂善學者矣其將歸見其親也余故道爲學之難以告之謂余勉鄉人以學者余之志也詆我誇際遇之盛而驕鄉人者豈知余者哉

送天台陳庭學序

西南山水惟川蜀最奇然去中州萬里陸有劍閣棧道之險水有瞿唐灩澦之虞跨馬行則竹間山高者累旬日不見其巔際臨上而俯視絕壑萬仞杳莫測其所窮肝膽爲之掉栗水行則江石悍利波惡渦詭舟一失勢尺寸輒糜碎土沈下飽魚鱉其難至如此故非仕有力者不可以遊非材有文者縱遊無所得非壯彊者多老死於其地嗜奇之士恨焉天台陳君

庭學。能爲詩。由中書左司掾屢從大將北征。有勞。擢四川都指揮司照磨。由水道至成都。成都川蜀之要地。揚子雲司馬相如諸葛武侯之所居。英雄俊傑戰攻駐守之迹。詩人文士遊眺飲射賦詠歌呼之所。庭學無不歷覽。既覽必發爲詩。以紀其景物時世之變。於是其詩益工。越三年。以例自免歸。會予於京師。其氣愈充。其語愈壯。其志意愈高。蓋得於山水之助者侈矣。予甚自愧。方予少時。嘗有志於出遊天下。顧以學未成而不暇。及年壯可出。而四方兵起。無所投足。逮今聖主興而宇內定。極海之際。合爲一家。而予齒益加耄矣。欲如庭學之遊尚可得乎。然吾聞古之賢士。若顏回原憲。皆坐守陋室。蓬蒿沒戶。而志意常充然。有若囊括於天地者。此其故何也。得無有出於山水之外者乎。庭學其試歸而求焉。苟有所得。則以告予。予將不一愧而已也。

王冕傳

王冕者。諸暨人。七八歲時。父命牧牛隴上。竊入學舍。聽諸生誦書。聽已輒默記。暮歸忘其牛。或牽牛來責蹊田者。父怒撻之。已而復如初。母曰。兒癡如此。曷不聽其所爲。冕因去依僧寺以居。夜潛出坐佛膝上。執策映長明燈讀之。達旦。佛像多土偶。獰惡可怖。冕小兒。恬若不見。安陽韓性聞而異之。錄爲弟子。學遂爲通儒。性卒。門人事冕如事性。時冕父已卒。卽迎母入越城就養。久之。母思還故里。冕買白牛駕母車。自被古冠服隨車後。鄉里小兒競遮道訕笑。

著作郎李孝光欲薦之為府史。冕駡曰。吾有田可耕。有書可讀。肯朝夕抱案立庭下備奴使哉。每居小樓上。客至。僮入報命之登。乃登。部使者行郡。坐馬上求見。拒之去。去不百武。冕倚樓長嘯。使者聞之慚。冕屢應進士舉不中。歎曰。此童子羞為者。吾可溺是哉。竟棄去。買舟下東吳。渡大江。入淮楚。歷覽名山川。或遇奇才俠客。談古豪傑士。即呼酒共飲。慷慨悲吟。人斥為狂生。北遊燕都。館祕書卿泰不花家。泰不花薦以館職。冕曰。公誠愚人哉。不滿十年。此中狐兔遊矣。何以祿仕為。即日將南轅。會其友武林盧生死灤陽。惟兩幼女一童留燕。無所依。冕知之。不遠千里走灤陽。取生遺骨。且挈二女還生家。冕既歸越。復大言天下將亂。時海內無事。或斥冕為妄。冕曰。妄人非我。誰當為妄哉。乃攜妻孥隱於九里山。種豆三畝。粟倍之。樹梅花千。桃杏居其半。芋一區。薤韭各百本。引水為池。種魚千餘頭。結茅廬三間。自題為梅花屋。嘗倣周禮著書一卷。坐臥自隨。祕不使人觀。更深人寂。輒朗諷之。既而撫卷曰。吾未即死。持此以遇明主。伊呂事業。不難致也。當風日佳時。賦詩千百言不休。讀者毛髮為聳。人至不為賓主禮。清談竟日不倦。食至則食。都不必辭謝。善畫梅。求者肩背相望。以繒幅短長為得米之差。人譏之。冕曰。吾藉是以養口體。豈好為人家作畫師哉。未幾。汝潁兵起。一一如冕言。皇帝取婺州。將攻越。物色得冕。寘幕府。授以諮議參軍。一夕以病死。冕狀貌魁偉。美鬚髯。磊落有大志。不得少試。以死。君子惜之。

史官曰。予受學城南時。見孟宗言越有狂生。當天大雪。赤足上潛嶽峯。四顧大呼曰。遍天地間皆白玉合成。使人心膽澄澈。便欲僊去。及入城。戴大帽如箕。穿曳地袍。翩翩行兩袂軒翥譁笑溢市中。予甚疑其人。訪識者問之。卽冕也。冕眞怪民哉。馬不覂駕。不足以見其奇才。冕亦類是矣。

李疑傳

金陵之俗。以逆旅爲利。旅至。受一室。僅可榻。俛以出入。曉鐘動。起治他事。遇夜始歸息。盥濯水皆自具。然月責錢數千。否必詆誚致訟。或疾病。輒遣出。病危氣息僅屬。目眴眴未瞑。卽與棄之而敓其貲。婦孕將產者。以爲不祥。擯不舍。其少恩如此。非其性固然。地在輦轂下。四方人至者衆。其勢致爾也。獨李疑以尚義名於其時。疑字思問。居通濟門外閭巷。子弟執業造其家。得粟以自給。不足。則以六物推人休咎。固貧甚。然獨好周人急。金華范景淳吏部得疾。無他子弟人殆之。不肯舍。杖踵疑門。告曰。我不幸被疾。人莫舍我。聞君義甚高。能假我一榻乎。疑謝。許諾。延就坐。汎除明爽室。具床褥爐竈。使寢息其中。徵醫師視脈。躬爲煮糜煉藥。旦暮執其手。問所苦。如事親戚。既而疾滋甚。不能起。溲矢汙衾席。臭穢不可近。疑日爲刮磨浣滌。不少見顏面。景淳流涕曰。我累君矣。恐不復生。無以報厚德。囊有黃白金四十兩。餘在故逆旅邸。願自取之。疑曰。患難相恤。人理宜爾。何以報爲。景淳曰。君脫不取。我死恐爲他人得何益乎。疑遂求其里人。偕往。擕以歸。而發囊。籍其數而封識之。數日景淳竟死。疑出私財買棺。殯於城南聚寶山。舉所封囊寄其里人家。往書召其二子。及二子至。疑同發棺。取囊按籍而還之。二子以米饋。卻弗受。反贐以貨遣歸。平陽耿子廉械逮至京師。其妻孕將育。衆拒門不納。妻臥草中以號。疑問故。歸謂婦曰。人孰無緩急。安能以室廬自隨哉。且人命至重。倘育而爲風露所感。則母子俱死。吾寧舍之而受禍。何忍死其母子乎。俾婦邀以歸。產一男子。疑命婦事之。如疑事景淳。踰月始辭去。不取其報。人用是多疑。名士大夫咸喜爲疑交。見疑者皆曰善士善士。疑讀書爲文亦可觀。嘗以儒舉。辭不就。然其行最著云。

太史氏曰。吾與疑往來。識其爲人。疑姁姁愿士。非有奇偉壯烈之姿也。而其所爲事。乃有古義勇風。是豈可以外貌決人才智哉。語曰。舉世混濁。淸士乃見。吾傷流俗之嗜利也。傳其事以勸焉。

秦士錄

鄧弼。字伯翊。秦人也。身長七尺。雙目有紫稜。開闔閃閃如電。能以力雄人。鄰牛方鬭不可擘。拳其脊。折仆地。市門石鼓。十人舁弗能舉。兩手持之行。然好使酒。怒視人。人見輒避。曰狂生不可近。近則必得奇辱。一日獨飲倡樓。蕭馮兩書生過其下。急牽入共飲。兩生素賤其人。力拒之。弼怒曰。君終不我從。必殺君。亡命走山澤耳。不能忍君苦也。兩生不得已從之。弼自據中筵。指左右揖兩生坐。呼酒歌嘯以爲樂。酒酣。解衣箕踞。拔刀置案上。鏗然鳴。兩生雅聞其酒狂。欲起走。弼止之曰。勿走也。弼亦粗知書。君何至相視如涕唾。今日非速君飲。欲少吐胸中不平氣耳。四庫書從君問。卽不能答。當血是刃。兩生曰。有是哉。遽摘七經數十義叩之。弼歷舉傳疏。不遺一言。復詢歷代史。上下三千年。纚纚不窮。弼笑曰。君等伏乎未也。兩生相顧慘沮。不敢再有問。弼索酒。被髮跳叫曰。我今日壓倒老生矣。古者學在養氣。今人一服儒衣。反奄奄欲絕。徒欲馳騁文墨。兒撫一世豪傑。此何可哉。此何可哉。君等休矣。兩生素負多才藝。聞弼言大愧。下樓足不得成步。歸詢其所與游。亦未嘗見其挾書讀也。泰定末。德王執法西御史臺。弼造書數千言袖謁之。閽卒不爲通。弼曰。若不知關中有鄧伯翊耶。連擊踣數人。聲聞於王。王令隸人捽入。欲鞭之。弼盛氣曰。公奈何不禮壯士。今天下雖號無事。東海島夷。尙未臣順。間者駕海艦互市於鄞。卽不滿所欲。出火刀斫柱殺傷我中國民。諸將軍控弦引矢。追至大洋。且戰且卻。其虧國體爲已甚。西南諸蠻。雖曰稱臣奉貢。乘黃屋左纛。稱制與中國等。尤志士所同憤。誠得如弼者一二輩。驅十萬橫磨劍伐之。則東西止日所出入。莫非王土矣。公奈何不禮壯士。庭中人聞之。皆縮頸吐舌。舌久不能收。王曰。爾自號壯士。解持矛鼓譟。前登堅城乎。曰能。百萬軍中可刺大將乎。曰能。突圍潰陣得保首領乎。曰能。王顧左右曰。姑試之。問所須。曰鐵鎧良馬各一。雌雄劍二。王卽命給與。陰戒善槊者五十人。馳馬出東門

古文治要卷一　　國學治要五

古文十七家

歸有光

明崑山人。字熙甫。少好學。恆閉戶誦讀。家人戲呼為女郎。屢試不第。徙居嘉定安亭江上。讀書授徒。稱為震川先生。晚成進士。授長興縣。用古教化為治。遷順德通判。大學士高拱雅知有光。引為南京太僕丞。留掌內閣制敕房。修世宗實錄。卒於官。年六十六。有光為古文。原本經術。深好太史公書。得其神理。尤善敘述鄉里家人間瑣事。聲情刻畫。無不畢肖。是時學者為文。羣師李何王李前後七子。盛言文宗秦漢。而摹擬剽竊。流弊滋多。有光獨與之抗。至斥王世貞為庸妄巨子。世貞初亦牴牾。有光既沒。世貞漸悟所學之非。故作有光像贊。至推為方軌韓歐。平心論之。有光固不敢當韓歐。然根柢醇厚。法度謹嚴。固不得不許為有明一大家也。有易經淵旨三吳水利錄諸子彙函震川文集文章指南。

言解

言惡乎宜。曰。宜於用。不宜於無用。言之接物。與喜怒哀樂均也。當乎所接之物。是言之道也。終日而談鬼。人謂之無用矣。以其不切於己也。終日而談道。人謂之有用矣。以其切於己也。夫以切於己而終日談之。而不當於所接之物。則與談鬼者何異。孔子曰。庸言之謹。非謂謹其所不可言。雖可言而謹耳。道之在人。若耳目口鼻。見之者不問。有之者不言。使人終日而言吾耳若何。吾目若何。吾口與鼻若何。則人以爲狂謬矣。實有耳目口鼻者不待言也。飢者言食而飽者不言。寒者言衣而暖者不言。昔者宰我子貢習聞夫子之教。而能爲彷彿近似之論。其言非不依於道。而當時擬之以爲言語之科。夫學者之學。舍德行而有言語之名。爲宰我子貢者。亦可恥矣。曾子曰唯。顏子如愚。二子不爲無實之言。而卒以至於聖人之道。孔子曰。予欲無言。聖人之重言也如是。聖人非以言爲重者也。四時行百物生。聖人之道也。

項思堯文集序

永嘉項思堯與余遇京師。出所爲詩文若干卷。使余序之。思堯懷奇未試。而志於古之文。其爲詩可傳誦也。蓋今世之所謂文者難言矣。未始爲古人之學。而苟得一二妄庸人爲之巨子。爭附和之。以詆排前人。韓文公云。李杜文章在。光燄萬丈長。不知羣兒愚。那用故謗傷。蚍蜉撼大樹。可笑不自量。文章至於宋元諸名家。其力足以追數千載之上。而與之頡頏。而世直以蚍蜉撼之。可悲也。毋乃一二妄庸人爲之巨子以倡導之與。思堯之文。固無俟於余言。顧今之爲思堯者少。而知思堯者尤少。余謂文章天地之元氣。得之者其氣直與天地同流。雖彼其權足以榮辱毀譽其人。而不能以與於吾文章之事。而爲文章者。亦不能自制其榮辱毀譽之權於己。兩者背戾而不一也久矣。故人知之過於吾所自知者。不能自得也。已知之過於人之所知。其爲自得也。方且追古人於數千載之上矣。太音之聲。何期於折楊皇華之一笑。吾與思堯言自得之道如此。思堯果以爲然。其造於古也必遠矣。

王母顧孺人六十壽序

王子敬欲壽其母。而乞言於予。予方有腹心之疾。辭不能。爲而諸友爲之請者數四。則問子敬之所欲言者。而子敬之言曰。吾先人生長太平。吾祖爲雲南布政使。吾外祖爲翰林爲御史。以文章政事並馳騁於一時。先人在綺紈之間。讀書之暇。飲酒博弈。甚樂也。已而吾母病瘘。蓐處者十有八年。先人就選。待次天官。卒於京邸。是時執禮生十年。諸姊妹四人。皆少。而吾弟執法方在娠。比先人返葬。執法始生。而吾母之疾亦瘳。自是撫抱諸孤。煢煢在疚。今二十年。少者以長。長者以壯。以嫁以娶。向之在娠者。今亦頎然成人矣。蓋執禮兄弟知讀書。不敢墮先世之訓。而執法以歲之正月。冠而受室。吾母適當六十誕辰。回思二十年前。如夢如寐。如痛之方定。如涉大海。茫洋浩蕩。顛頓洪波巨浪之中。篙櫓俱失。舟人束手。相向號呼。及夫風恬浪息。放舟徐行。遵乎洲渚。舉酒相酬。此吾母今日得以少安。而執禮兄弟所以自幸者也。噫。子敬之言如是。諸友之所以賀。與予之所言。亦無出於此矣。恩斯勤斯。鬻子之閔斯。子敬兄弟其念之哉。

莊氏二子字說

莊氏有二子。其伯曰文美。予字之曰德實。其仲曰文華。予字之曰德誠。且告之曰。文太美則飾。太華則浮。浮飾相與。敝之極也。今之時則然矣。夫智而用私。不如愚而用公。巧不如拙。辨不如訥。富不如貧。貴不如賤。欲文之美。莫若德之實。欲文之華。莫若德之誠。以文爲文。莫若以質爲文。質之所爲。生文者無盡也。一日節縮。十日而贏。衣不鮮好。可以常服。食不甘珍。可以常餐。故曰賁無色也。賁爲無色。非無色而後賁也。吳在東南隅。古之僻壤。泰伯仲雍之至也。予始怪之。而後知聖人之用心也。彼以聖賢之德。神明之胄。目覩中原文物之盛。睎而弗施。乃和於俗。若入裸國而顧解其衣。以其民含樸而不可以漓之也。洎通上國。始失其故。奔潰放逸。莫之能止。文愈勝。僞愈滋。俗愈漓矣。聞之長老言。洪武間。民不粱肉。閭閻無文采。女至笄而不飾。市不居異貨。宴客者不兼味。室無高垣。茅舍鄰比。强不暴弱。不及二百年。其存者有幾也。予少之時。所聞所見。今又不知其幾變也。大抵始於城市。而後及於郊外。始於衣冠之家。而後及於城市人之有欲。何所底止。相誇相勝。莫知其已。負販之徒。道而遇華衣者。則目睨視。嘖嘖歎不已。東鄰之子食美食。西鄰之子從其母而啼。婚姻聘好。酒食宴召。送往迎來。不問家之有無。曰吾懼爲人笑也。文之敝至於是乎。非獨吾吳。天下猶是也。莊氏居吾里中。獨以樸素自好。務本力業。供役於縣。爲王家良民。德實自樹。立門戶而德誠贊。王氏皆以敦厚爲人所信愛。此殆流風末俗所浸灌而未及者。其可不深自愛惜。以即其所謂實。而勿事於飾。求其所謂誠。而勿事於浮。禮失而求之野。吾猶有望也。

陶節婦傳

陶節婦。方氏。崑山人。陶子舸之妻。歸陶氏。期年而子舸死。婦悲哀。欲自經。或責以姑在。因俛默久之。遂不復言死。而事姑日謹。姑亦寡居。同處一室。夜則同衾而寢。姑婦相憐甚。然欲死其夫。不能一日忘也。爲子舸卜葬地。名清水灣。術者言其不利。婦曰。清水名美。何爲不可以葬。時夫弟之西山買石。議獨爲子舸穴。婦卽自買磚穴其旁。已而姑病痢六十餘日。晝夜不去側。時尙秋暑。穢不可聞。常取中裙廁牏自浣洒之。家人有顧而吐。婦曰。果臭耶。吾日在側。誠不自覺。然聞病人溺臭可得生。因自喜。及姑病日殆。度不可起。先悲哀不食者五日。姑死含殮畢。先是子舸兄弟三人。仲弟子舫亦前死。尙有少弟。於是諸婦在喪次。子舫妻言。姑亡後。不知所以爲身計。婦曰。吾與若易處耳。獨小嬸共叔主祭。持陶氏門戶。歲月遙遙。不可知。此可念也。因相向悲泣。頃之。入室。屑金和水服之。不死。欲投井。井口隘不能下。夜二鼓。呼小婢隨行。至舍西。紿婢還。自投水。水淺。乍沈乍浮。月明中。婢從草間望見之。旣死。家人得其屍。以面沒水。色如生。兩手持茭根。固甚不可解也。婦年十八。嫁子舸。十九喪夫。事姑九年。而與其姑同日死。卒葬之清水灣。在縣南千墩浦上。

贊曰。婦以從夫爲義。假令節婦遂隨子舸死。而世尤將賢之。獨濡忍以俟其母之終。其誠孝。概之於古人。何愧哉。初婦父玉岡爲蘄水令。將之官。時子舸已病。卜嫁之大吉。遂歸焉。人特以婦爲不幸。卒其所成。爲門戶之光。豈非所謂吉祥者耶。

歸氏二孝子傳

歸氏二孝子。余既列之家乘矣。以其行之卓而身微賤。獨其宗親鄉里知之。於是思以廣其傳焉。孝子諱鉞。字汝威。早喪母。父更娶後妻。生子。孝子由是失愛。父提孝子。輒索大杖與之。曰。毋徒手傷乃力也。家貧。食不足以贍。炊將熟。即譏誶罪過孝子。父大怒。逐之。於是母子得以飽食。孝子數困。匍匐道中。比歸。父母相與言曰。有子不居家。在外作賊耳。又復杖之。屢瀕於死。方孝子依依戶外。欲入不敢。俯首竊淚下。鄰里莫不憐也。父卒。母獨與其子居。孝子擯不見。因販鹽市中。時私其弟。問母飲食。致甘鮮焉。正德庚午大饑。母不能自活。孝子往涕泣奉迎。母內自慚。終感孝子誠懇。從之。孝子得食。先母弟而已有饑色。弟尋死。終身怡然。孝子少饑餓。面黃而體瘠小。族人呼爲菜大人。嘉靖壬辰。孝子鉞無疾而卒。孝子既老且死。終不言其後母事也。繡字華伯。孝子之族子。亦販鹽以養母。已又坐市舍中賣麻。與弟紋緯友愛無間。緯以事坐繫。華伯力爲營救。緯又不自檢。犯者數四。華伯所轉賣者。計常終歲無他故。才給蔬食。一經吏卒過門。輒耗。終始無慍容。華伯妻朱氏。每製衣必三襲。令兄弟均平。曰。二叔無室。豈可使君獨被完潔耶。叔某亡妻有遺子。撫愛之如己出。然華伯人見之以爲市人也。

贊曰。二孝子出沒市販之間。平生不識詩書。而能以純懿之行自飭於無人之地。遭罹屯變。無恆產以自潤。而不困折。斯亦難矣。華伯夫婦如鼓瑟。汝威卒變頑嚚。考其終。皆有以自達。由是言之。士之獨行而憂寡和者。視此可愧也。

先妣事略

先妣周孺人。弘治元年二月十一日生。年十六來歸。踰年生女淑靜。淑靜者。大姊也。期而生有光。又期而生女子。殤一人。期而不育者一人。又踰年生有尚。妊十二月。踰年生淑順。一歲又生有功。有功之生也。孺人比乳他子加健。然數顰蹙顧諸婢曰。吾爲多子苦。老嫗以杯水盛二螺進。曰。飲此後妊不數矣。孺人舉之盡。喑不能言。正德八年五月二十三日孺人卒。諸兒見家人泣。則隨之泣。然猶以爲母寢也。傷哉。於是家人延畫工畫出二子。命之曰。鼻以上畫有光。鼻以下畫大姊。以二子肖母也。孺人諱桂。外曾祖諱明。外祖諱行。太學生。母何氏。世居吳家橋。去縣城東南三十里。由千墩浦而南。直橋並小港以東。居人環聚。盡周氏也。外祖與其三兄皆以貲雄。敦尚簡實。與人姁姁說村中語。見子弟甥姪無不愛。孺人之吳家橋則治木綿。入城則緝纑。燈火熒熒。每至夜分。外祖不二日使人問遺。孺人不憂米鹽。乃勞苦若不謀夕。冬月爐火炭屑。使婢子爲團。累累暴階下。室靡棄物。家無閒人。兒女大者攀衣。小者乳抱。手中紉綴不輟。戶內灑然。遇僮僕有恩。雖至箠楚。皆不忍有後言。吳家橋歲致魚蟹餅餌。率人人得食。家中人聞吳家橋人至。皆喜。有光七歲。與從兄有嘉入學。每陰風細雨。從兄輒留。有光意戀戀不得留也。孺人中夜覺寢。促有光暗誦孝經。卽熟讀無一字齟齬。乃喜。孺人卒。母何孺人亦卒。周氏家有羊狗之痾。舅母卒。四姨歸顧氏又卒。死三十人而定。惟外祖與二舅存。孺人死十一年。大姊歸王三接。孺人所許聘者也。十二年。有光補學官弟子。十六年而有婦。孺人所聘者也。期而抱女。撫愛之。益念孺人。中夜與其婦泣。追惟一二。彷彿如昨。餘則茫然矣。世乃有無母之人。天乎痛哉。

家譜記

有光七八歲時。見長老。輒牽衣問先世故事。蓋緣幼年失母。居常不自釋。於死者恐不得知。於生者恐不得事。實創巨而痛深也。歸氏至於有光之生。而日益衰。源遠而末分。口多而心異。自吾祖及諸父而外。貪鄙詐戾者。往往雜出於其間。率百人而聚。無一人知學者。率十人而學。無一人知禮義者。貧窮而不知恤。頑鈍而不知教。死不相弔。喜不相慶。入門而私其妻子。出門而誑其父兄。冥冥汶汶。將入於禽獸。平時呼招友朋。或費千錢。而歲時薦祭。輒計秒忽。俎豆壺觴。鮮或靜嘉。諸子諸婦。班行少綴。乃有以戒賓之故。而改將事之期。出庖下之餕以易新薦之品者。而歸氏幾於不祀矣。小子顧瞻廬舍。閱歸氏之故籍。慨然太息。流涕曰。嗟乎。此獨非素節翁之後乎。而何以至於斯。父母兄弟。吾身也。祖宗父母之本也。族人兄弟之分也。不可以不思也。思則饑寒而相娛。不思則富貴而相攘。思則萬葉而同室。不思則同母而化爲胡越。思不思之間而已矣。人之生也。方其少。兄弟呱呱懷中。飽而相嬉。不知有彼我也。長而有室。則其情已不類矣。比其有子也。則兄弟之相視。已如從兄弟之相視矣。方是時惟恐夫去之不速。而孰念夫合之之難。此天下之勢所以日趨於離也。吾愛其子而離其兄吾之子亦各念其子。則相離之害。遂及於吾子。可謂能愛其子耶。有光每侍家君歲時從諸父兄弟執觴上壽。見祖父皤然白髮。竊自念吾諸父昆弟。其始一祖父而已。今每不能相同。未嘗不深自傷悼也。然天下之事。壞之者自一人始。成之者亦自一人始。仁孝之君子能以身率天下之人。而況於骨肉之間乎。古人所以立宗子者。以仁孝之道責之也。宗法廢而天下無世家。無世家而孝友之意衰。風俗之薄日甚。有以也。有光學聖人之道。通於六經之大指。雖居窮守約。不錄於有司。而竊觀天下之治亂。生民之利病。每有隱憂於心。而視其骨肉舉目動心。將求所以合族者。而始於譜。故吾欲作爲歸氏之譜。而非徒譜也。求所以爲譜者也。

滄浪亭記

浮圖文瑛。居大雲庵。庵環水。卽蘇子美滄浪亭之地也。亟求予作滄浪亭記。曰。昔子美之記。記亭之勝也。請子記吾所以爲亭者。予曰。昔吳越有國時。廣陵王鎭吳中。治南園於子城之西南。其外戚孫承佑亦治園於其偏。迨淮海納土。此園不廢。蘇子美始建滄浪亭。最後禪者居之。此滄浪亭爲大雲庵也。有庵以來二百年。文瑛尋古遺事。復子美之構於荒殘滅沒之餘。此大雲庵爲滄浪亭也。夫古今之變。朝市改易。嘗登姑蘇之臺。望五湖之渺茫。羣山之蒼翠。太伯虞仲之所建。闔閭夫差之所爭。子胥種蠡之所經營。今皆無有矣。庵與亭何爲者哉。雖然。錢鏐因亂攘竊。保有吳越。國富兵强。垂及四世。諸子姻戚。乘時奢僭。宮館苑囿。極一時之盛。而子美之亭。乃爲釋子所欽重如此。可以見士之欲垂名於千載之後。不與其澌然而俱盡者。則有在矣。文瑛讀書喜詩。與吾徒遊。呼之爲滄浪僧云。

項脊軒記

項脊軒。舊南閣子也。室僅方丈。可容一人居。百年老屋。塵泥滲漉。雨澤下注。每移案。顧視。無可置者。又北向。不能得日。日過午已昏。余稍爲修葺。使不上漏。前闢四窗。垣牆周庭。以當南日。日影反照。室始洞然。又雜植蘭桂竹木於庭。舊時欄楯。亦遂增勝。借書滿架。偃仰嘯歌。冥然兀坐。萬籟有聲。而庭階寂寂。小鳥時來啄食。人至不去。三五之夜。明月半牆。桂影斑駁。風移影動。珊珊可愛。然余居於此。多可喜。亦多可悲。先是。庭中通南北爲一。迨諸父異爨。內外多置小門。牆往往而是。東犬西吠。客踰庖而宴。雞棲於廳。庭中始爲籬。已爲牆。凡再變矣。家有老嫗。嘗居於此。嫗。先大母婢也。乳二世。先妣撫之甚厚。室西連於中閨。先妣嘗一至。嫗每謂余曰。某所而母立於茲。嫗又曰。汝姊在吾懷。呱呱而泣。娘以指扣門扉曰。兒寒乎。欲食乎。吾從板外相爲應答。語未畢。余泣。嫗亦泣。余自束髮讀書軒中。一日。大母過余曰。吾兒。久不見若影。何竟日默默在此。大類女郎也。比去。以手闔門。自語曰。吾家讀書久不效。兒之成。則可待乎。頃之。持一象笏至。曰。此吾祖太常公宣德間執此以朝。他日汝當用之。瞻顧遺跡。如在昨日。令人長號不自禁。軒東故嘗爲廚。人往。從軒前過。余扃牖而居。久之。能以足音辨人。軒凡四遭火。得不焚。殆有神護者。項脊生曰。蜀清守丹穴。利甲天下。其後秦皇帝築女懷清臺。劉玄德與曹操爭天下。諸葛孔明起隴中。方二人之昧昧於一隅也。世何足以知之。余區區處敗屋中。方揚眉瞬目。謂有奇景。人知之者。其謂與埳井之蛙何異。余既爲此志。後五年。吾妻來歸。時至軒中。從吾問古事。或憑几學書。吾妻歸寧。述諸小妹語曰。聞姊家有閤子。且何謂閤子也。其後六年。吾妻死。室壞不修。其後二年。余久臥病無聊。乃使人復葺南閤子。其制稍異於前。然自後余多在外。不常居。庭有枇杷樹。吾妻死之年所手植也。今已亭亭如蓋矣。

古文治要卷一

古文十七家

姚鼐　清桐城人。字姬傳。一字夢穀。乾隆進士。散館授主事。遷郎中。告歸。主講鍾山書院。卒年八十五。鼐性恬淡。不慕榮利。其論學主集義理考據詞章三者之長。不爲漢宋門戶所拘。桐城自方苞劉大櫆創爲古文。（苞論文之要曰。自南宋以來。古文義法不解久矣。吳越間遺老尤放恣。無一雅潔者。古文不可入語錄中語。魏晉人藻麗俳語。漢賦中板重字法。詩歌中雋語。南北史佻巧語云云）而鼐繼之。推闡閫奧。開闢戶牖。天下翕然推爲正宗。嘗輯古文辭類纂一書。以明義法。門人傳其學者。有梅曾亮管同姚椿劉開方東樹。皆有名當世。世因稱其文爲桐城派。同時又有所謂陽湖派者。則以惲敬張惠言爲首。然考張氏贈其同邑友人錢伯坰文。自述其學爲古文。乃出於錢之稱誦其師劉大櫆說。而後有得。是知陽湖一名。固亦桐城之支流與裔耳。何異同之有哉。所著有九經說。三傳補註。惜抱軒全集。

莊子章義序

漢藝文志莊子五十二篇。陸德明音義載晉宋注莊子者七家。惟司馬彪孟氏載其全書。其餘惟內七篇皆同。外篇雜篇各以意爲去取。自唐宋以後。諸家之本盡亡。今惟有郭象注本。凡三十三篇。其十九篇經象刪去不可見矣。昔孔子以詩書六藝教弟子。而性與天道不可得聞。其得聞者。必弟子之尤賢也。然而道術之分。蓋自是始。夫子游之徒。述夫子語子游。謂人爲天地之心。五行之端。聖人制禮以達天道。順人情。其意善矣。然而遂以三代之治爲大道既隱之事也。子夏之徒。述夫子語子夏者。以君子必達於禮樂之原。禮樂原於中之不容已。而志氣塞乎天地。其言禮樂之本亦至矣。然林放問禮之本。夫子告以寧儉寧戚而已。聖人非不欲以禮之出於自然者示人。而懼其知和而不以禮節也。由是言之。子游子夏之徒所述者。未嘗無聖人之道存焉。而附益之不勝其弊也。夫言之弊。其始固存乎七十子。而其末遂極乎莊周之倫也。莊子之書。言明於本數。及知禮意者。固卽所謂達禮樂之原。而配神明。醇天地。與造化爲人。亦志氣塞乎天地之旨。韓退之謂莊周之學出於子夏。殆其然歟。周承孔氏之末流。乃有所窺見於道。而不聞中庸之義。不知所以裁之。遂恣其猖狂而無所極。豈非知者過之之爲害乎。其末天下一篇。爲其後序。所云其在詩書禮樂者。鄒魯之士搢紳先生多能明之。意謂是道之末焉爾。若道之本。則有不離於宗。謂之天人者。周蓋以天人自處。故曰上與造物者游。而序之居至人聖人之上。其辭若是之不遜也。而蘇子瞻王介甫乃謂其推尊聖人。自居於不該不偏一曲之士。其於莊生抑何遠哉。若郭象之注。昔人推爲特會莊生之旨。余觀之特正始以來所謂清言耳。於周之意十失其四五。夫莊子五十二篇。固有後人雜入之語。今本經象所刪。猶有雜入。其辭義可決其必非莊生所爲者。然則其十九篇。恐亦有眞莊生之書而爲象去之矣。余惜莊生之旨爲說者所晦。乃稍論之爲章義。凡若干卷。

述菴文鈔序

余嘗論學問之事有三端焉。曰義理也。考證也。文章也。是三者苟善用之則皆足以相濟。苟不善用之則或至於相害。今夫博學強識而善言德行者固文之貴也。寡聞而淺識者固文之陋也。然而世有言義理之過者。其辭蕪雜俚近。如語錄而不文。爲考證之過者。至繁碎繳繞而語不可了。當以爲文之至美。而反以爲病者何哉。其故由於自喜之太過而智昧於所當擇也。夫天之生才雖美。不能無偏。故以能兼長者爲貴。而兼之中又有害焉。豈非能盡其天之所與之量。而不以才自蔽者之難得與。淸浦王蘭泉先生其才天與之三者皆具之才也。先生爲文有唐宋大家之高韻逸氣。而議論攷覈甚辨而不煩。極博而不蕪。精到而意不至於竭盡。此善用其天與以能兼之才。而不以自喜之過而害其美者矣。先生歷官多從戎旅。馳驅梁益周覽萬里。助成國家定絕域之奇功。因取異見駭聞之事與境。以發其瓌瑋之辭。爲古文人所未有。世以此謂天之助成先生之文章者。若獨異於人。吾謂此不足爲先生異。而先生能自盡其才。以善承天與者之爲異也。鼐少於京師識先生。時先生亦年才三十。而鼐心獨貴其才。及先生仕至正卿。老歸海上。自定其文曰述菴文鈔四十卷。見寄於金陵。

發而讀之。自謂麤能知先生用意之深。恐天下學者讀先生集。第歎服其美。而或不明其所以美。是不可自隱其愚陋之識。而不爲天下明告之也。若夫先生之詩集及他著述。其體雖不必盡同於古文。而一以余此言求之。亦皆可得其美之大者云。

古文辭類纂序

鼐少聞古文法於伯父薑塢先生及同鄉劉才甫先生。少究其義。未之深學也。其後游宦數十年。益不得暇。獨以幼所聞者。寘之胸臆而已。乾隆四十年。以疾請歸。伯父前卒。不得見矣。劉先生年八十。猶善談說。見則必論古文。後又二年。余來揚州。少年或從問古文法。夫文無所謂古今也。惟其當而已。得其當。則六經至於今日。其爲道也一。知其所以當。則於古雖遠。而於今取法。如衣食之不可釋。不知其所以當。而敝棄於時。則存一家之言。以資來者。容有俟焉。於是以所聞習者。編次論說爲古文辭類纂。其類十三。曰論辨類。序跋類。奏議類。書說類。贈序類。詔令類。傳狀類。碑誌類。雜記類。箴銘類。頌贊類。辭賦類。哀祭類。一類內而爲用不同者。別之爲上下編云。

論辨類者。蓋原於古之諸子。各以所學著書詔後世。孔孟之道與文。至矣。自老莊以降。道有是非。文有工拙。以悉以子家不錄。錄自賈生始。蓋退之著論。取於六經孟子。子厚取於韓非賈生。明允雜以蘇張之流。子瞻兼及於莊子。學之至善者。神合焉。善而不至者。貌存焉。惜乎子厚之才。可以爲其至。而不及至者。年爲之也。

序跋類者。昔前聖作易。孔子爲作繫辭說卦文言序卦雜卦之傳。以推論本原。廣大其義。詩書皆有序。而儀禮篇後有記。皆儒者所爲。其餘諸子。或自序其意。或弟子作之。莊子天下篇。荀子末篇。皆是也。余撰次古文辭。不載史傳。以不可勝錄也。惟載太史公歐陽永叔表志序論數首。序之最工者也。向歆奏校書。各有序。世不盡傳。傳者或僞。今存子政戰國策序一篇。著其概。其後目錄之序。子固獨優已。

奏議類者。蓋唐虞三代聖賢陳說其君之辭。尚書具之矣。周衰。列國臣子爲國謀者。誼忠而辭美。皆本謨誥之遺。學者多誦之。其載春秋內外傳者不錄。錄自戰國以下。漢以來有表奏疏議上書封事之異名。其實一類。惟對策雖亦臣下告君之辭。而其體少別。故寘之下編。兩蘇應制舉時所進時務策。又以附對策之後。

書說類者。昔周公之告召公。有君奭之篇。春秋之世。列國士大夫或面相告語。或爲書相遺。其義一也。戰國說士。說其時主。當委質爲臣。則入之奏議。其已去國。或說異國之君。則入此編。

贈序類者。老子曰。君子贈人以言。顏淵子路之相違。則以言相贈處。梁王觴諸侯於范臺。魯君擇言而進。所以致敬愛。陳忠告之誼也。唐初贈人。始以序名。作者亦衆。至於昌黎。乃得古人之意。其文冠絕前後作者。蘇明允之考名序。故蘇氏諱序。或曰引。或曰說。今悉依其體。編之於此。

詔令類者。原於尙書之誓誥。周之衰也。文誥猶存。昭王制。肅強侯。所以悅人心而勝於三軍之衆。猶有賴焉。秦最無道。而辭則偉。漢之文景。意與辭俱美矣。後世無以逮之。光武以降。人主雖有善意。而辭氣何其衰薄也。檄令皆諭下之辭。韓退之鱷魚文。檄令類也。故悉附之。

傳狀類者。雖原於史氏。而義不同。劉先生云。古之爲達官名人傳者。史官職之。文士作傳。凡爲圬者種樹之流而已。其人既稍顯。卽不當爲之傳。爲之行狀。上史氏而已。余謂先生之言是也。雖然。古之國史立傳。不甚拘品位。所紀事猶詳。又實錄書人臣卒。必撮序其平生賢否。今實錄不紀臣下之事。史館凡仕非賜謚及死事者。不得爲傳。乾隆四十年。定一品官乃賜謚。然則史之傳者。亦無幾矣。余錄古傳狀之文。並紀茲義。使後之文士得擇之。昌黎毛穎傳嬉戲之文。其體傳也。故亦附焉。

碑誌類者。其體本於詩。歌頌功德。其用施於金石。周之時有石鼓刻文。秦刻石於巡狩所經過。漢人作碑文。又加以序。序之體。蓋秦刻琅邪具之矣。茅順甫譏韓文公碑序異史遷。此非知言。金石之文。自與史家異體。如文公作文。豈必以效司馬氏爲工耶。誌者識也。或立石墓上。或埋之壙中。古人皆曰誌。爲之銘者。所以識之之辭也。然恐人觀之不詳。故又爲序。世或以石立墓上曰碑曰表。埋乃曰誌。及分誌銘二之。獨呼前序曰誌者。皆失其義。蓋自歐陽公不能辨矣。墓誌文錄者尤多。今別爲下編。

雜記類者。亦碑文之屬。碑主於稱頌功德。記則所紀大小事殊。取義各異。故有作序與銘詩全用碑文體者。又有爲紀事而不以刻石者。柳子厚紀事小文。或謂之序。然實記之類也。

箴銘類者。三代以來有其體矣。聖賢所以自戒警之義。其辭尤質而意尤深。若張子作西銘。豈獨其意之美耶。其文固未易幾也。

贊頌類者。亦詩頌之流。而不必施之金石者也。

辭賦類者。風雅之變體也。楚人最工爲之。蓋非獨屈子而已。余嘗謂漁父及楚人以弋說襄王宋玉對王問遺行。皆設辭無事實。皆辭賦類耳。太史公劉子政不辨。而以事載之。蓋非是。辭賦固當有韻。然古人亦有無韻者。以義在託諷。亦謂之賦耳。漢世校書有辭賦略。其所列者甚當。昭明太子文選分體碎雜。其立名多可笑者。後之編集者。或不知其陋而仍之。余今編辭賦一以漢略爲法。古文不取六朝人。惡其靡也。獨辭賦則晉宋人猶有古人韻格存焉。惟齊梁以下。則辭益俳而氣益卑。故不錄耳。

哀祭類者。詩有頌。風有黃鳥二子乘舟。皆其原也。楚人之辭至工。後世惟退之介甫而已。

凡文之體類十三。而所以爲文者八。曰神理氣味格律聲色。神理氣味者。文之精也。格律聲色者。文之粗也。然苟舍其粗。則精者亦胡以寓焉。學者之於古人。必始而遇其粗。中而遇其精。終則御其精者。而遺其粗者。文士之效法古人。莫善於退之。盡變古人之形貌。雖有摹擬。不可得而尋其跡也。其他雖工於學古而跡不能忘。揚子雲柳子厚於斯蓋尤甚焉。以其形貌之過於似古人也。而遽擯之。謂不足與於文章之事。則過矣。然遂謂非學者之一病則不可也。乾隆四十四年秋七月。

附錄一　王先謙續古文辭類纂序

自桐城方望溪氏以古文專家之學。主張後進。海峯承之。遺風遂衍。姚惜抱稟其師傳。覃心冥追。益以所自得。推究閫奧。開設戶牖。天下翕然。號爲正宗。承學之士如蓬從風。如川赴壑。尋聲企景。項領相望。百餘年來。轉相傳述。徧於東南。由其道而名於文苑者。以數十計。嗚呼何其盛也。自聖清宰世。用正學風厲薄海。耆碩輩出。講明心性。恢張義理。厥後鴻生鉅儒。湛志浩博。鉤研訓詁。繁引曲證。立漢學之名。詆斥宋儒言義理者。惜抱自守孤芳。以義理考據詞章三者不可一闕。義理爲幹。而後文有所附。考據有所歸。故其爲文源流兼賅。粹然一出於醇雅。當時相授受者。特其門弟子數輩。然卒流風餘韻。沾被百年。成就遠大。逐末者不閎。而知道者常勝。詎不信與。道光末造。士多高語周秦漢魏。薄清淡簡樸之文爲不足爲。梅郎中曾文正之倫。相與修道立教。惜抱遺緒。賴以不墜。逮粵寇肇亂。禍延海宇文物蕩盡。人士流徙。展轉至今。困猶未蘇。京師首善之區。人文之所萃集。求如昔日梅曾諸老。聲氣冥合。簫管翕鳴。邈然不可復得。而況山陬海澨。弇陋寡儔。有志之士。生於其間。誰與祓濯而振起之乎。觀於學術盛衰升降之源。豈非有心世道君子責也。惜抱古文辭類纂。開示準的。賴此編存。學者猶知遵守。余輒師其意。推求義法淵源。采自乾隆迄咸豐間。得三十八人。論其得失。區別義類。竊附於姚氏之書。亦當世著作之林也。後有君子。以覽觀焉。

附錄二一　黎庶昌續古文辭類纂序

右文四百四十九篇。總二十八卷。分上中下三編。皆以補姚氏姬傳古文辭類纂所未備也。上編經子。姚氏纂文之例。首斷自國策。不復上及六經。以云尊經。然觀其目次。每類必溯源經子之所自來。雖不錄。猶錄也。今次為三卷。曰論辨。曰序跋。曰奏議。曰書說。曰詔令。曰傳狀。曰雜記。曰箴銘。曰頌贊。曰辭賦。曰哀祭。其為類十有一。左氏敘事之文。自為一體。姚纂無類可傳。則取曾文正公經史百家雜鈔之目以入之。錄敘記為一卷。又別增典志一卷。典志亦雜鈔之目也。中編曰史。姚氏纂文不錄史傳。其說以為史多不可勝錄。然推此義法類求之。馬班而降。可讀之史。蓋少。今錄史記紀傳世家為五卷。漢書紀傳為四卷。序跋奏議書說詔令辭賦哀祭。姚纂所遺而尚有可甄採者為一卷。三國志五代史其書最爲馴雅有法。漢以後史之良也。取一二類著焉。通鑑法左氏。敘事體也。史之八書。漢之十志。皆典章國故。與周禮儀禮全經同錄。敘記爲一卷。典志爲一卷。下編方劉前後之文。文無所謂古今。要趨於當。姚氏之論卓矣。而譔次方劉文。或爲世儒所非。此乃劉文之不足以饜人意。姚氏無可議也。今依此例傅益之。使究一代之變。其爲類十有三。曰論辨。曰序跋。曰奏議。曰書說。曰贈序。曰傳狀。曰碑志。曰雜記。曰箴銘。曰頌贊。曰辭賦。曰哀祭。曰敘記。次爲十卷。無者姑闕焉。古文辭粗備於是矣。文章之道。莫大乎與天下爲公。而非可用一人一家之私議。自劉向父子總七略。梁昭明太子集文選。而後先古文章始有所歸。宋歐陽氏表章韓愈。明茅順甫錄八家。而後斯文之傳。若有所屬。姚先生興於千載之後。獨持灼見。總括羣言。一一衡量其高下。銖黍之得。毫釐之失。皆辨析之。醇駁較然。由是古今之文章。謬悠殽亂。莫能折衷。一是者。得姚先生而悉歸論定。卽其所自造述。亦浸淫近復於古。然百餘年來。流風相師。傳嬗賡續。沿流而莫之止。遂有文敝道喪之患。至湘鄉曾文正公出。擴姚氏而大之。並功德言爲一塗。挈攬衆長。轢歸掩方。跨越百氏。將遂席兩漢而還之三代。使司馬遷班固韓愈歐陽修之文。絕而復續。豈非所謂豪傑之士大雅不羣者哉。蓋自歐陽氏以來。一人而已。余今所論纂其品藻次第。一以習聞諸曾氏者。述而錄之。曾氏之學。蓋出於桐城。固知其與姚先生之旨合。而非廣己於不可畔岸也。循姚氏之說屛棄六朝駢麗之習。以求所謂神理氣味格律聲色者。法愈嚴而體愈尊。循曾氏之說。將盡取儒者之多識格物博辨訓詁一內諸雄奇萬變之中。以矯桐城末流虛車之飾。其道相資無可偏廢。故旣敍述略例。亦明夫不敢封己抱殘守一先生家言。暖暖姝姝而私自悅以足也。然遂欲執塗之人而强同。則是又大惑已。按茅鹿門八家之說。世皆以爲定。自朱右不知吳文正草廬序王文公集巳言之。眉山祇數二蘇氏。僅得七人。子由尙不與也。

復蔣松如書

久處閭里。不獲與海內賢士相見。耳目爲之聵霿。冬間舍姪浣江寄至先生大作數篇。展而讀之。若麒麟鳳凰之驟接於目。欣忭不能自已。聊識其意於行間。顧猶恐頌歎盛美之有弗盡。而其頗有所引繩者。將懼得罪於高明而被庸妄專輒之罪也。乃旋獲惠賜手書。引義甚謙。而反以愚見所論爲喜。於是鼐益俯而自慚。而又以知君子之衷虛懷善誘樂取人善之至於斯也。鼐與先生雖未及相見。而蒙知愛之誼如此。得不附於左右而自謂草木臭味之不遠者乎。心乎愛矣。何不謂矣。尙有所欲陳說於前者。願卒盡其愚焉。自秦漢以來。諸儒說經者多矣。其合與離。固非一途。逮宋程朱出。實於古人精深之旨。所得爲多。而其審求文辭往復之情。亦更爲曲當。非如古儒者之拙滯而不協於情也。而其生平修己立德。又實足以踐行其所言。而爲後世之所嚮慕。故元明以來。皆以其學取士。利祿之途一開。爲其學者以爲進趨富貴而已。其言有失。猶奉而不敢稍違之。其得亦不知其所以爲得也。斯固數百年以來學者之陋習也。然今世學者。乃思一切矯之。以專宗漢學爲至。以攻駁程朱爲能。倡於一二專己好名之人。而相率而效者。因大爲學術之害。夫漢人之爲言。非無有善於宋而當從者也。然苟大小之不分。精麤之弗別。是則今之爲學者之陋。且有甚於往者。爲時文之士守一先生之說。而失於隘者矣。博聞強識。以助宋君子之所遺則可也。以將跨越宋君子則不可也。鼐往昔在都中。與戴東原輩往復。嘗論此事。作送錢獻之序。發明此旨。非不自度其力小而孤。而義不可以默焉耳。先生胸中。似猶有漢學之意存焉。而未能豁然決去之者。故復爲極論之。木鐸之義。蘇氏說。集注固取之矣。然不以爲正解者。以其對何患於喪。意少遠也。至盆成見殺之。集注義甚精當。先生曷爲駁之哉。朱子說誠亦有誤者。而此條恐未誤也。望更思之。鼐於蓉菴先生爲後輩。相去甚遠。於穎州乃同年耳。先生謂穎州曰兄。固於鼐同一輩行。而過於謙。非所宜也。客中惟保重。時賜教言爲冀。愚陋率達臆見。幸終宥之。

復魯絜非書

桐城姚鼐頓首。絜非先生足下。相知恨少。晚遇先生。接其人。知爲君子矣。讀其文。非君子不能也。往與程魚門周書昌嘗論古今才士。惟爲古文者最少。苟爲之。必傑士也。況爲之專且善如先生乎。辱書引義謙而見推過當。非所敢任。鼐自幼迄衰。獲侍賢人長者爲師友。剽取見聞。加臆度爲說。非眞知文能爲文也。奚辱命之哉。蓋虛懷樂取者。君子之心。而誦所得以正於君子。亦鄙陋之志也。鼐聞天地之道。陰陽剛柔而已。文者天地之精英。而陰陽剛柔之發也。惟聖人之言。統二氣之會而弗偏。然而易詩書論語所載。亦間有可以剛柔分矣。值其時其人告語之體。各有宜也。自諸子而降。其爲文無弗有偏者。其得於陽與剛之美者。則其文如霆。如電。如長風之出谷。如崇山峻崖。如決大川。如奔騏驥。其光也。如杲日。如火。如金鏐鐵。其於人也。如憑高視遠。如君而朝萬衆。如鼓萬勇士而戰之。其得於陰與柔之美者。則其文如升初日。如清風。如雲。如霞。如煙。如幽林曲澗。如淪。如漾。如珠玉之輝。如鴻鵠之鳴而入寥廓。其於人也。漻乎其如歎。邈乎其如有思。暎乎其如喜。愀乎其如悲。觀其文。諷其音。則爲文者之性情形狀。舉以殊焉。且夫陰陽剛柔。其本二端。造物者糅而氣有多寡進絀。則品次億萬。以至於不可窮。萬物生焉。故曰一陰一陽之爲道。夫文之多變。亦若是也。糅而偏勝可也。偏勝之極。一有一絕無。與夫剛不足爲剛。柔不足爲柔者。皆不可以言文。今夫野人孺子聞樂。以爲聲歌絃管之會爾。苟善樂者聞之。則五音十二律。必有一當。接於耳而分矣。夫論文者。豈異於是乎。宋朝歐陽曾公之文。其才皆偏於柔之美者也。歐公能取異己者之長。而時濟之。曾公能避所短而不犯。觀先生之文。殆近於二公焉。抑人之學文。其功力所能至者。陳理義必明當。布置取舍。繁簡廉肉不失法。吐辭雅馴不蕪而已。古今至此者。蓋不數數得。

然尙非文之至文之至者。通乎神明。人力不及施也。先生以爲然乎。惠寄之文。刻本固當見與。鈔本謹封還。然鈔本不能勝刻者。諸體以書疏贈序爲上。記事之文次之。論辨又次之。鼒亦竊識數語於其間。未必當也。梅崖集果有逾人處。恨不識其人耳。郞君令甥皆美才。未易量。聽所好。恣爲之。勿拘其途可也。於所寄文輒妄評說。勿罪勿罪。秋暑惟體中安否。千萬自愛。七月朔日。

復魯賓之書

某頓首。賓之世兄足下。遠承賜書及雜文數首。義卓而詞美。今世文士何易得見若此者。某之讇陋。無以上益高明。求馬唐肆而責施於懸磬之室。豈不媿甚哉。顧荷垂問。宜略報以所聞。易曰。吉人之辭寡。夫內充而後發者。其言理得而情當。理得而情當。千萬言不可厭。猶之其寡矣。氣充而靜者。其聲閎而不蕩。志章以檢者。其色耀而不浮。邃以通者。義理也。雜以辨者。典章名物凡天地之所有也。閎閎乎聚之於錙銖。夷懌以善虛。志若嬰兒之柔。若雞伏卵。其專以一。內候其節而時發焉。夫天地之間。莫非文也。故文之至者。通於造化之自然。然而驟以幾乎合之則愈離。今足下爲學之要。在於涵養而已。聲華榮利之事。曾不得以奸乎其中。而寬以期乎歲月之久。其必有以異乎今而達乎古也。以海內之大。而學古文最少。獨足下里中獨盛。異日必有造其極者。然後以某言證所得。或非妄也。足下勉之。不具。六月十七日某頓首。

贈錢獻之序

孔子沒而大道微。漢儒承秦滅學之後。始立專門。各抱一經。師弟傳受。儕偶怨怒嫉妬。不相通曉。其於聖人之道。猶築牆垣而塞門巷也。久之。通儒漸出。貫穿羣經。左右證明。擇其長說。及其敝也。雜之以讖緯。亂之以怪僻猥碎。世又譏之。蓋魏晉之間。空虛之談興。以淸言爲高。以章句爲塵垢。放誕頹壞。迄亡天下。然世猶或愛其說辭。不忍廢也。自是南北乖分。學術異尚。五百餘年。唐一天下。兼採南北之長。定爲義疏。明示統貫。而所取或是或非。非有折衷。宋之時。眞儒乃得聖人之旨。羣經略有定說。元明守之。著爲功令。當明佚君亂政屢作。士大夫維持綱紀。明守節義。使明久而後亡。其宋儒論學之效哉。且夫天地之運。久則必變。是故夏尚忠。商尚質。周尚文。學者之變也。有大儒操其本而齊其弊。則所尚也賢於其故。否則不及其故。自漢以來皆然已。明末至今日。學者頗厭功令所載爲習聞。又惡陋儒不考古而蔽於近。於是專求古人名物制度訓詁書數。以博爲量。以闚隙攻難爲功。其甚者欲盡舍程朱而宗漢之士。枝之獵而去其根。細之蒐而遺其鉅。夫寧非蔽與。嘉定錢君獻之。強識而精思。爲今士之魁傑。余嘗以余意告之。而不吾斥也。雖然。是猶居京師厖淆之間也。錢君將歸江南。而適嶺表。行數千里。旁無朋友。獨見高山大川喬木。聞鳥獸之異鳴。四顧天地之內。寥乎芒乎。於以俯思古聖人垂訓教世先其大者之意。其於余論。將益有合也哉。

劉海峯先生八十壽序

曩者鼐在京師。歙程吏部歷城周編修語曰。爲文章者。有所法而後能。有所變而後大。維盛清治邁逾前古千百。獨士能爲古文者未廣。昔有方侍郎。今有劉先生。天下文章。其出於桐城乎。鼐曰。夫黃舒之間。天下奇山水也。鬱千餘年。一方無數十人名於史傳者。獨浮屠之俊雄。自梁陳以來。不出二三百里。肩背交而聲相應和也。其徒徧天下。奉之爲宗。豈山川奇傑之氣。有蘊而屬之邪。夫釋氏衰歇。則儒士興。今殆其時矣。旣應二君。其後嘗爲鄉人道焉。鼐又聞諸長者曰。康熙間方侍郎名聞海外。劉先生一日以布衣走京師。上其文侍郎。侍郎告人曰。如方某何足算耶。邑士劉生乃國士爾。聞者始駭不信。久乃漸知先生。今侍郎沒而先生之文果益貴。然先生窮居江上。無侍郎之名位交遊。不足掖起世之英少。獨閉戶伏首几案。年八十矣。聰明猶強。著述不輟。有衞武懿詩之志。斯世之異人也已。鼐之幼也。嘗侍先生。奇其狀貌言笑。退輒仿效以爲戲。及長。受經學於伯父編修君。學文於先生。遊宦三十年而歸。伯父前卒。不得復見。往日父執往來者皆盡。而猶得數見先生於樅陽。先生亦喜其來。足疾未平。扶曳出與論文。每窮半夜。今五月望。邑人以先生生日爲之壽。鼐適在揚州。思念先生。書是以寄先生。又使鄉之後進者聞而勸也。

儀鄭堂記

六藝自周時儒者有說。孔子作易傳。左邱明傳春秋。子夏傳禮喪服。禮後有記。儒者頗裒取其文。其後禮或亡而記存。又雜以諸子所著書。是爲禮記。詩書皆口說。然爾雅亦其傳之流者。當孔子時。弟子善言德行者。固無幾而明於文章制度者。其徒猶多。及遭秦焚書。漢始收輯文章制度。舉疑莫能明。然而儒者說之不可以已也。漢儒家別派分。各爲專門。及其末造。鄭君康成。總集其全。綜貫繩合。負閎洽之才。通羣經之滯義。雖時有拘牽附會。然大體精密。出漢經師之上。又多存舊說。不掩前長。不覆己短。觀鄭君之辭。以推其志。豈非君子之徒篤於。慕聖有孔氏之遺風者與。鄭君起青州。弟子傳其學。既大著。迄魏王肅駁難鄭義。欲爭其名。僞作古書。曲傳私說。學者由是習爲輕薄。流至南北朝。世亂而學益壞。自鄭王異術。而風俗人心之厚薄以分。嗟夫。世之說經者。不蘄明聖學詔天下。而顧欲爲己名。其必王肅之徒者與。曲阜孔君撝約。博學工爲詞章。天下方誦以爲善。撝約顧不自足。作堂於其居。名之曰儀鄭。自庶幾於康成。遺書告余。爲之記。撝約之志。可謂善矣。昔者聖門顏閔無書。有書傳者或無名。蓋古學者爲己而已。以撝約之才志。學不怠。又智足知古人之善。不將去其華而取其實。擴其道而涵其藝。究其業而遺其名。豈特詞章無足矜哉。雖說經精善。猶末也。以孔子之裔。傳孔子之學。世之望於撝約者益遠矣。雖古有賢如康成者。吾謂其猶未足以限吾撝約也。乾隆四十九年春二月桐城姚鼐記。

登泰山記

泰山之陽。汶水西流。其陰。濟水東流。陽谷皆入汶。陰谷皆入濟。當其南北分者。古長城也。最高日觀峰。在長城南十五里。余以乾隆三十九年十二月。自京師乘風雪。歷齊河長清。穿泰山西北谷。越長城之限。至於泰山。是月丁未。與知府朱孝純子潁。由南麓登。四十五里。道皆砌石爲磴。其級七千有餘。泰山正南面有三谷。中谷繞泰安城下。酈道元所謂環水也。余始循以入。道少半。越中嶺。復循西谷。遂至其巔。古時登山。循東谷入。道有天門。東谷者。古謂之天門谿水。余所不至也。今所經中嶺及山巔崖限當道者。世皆謂之天門云。道中迷霧冰滑。磴幾不可登。及既上。蒼山負雪。明燭天南。望晚日照城郭。汶水徂徠如畫。而半山居霧若帶然。戊申晦。五鼓。與子潁坐日觀亭。待日出。大風揚積雪擊面。亭東自足下皆雲漫。稍見雲中白若樗蒱數十立者。山也。極天雲一線異色。須臾或五采。日上正赤如丹。下有紅光動搖承之。或曰。此東海也。回視日觀以西峰。或得日或否。絳皜駁色。而皆若僂。亭西有岱祠。又有碧霞元君祠。皇帝行宮在碧霞元君祠東。是日。觀道中石刻。自唐顯慶以來。其遠古刻盡漫失。僻不當道者。皆不及往。山多石。少土。石蒼黑色。多平方。少圜。少雜樹。多松。生石罅。皆平頂。冰雪。無瀑水。無鳥獸音迹。至日觀數里內無樹。而雪與人膝齊。桐城姚鼐記。

古文治要卷一

古文十七家

曾國藩　清湘鄉人。字滌生。號伯涵。道光進士。授檢討。累官禮部侍郎。丁憂歸。會洪楊亂起。在籍督辦團練。遂編制鄉勇。連復沿江各省。封毅勇侯。爲同治中興功臣第一。以大學士任兩江總督。卒於官。年六十二。謚文正。清道光以後。文武澌沓。國藩以公忠誠樸倡率其將佐僚屬。風氣爲之一變。治軍居官。粹然有儒者氣象。其論學破除漢宋門戶。著聖哲畫像記。以示平生所宗仰。其爲古文。自言由姚鼐啟之。然尋其聲貌。略不相襲。其弟子黎庶昌曰。本朝文章。其體實正自望溪方氏。至姚先生而辭始雅潔。至曾文正始變化以臻於大。吳汝綸曰。桐城諸老。氣清體雅。海內所宗。獨雄奇瑰瑋之境尙少。曾文正公出而矯之。以漢賦之氣運之。而文體一變。卓然爲一大家。皆非阿好之言也。所輯古文曰經史百家雜鈔。本於姚氏類纂。而略有出入。論者以爲取去有法。視姚纂尤爲博通。與其詩文書牘雜著等。合刊曰曾文正全集。亦各有單行本。

原才

風俗之厚薄奚自乎。自乎一二人之心之所嚮而已。民之生庸弱者。戢戢皆是也。有一二賢且智者。則衆人君之而受命焉。尤智者所君尤衆焉。此一二人者之心向義。則衆人與之赴義。一二人者之心向利。則衆人與之赴利。衆人所趨。勢之所歸。雖有大力。莫之敢逆。故曰撓萬物者莫疾乎風。風俗之於人心也。始乎微而終乎不可禦者也。先王之治天下。使賢者皆當路在勢。其風民也皆以義。故道一而俗同。世教既衰。所謂一二人者不盡在位。彼其心之所嚮。勢不能不騰爲口說而播爲聲氣。而衆人者勢不能不聽命而蒸爲習尚。於是乎徒黨蔚起。而一時之人才出焉。有以仁義倡者。其徒黨亦死仁義而不顧。有以功利倡者。其徒黨亦死功利而不返。水流溼。火就燥。無感不讎。所從來久矣。今之君子之在勢者。輒曰天下無才。彼自尸於高明之地。不克以己之所嚮。轉移習俗而陶鑄一世之人。而翻謝曰無才。謂之不誣可乎。否也。十室之邑。有好義之士。其智足以移十人者。必能拔十人中之尤者而材之。其智足以移百人者。必能拔百人中之尤者而林之。然則轉移習俗而陶鑄一世之人。非特處高明之地者然也。凡一命以上。皆與有責焉者也。有國家者得吾說而存之。則將慎擇與共天位之人。士大夫得吾說而存之。則將惴惴乎謹其心之所嚮。恐一不當。以壞風俗而賊人才。循是爲之。數十年之後。萬有一收其效者乎。非所逆睹已。

孫芝房侍講芻論序

咸豐九年三月。善化孫芝房侍講鼎臣。以書抵余建昌軍中。寄所爲芻論。屬爲裁定。凡二十五篇。曰論治者六。論鹽者三。論漕者三。論幣者二。論兵者三。通論唐以來大政者七。論明賦餉者一。其首章追溯今日之亂源。深咎近世漢學家言用私意分別門戶。其語絕痛。明年四月。復得芝房書。則疾革告別之詞。而芝房以三月死矣。既爲位而哭。且以書告仁和邵君懿辰。於是爲敘諸簡首而歸諸其孤。蓋古之學者無所謂經世之術也。學禮焉而已。周禮一經。自體國經野以至酒漿廛市巫卜繕稿夭鳥蠱蟲各有專官。察及纖悉。吾讀杜元凱春秋釋例。歎邱明之發凡仲尼之權衡萬變。大率秉周之舊典。故曰周禮盡在魯矣。自司馬氏作史。猥以禮書與封禪平準並列。班范而下。相沿不察。唐杜佑纂通典。言禮者居其泰半。始得先王經世之遺意。有宋張子朱子益崇闡之。聖清膺命。巨儒輩出。顧亭林氏著書以扶植禮敎爲己任。江愼修氏纂禮書綱目。洪纖畢舉。而秦樹澧氏遂修五禮通考。自天文地理軍政官制。都萃其中。旁綜九流。細破無內。國藩私獨宗之。惜其食貨稍缺。嘗欲集鹽漕賦稅國用之經。別爲一編。傳於秦書之次。非徒廣己於不可畔岸之域。先聖制禮之體之無所不賅。固如是也。以世之多故。握槧之不可以苟。未及事事而齒髮固已衰矣。往者漢陽劉傳瑩茮雲。實究心漢學者之說。而疾其單辭碎義。輕笮宋賢。間嘗語余。學以反求諸心而已。泛博胡爲。至有事於身與家與國。則當一一詳覈焉而求其是。考諸室而市可行。驗諸獨而衆可從。又曰。禮非考據不明。學非心得不成。國藩則大韙之。以爲知言者徒也。未幾茮雲卽世。臨絕爲先令處分後事。壹秉古禮。國藩既銘其墓。又爲家傳。纚道漢學得失主客之宜。藏諸劉氏之祏。

君子之言也平則致和。激則召爭。辭氣之輕重。積久則移易世風。黨仇訟爭而不知所止。曩者良知之說。誠非無蔽。必謂其釀晚明之禍。則少過矣。近者漢學之說。誠非無蔽。必謂其致學賊之亂。則少過矣。芻論所考諸大政。蓋與顧氏江氏秦氏之指爲近。彼數子者。固漢學家所奉以爲歸者也。而芝房首篇譏之已甚。其果有剖及毫釐千里者耶。抑將憤夫一二鉅人長德。曲學阿世。激極而一鳴耶。芝房之志大而銳進也。與茱雲同。其卒也。寄書抵余以告永訣。亦與茱雲同。其自芻論外。別有詩十卷。文十一卷。河防記略四卷。著書之多。與茱雲異。而其博觀而愼取則同。其嫉夫以漢學標揭也亦同。而立言少異。余故稍附諍論。以明不忍死友之義。亦以見二子者之不竟其志。非僅余之私痛也。

湖南文徵序

吾友湘潭羅君研生。以所編纂湖南文徵百九十卷示余。而屬爲序其端。國藩陋甚。齒又益衰。奚足以語文事。竊聞古之文。初無所謂法也。易書詩儀禮春秋諸經。其體勢聲色。曾無一字相襲。卽周秦諸子。亦各自成體。持此衡彼。畫然若金玉與卉木之不同類。是烏有所謂法者。後人本不能文。强取古人所造而摹擬之。於是有合有離。而法不法名焉。若其不俟摹擬人心各具自然之文。約有二端。曰理。曰情。二者人人之所固有。就吾所知之理而筆諸書而傳諸世。稱吾愛惡悲愉之情。而綴辭以達之。若剖肺肝而陳簡策。斯皆自然之文。性情敦厚者。類能爲之。而淺深工拙。則相去十百千萬。而未始有極。自羣經而外。百家著述。率皆偏勝。以理勝者。多闡幽造極之語。而其弊或激宕失中。以情勝者。多悱惻感人之言。而其弊常豐縟而寡實。自東漢至隋。文人秀士。大抵義不孤行。辭多儷語。卽議大政。考大禮。亦每綴以排比之句。間以婀娜之聲。歷唐代而不改。雖韓李銳志復古。而不能革舉世騈體之風。此皆習於情韻者類也。宋興既久。歐陽曾王之徒。崇奉韓公。以爲不遷之宗。適會其時大儒迭起。相與上探鄒魯。研討微言。羣士慕效。類皆法韓氏之氣體。以闡明性道。自元明至聖朝康雍之間。風會略同。非是不足與於斯文之末。此皆習於義理者類也。乾隆以來。鴻生碩彥。稍厭舊聞。別啟涂軌。遠搜漢儒之學。因有所謂考據之文。一字之音訓。一物之制度。辨論動至數千言。曩所稱義理之文。淡遠簡樸者。或屏棄之。以爲空疏不足道。此又習俗趨嚮之一變已。湖南之爲邦。北枕大江。南薄五嶺。西接黔蜀。羣苗所萃。蓋亦山國荒僻之亞。然周之末。屈原出於其間。離騷諸篇。爲後世言情韻者所祖。逮乎宋世。周子復生於斯。作太極圖說通書。爲後世言義理者所祖。兩賢者皆前無師承。創立高文。上與詩經周易同風。下而百代逸才。舉莫能越其範圍。而況湖湘後進。沾被流風者乎。茲編所錄。精於理者。蓋十之六。善言情者。約十之四。而騈體亦頗有甄采。不言法而法未始或紊。惟考據之文。蒐集極少。前哲之倡導不宏。後世之欣慕亦寡。研生之學。稽說文以究達詁。箋禹貢以晰地志。固亦深明考據家之說。而論文但崇體要。不尙繁稱博引。取其長而不溺其偏。其猶君子愼於擇術之道歟。

歐陽生文集序

乾隆之末。桐城姚姬傳先生鼐。善爲古文辭。慕效其鄉先輩方望溪侍郎之所爲。而受法於劉君大櫆。及其世父編修君範。三子既通儒碩望。姚先生治其術益精。歷城周永年書昌爲之語曰。天下之文章。其在桐城乎。由是學者多歸嚮桐城。號桐城派。猶前世所稱江西詩派者也。先生晚而主鍾山書院講席。門下著籍者。上元有管同異之。梅曾亮伯言。桐城有方東樹植之。姚瑩石甫。四人者稱爲高第弟子。各以所得傳授徒友。往往不絕。在桐城者有戴鈞衡存莊。事植之久。尤精力過絕人。自以爲守其邑先正之法。禮之後進。義無所讓也。其不列弟子籍。同時服膺。有新城魯仕驥絜非。宜興吳德旋仲倫。絜非之甥爲陳用光碩士。碩士既師其舅。又親受業姚先生之門。鄉人化之。多好文章。碩士之羣從有陳學受藝叔。陳溥廣敷。而南豐又有吳嘉賓子序。皆承絜非之風。私淑於姚先生。由是江西建昌有桐城之學。仲倫與永福呂璜月滄交友。月滄之鄉人有臨桂朱琦伯韓。龍啟瑞翰臣。馬平王拯定甫。皆步趨吳氏呂氏。而益求廣其術於梅伯言。由是桐城宗派流衍於廣西矣。昔者國藩嘗怪姚先生典試湖南。而吾鄉出其門者。未聞相從以學文爲事。既而得巴陵吳敏樹南屏。稱述其術。篤好而不厭。而武陵楊彝珍性農。善化孫鼎臣芝房。湘陰郭嵩燾伯琛。漵浦舒燾伯魯。亦以姚氏文家正軌。違此則又何求。最後得湘潭歐陽生。生吾友歐陽兆熊小岑之子。而受法於巴陵吳君。湘陰郭君亦師事新城二陳。其漸染者多。其志趣嗜好。舉天下之美。無以易乎桐城姚氏者也。當乾隆中葉。海內魁儒畸士。崇尚鴻博。繁稱旁證。考覈一字。累數千言不能休。別立幟志。名曰漢學。深擯有宋諸子義理之說。以爲不足復存。其爲文尤蕪雜寡要。姚先生獨排衆議。以爲義理考據詞章。三者不可偏廢。必義理爲質。而後文有所附。考據有所歸。一編之內。惟此尤兢兢。當時孤立無助。傳之五六十年。近世學子。稍稍誦其文。承用其說。道之廢興。亦各有時。其命也歟哉。自洪楊倡亂。東南荼毒。鍾山石城。昔時姚先生撰杖都講之所。今爲犬羊窟宅。深固而不可拔。桐城淪爲異域。既克而復失。戴鈞衡全家殉難。身亦歐血死矣。余來建昌。問新城南豐兵燹之餘。百物蕩盡。田荒不治。蓬蒿沒人。一二文士。轉徙無所。而廣西用兵九載。羣盜猶洶洶。驟不可爬梳。龍君翰臣又物故。獨吾鄉少安。二三君子。尚得優游文學。曲折以求合桐城之轍。而舒燾前卒。歐陽生亦以瘵死。老者牽於人事。或遭亂不得竟其學。少者或中道夭殂。四方多故。求如姚先生之聰明早達。太平壽考。從容以躋於古之作者。卒不可得。然則業之成否。又得謂之非命也耶。歐陽生名勳。字子和。歿於咸豐五年三月。年二十有幾。其文若詩。清縝喜往復。亦時有亂離之慨。莊周云。逃空虛者。聞人足音。跫然而喜。而況昆弟親戚之謦欬其側者乎。余之不聞桐城諸老之謦欬也久矣。觀生之爲。則豈直足音而已。故爲之序。以塞小岑之悲。亦以見文章與世變相因。俾後之人得以考覽焉。

經史百家雜鈔序例

姚姬傳氏之纂古文辭。分爲十三類。余稍更易爲十一類。曰論箸。曰詞賦。曰序跋。曰詔令。曰奏議。曰書牘。曰哀祭。曰傳誌。曰雜記。九者。余與姚氏同焉者也。曰贈序。姚氏所有而余無焉者也。曰敍記。曰典志。余所有而姚氏無焉者也。曰頌贊。曰箴銘。姚氏所有。余以附入詞賦之下編。曰碑誌。姚氏所有。余以附入傳誌之下編。論次微有異同。大體不甚相遠。後之君子以參觀焉。

村塾古文有選左傳者。識者或譏之。近世一二知文之士。纂錄古文。不復上及六經。以云尊經也。然溯古文所以立名之始。乃由屛棄六朝駢儷之文。而返之於三代兩漢。今舍經而降以相求。是猶言孝者。敬其父祖而忘其高曾。言忠者。曰我家臣耳。焉敢知國。將可乎哉。余鈔纂此編。每類必以六經冠其端。涓涓之水。以海爲歸。無所於讓也。姚姬傳氏撰次古文。不載史傳。其說以爲史多不可勝錄也。然吾觀其奏議類中。錄漢書至三十八首。詔令類中。錄漢書二十四首。果能屛諸史而不錄乎。余今所論次。采輯史傳稍多。命之曰經史百家雜鈔云。

湘鄉曾國藩識。

論箸類　箸作之無韻者。經如洪範大學中庸樂記孟子皆是。諸子曰篇曰訓曰覽。古文家曰論曰辨曰議曰說曰解曰原皆是。

詞賦類　箸作之有韻者。經如詩之賦頌。書之五子作歌皆是。後世曰賦曰辭曰騷曰七曰設論曰符命曰頌曰贊曰箴曰銘曰歌皆是。

序跋類　他人之箸作。序述其意者。經如易之繫辭。禮記之冠義昏義皆是。後世曰序曰跋曰引曰題曰讀曰傳曰注曰箋曰疏曰說曰解皆是。

告語門　四類

詔令類　上告下者。經如甘誓湯誓牧誓等。大誥康誥酒誥等皆是。後世曰誥曰詔曰諭曰令曰敎曰敕曰璽書曰檄曰策命皆是。

奏議類　下告上者。經如皋陶謨無逸召誥。及左傳季文子魏絳等諫君之辭皆是。後世曰書曰疏曰議曰奏曰表曰劄子曰封事曰彈章曰牋曰對策皆是。

書牘類　同輩相告者。經如君奭。及左傳鄭子家叔向呂相之辭皆是。後世曰書曰啟曰移曰牘曰簡曰刀筆曰帖皆是。

哀祭類　人告於鬼神者。經如詩之黃鳥二子乘舟。書之武成金縢祝辭。左傳荀偃趙簡告辭皆是。後世曰祭文曰弔文曰哀辭曰誄曰告祭曰祝文曰願文曰招魂皆是。

記載門 四類

傳誌類　所以記人者。經如堯典舜典。史則本紀世家列傳。皆記載之公者也。後世記人之私者。曰墓表曰墓誌銘曰行狀曰家傳曰神道碑曰事略曰年譜皆是

敍記類　所以記事者。經如書之武成金縢顧命。左傳記大戰記會盟。及全編皆記事之書。通鑑法左傳。亦記事之書也。後世古文如平淮西碑等是。然不多見。

典志類　所以記政典者。經如周禮儀禮。全書禮記之王制月令明堂位。孟子之北宮錡章皆是。史記之八書。漢書之十志。及三通。皆典章書也。後世古文如趙公救菑記是。然不多見。

雜記類　所以記雜事者。經如禮記投壺深衣內則少儀。周禮之考工記皆是。後世古文家修造宮室有記。遊覽山水有記。以及記器物記瑣事皆是。

經史百家簡編序

自六籍燔於秦火。漢世掇拾殘遺。徵諸儒能通其讀者。支分節解。於是有章句之學。劉向父子勘書祕閣。刊正脫誤。稽合同異。於是有校讎之學。梁世劉勰鍾嶸之徒。品藻詩文。褒貶前哲。其後或以丹黃識別高下。於是有評點之學。三者皆文人所有事也。前明以四書經義取士。我朝因之。科場有句股點句之例。蓋猶古者章句之遺意。試官評定甲乙。用朱墨旌別其旁。名曰圈點。後人不察。輒倣其法。以塗抹古書。大圈密點。狼藉行間。故章句者。古人治經之

盛業也。而今專以施之時文。圈點者科場時文之陋習也。而今反以施之古書。末流之變遷。何可勝道。惟校讎之學。我朝獨爲卓絕。乾嘉間巨儒輩出。講求音聲故訓。校勘疑誤。冰解的破。度越前世矣。咸豐十年。余選經史百家之文。都爲一集。又擇其尤者四十八首。錄爲簡本。以貽余弟沅甫。沅甫重寫一册。請余勘定。乃稍以己意分別節次句絕而章乙之。間亦釐正其謬誤。評騭其精華雅與鄭並奏。而得與失參見。將使一家昆弟子姪。啟發證明。不復要塗人而強同也。

書學案小識後

唐先生撰輯國朝學案。命國藩校字付梓。旣畢役。乃謹書其後曰。天生斯民。予以健順五常之性。豈以自淑而已。將使育民淑世而彌縫天地之缺憾。其於天下之物。無所不當究。二儀之奠。日月星辰之紀。氓庶之生成。鬼神之情狀。草木鳥獸之咸若。灑埽應對進退之瑣。皆吾性分之所有事。故曰萬物皆備於我。人者天地之心也。聖人者。其智足以周知庶物。其才能時措而咸宜。然不敢縱心以自用。必求權度而絜之。以舜之濬哲。猶且好問好察。周公思有不合。則夜以繼日。孔子聖之盛也。而有事乎好古敏求。顏淵孟子之賢。亦曰博文。曰集義。蓋欲完吾性分之一源。則當明凡物萬殊之等。欲悉萬殊之等。則莫若卽物而窮理。卽物窮理云者。古昔賢聖共由之軌。非朱子一家之創解也。自陸象山氏以本心爲訓。而明之餘姚王氏。乃頗遙承其緒。其說主於良知。謂吾心自有天則。不當支離而求諸事物。夫天則誠是也。目巧所至。不繼之以規矩準繩。遂可據乎。且以舜周公孔子顏孟之知。如彼。而猶好問好察。夜以繼日。好古敏求。博文而集義之勤如此。況以中人之質。而重物欲之累。而謂念念不過乎。則其能無少誣耶。自是以後。沿其流者百輩。間有豪傑之士。思有以救其偏。變一說則生一蔽。高景逸顧涇陽之學。以靜坐為主。所重仍在知覺。此變而蔽者也。近世乾嘉之間。諸儒務為浩博。惠定宇戴東原之流。鉤研詁訓。本河間獻王實事求是之旨。薄宋賢為空疏。夫所謂事者。非物乎。是者。非理乎。實事求是。非卽朱子所稱卽物窮理者乎。名目自高。詆毀日月。亦變而蔽者也。別有顏習齋李恕谷氏之學。忍嗜欲。苦筋骨。勤家養親。迹等於許行之並耕。病宋賢為無用。又一蔽也。由前之蔽。排王氏而不塞其源。是五十步笑百步之類矣。由後之二蔽。矯王氏而過於正。是因噎廢食之類矣。我朝崇儒重道。正學翕興。平湖陸子。桐鄉張子。闢詖辭而反經。確乎其不可拔。陸桴亭顧亭林之徒。博大精微。體用兼賅。其他鉅公碩學。項領相望。二百年來。大小醇疵。區以別矣。唐先生於是輯為此編。大乎。居敬而不偏於靜。格物而不病於瑣。力行而不迫於隘。三者交修。采擇名言。略依此例。其或守王氏之故轍。與變王氏而鄰於前三者之蔽。則皆釐而剔之。豈好辯哉。去古日遠。百家各以其意自鳴。是丹非素。無術相勝。雖其尤近理者。亦不能饜人人之心而無異辭。道不同不相為謀。則亦已矣。若其有嗜於此而取途焉。則且多其識。去其矜。無以閒道自標。無以方隅自囿。不爲口耳之求。而求自得焉。是則君子者已。是唐先生與人爲善之志也。

書歸震川文集後

近世綴文之士。頗稱述熙甫。以爲可繼曾南豐王半山之爲文。自我觀之。不同日而語矣。或又與方苞氏並舉。抑非其倫也。蓋古之知道者。不妄加毀譽於人。非特好直也。內之無以立誠。外之不足以信後世。君子恥焉。自周詩有崧高烝民諸篇。漢有河梁之詠。沿及六朝。餞別之詩。動累卷帙。於是有爲之序者。昌黎韓氏爲此體特繁。至或無詩而徒有序。駢拇枝指於義爲已侈矣。熙甫則未必餞別而贈人以序。有所謂賀序者。謝序者。壽序者。此何說也。又彼所爲抑揚呑吐。情韻不匱者。苟裁之以義。或皆可以不陳。浮芥舟以縱送於蹏涔之水。不復憶天下有曰海濤者也。神乎味乎。徒詞費耳。然當時頗崇茁軋之習。假齊梁之雕琢。號爲力追周秦者。往往而有。熙甫一切棄去。不事塗飾。而選言有序。不刻畫而足以昭物情。與古作者合符。而後來者取則焉。不可謂不智已。人能宏道。無如命何。藉熙甫早置身高明之地。聞見廣而情志闊。得師友以輔翼。所詣固不竟此哉。

答劉孟容書

孟容足下。二年三辱書。一不報答。雖槁木之無情。亦不慤置若此。性本懶怠。然或施於人人。

豈謂施之君子。每一伸紙。以爲足下意中欲聞不肖之言。不當如是已也。輒復置焉。日月在上。惟足下鑒之。伏承信道力學。又能明辨王氏之非。甚盛甚盛。蓋天下之道。非兩不立。是以立天之道。曰陰與陽。立地之道。曰柔與剛。立人之道。曰仁與義。乾坤毀則無以見易。仁義不明。則亦無所謂道者。傳曰。天地溫厚之氣。始於東北而盛於東南。此天地之盛德氣也。此天地之仁氣也。天地嚴凝之氣。始於西南而盛於西北。此天地之尊嚴氣也。此天地之義氣也。斯二氣者。自其後而言之。因仁以育物。則慶賞之事起。因義以正物。則刑罰之事起。中則治。偏則亂。自其初而言之。太和絪縕。流行而不息。人也物也。聖人也常人也。始所得者均耳。人得其全。物得其偏。聖人者既得其全。而其氣質又最淸且厚。而其習又無毫髮累於是。曲踐乎所謂仁義者。夫是之謂盡性也。推而放之凡民而準。推而放之庶物而準。夫是之謂盡人性盡物性也。常人者。雖得其全。而氣質拘之。習染蔽之。好不當則賊仁。惡不當則賊義。賊者日盛。本性日微。蓋學問之事自此興也。學者何。復性而已矣。所以學者何。格物誠意而已矣。格物則剖仁義之差等。而縷晰之。誠意則舉好惡之當於仁義者。而力卒之。茲其所以難也。吾之身與萬物之生。其理本同一源。乃若其分。則紛然而殊矣。親親與民殊。仁民與物殊。鄉鄰與同室殊。親有殺。賢有等。或相倍蓰。或相什伯。或相千萬。如此其不齊也。不知其分而妄施焉。過乎仁。其流爲墨。過乎義。其流爲楊。生於心。害於政。其極皆可以亂天下。不至率獸食人不止。故凡格物之事。所為委曲繁重者。剖判其不齊之分焉爾。朱子曰。人心之靈。莫不有知。此言好惡之良知也。曰天下之物。莫不有理。惟於理有未窮。故其知有不盡。此言吾心之知有限。萬物之分無窮。不究乎至殊之分。無以洞乎至一之理也。今王氏之說曰。致良知而已。則是任心之明。而遂曲當乎萬物之分。果可信乎。冠履不同位。鳳凰鴟鴞不同棲。物所自具之分殊也。瞽瞍殺人。皋陶執之。舜負之。鯀堙洪水。舜殛之。禹郊之。物與我相際之分殊也。仁義之異施。即物而區之也。今乃以即物窮理為支離。則是吾心虛懸一成之知於此。與凡物了不相涉。而謂皆當乎物之分。又可信乎。朱子曰。知為善以去惡。則當實用其力。務決去而求必得之。此言仁義之分既明。則當畢吾好惡以既其事也。今王氏之說曰。即知即行。格致即誠意工夫。則是任心之明。別無所謂實行。心苟明矣。不必屑屑於外之迹。而迹雖不仁不義。亦無損於心之明。是何其簡捷而易從也。循是說而不辨。幾何不胥天下而浮屠之趨哉。堯舜禹湯文武周公孔子之學。豈有他與。即物求道而已。物無窮。則分殊者無極。而格焉者無已時。一息而不格。則仁有所不熟。而義有所不精。彼數聖人者。惟息息格物。而又以好色惡臭者竟之。乃其所以聖也。不如是。吾未見其聖也。自大賢以下。知有精粗。行有實不實。而賢否以次區焉。國藩不肖。亦謬欲從事於此。凡倫類之酬酢。庶務之磨礱。雖不克衷之於仁。將必求所謂藹然者焉。雖不克裁之於義。將必求所謂秩然者焉。日往月來。業不加修。意言意行。尤悔叢集。求付一物之當其分而不可得。蓋陷溺者深矣。自維此生。縱能窮萬一之理。亦不過窺鑽奇零。無由底於逢原之域。然終不敢棄此而他求捷徑。謂靈心一覺。立地成聖也。下愚之人。甘守下愚已耳。智有所不照。行有所不慊。故常餧焉不敢取彼說者廓清而力排之。愚者多柔。理有固然。今足下崛起僻壤。迺能求先王之道。開學術之部。甚盛甚盛。此眞國藩所禱祀以求者也。此閒有太常唐先生。博聞而約守。矜嚴而樂易。近者國朝學案一書。崇二陸二張之歸。闢陽儒陰釋之說。可謂深切著明。狂瀾砥柱。又有比部六安吳君廷尉蒙古倭君。皆實求朱子之指而力踐之。國藩既從數君子後。與聞末論。而淺鄙之資。兼嗜華藻。篤好司馬遷班固杜甫韓愈王安石之文章。日夜以誦之不厭也。故凡僕之所志。其大者蓋欲行仁義於天下。使凡物各得其分。其小者則欲寡過於身。行道於妻子。立不悖之言。以垂教於宗族鄉黨。其有所成。與以此畢吾生焉。其無所成。與以此畢吾生焉。辱知最厚。輒一吐不怍之言。非敢執塗人而斷斷不休如此也。賤軀比薄弱。不勝思。然無恙。閤室無恙。郭大棲吾舍。又有馮君卓懷課吾兒。都無恙。且好學。國藩再拜。

致劉孟容書

去歲辱惠書。所以講明學術者。甚正且詳。而於僕多寬假之詞。意欲誘而進之。且使具述爲學大指。良厚良厚。蓋僕早不自立。自庚子以來。稍事學問。涉獵於前明本朝諸大儒之書而不克辨其得失。聞此間有工爲古文詩者。就而審之。乃桐城姚郎中鼐之緒論。其言誠有可取。於是取司馬遷班固杜甫韓愈歐陽修曾鞏王安石及方苞之作。悉心而讀之。其他六代之能詩者。及李杜蘇軾黃庭堅之徒。亦皆泛其流而究其歸。然後知古之知道者。未有不明於文字者也。能文而不能知道者或有矣。烏有知道而不明文者乎。古聖觀天地之文。獸远鳥迹而作書契。於是乎有文。文與文相生而爲字。字與字相續而成句。句與句相續而成篇。口所不能達者。文字能曲傳之。故文字者。所以代口而傳之千百世者也。伏羲既深知經緯三才之道。而畫卦以著之。文王周公恐人之不能明也。於是立文字以彰之。孔子又作十翼。定諸經以闡顯之。而道之散列於萬事萬物者。亦略盡於文字中矣。所貴乎聖人者。謂其立行與萬事萬物相交錯而曲當乎道。其文字可以教後世也。吾儒所賴以學聖賢者。亦藉此文字以考古聖之行。以究其用心之所在。然則此句與句續。字與字續者。古聖之精神語笑。胥寓於此。差若毫釐。謬以千里。詞氣之緩急。韻味之厚薄。屬文者一不慎。則規模立變。讀書者一不慎。則鹵莽無知。故國藩竊謂今日欲明先王之道。不得不以精研文字爲要務。三古盛時。聖君賢相承繼熙洽。道德之精。淪於骨髓。而學問之意。達於閭巷。是以其時雖罝兔之野人。漢陽之游女。皆含性貞嫺。吟詠若伊萊周召凡伯仲山甫之倫。其道足文工又不待言。降及春秋。王澤衰竭。道固將廢。文亦殆殊已。故孔子覩獲麟。曰吾道窮矣。畏匡曰斯文將喪。

於是慨然發憤修訂六籍。昭百王之法戒。垂千世而不刊。心至苦。事至盛也。仲尼既歿。徒人分布。轉相流衍。厥後聰明魁傑之士。或有識解譔著。大抵孔氏之苗裔。其文之醇駁。一視乎見道之多寡以爲差。見道尤多者。文尤醇焉。孟軻是也。次多者醇次焉。見少者文駁焉。尤少者尤駁焉。自公穀莊列屈賈而下。次第等差。略可指數。夫所謂見道多寡之分數何也。曰深也。博也。昔者孔子贊易以明天道。作春秋以衷人事之至當。可謂深矣。孔子之門有四科。子路知兵。冉求富國。問禮於柱史。論樂於魯伶。九流之說。皆悉其原。可謂博矣。深則能研萬事微芒之幾。博則能究萬物之情狀而不窮於用。後之見道不及孔氏者。其深有差焉。其博有差焉。能深且博。而屬文復不失古聖之誼者。孟氏而下。惟周子之通書。張子之正蒙。醇厚正大。邈焉寡儔。許鄭亦能深博。而訓詁之文。或失則碎。程朱亦且深博。而指示之語。或失則隘。其他若杜佑鄭樵馬貴與王應麟之徒。能博而不能深。則文流於蔓矣。游楊金許薛胡之儔。能深而不能博。則文傷於易矣。由是有漢學宋學之分。斷斷相角。非一朝矣。僕竊不自揆。謬欲兼取二者之長。見道既深且博。而爲文復臻於無累。區區之心。不勝奢願。譬若以蚊而負山。盲人而行萬里也。亦可哂已。蓋上者仰企於通書正蒙。其次則篤嗜司馬遷韓愈之書。謂二子誠亦深博。而頗窺古人屬文之法。今論者不究二子之識解。輒謂遷之書憤懣不平。愈之書傲兀自喜。而足下或不深察。亦偶同於世人之說。是猶覩盤誥之聱牙。而謂尚書不可讀觀鄭衛之淫亂。而謂全詩可刪。其毋乃漫於一槩。而未之細推也乎。孟子曰。君子所性。雖大行不加焉。雖窮居不損焉。僕則謂君子所性。雖破萬卷不加焉。雖一字不識無損焉。離書籍而言道。則仁義忠信。反躬皆備。堯舜孔孟非有餘。愚夫愚婦非不足。初不關乎文字也。即書籍而言道。則道猶人心所載之理也。文字猶人身之血氣也。血氣誠不可以名理矣。然舍血氣。則性情亦胡以附麗乎。今世雕蟲小夫。既溺於聲律纘藻之末。而稍知道者。又謂讀聖賢書。當明其道。不當究其文字。是猶論觀人者。當觀其心所載之理。不當觀其耳目言動血氣之末也。不亦誣乎。知舍血氣無以見心理。則知舍文字無以窺聖人之道矣。周濂溪氏稱文以載道。而以虛車譏俗儒。夫虛車誠不可。無車又可以行遠乎。孔孟歿而道至今存者。賴有此行遠之車也。吾輩今日苟有所見。而欲爲行遠之計。又可不早具堅車乎哉。故凡僕之鄙願。苟於道有所見。不特見之。必實體行之。不特身行之。必求以文字傳之後世。雖曰不逮。志則如斯。其於百家之著述。皆就其文字以校其見道之多寡。剖其銖兩而殿最焉。於漢宋二家搆訟之端。皆不能左袒以附一鬨。於諸儒崇道貶文之說。尤不敢雷同而苟隨。極知狂謬爲有道君子所深屏。然默而不宣。其文過彌甚。聊因足下之引誘。而一陳涯略。伏惟憫其愚而繩其愆。幸甚幸甚。

復吳南屏書

三月初旬。奉復一函。想已達覽。旋接上年臘月惠書。並大著詩文全集各五十部。就審履祺康勝。無任企仰。大集古文敬讀一過。視昔年僅見零篇斷幅者。尤爲卓絕。大抵節節頓挫。不矜奇辭奧句。而字字若履危石而下。落紙乃遲重絕倫。其中閒適之文。清曠自怡。蕭然物外。如說釣雜說。程日新傳。屠禹甸序之類。若翶翔於雲表。俯視而有至樂。國藩嘗好讀陶公及韋白蘇陸閒適之詩。觀其博攬物態。逸趣橫生。栩栩焉神愉而體輕。令人欲棄百事而從之遊。而惜古文家少此恬適之一種。獨柳子厚山水記。破空而遊。并物我而納諸大適之域。非他家所可及。今乃於尊集數數遘之。故編中雖兼衆長。而僕視此等尤高也。與歐陽筱岑書中。論及桐城文派。不右劉姚。至比姚氏於呂居仁。譏評得無少過。劉氏誠非有過絕輩流之詣。姚氏則深造自得。詞旨淵雅。其文爲世所稱誦者。如莊子章義序。禮箋序。復張君書。復蔣松如書。與孔撝約論禘祭書。贈撝約假歸序。贈錢獻之序。朱竹君序。儀鄭堂記。南園詩存序。綿莊文集序等篇。皆義精而詞俊。敻絕塵表。其不厭人意者。惜少雄直之氣。驅邁之勢。姚氏固有偏於陰柔之說。又嘗自謝爲才弱矣。其論文亦多詣極之語。國史稱其有古人所未嘗言。鄙獨抉其微而發其蘊。惟亟稱海峯。不免阿於私好。要之方氏以後。惜抱固當爲百年正宗。未必與海峯同類而并薄之也。淺謬之見。惟希裁正。國藩回任江表。晌逾半年。轄境敉平。雨澤霑足。歲事可望豐稔。惟是精力日衰。前發疝氣。雖已痊愈。目光蒙霧。無術挽回。吏治兵事均未能悉心料理深爲愧悚吾鄉會匪竊發益陽龍陽等城相繼被擾此輩游蕩無業常思逐風塵而得逞湘省年年發難剿之而不畏撫之而無術縱使十次速滅而設有一次遷延則桑梓之患不堪設想殊以爲慮

復李眉生書

接手書承詢虛實譬喻異詁等門屬以破格相告若鄙人有所祕惜也者僕雖無狀亦何敢稍懷吝心特以年近六十學問之事一無所成未言而先自愧赧昔在京師讀王懷祖段茂堂諸書亦嘗研究古文家用字之法來函所詢三門虛實者實字而虛用虛字而實用也何以謂之實字虛用如春風風人夏雨雨人上風雨實字也下風雨則當作養字解是虛用矣解衣衣我推食食我上衣食實字也下衣食則當作惠字解是虛用矣春朝朝日秋夕夕月上朝夕實字也下朝夕則當作祭字解是虛用矣入其門無人門焉者入其閨無人閨焉者上門閨實字也下門閨則當作守字解是虛用矣後人或以實者作本音讀虛者破作他音讀若風讀如諷雨讀如籲衣讀如裔食讀如嗣之類古人曾無是也何以謂之虛字實用如步行也虛字也然管子之六尺爲步韓文之步有新船輿地之瓜步邀笛步詩經之國步天步則實用矣薄迫也虛字也然因其叢密而林曰林薄因其不厚而簾曰帷薄以及爾雅之屋上薄莊子之高門懸薄則實用矣覆敗也虛字也然左傳設伏以敗人之兵其伏兵卽名

曰覆。如鄭突爲三覆以待之。韓穿帥七覆於敖前。是虛字而實用矣。從順也。虛字也。然左傳於位次有定者。其次序卽名曰從。如荀伯不復從。豎牛亂大從。是虛字而實用矣。然此猶就虛字之本義而引伸之也。亦有與本義全不相涉。而借此字以名彼物者。如收斂也。虛字也。而車之軨名曰收。賢長也。虛字也。而車轂之大穿名曰賢。畏懼也。虛字也。而弓之淵名曰畏。峻高也。虛字也。而弓之挂弦處名曰峻。此又器物命名。虛字實用之別爲一類也。至用字有譬喻之法。後世須數句而喻意始明。古人止一字而喻意已明。如駿良馬也。因其良而美之。故爾雅駿訓爲大。馬行必疾。故駿又訓爲速。商頌之下國駿厖。周頌之駿發爾私。是取大之義爲喻也。武成之侯衞駿奔。管子之弟子駿作。是取速之義爲喻也。膍牛百葉也。或作毗。音義並同。牛百葉重疊而體厚。故爾雅毛傳皆訓爲厚。節南山之天子是毗。采菽之福祿膍之。是取厚之義爲喻也。宿夜止也。止則有留義。又有久義。子路之無宿諾。孟子之不宿怨。是取留之義爲喻也。史記之宿將宿儒。是取久之義爲喻也。渴欲飲也。欲之則有切望之義。又有急就之義。鄭箋雲漢詩曰渴雨之甚。石苞檄吳書曰渴賞之士。是取切望之義爲喻也。公羊傳曰渴葬。是取急就之義爲喻也。至於異詁云者。則無論何書處處有之。大抵人所共知。則爲常語。人所罕聞。則爲異詁。昔郭景純註爾雅。近世王伯申著經傳釋詞。於衆所易曉者。皆指爲常語而不甚置論。惟難曉者。則深究而詳辨之。如淫訓爲淫亂。此常語。人所共知也。然如詩之既有淫威。則淫訓爲大。左傳之淫刑以逞。則淫訓爲濫。書之淫舍梏牛馬。左之淫芻蕘者。則淫當訓爲縱。莊子之淫文章。淫於性。則淫字又當訓爲贅。皆異詁也。黨訓鄉黨。此常語。人所共知也。然說文云。黨不鮮也。黨字從黑。則色不鮮。乃是本義。方言又云。黨智也。郭注以爲解寤之貌。鄉射禮。侯黨。鄭注以爲黨旁也。左傳何黨之乎。杜注以爲黨所也。皆異詁也。展訓爲舒展。此常語也。卽說文訓展爲轉。爾雅訓展爲誠。亦常語。人所共知也。然儀禮有司展羣幣。則展訓爲陳。周禮展其功緒。則展訓爲錄。旅獒時庸展親。則展當訓爲存省。周禮之展犧牲。展鍾。展樂器。則展又當訓爲察驗。皆異詁也。此國藩講求故訓。分立三門之微意也。

古人用字不主故常。初無定例。要之各有精意運乎其間。且如高平曰皐。大道曰路。土之高者曰冢。曰墳。皆實字也。然以其有高廣之意。故爾雅毛傳於此四字。均訓爲大。四牡孔皐。爾殽既皐。火烈具皐。皐成兆民。其用皐字。俱有盛大之意。王者之門曰路門。寢曰路寢。車曰路車。馬曰路馬。其用路字。俱有正大之意。長子曰冢子。長婦曰冢婦。天官曰冢宰。友邦曰冢君。其用冢字。俱有重大之意。小雅之牂羊墳首。司烜之共墳燭。其用墳字。俱有肥大之意。至三墳五典。則高大矣。凡此等類。謂之實字虛用也可。謂之譬喩也可。卽謂之異詁也亦可。閣下見讀通鑑。司馬公本精於小學。胡身之亦博極羣書。卽就通鑑異詁之字。偶一鈔記。或他人視爲常語。而已心以爲異。則且鈔之。或明日視爲常語。而今日以爲異。亦姑鈔之。久之多識雅訓。不特譬喻虛實二門可通。即其他各門。亦可觸類而貫徹矣。聊述鄙見。以答盛意。

復陳右銘太守書

四月二十七日。接到惠書。並附寄大文一冊。知台從去歲北行。以途中染疾。就醫歷下。至正月之杪。乃達京師。是時鄙人適已出都。未及相見。爲悵。閣下志節嶙峋。器識宏達。又能虛懷取善。兼攬衆長。來書所稱自吳侍郎以下。若涂君張君方君。皆時賢之卓然能自立者。惟鄙人器能寙薄。謬蒙崇獎。非所敢承。前以久玷高位。頗思避位讓賢。葆全晚節。赴闕以後。欲布斯懷而未得其方。亦遂不復陳請。來書又盛引古義。力言不可遽萌退志。今已承乏此間。進止殊不自由。第恐精力日頹。無補艱危。止速謗耳。大著粗讀一過。駿快激昂。有陳同甫葉水心諸人之風。僕昔備官朝列。亦嘗好觀古人之文章。竊以自唐以後。善學韓公者。莫如王介甫氏。而近世知言君子。惟桐城方氏姚氏。所得尤多。因就數家之作。而考其書首私立禁約。以爲有必不可犯者。而後其法嚴而道始復。大抵剽竊前言。句摹字擬。是爲戒律之首。稱人之善。依於庸德。不宜褒揚溢量。動稱奇行異徵。鄰於小說誕妄者之所爲。貶人之惡。又加愼焉。一篇之內。端緒不宜繁多。譬如萬山旁薄。必有主峯。龍袞九章。但挈一領。否則首尾衡決。陳義蕪雜。滋足戒也。識度曾不異人。或乃競爲僻字澀句。以駭庸衆。斲自然之元氣。斯又才士之所同蔽。戒律之所必嚴。明茲數者。持守勿失。然後下筆造次。皆有法度。乃可專精以理吾之氣。深求韓公所謂與相如子雲同工者。熟讀而強探。長吟而反覆。使其氣若翔翥於虛無之表。其辭跌宕俊邁。而不可以方物。蓋論其本。則循戒律之說。詞愈簡而道愈進。論其末則抗吾氣以與古人之氣相翕。有欲求太簡而不得者。兼營乎本末。斟酌乎繁簡。此自昔志士之所爲畢生矻矻。而吾輩所當勉焉者也。國藩粗識途徑。所求絕少。在軍日久。舊業益荒。忽忽衰老。百無一成。既承切問。略舉所見。以資參證。別示種煙之弊。及李編修書。膏腴地畝。舍五穀而種罌粟。不惟民病艱食。亦人心風俗之憂。直隸土壤磽薄。聞種此者尚少。若果漸染此習。自應通飭嚴禁。但非年豐民樂。生聚教訓。亦未易以文告爭耳。

復許仙屏書

來示詢及古文之法。僕本無所解。近更荒淺。不復厝意。古文者。韓退之氏厭棄魏晉六朝駢儷之文。而反之於六經兩漢。從而名焉者也。名號雖殊。而其積字而爲句。積句而爲段。積段而爲篇。則天下之凡名爲文者一也。國藩以爲欲著字之古。宜研究爾雅說文小學訓詁之書。故嘗好觀近人王氏段氏之說。欲造句之古。宜倣效漢書文選。而後可砭俗而裁僞。欲分段之古。宜熟讀班馬韓歐之作。審其行氣之短長。自然之節奏。欲謀篇之古。則羣經諸子以至近世名家。莫不各有匠心。以成章法。如人之有肢體。室之有結構。衣之有要領。大抵以力去陳言。戛戛獨造爲始事。以聲調鏗鏘。包蘊不盡爲終事。僕學無師承。冥行臆斷。所辛苦而僅得之者如是而已。

送周荇農南歸序

天地之數。以奇而生。以偶而成。一則生兩。兩則還歸於一。一奇一偶。互爲其用。是以無息焉。物無獨。必有對。太極生兩儀。倍之爲四象。重之爲八卦。此一生兩之說也。兩之所該。分而爲三。殺而爲萬。萬則幾於息矣。物不可以終息。故還歸於一。天地絪縕。萬物化醇。男女構精。萬物化生。此兩而致於一之說也。一者陽之變。兩者陰之化。故曰一奇一偶者。天地之用也。文字之道。何獨不然。六籍尙已。自漢以來。爲文者莫善於司馬遷。遷之文。其積句也皆奇。而義必相輔。氣不孤伸。彼有偶焉者存焉。其他善者班固。則毗於用偶。韓愈則毗於用奇。蔡邕范蔚宗以下。如潘陸沈任等比者。皆師班氏者也。茅坤所稱八家。皆師韓氏者也。轉相祖述。源遠而流益分。判然若白黑之不類。於是刺譏互興。尊丹者非素。而六朝隋唐以來駢偶之文。亦已久王而將厭。宋代諸子。乃承其敝而倡爲韓氏之文。而蘇軾遂稱曰文起八代之衰。非直其才之足以相勝。物窮則變。理固然也。豪傑之士。所見類不甚遠。韓氏有言。孔子必用墨子。墨子必用孔子。不相用不足爲孔墨。由是言之。彼其於班氏。相師而不相非。明矣。耳食者不察。遂附此而抹摋一切。又其言多根六經。頗爲知道者所取。故古文之名。獨尊而駢偶之文。乃屏而不得與於其列。數百千年。無敢易其說者。所從來遠矣。國家承平奕禩。列聖修禮右文碩學鴻儒。往往多出康熙雍正之間。魏禧汪琬姜宸英方苞之屬。號爲古文專家。而方氏最爲無類。純皇帝武功文德。壹邁古初。徵鴻博以考藝。開四庫館以招延賢俊。天下翕然爲浩博稽覈之學。薄先輩之空言。爲文務閎麗。胡天游邵齊燾孔廣森洪亮吉之徒。蔚然四起。是時郎中姚鼐。息影金陵。私淑方氏。如碩果之不食。可謂自得者也。沿及今日。方姚之流風稍稍興起。求如天游齊燾輩閎麗之文。闃然無復有存者矣。聞者吾鄉人淩君玉垣孫君鼎臣周君壽昌。乃頗從事於此。而周君爲之尤。可喜其才雅贍。有餘地而奇趣迭生。蓋幾於能者。夫適王都者。或道晉。或道齊。要於達而已。司馬遷文家之王都也。如周君之所道。進而不已。則且達於班氏。而不爲韓氏所非。又不已。則王都矣。周君以道光乙巳成進士。選翰林院庶吉士。值皇太后萬壽。天子大孝。錫類臣下。得榮其親。將奉誥命以歸。覲出所爲文示余。余乃略述文家原委。明奇偶互用之道。假贈言之義。以爲同志者勖。嗟乎。區區而以文字相討論。是則余之陋而不賢者識小之類也。

聖哲畫像記

國藩志學不早。中歲側身朝列。竊窺陳編。稍涉先聖昔賢魁儒長者之緒。駑緩多病。百無一成。軍旅馳驅。益以蕪廢。喪亂未平。而吾年將五十矣。往者吾讀班固藝文志及馬氏經籍考。見其所列書目。叢雜猥多。作者姓氏。至於不可勝數。或昭昭於日月。或湮沒而無聞。及爲文淵閣直閣校理。每歲二月。侍從宣宗皇帝入閣。得觀四庫全書。其富過於前代所藏遠甚。而存目之書數十萬卷。尚不在此列。嗚呼。何其多也。雖有生知之資。累世不能竟其業。況其下焉者乎。故書籍之浩浩。著述者之衆。若江海然。非一人之腹所能盡飲也。要在慎擇焉而已。余既自度其不逮。乃擇古今聖哲三十餘人。命兒子紀澤圖其遺像。都爲一卷。藏之家塾。後嗣有志讀書。取足於此。不必廣心博鶩。而斯文之傳。莫大乎是矣。昔在漢世。若武梁祠魯靈光殿。皆圖畫偉人事蹟。而列女傳亦有畫像。感發興起。由來已舊。習其器矣。進而索其神通其徵。合其意。心誠求之。仁遠乎哉。國藩記。

堯舜禹湯。史臣記言而已。至文王拘幽。始立文字。演周易。周孔代興。六經炳著。師道備矣。秦漢以來。孟子蓋與莊荀並稱。至唐韓氏獨尊異之。而宋之賢者以爲可躋之尼山之次。崇其書以配論語。後之論者。莫之能易也。茲以亞於三聖人後云。

左氏傳經。多述二周典禮。而好稱引奇誕。文辭爛然。浮於質矣。太史公稱莊子之書皆寓言。吾觀子長所爲史記。寓言亦居十之六七。班氏閎識孤懷。不逮子長遠甚。然經世之典。六藝之旨。文字之源。幽明之情狀。粲然大備。豈與夫斗筲者爭得失於一先生之前。姝姝而自悅者哉。

諸葛公當擾攘之世。被服儒者。從容中道。陸敬輿事多疑之主。馭難馴之將。燭之以至明。將之以至誠。譬若御駑馬登峻坂。縱橫險阻。而不失其馳。何其神也。范希文司馬君實。遭時差隆。然堅卓誠信。各有孤詣。其以道自持。蔚成風俗。意量亦遠矣。昔劉向稱董仲舒王佐之才。伊呂無以加。管晏之屬。殆不能及。而劉歆以爲董子師友所漸。曾不能幾乎游夏。以予觀四賢者。雖未逮乎伊呂。固將賢於董子。惜乎不得如劉向父子而論定耳。

自朱子表章周子二程子張子。以爲上接孔孟之傳。後世君相師儒。篤守其說。莫之或易。乾隆中。閎儒輩起。訓詁博辨。度越昔賢。別立徽志。號曰漢學。擯有宋五子之術。以謂不得獨尊。而篤信五子者。亦屏棄漢學。以爲破碎害道。斷斷焉而未有已。吾觀五子立言。其大者多合於洙泗。何可議也。其訓釋諸經。小有不當。固當取近世經說以輔翼之。又可屏棄羣言以自隘乎。斯二者亦俱譏焉。

西漢文章。如子雲相如之雄偉。此天地遒勁之氣。得於陽與剛之美者也。此天地之義氣也。劉向匡衡之淵懿。此天地溫厚之氣。得於陰與柔之美者也。此天地之仁氣也。東漢以還。淹雅無慚於古。而風骨少隤矣。韓柳有作。盡取揚馬之雄奇萬變。而內之於薄物小篇之中。豈不詭哉。歐陽氏曾氏皆法韓公。而體質於匡劉爲近。文章之變。莫可窮詰。要之不出此二途。雖百世可知也。

余鈔古今詩。自魏晉至國朝。得十九家。蓋詩之爲道廣矣。嗜好趨向。各視其性之所近。猶庶羞百味。羅列鼎俎。但取適吾口者。嚌之得飽而已。必窮盡天下之佳肴。辨嘗而後供一饌。是大惑也。必强天下之舌。盡效吾之所嗜。是大愚也。莊子有言。大惑者終身不解。大愚者終身不靈。余於十九家中。又篤守夫四人者焉。唐之李杜。宋之蘇黃。好之者十有七八。非之者亦且二三。余懼蹈莊子不解不靈之譏。則取足於是。終身焉已耳。

司馬子長網羅舊聞。貫串三古。而八書頗病其略。班氏志較詳矣。而斷代爲書。無以觀其會通。欲周覽經世之大法。必自杜氏通典始矣。馬端臨通考。杜氏伯仲之間。鄭志非其倫也。百年以來。學者講求形聲故訓。專治說文。多宗許鄭。少談杜馬。吾以許鄭考先王制作之源。杜馬辨後世因革之要。其於實事求是一也。

先王之道。所謂修己治人。經緯萬彙者。何歸乎。亦曰禮而已矣。秦滅書籍。漢代諸儒之所掇拾。鄭康成之所以卓絕。皆以禮也。杜君卿通典。言禮者十居其六。其識已跨越八代矣。有宋張子朱子之所討論。馬貴與王伯厚之所纂輯。莫不以禮爲兢兢。我朝學者。以顧亭林爲宗。國史儒林傳。褎然冠首。吾讀其書。言及禮俗敎化。則毅然有守先待後。舍我其誰之志。何其壯也。厥後張蒿菴作中庸論。及江愼修戴東原輩。尤以禮爲先務。而秦尙書蕙田。遂纂五禮通考。舉天下古今幽明萬事。而一經之以禮。可謂體大而思精矣。吾圖畫國朝先正遺像。首顧先生。次秦文恭公。亦豈無微旨哉。桐城姚鼐姬傳。高郵王念孫懷祖。其學皆不純於禮。然姚先生持論閎通。國藩之粗解文章。由姚先生啟之也。王氏父子。集小學訓詁之大成。夐乎不可幾已。故以殿焉。

姚姬傳氏言學問之途有三。曰義理。曰詞章。曰考據。戴東原氏亦以爲言。如文周孔孟之聖。左莊馬班之才。誠不可以一方體論矣。至若葛陸范馬。在聖門則以德行而兼政事也。周程張朱。在聖門則德行之科也。皆義理也。韓柳歐曾李杜蘇黃。在聖門則言語之科也。所謂詞章者也。許鄭杜馬顧秦姚王。在聖門則文學之科也。顧秦於杜馬爲近。姚王於許鄭爲近。皆考據也。此三十二子者。師其一人。讀其一書。終身用之。有不能盡。若又有陋於此而求益於外。譬若掘井九仞而不及泉。則以一井爲隘。而必廣掘數十百井。身老力疲。而卒無見泉之一日。其庸有當乎。

自浮屠氏言因果禍福。而爲善獲報之說。深中於人心。牢固而不可破。士方其佔畢咿唔。則期報於科第祿仕。或少讀古書。窺著作之林。則責報於遐邇之譽。後世之名。纂述未及終編。輒冀得一二有力之口。騰播人人之耳。以償吾勞也。朝耕而暮穫。一施而十報。譬若沽酒市脯。喧聒以責之貸者。又取倍稱之息焉。祿利之不遂。則徼倖於沒世不可知之名。甚者至謂孔子生不得位。歿而俎豆之報。隆於堯舜。鬱鬱者以相證慰。何其陋歟。今夫三家之市。利析錙銖。或百錢逋負。怨及孫子。若通闤貿易。瓌貨山積。動逾千金。則百錢之有無。有不暇計較者矣。富商大賈。黃金百萬。公私流衍。則數十百緡之費。有不暇計較者矣。均是人也。所操者大。猶有不暇計其小者。況天之所操尤大。而於世人豪末之善。口耳分寸之學。而一一謀所以報之。不亦勞哉。商之貨殖同時同。而或贏或絀。射策者之所業同。而或中或罷。爲學著書之深淺同。而或傳或否。或名或不名。亦皆有命焉。非可強而幾也。古之君子。蓋無日不憂。無日不樂。道之不明。己之不免爲鄉人。一息之或懈。憂也。居易以俟命。下學而上達。仰不愧而俯不怍。樂也。自文王周孔三聖人以下。至於王氏。莫不憂以終身。樂以終身。無所於祈。何所爲報。己則自悔。何有於名。惟莊周司馬遷柳宗元三人者。傷悼不遇。怨悱形於簡冊。其於聖賢自得之樂。稍違異矣。然彼自惜不世之才。非夫無實而汲汲時名者比也。苟汲汲於名。則去三十二子也遠矣。將適燕晉而南其轅。其於術不益疏哉。

文周孔孟。班馬左莊。葛陸范馬。周程朱張。韓柳歐曾。李杜蘇黃。許鄭杜馬。顧秦姚王。三十二人。俎豆馨香。臨之在上。質之在旁。

五箴 幷序

少不自立。荏苒遂泊今茲。蓋古人學成之年。而吾碌碌尚如斯也。不其戚矣。繼是以往。人事日紛。德慧日損。下流之赴。抑又可知。夫疢疾所以益智。逸豫所以亡身。僕以中才而履安順。將欲刻苦而自振拔。諒哉其難之歟。作五箴以自創云。

立志箴

煌煌先哲。彼不猶人。藐焉小子。亦父母之身。聰明福祿。予我者厚哉。棄天而佚。是及凶災。積悔累千。其終也已。往者不可追。請從今始。荷道以躬。與之以言。一息尚存。永矢弗諼。

居敬箴

天地定位。二五胚胎。鼎焉作配。實曰三才。儼恪齋明。以凝女命。女之不莊。伐生戕性。誰人可慢。何事可弛。弛事者無成。慢人者反爾。縱彼不反。亦長吾驕。人則下女。天罰昭昭。

主靜箴

齋宿日觀。天雞一鳴。萬籟俱息。但聞鐘聲。後有毒蛇。前有猛虎。神定不懾。誰敢予侮。豈伊避人。日對三軍。我慮則一。彼紛不紛。馳騖半生。曾不自主。今其老矣。殆擾擾以終古。

謹言箴

巧語悅人。自擾其身。閒言送日。亦攪女神。解人不誇。誇者不解。道聽塗說。智笑愚駭。駭者終明。謂女賈欺。笑者鄙女。雖矢猶疑。尤悔既叢。銘以自攻。銘而復蹈。嗟女既耄。

有恆箴

自吾識字。百歷及茲。二十有八載。則無一智。曩者所忻。閱時而鄙。往者既拋。新者漸徙。德業之不常。日爲物遷。爾之再食。曾未聞或愆。黍黍之增。久乃盈斗。天君司命。敢告馬走。

古文治要卷二

歷代各家名文

宋玉　周戰國楚人屈平弟子。爲大夫。平既放逐。玉作九辯招魂。述其志而哀其命。又有神女高唐賦對楚王問等篇。皆寓言託興之作。楚詞之尤佳者。

九辯

悲哉秋之爲氣也。蕭瑟兮草木搖落而變衰。憭慄兮若在遠行。登山臨水兮送將歸。泬寥兮天高而氣清。寂漻兮收潦而水清。憯悽增欷兮薄寒之中人。愴怳懭悢兮去故而就新。坎壈兮貧士失職而志不平。廓落兮羇旅而無友生。惆悵兮而私自憐。燕翩翩其辭歸兮。蟬寂寞而無聲。雁嗈嗈而南游兮。鵾雞啁哳而悲鳴。獨申旦而不寐兮。哀蟋蟀之宵征。時亹亹而過中兮。蹇淹留而無成。

悲憂窮蹙兮獨處廓。有美一人兮心不繹。去鄉離家兮來遠客。超逍遙兮今焉薄。專思君兮不可化。君不知兮可奈何。蓄怨兮積思。心煩憺兮忘食事。願一見兮道余意。君之心兮與余異。車駕兮朅而歸。不得見兮心悲。倚結軨兮大息。涕潺湲兮霑軾。慷慨絕兮不得。中瞀亂兮迷惑。私自憐兮何極。心怦怦兮諒直。

皇天平分四時兮。竊獨悲此凜秋。白露既下降百草兮。奄離披此梧楸。去白日之昭昭兮。襲長夜之悠悠。離芳藹之方壯兮。余委約而悲愁。秋既先戒以白露兮。冬又申之以嚴霜。收恢台之孟夏兮。然欿傺而沈藏。葉菸邑而無色兮。枝煩挐而交橫。顏淫溢而將罷兮。柯髣髴而委黃。萷櫹槮之可哀兮。形銷鑠而瘀傷。惟其紛糅而將落兮。恨其失時而無當。擥騑轡而下節兮。聊逍遙以相羊。歲忽忽而遒盡兮。恐余壽之弗將。悼余生之不時兮。逢此世之俇攘。澹容與而獨倚兮。蟋蟀鳴此西堂。心怵惕而震盪兮。何所憂之多方。仰明月而太息兮。步列星而極明。

竊悲夫蕙華之曾敷兮。紛旖旎乎都房。何曾華之無實兮。從風雨而飛颺。以爲君獨服此蕙兮。嗟無以異於衆芳。閔奇思之不通兮。將去君而高翔。心閔憐之慘悽兮。願一見而有明。重無怨而生離兮。中結軫而增傷。豈不鬱陶而思君兮。君之門以九重。猛犬狺狺而迎吠兮。關梁閉而不通。皇天淫溢而秋霖兮。后土何時而得乾。塊獨守此無澤兮。仰浮雲而永歎。

何時俗之工巧兮。背繩墨而改錯。卻騏驥而不乘兮。策駑駘而取路。當世豈無騏驥兮。誠莫之能善御。見執轡者非其人兮。故駶跳而遠去。鳧雁皆唼夫粱藻兮。鳳愈飄翔而高舉。圜鑿而方枘兮。吾固知其鉏鋙而難入。鳧雁皆有所登棲兮。鳳獨遑遑而無所集。願銜枚而無言兮。嘗被君之渥洽。太公九十乃顯榮兮。誠未遇其匹合。謂騏驥兮安歸。謂鳳皇兮安棲。變古易俗兮世衰。今之相者兮舉肥。騏驥伏匿而不見兮。鳳皇高飛而不下。鳥獸猶知懷德兮。何云賢士之不處。驥不驟進而求服兮。鳳亦不貪餧而忘食。君棄遠而不察兮。雖願忠其焉得。欲寂寞而絕端兮。竊不敢忘初之厚德。獨悲愁其傷人兮。馮鬱鬱其何極。

霜露慘悽而交下兮。心尚幸其弗濟。霰雪雰糅其增加兮。乃知遭命之將至。願徼幸而有待兮。泊莽莽與壄草同死。願自直而徑往兮。路壅絕而不通。欲循道而平驅兮。又未知其所從。然中路而迷惑兮。自厭按而學誦。性愚陋以褊淺兮。信未達乎從容。竊美申包胥之氣晟兮。恐時世之不同。何時俗之工巧兮。滅規榘而改鑿。獨耿介而不隨兮。願慕先聖之遺教。處濁世而顯榮兮。非余心之所樂。與其無義而有名兮。寧窮處而守高。食不媮而為飽兮。衣不苟而為溫。竊慕詩人之遺風兮。願託志乎素餐。蹇充倔而無端兮。泊莽莽而無垠。無衣裘以御冬兮。恐溘死不得見乎陽春。

靚杪秋之遙夜兮。心繚悷而有哀。春秋逴逴而日高兮。然惆悵而自悲。四時遞來而卒歲兮。陰陽不可與儷偕。白日晼晚其將入兮。明月銷鑠而減毀。歲忽忽而遒盡兮。老冉冉而愈弛。心搖悅而日幸兮。然怊悵而無冀。中憯惻之悽愴兮。長太息而增欷。年洋洋以日往兮。老嵺廓而無處。事亹亹而覬進兮。蹇淹留而躊躇。

何氾濫之浮雲兮。猋壅蔽此明月。忠昭昭而願見兮。然霠曀而莫達。願皓日之顯行兮。雲蒙蒙而蔽之。竊不自料而願忠兮。或黕點而汙之。堯舜之抗行兮。瞭冥冥而薄天。何險巇之嫉妬兮。被以不慈之僞名。彼日月之照明兮。尙黯黮而有瑕。何況一國之事兮。亦多端而膠加。被荷裯之晏晏兮。然潢洋而不可帶。既驕美而伐武兮。負左右之耿介。憎慍惀之修美兮。好夫人之慷慨。衆踥蹀而日進兮。美超遠而逾邁。農夫輟耕而容與兮。恐田野之蕪穢。事緜緜而多私兮。竊悼後之危敗。世雷同而炫曜兮。何毀譽之昧昧。今修飾而窺鏡兮。後尙可以竄藏。願寄言夫流星兮。羌儵忽而難當。卒壅蔽此浮雲兮。下暗漠而無光。

堯舜皆有所舉任兮。故高枕而自適。諒無怨於天下兮。心焉取此怵惕。乘騏驥之瀏瀏兮。馭安用夫彊策。諒城郭之不足恃兮。雖重介之何益。邅翼翼而無終兮。忳惛惛而愁約。生天地之若過兮。功不成而無效。願沈滯而不見兮。尙欲布名乎天下。然潢洋而不遇兮。直怐愗而自苦。莽洋洋而無極兮。忽翺翔之焉薄。國有驥而不知乘兮。焉皇皇而更索。寧戚謳於車下兮。桓公聞而知之。無伯樂之善相兮。今誰使乎譽之。罔流涕以聊慮兮。惟著意而得之。紛純純而願忠兮。妒被離而鄣之。願賜不肖之軀而別離兮。放遊志乎雲中。乘精氣之摶摶兮。騖諸神之湛湛。驂白霓之習習兮。歷羣靈之豐豐。左朱雀之茇茇兮。右蒼龍之躣躣。屬雷師之闐闐兮。通飛廉之衙衙。前輕輬之鏘鏘兮。後輜乘之從從。載雲旗之委蛇兮。扈屯騎之容容。計專專之不可化兮。願遂推而爲臧。賴皇天之厚德兮。還及君之無恙。

對楚王問

楚襄王問於宋玉曰。先生其有遺行與。何士民衆庶不譽之甚也。宋玉對曰。唯。然。有之。願大王寬其罪。使得畢其辭。客有歌於郢中者。其始曰下里巴人。國中屬而和者數千人。其爲陽阿薤露。國中屬而和者數百人。其爲陽春白雪。國中屬而和者數十人。引商刻羽。雜以流徵。國中屬而和者。不過數人而已。是其曲彌高。其和彌寡。故鳥有鳳而魚有鯤。鳳皇上擊九千里。絕雲霓。負蒼天。翱翔乎杳冥之上。夫蕃籬之鷃。豈能與之料天地之高哉。鯤魚朝發於崑崙之墟。暴鬐於碣石。暮宿於孟諸。夫尺澤之鯢。豈能與之量江海之大哉。故非獨鳥有鳳而魚有鯤也。士亦有之。夫聖人瑰意琦行。超然獨處。世俗之民。又安知臣之所爲哉。

鄒陽　漢臨淄人。景帝時與枚乘嚴忌仕吳。以文辯知名。吳王陰有邪謀。上書諫不聽。去之梁。從孝王遊。爲羊勝等所譖。下獄。上書自陳。王出之。待爲上客。

獄中上梁王書

臣聞忠無不報。信不見疑。臣常以爲然。徒虛語耳。昔荊軻慕燕丹之義。白虹貫日。太子畏之。衞先生爲秦畫長平之事。太白食昴。昭王疑之。夫精誠變天地。而信不諭兩主。豈不哀哉。今臣盡忠竭誠。畢議願知。左右不明。卒從吏訊。爲世所疑。是使荊軻衞先生復起。而燕秦不悟也。願大王熟察之。昔玉人卞和（史記作）獻寶。楚王誅之。李斯竭忠。胡亥極刑。是以箕子佯狂。接輿避世。恐遭此患也。願大王察玉人李斯之意。而後楚王胡亥之聽。毋使臣爲箕子接輿所笑。臣聞比干剖心。子胥鴟夷。臣始不信。乃今知之。願大王熟察。少加憐焉。語曰。有白頭如新。傾蓋如故。何則。知與不知也。故樊於期逃秦之燕。藉荆軻首以奉丹事。王奢去齊之魏。臨城自剄。以卻齊而存魏。夫王奢樊於期非新於齊秦而故於燕魏也。所以去二國死兩君者。行合於志。慕義無窮也。是以蘇秦不信於天下。爲燕尾生。白圭戰亡六城。爲魏取中山。何則。誠有以相知也。蘇秦相燕。人惡之燕王。燕王按劍而怒。食以駃騠。白圭顯於中山。人惡之魏文侯。文侯賜以夜光之璧。何則。兩主二臣。剖心析肝相信。豈移於浮辭哉。故女無美惡。入宮見妒。士無賢不肖。入朝見嫉。昔司馬喜臏腳於宋。卒相中山。范睢摺脅折齒於魏。卒爲應侯。此二人者。皆信必然之畫。捐朋黨之私。挾孤獨之交。故不能自免於嫉妒之人也。是以申徒狄蹈雍之河。徐衍負石入海。不容身於世。義不苟取比周於朝。以移主上之心。故百里奚乞食於路。穆公委之以政。寗戚飯牛車下。桓公任之以國。此二人者。豈素宦於朝。借譽於左右。然後二主用之哉。感於心。合於意。堅如膠漆。昆弟不能離。豈惑於衆口哉。故偏聽生姦。獨任成亂。昔魯聽季孫之說。逐孔子。宋信子冉（史作子罕）之計。囚墨翟。夫以孔墨之辯。不能自免於讒諛。而二國以危。何則。衆口鑠金。積毀銷骨也。秦用戎人由余而霸中國。齊用越人子臧而彊威宣。此二國豈係於俗。牽於世。繫奇（史作阿）。偏之浮辭哉。公聽並觀。垂明當世。故意合則胡越爲兄弟由余子臧是矣。不合則骨肉爲讎敵。朱象管蔡是矣。今人主誠能用齊秦之明。後宋魯之聽。則五霸不足侔。而三王易爲比也。是以聖王覺寤。捐子之之心。而不說田常之賢。封比干之後。修孕婦之墓。故功業復於天下。何則。欲善亡厭也。夫晉文親其讎。而彊霸諸侯。齊桓用其讎。而一匡天下。何則。慈仁殷勤。誠嘉於心。不可以虛辭借也。至夫秦用商鞅之法。東弱韓衞立(二字史作魏兵。)彊天下。而卒車裂之。越用大夫種之謀。禽勁吳而霸中國。遂誅其身。是以孫叔敖三去相而不悔。於陵子仲辭三公爲人灌園。今人主誠能去驕傲之心。懷可報之意。披心腹。見情素。墮肝膽。施厚德。終與之窮達。無愛於士。則桀之犬可使吠堯。跖之客可使刺由。何況因萬乘之權。假聖王之資乎。然則荆軻湛七族。要離燔妻子。豈足爲大王道哉。臣聞明月之珠。夜光之璧。以闇投人於道。衆莫不按劍相眄者。何則。無因而至前也。蟠木根柢。輪囷離奇。而爲萬乘器者。以左右先爲之容也。故無因而至前。雖出隋珠和璧。(史作隨侯之珠夜光之璧。)祇足結怨而不見德。有人先談。則枯木朽株。樹功而不忘。今夫天下布衣窮居之士。身在貧羸。雖蒙堯舜之術。挾伊管之辯。懷龍逄比干之意。(史有欲盡忠當世之君)而素無根柢之容。雖竭精神。欲開忠於當世之君。(史作欲開忠信輔人主之治。)則人主必襲按劍相眄之迹矣。是使布衣之士。不得爲枯木朽株之資也。是以聖王制世御俗。獨化於陶鈞之上。而不牽乎卑辭之誠。不奪乎衆多之口。故秦皇帝任中庶子蒙(史有嘉字。)之言。以信荆軻。而匕首竊發。周文王獵涇渭。呂載尚歸。以王天下。

秦信左右而亡。周用烏集而王。何則。以其能越拘攣之語。馳域外之議。獨觀乎昭曠之道也。今人主沈諂諛之辭。牽帷廧之制。使不羈之士與牛驥同皁。此鮑焦所以憤於世史有而不留富貴之樂也。臣聞盛飾入朝者。不以私汙義。底厲名號者。不以利傷行。故里名勝母。曾子不入。邑號朝歌。墨子回車。今欲使天下寥廓之士。籠於威重之權。脅於位勢之貴。回面汙行。以事諂諛之人。而求親近於左右。則士有伏死堀穴巖藪之中耳。安有盡忠信而趨闕下者哉。

枚乘　漢淮陰人。亦稱枚叔。景帝時仕吳。上書陳吳王不納。去之梁。孝王尊為上客。武帝時乘年已老。以安車蒲輪徵之。道卒。嘗作七發。後人仿為甚多。然未有及之者。乘與鄒陽之文。皆尚排偶。為六朝文體之濫觴。惟氣勢則皆雄偉饒有先秦諸子之遺風焉。

奏吳王書

臣聞得全者全昌。失全者全亡。舜無立錐之地。以有天下。禹無十戶之聚。以王諸侯。湯武之土不過百里。上不絕三光之明。下不傷百姓之心者。有王術也。故父子之道。天性也。忠臣不避重誅以直諫。則事無遺策。功流萬世。臣乘願披腹心而效愚忠。惟大王少加意念惻怛之心於臣乘言。夫以一縷之任。係千鈞之重。上懸無極之高。下垂不測之淵。雖甚愚之人。猶知哀其將絕也。馬方駭鼓而驚之。繫方絕又重鎮之。繫絕於天不可復結。墜於深淵難以復出。其出不出。間不容髮。能聽忠臣之言。百舉必脫。必若所欲為。危於累卵。難於上天。變所欲為。

易於反掌。安於泰山。今欲極天命之壽。敝無窮之樂。究萬乘之勢。不出反掌之易。居泰山之安。而欲乘累卵之危。走上天之難。此愚臣之所大惑也。人性有畏其景而惡其跡者。卻背而走。跡愈多。景愈疾。不知就陰而止。景滅跡絕。欲人勿聞。莫若勿言。欲人勿知。莫若勿爲。欲湯之滄。一人炊之。百人揚之。無益也。不如絕薪止火而已。不絕之於彼。而救之於此。譬猶抱薪而救火也。養由基。楚之善射者也。去楊葉百步。百發百中。楊葉之大。加百中焉。可謂善射矣。然其所止。百步之內耳。比於臣。乘未知操弓持矢也。福生有基。禍生有胎。納其基。絕其胎。禍何自來。泰山之霤穿石。殫極之紈斷幹。水非石之鑽。索非木之鋸。漸靡使之然也。夫銖銖而稱之。至石必差。寸寸而度之。至丈必過。石稱丈量。徑而寡失。夫十圍之木。始生如蘗。足可搔而絕。手可擢而抓。據其未生。先其未形也。磨礱砥礪。不見其損。有時而盡。種樹畜養。不見其益。有時而大。積德累行。不知其善。有時而用。棄義背理。不知其惡。有時而亡。臣願大王孰計而身行之。此百世不易之道也。

七發

楚太子有疾。而吳客往問之曰。伏聞太子玉體不安。亦少間乎。太子曰。憊。謹謝客。客因稱曰。今天下安寧。四宇和平。太子方富於年。意者久耽安樂。日夜無極。邪氣襲逆。中若結轖。紛屯澹淡。噓唏煩酲。惕惕怵怵。臥不得瞑。虛中重聽。惡聞人聲。精神越渫。百病咸生。聰明眩曜。悅怒不平。久執不廢。大命乃傾。太子豈有是乎。太子曰。謹謝客。賴君之力。時時有之。然未至於是也。客曰。今夫貴人之子。必宮居而閨處。內有保母。外有傅父。欲交無所。飲食則溫淳甘膬。腥醲肥厚。衣裳則雜遝曼煖。燂爍熱暑。雖有金石之堅。猶將銷鑠而挺解也。況其在筋骨之間乎哉。故曰。縱耳目之欲。恣支體之安者。傷血脈之和。且夫出輿入輦。命曰蹷痿之機。洞房清宮。命曰寒熱之媒。皓齒蛾眉。命曰伐性之斧。甘脆肥醲。命曰腐腸之藥。今太子膚色靡曼。四支委隨。筋骨挺解。血脈淫濯。手足惰窳。越女侍前。齊姬奉後。往來遊讌。縱恣乎曲房隱間之中。此甘餐毒藥。戲猛獸之爪牙也。所從來者至深遠。淹滯永久而不廢。雖令扁鵲治內。巫咸治外。尚何及哉。今如太子之病者。獨宜世之君子。博見彊識。承間語事。變度易意。常無離側。以為羽翼。淹沈之樂。浩唐之心。遁佚之志。其奚由至哉。太子曰。諾。病已。請事此言。

客曰。今太子之病。可無藥石針刺灸療而已。可以要言妙道說而去也。不欲聞之乎。太子曰。僕願聞之。客曰。龍門之桐。高百尺而無枝。中鬱結之輪菌。根扶疏以分離。上有千仞之峯。下臨百丈之谿。湍流遡波。又澹淡之。其根半死半生。冬則烈風漂霰飛雪之所激也。夏則雷霆霹靂之所感也。朝則黃鸝鳱鴠鳴焉。暮則羈雌迷鳥宿焉。獨鵠晨號乎其上。鵾雞哀鳴翔乎其下。於是背秋涉冬。使琴摯斫斬以為琴。野繭之絲以為絃。孤子之鉤以為隱。九寡之珥以為約。使師堂操暢。伯子牙為之歌。歌曰。麥秀蔪兮雉朝飛。向虛壑兮背槁槐。依絕區兮臨迴溪。飛鳥聞之。翕翼而不能去。野獸聞之。垂耳而不能行。蚑蟜螻蟻聞之。拄喙而不能前。此亦天下之至悲也。太子能彊起聽之乎。太子曰。僕病未能也

客曰。犓牛之腴。菜以筍蒲。肥狗之和。冒以山膚。楚苗之食。安胡之飯。摶之不解。一啜而散。於是使伊尹煎熬。易牙調和。熊蹯之臑。芍藥之醬。薄耆之炙。鮮鯉之鱠。秋黃之蘇。白露之茹。蘭英之酒。酌以滌口。山梁之餐。豢豹之胎。小飯大歠。如湯沃雪。此亦天下之至美也。太子能彊起嘗之乎。太子曰。僕病未能也。

客曰。鍾岱之牡。齒至之車。前似飛鳥。後類距虛。穱麥服處。躁中煩外。羈堅轡。附易路。於是伯樂相其前後。王良造父爲之御。秦缺樓季爲之右。此兩人者。馬佚能止之。車覆能起之。於是使射千鎰之重。爭千里之逐。此亦天下之至駿也。太子能彊起乘之乎。太子曰。僕病未能也。

客曰。既登景夷之臺。南望荊山。北望汝海。左江右湖。其樂無有。於是使博辯之士。原本山川。極命草木。比物屬事。離辭連類。浮游覽觀。乃下置酒於虞懷之宮。連廊四注。臺城層構。紛紜玄綠。輦道邪交。黃池紆曲。溷章白鷺。孔雀鶤鵠。鵷鶵鵁鶄。翠鬣紫纓。螭龍德牧。邕邕羣鳴。陽魚騰躍。奮翼振鱗。漃漻薵蓼。蔓草芳苓。女桑河柳。素葉紫莖。苗松豫章。條上造天。梧桐并櫚。極望成林。衆芳芬鬱。亂於五風。從容猗靡。消息陰陽。列坐縱酒。蕩樂娛心。景春佐酒。杜連理音。滋味雜陳。肴糅錯該。練色娛目。流聲悅耳。於是乃發激楚之結風。揚鄭衞之皓樂。使先施

徵舒陽文段干吳娃閭娵傅予之徒。雜裾垂髾。目窕心與。揄流波。雜杜若。蒙清塵。被蘭澤。嬿服而御。此亦天下之靡麗皓侈廣博之樂也。太子能彊起遊乎。太子曰僕病未能也

客曰。將為太子馴騏驥之馬。駕飛軨之輿。乘牡駿之乘。右夏服之勁箭。左烏號之雕弓。游涉乎雲林。周馳乎蘭澤。弭節乎江潯。掩青蘋。遊清風。陶陽氣。蕩春心。逐狡獸。集輕禽。於是極犬馬之才。困野獸之足。窮相御之智巧。恐虎豹。慴鷙鳥。逐馬鳴鑣。魚跨麋角。履遊麕兔。蹈踐麖鹿。汗流沫墜。冤伏陵窘。無創而死者。固足充後乘矣。此校獵之至壯也。太子能彊起游乎。太子曰。僕病未能也。然陽氣見於眉宇之間。侵淫而上。幾滿大宅。客見太子有悅色也。遂推而進之曰。冥火薄天。兵車雷運。旌旗偃蹇。羽旄肅紛。馳騁角逐。慕味爭先。徼墨廣博。望之有圻。純粹全犧。獻之公門。太子曰。善。願復聞之。客曰。未既。於是榛林深澤。煙雲闇莫。兕虎並作。毅武孔猛。袒裼身薄。白刃磑磑。矛戟交錯。收獲掌功。賞賜金帛。掩蘋肆若。為牧人席。旨酒嘉肴。羞炰膾炙。以御賓客。涌觴並起。動心驚耳。誠必不悔。決絕以諾。貞信之色。形於金石。高歌陳唱。萬歲無斁。此真太子之所喜也。能彊起而遊乎。太子曰。僕甚願從。直恐為諸大夫累耳。然而有起色矣。

客曰。將以八月之望。與諸侯遠方交遊兄弟。並觀濤乎廣陵之曲江。至則未見濤之形也。徒觀水力之所到。則卹然足以駭矣。觀其所駕軼者。所擢拔者。所揚汩者。所溫汾者。所滌汔者。

雖有心略辭給。固未能縷形其所由然也。怳兮忽兮。聊兮慄兮。混汩汩兮。忽兮慌兮。俶兮儻兮。浩瀇瀁兮。慌曠曠兮。秉意乎南山。通望乎東海。虹洞乎蒼天。極慮乎崖涘。流攬無窮。歸神日母。汩乘流而下降兮。或不知其所止。或紛紜其流折兮。忽繆往而不來。臨朱汜而遠逝兮。中虛煩而益怠。莫離散而發曙兮。內存心而自持。於是澡槩胸中。灑練五藏。澉澹手足。頮濯髮齒。揄棄恬怠。輸寫淟濁。分決狐疑。發皇耳目。當是之時。雖有淹病滯疾。猶將伸傴起躄發瞽披聾而觀望之也。況直眇小煩懣。醒醲病酒之徒哉。故曰發蒙解惑。不足以言也。太子曰。善。然則濤何氣哉。客曰。不記也。然聞於師曰。似神而非者三。疾雷聞百里。江水逆流。海水上潮。山出內雲。日夜不止。衍溢漂疾。波湧而濤起。其始起也。洪淋淋焉。若白鷺之下翔。其少進也。浩浩溰溰。如素車白馬帷蓋之張。其波涌而雲亂。擾擾焉如三軍之騰裝。其旁作而奔起也。飄飄焉如輕車之勒兵。六駕蛟龍。附從太白。純馳浩蜺。前後絡繹。顒顒卬卬。椐椐彊彊。莘莘將將。壁壘重堅。沓雜似軍行。訇隱匈礚。軋盤涌裔。原不可當。觀其兩旁。則滂渤怫鬱。闇漠感突。上擊下硉。有似勇壯之卒。突怒而無畏。蹈壁衝津。窮曲隨隈。踰岸出追。遇者死。當者壞。初發乎或圍之津涯。荄軫谷分。迴翔青篾。銜枚檀桓。弭節伍子之山。通厲胥母之場。淩赤岸。篲扶桑。橫奔似雷行。誠奮厥武。如振如怒。沌沌渾渾。狀如奔馬。混混庉庉。聲如雷鼓。發怒厔沓。清升踰跇。侯波奮振。合戰於藉藉之口。鳥不及飛。魚不及迴。獸不及走。紛紛翼翼。波涌雲亂。蕩取南山。背擊北岸。覆虧邱陵。平夷西畔。險險戲戲。崩壞陂池。決勝乃罷。瀄汨潺湲。披揚流灑。橫暴之極。魚鼈失勢。顛倒偃側。沋沋湲湲。蒲伏連延。神物怪疑。不可勝言。直使人踣焉。洄闇悽愴焉。此天下怪異詭觀也。太子能彊起觀之乎。太子曰。僕病未能也。

客曰。將為太子奏方術之士有資略者。若莊周魏牟楊朱墨翟便蜎詹何之倫。使之論天下之精微。理萬物之是非。孔老覽觀。孟子持籌而算之。萬不失一。此亦天下要言妙道也。太子豈欲聞之乎。於是太子據几而起曰。渙乎若一聽聖人辯士之言。涊然汗出。霍然病已。

劉安　漢高帝少子長之子。嗣父為淮南王。好書。招致賓客方士數千人。作為內書外書甚多。又嘗受詔作離騷傳。武帝甚尊重之。賜几杖不朝。後以謀反自殺。（案姚鼐曰。此篇王逸以為淮南小山之辭。蓋藝文志所云淮南王羣臣賦也。文選直題淮南王安作。鼐疑昭明之世。容有班固賈逵所解楚辭。或據異說題之。本書亦從昭明所題。而附姚說於此。）

招隱士

桂樹叢生兮山之幽。偃蹇連卷兮枝相繚。山氣巃嵸兮石嵯峨。谿谷嶄巖兮水層波。猨狖羣嘯兮虎豹嗥。攀援桂枝兮聊淹留。王孫遊兮不歸。春草生兮萋萋。歲暮兮不自聊。蟪蛄鳴兮啾啾。坱兮軋。山曲岪。心淹留兮洞荒忽。罔兮沕。憭兮慄。虎豹穴。叢薄深林兮人上慄。嶔岑碕礒兮。碅磳磈硊。樹輪相糾兮。林木茷骫。青莎雜樹兮。薠草靃靡。白鹿麏麚兮。或騰或倚。狀貌崟崟兮峨峨。淒淒兮漇漇。獮猴兮熊羆。慕類兮以悲。攀援桂枝兮聊淹留。虎豹鬭兮熊羆咆。禽獸駭兮忘其曹。王孫兮歸來。山中兮不可以久留。

漢武帝

沛人。姓劉。名徹。景帝子。承文景富庶之餘。好儒術。與大學。表章六經。一時文學之士。彬彬而起。武功亦盛。稱為雄主。史漢載其歌辭詔令數十首。雄偉典麗。雖後世文士竭力模倣。亦不易及。在位五十四年。

元狩二年報李廣詔

將軍者。國之爪牙也。司馬法曰。登車不式。遭喪不服。振旅撫師。以征不服。率三軍之心。同戰士之力。故怒形則千里竦。威振則萬物伏。是以名聲暴於夷貉。威稜憺乎鄰國。夫報忿除害。捐殘去殺。朕之所圖於將軍也。若迺免冠徒跣。稽顙請罪。豈朕之指哉。將軍其率師東轅。彌節白檀。以臨右北平盛秋。

元封五年求賢詔

蓋有非常之功。必待非常之人。故馬或奔踶而致千里。士或有負俗之累而立功名。夫覂駕之馬。跅弛之士。亦在御之而已。其令州縣察吏民。舉茂才異等。可為將相及使絕國者。

秋風辭

秋風起兮白雲飛。草木黃落兮雁南歸。蘭有秀兮菊有芳。懷佳人兮不能忘。泛樓船兮濟汾河。橫中流兮揚素波。簫鼓鳴兮發棹歌。歡樂極兮哀情多。少壯幾時兮奈老何。

東方朔　漢厭次人。字曼倩。善詼諧滑稽。武帝時。官至大中大夫給事中。時以諷諫救帝之過。後上書陳農戰彊國之計。不見用。因著論設客難。已又謂非有先生之論。朔長於文辭。而此二篇爲最善。揚雄班固以下多仿之。又著有神異經海內十洲記等。

答客難

客難東方朔曰。蘇秦張儀。一當萬乘之主。而都卿相之位。澤及後世。今子大夫修先王之術。慕聖人之義。諷誦詩書百家之言。不可勝數。著於竹帛。脣腐齒落。服膺而不釋。好學樂道之效。明白甚矣。自以智能海內無雙。則可謂博聞辯智矣。然悉力盡忠以事聖帝。曠日持久。積數十年。官不過侍郞。位不過執戟。意者尙有遺行邪。同胞之徒。無所容居。其故何也。東方先生喟然長息。仰而應之曰。是固非子之所能備。彼一時也。此一時也。豈可同哉。夫蘇秦張儀之時。周室大壞。諸侯不朝。力政爭權。相禽以兵。幷爲十二國。未有雌雄。得士者彊。失士者亡。故談說行焉。身處尊位。珍寶充內。外有倉廩。澤及後世。子孫長享。今則不然。聖帝流德。天下震慴。諸侯賓服。連四海之外以爲帶。安於覆盂。天下均平。合爲一家。動發舉事。猶運之掌。賢與不肖。何以異哉。遵天之道。順地之理。物無不得其所。故綏之則安。動之則苦。尊之則爲將。卑之則爲虜。抗之則在青雲之上。抑之則在深淵之下。用之則爲虎。不用則爲鼠。雖欲盡節效情。安知前後。夫天地之大。士民之衆。竭精談說。並進輻湊者。不可勝數。悉力慕之。困於衣食或失門戶。使蘇秦張儀與僕並生於今之世。曾不得掌故。安敢望侍郎乎。傳曰。天下無害。雖有聖人。無所施才。上下和同。雖有賢者。無所立功。故曰。時異事異。雖然。安可以不務修身乎哉。詩曰。鼓鐘于宮。聲聞于外。鶴鳴于九皋。聲聞于天。苟能修身。何患不榮。太公體行仁義。七十有二。乃設用於文武。得信厥說。封於齊。七百歲而不絕。此士所以日夜孳孳。修學敏行而不敢怠也。譬若鶺鴒。飛且鳴矣。傳曰。天不為人之惡寒而輟其冬。地不為人之惡險而輟其廣。君子不為小人之匈匈而易其行。天有常度。地有常形。君子有常行。君子道其常。小人計其功。詩云。禮義之不愆。何恤人之言。故曰。水至清則無魚。人至察則無徒。冕而前旒。所以蔽明。黈纊充耳。所以塞聰。明有所不見。聰有所不聞。舉大德。赦小過。無求備於一人之義也。枉而直之。使自得之。優而柔之。使自求之。揆而度之。使自索之。蓋聖人之教化如此。欲其自得之。自得之。則敏且廣矣。今世之處士。魁然無徒。廓然獨居。上觀許由。下察接輿。計同范蠡。忠合子胥。天下和平。與義相扶。寡耦少徒。固其宜也。子何疑於予哉。若夫燕之用樂毅。秦之用李斯。酈食其之下齊。說行如流。曲從如環。所欲必得。功若邱山。海內定。國家安。是遇其時者也。子又何怪之邪。語曰。以筦闚天。以蠡測海。以莛撞鐘。豈能通其條貫。考其文理。發其音聲哉。繇是觀之。譬猶鼱鼩之襲狗。孤豚之咋虎。至則靡耳。何功之有。今以下愚而非處士。雖欲勿困。固不得已。此適足以明其不知權變。而終惑於大道也。

非有先生論

非有先生仕於吳。進不能稱往古以廣主意。退不能揚君美以顯其功。默然無言者三年矣。吳王怪而問之曰。寡人獲先王之功。寄於衆賢之上。夙興夜寐。未嘗敢怠也。今先王率然高舉。遠集吳地。將以輔治寡人。誠竊嘉之。體不安席。食不甘味。目不視靡曼之色。耳不聽鐘鼓之音。虛心定志。欲聞流議者三年於茲矣。今先生進無以輔治。退不揚主譽。竊爲先生不取也。蓋懷能而不見。臣不忠也。見而不行。主不明也。意者寡人殆不明乎。非有先生伏而唯唯。吳王曰。可以談矣。寡人將竦意而覽焉。先生曰。於戲。可乎哉。可乎哉。談何容易。夫談者有悖於目。佛於耳。謬於心。而便於身者。或有悅於目。順於耳。快於心。而毀於行者。非有明王聖主。孰能聽之矣。吳王曰。何爲其然也。中人以上。可以語上也。先生試言。寡人將覽焉。先生對曰。昔關龍逢深諫於桀。而王子比干直言於紂。此二臣者。皆極慮盡忠。閔主澤不下流。而萬民騷動。故直言其失。切諫其邪者。將以爲君之榮。除主之禍也。今則不然。反以爲誹謗君之行。無人臣之禮。果紛然傷於身。蒙不辜之名。戮及先人。爲天下笑。故曰。談何容易。是以輔弼之臣瓦解。而邪諂之人並進。遂及飛廉惡來革等。三人皆詐僞。巧言利口。以進其身。陰奉琱琢刻鏤之好。以納其心。務快耳目之欲。以苟容爲度。遂往不戒。身沒被戮。宗廟崩弛。國家爲墟。殺戮賢臣。親近讒夫。詩不云乎。讒人罔極。交亂四國。此之謂也。故卑身賤體。說色微辭。愉愉喣喣。終無益於主上之治。即志士仁人不忍爲也。將儼然作矜莊之色。深言直諫。上以拂人主之邪。下以損百姓之害。則忤於邪主之心。歷於衰世之法。故養壽命之士。莫肯進也。遂居深山之間。積土爲室。編蓬爲戶。彈琴其中。以詠先王之風。亦可以樂而忘死矣。是以伯夷叔齊避周。餓于首陽之下。後世稱其仁。如是邪主之行固足畏也。故曰談何容易。於是吳王懼然易容。捐薦去几。危坐而聽。先生曰。接輿避世。箕子被髮佯狂。此二子者。皆避濁世以全其身者也。使遇明王聖主。得賜清讌之閒。寬和之色。發憤畢誠。圖畫安危。揆度得失。上以安主體。下以便萬民。則五帝三王之道可幾而見也。故伊尹蒙恥辱。負鼎俎。和五味以干湯。太公釣於渭之陽。以見文王。心合意同。謀無不成。計無不從。誠得其君也。深念遠慮。引義以正其身。推恩以廣其下。本仁祖誼。褒有德。祿賢能。誅惡亂。總遠方。壹統類。美風俗。此帝王所由昌也。上不變天性。下不奪人倫。則天地和洽。遠方懷之。故號聖王。臣子之職既加矣。於是裂地定封。爵爲公侯。傳國子孫。名顯後世。民到于今稱之。以遇湯與文王也。太公伊尹以如此。龍逢比干獨如彼。豈不哀哉。故曰談何容易。於是吳王穆然。俛而深惟。仰而泣下交頤。曰。嗟乎。余國之不亡也。綿綿連連。殆哉世之不絕也。於是正明堂之朝。齊君臣之位。舉賢才。布德惠。施仁義。賞有功。躬親節儉。減後宮之費。損車馬之用。放鄭聲。遠佞人。省庖廚。去侈靡。卑宮館。壞苑囿。填池塹。以與貧民無產業者。開內藏。振貧窮。存耆老。恤孤獨。薄賦斂。省刑罰。行此三年。海內晏然。天下大治。陰陽和調。萬物咸得其宜。國無災害之變。民無飢寒之色。家給人足。畜積有餘。囹圄空虛。鳳凰來集。麒麟在郊。甘露既降。朱草萌芽。遠方異俗之人。嚮風慕義。各奉其職而來朝賀。故治亂之道。存亡之端。若此易見。而君人者莫肯爲也。臣愚竊以爲過。故詩曰。王國克生。惟周之貞。濟濟多士。文王以寧。此之謂也。

李陵　漢成紀人。字少卿。武帝時拜騎都尉。將步騎五千。自當一隊。與匈奴戰。力竭而降。文選載其與蘇武書。自解見陷匈奴與不得歸漢之苦衷。世多傳誦。惟文境不類西漢。論者以爲六朝人所依託。

答蘇武書

子卿足下。勤宣令德。策名清時。榮問休暢。幸甚幸甚。遠託異國。昔人所悲。望風懷想。能不依依。昔者不遺。遠辱還答。慰誨勤勤。有踰骨肉。陵雖不敏。能不慨然。自從初降。以至今日。身之窮困。獨坐愁苦。終日無覩。但見異類。韋韝毳幙。以禦風雨。羶肉酪漿。以充飢渴。舉目言笑。誰與爲歡。胡地玄冰。邊土慘裂。但聞悲風蕭條之聲。涼秋九月。塞外草衰。夜不能寐。側耳遠聽。胡笳互動。牧馬悲鳴。吟嘯成羣。邊聲四起。晨坐聽之。不覺淚下。嗟乎子卿。陵獨何心。能不悲哉。與子別後。益復無聊。上念老母。臨年被戮。妻子無辜。竝爲鯨鯢。身負國恩。爲世所悲。子歸受榮。我留受辱。命也如何。身出禮義之鄉。而入無知之俗。違棄君親之恩。長爲蠻夷之域。傷已。令先君之嗣。更成戎狄之族。又自悲矣。功大罪小。不蒙明察。孤負陵心區區之意。每一念至。忽然忘生。陵不難刺心以自明。刎頸以見志。顧國家於我已矣。殺身無益。適足增羞。故每攘臂忍辱。輒復苟活。左右之人。見陵如此。以爲不入耳之歡。來相勸勉。異方之樂。祇令人悲增忉怛耳。嗟乎子卿。人之相知。貴相知心。前書倉卒。未盡所懷。故復略而言之。昔先帝授陵步卒五千。出征絕域。五將失道。陵獨遇戰。而裹萬里之糧。帥徒步之師。出天漢之外。入強胡之域。以五千之衆。對十萬之軍。策疲乏之兵。當新羈之馬。然猶斬將搴旗。追奔逐北。滅跡埽塵。斬其梟帥。使三軍之士。視死如歸。陵也不才。希當大任。意謂此時功難堪矣。匈奴既敗。舉國興師。更練精兵。强踰十萬。單于臨陣。親自合圍。主客之形。既不相如。步馬之勢。又甚懸絕。疲兵再戰。一以當千。然猶扶創乘痛。決命爭首。死傷積野。餘不滿百。而皆扶病。不任干戈。然陵振臂一呼。創病皆起。舉刃指虜。胡馬奔走。兵盡矢窮。人無尺鐵。猶復徒手奮呼。爭爲先登。當此時也。天地爲陵震怒。戰士爲陵飲血。單于謂陵不可復得。便欲引還。而賊臣教之。遂使復戰。故陵不得免耳。昔高皇帝以三十萬衆。困於平城。當此之時。猛將如雲。謀臣如雨。然猶七日不食。僅乃得免。況當陵者。豈易爲力哉。而執事者云云。苟怨陵以不死。然陵不死。罪也。子卿視陵。豈偷生之士。而惜死之人哉。寧有背君親。捐妻子。而反爲利者乎。然陵不死。有所爲也。故欲如前書之言。報恩於國主耳。誠以虛死不如立節。滅名不如報德也。昔范蠡不殉會稽之恥。曹沫不死三敗之辱。卒復句踐之讎。報魯國之羞。區區之心。竊慕此耳。何圖志未立而怨已成。計未從而骨肉受刑。此陵所以仰天椎心而泣血也。足下又云。漢與功臣不薄。子爲漢臣。安得不云爾乎。昔蕭樊囚繫。韓彭葅醢。鼂錯受戮。周魏見辜。其餘佐命立功之士。賈誼亞夫之徒。皆信命世之才。抱將相之具。而受小人之讒。並受禍敗之辱。卒使懷才受謗。能不得展。彼二子之遐舉。誰不爲之痛心哉。陵先將軍。功略蓋天地。義勇冠三軍。徒失貴臣之意。剄身絕域之表。此功臣義士所以負戟而長歎者也。何謂不薄哉。且足下昔以單車之使。適萬乘之虜。遭時不遇。至於伏劍不顧。流離辛苦。幾死朔北之野。丁年奉使。皓首而歸。老母終堂。生妻去帷。此天下所希聞。古今所未有也。蠻貊之人。尚猶嘉子之節。況爲天下之主乎。陵謂足下當享茅土之薦。受千乘之賞。聞子之歸。賜不過二百萬。位不過典屬國。無尺土之封加子之勤。而妨功害能之臣。盡爲萬戶侯。親戚貪佞之類。悉爲廊廟宰。子尙如此。陵復何望哉。且漢厚誅陵以不死。薄賞子以守節。欲使遠聽之臣。望風馳命。此實難矣。所以每顧而不悔者也。陵雖孤恩。漢亦負德。昔人有言。雖忠不烈。視死如歸。陵誠能安。而主豈復能眷眷乎。男兒生以不成名。死則葬蠻夷中。誰復能屈身稽顙。還向北闕。使刀筆之吏。弄其文墨耶。願足下勿復望陵。嗟乎子卿。夫復何言。相去萬里。人絕路殊。生爲別世之人。死爲異域之鬼。長與足下生死辭矣。幸謝故人。勉事聖君。足下胤子無恙。勿以爲念。努力自愛。時因北風。復惠德音。李陵頓首。

楊惲　漢華陰人。字子幼。司馬遷之外孫。宣帝時爲中郎將。恃才玩世。爲怨家所告。免爲庶人。惲家居治產業。起室宅。以財自娛。友人孫會宗以書戒之。惲報書辭涉怨懟。宣帝見而惡之。遂罹於禍。

報孫會宗書

惲材朽行穢。文質無所底。幸賴先人餘業。得備宿衞。遭遇時變。以獲爵位。終非其任。卒與禍會。足下哀其愚蒙。賜書教督以所不及。殷勤甚厚。然竊恨足下不深惟其終始。而猥隨俗之毀譽也。言鄙陋之愚心。若逆指而文過。默而息乎。恐違孔氏各言爾志之義。故敢略陳其愚。唯君子察焉。惲家方隆盛時。乘朱輪者十人。位在列卿。爵爲通侯。總領從官。與聞政事。曾不能以此時有所建明。以宣德化。又不能與羣僚同心并力。陪輔朝廷之遺忘。已負竊位素餐之責久矣。懷祿貪勢。不能自退。遭遇變故。横被口語。身幽北闕。妻子滿獄。當此之時。自以夷滅不足以塞責。豈意得全首領。復奉先人之邱墓乎。伏惟聖主之恩。不可勝量。君子遊道。樂以忘憂。小人全軀。說以忘罪。竊自思念。過已大矣。行已虧矣。長爲農夫以沒世矣。是故身率妻子。戮力耕桑。灌園治產。以給公上。不意當復用此爲譏議也。夫人情所不能止者。聖人弗禁。故君父至尊親。送其終也。有時而既。臣之得罪。已三年矣。田家作苦。歲時伏臘。烹羊炰羔。斗酒自勞。家本秦也。能爲秦聲。婦趙女也。雅善鼓瑟。奴婢歌者數人。酒後耳熱。仰天拊缶而呼烏烏。其詩曰。田彼南山。蕪穢不治。種一頃豆。落而爲萁。人生行樂耳。須富貴何時。是日也。

拂衣而喜。奮褎低昂。頓足起舞。誠荒淫無度。不知其不可也。惲幸有餘祿。方糴賤販貴。逐什一之利。此賈豎之事。汙辱之處。惲親行之。下流之人。衆毀所歸。不寒而慄。雖雅知惲者。猶隨風而靡。尙何稱譽之有。董生不云乎。明明求仁義。常恐不能化民者。卿大夫之意也。明明求財利。常恐困乏者。庶人之事也。故道不同。不相爲謀。今子尙安得以卿大夫之制而責僕哉。夫西河魏土。文侯所興。有段干木田子方之遺風。凜然皆有節概。知去就之分。頃者足下離舊土。臨安定。安定山谷之間。昆夷舊壤。子弟貪鄙。豈習俗之移人哉。於今乃睹子之志矣。方當盛漢之隆。願勉旃。毋多談。

王褒　漢蜀人。字子淵。益州刺史奏褒有軼才。徵至京師。作聖主得賢臣頌。其辭頡頏鄒枚。而尤近於駢儷。官至諫議大夫。方士言益州有金馬碧雞之神。遣褒往祀之。道卒。

聖主得賢臣頌

夫荷旃被毳者。難與道純緜之麗密。羹藜唅糗者。不足與論太牢之滋味。今臣辟在西蜀。生於窮巷之中。長於蓬茨之下。無有遊觀廣覽之知。顧有至愚極陋之累。不足以塞厚望。應明指。雖然。敢不略陳愚心。而抒情素。記曰。共惟春秋法五始之要。在乎審已正統而已。夫賢者。國家之器用也。所任賢。則趨舍省而功施普。器用利。則用力少而就效衆。故工人之用鈍器也。勞筋苦骨。終日矻矻。及至巧冶鑄干將之樸。淸水焠其鋒。越砥斂其鍔。水斷蛟龍。陸剸犀革。忽若篲氾畫塗。如此則使離婁督繩。公輸削墨。雖崇臺五增。延袤百丈。而不溷者。工用相得也。庸人之御駑馬。亦傷吻敝策而不進於行。胸喘膚汗。人極馬倦。及至駕齧鄒。驂乘旦。王良執靶。韓哀附輿。縱騁馳騖。忽如景靡。過都越國。蹶如歷塊。追奔電。逐遺風。周流八極。萬里一息。何其遼哉。人馬相得也。故服絺綌之涼者。不苦盛暑之鬱燠。襲貂狐之煖者。不憂至寒之淒愴。何則。有其具者易其備。賢人君子。亦聖主之所以易海內也。是以嘔喩受之。開寬裕之路。以延天下之英俊也。夫竭知附賢者。必建仁策。索人求士者。必樹伯迹。昔周公躬吐握之勞。故有圄空之隆。齊桓設庭燎之禮。故有匡合之功。由此觀之。君人者勤於求賢。而逸於得人。人臣亦然。昔賢者之未遭遇也。圖事揆策。則君不用其謀。陳見悃誠。則上不然其信。進仕不得施效。斥逐又非其愆。是故伊尹勤於鼎俎。太公困於鼓刀。百里自鬻。甯子飯牛。離此患也。及其遇明君遭聖主也。運籌合上意。諫諍卽見聽。進退得關其忠。任職得行其術。去卑辱奧渫而升本朝。離疏釋蹻而享膏粱。剖符錫壤而光祖考。傳之子孫。以資說士。故世必有聖知之君。而後有賢明之臣。故虎嘯而風冽。龍興而致雲。蟋蟀竢秋吟。蜉蝤出以陰。易曰。飛龍在天。利見大人。詩曰。思皇多士。生此王國。故世平主聖。俊乂將自至。若堯舜禹湯文武之君。獲稷契皋陶伊尹呂望。明明在朝。穆穆布列。聚精會神。相得益章。雖伯牙操遞鍾。逢門子彎烏號。猶未足以喩其意也。故聖主必待賢臣而弘功業。俊士亦俟明主以顯其德。上下俱欲。驩然交欣。千載壹合。論說無疑。翼乎如鴻毛遇順風。沛乎若巨魚縱大壑。其得意若此。則胡禁不止。曷令不行。化溢四表。橫被無窮。遐夷貢獻。萬祥畢臻。是以聖王不偏窺望而視已明。不單頃耳而聽已聰。恩從祥風翶。德與和氣游。太平之責塞。優遊之望得。遵遊自然之埶。恬淡無為之場。休徵自至。壽考無疆。雍容垂拱。永永萬年。何必偃卬詘信若彭祖。呴噓呼吸如喬松。眇然絕俗離世哉。詩云。濟濟多士。文王以寧。蓋信乎其以寧也。

谷永　漢長安人。字子雲。淹通經學。工於筆札。為太常丞。數上書言得失。官至大司農。

訟陳湯疏

臣聞楚有子玉得臣。文公為之仄席而坐。趙有廉頗馬服。強秦不敢窺兵井陘。近漢有郅都魏尚。匈奴不敢南鄉沙幕。由是言之。戰克之將。國之爪牙。不可不重也。蓋君子聞鼓鼙之聲。則思將帥之臣。竊見關內侯陳湯。前使副西域都護。忿郅支之無道。閔王誅之不加。策慮愊億。義勇奮發。卒興師奔逝。橫厲烏孫。踰集都賴。屠三重城。斬郅支首。報十年之逋誅。雪邊吏之宿恥。威震百蠻。武暢四海。漢元以來。征伐方外之將。未嘗有也。今湯坐言事非是。幽囚久繫。歷時不決。執憲之吏。欲致之大辟。昔白起為秦將。南拔郢都。北坑趙括。以纖介之過。賜死杜郵。秦民憐之。莫不隕涕。今湯親秉鉞。席卷喋血萬里之外。薦功祖廟。告類上帝。介胄之士。靡不慕義。以言事為罪。無赫赫之惡。周書曰。記人之功。忘人之過。宜為君者也。夫犬馬有勞於人。尚加帷蓋之報。況國之功臣者哉。竊恐陛下忽於鼓鞞之聲。不察周書之意。而忘帷蓋之施。庸臣遇湯卒。從吏議。使百姓介然有秦民之恨。非所以厲死難之臣也。

崔瑗 後漢安平人。字子玉。駰之子。瑗早孤。銳志好學。舉茂才。善屬文。與班固傅毅齊名。爲汲令七年。民謳歌之。安帝初。時相薦瑗宿德大儒。遷冀北相。子寔亦有名。

座右銘

無道人之短。無說己之長。施人愼勿念。受施愼勿忘。世譽不足慕。唯仁爲紀綱。隱心而後動。謗議庸何傷。無使名過實。守愚聖所臧。在涅貴不緇。曖曖內含光。柔弱生之徒。老氏誡剛彊。行行鄙夫志。悠悠故難量。愼言節飲食。知足勝不祥。行之苟有恆。久久自芬芳。

李固 後漢南鄭人。字子堅。負笈從師。究覽典墳。順帝時。對策鯁直。由議郎進至太尉。後爲梁冀所害。

與黃瓊書

聞已度伊洛。近在萬歲亭。豈卽事有漸。將順王命乎。蓋君子謂伯夷隘。柳下惠不恭。故傳曰。不夷不惠。可否之閒。蓋聖賢居身之所珍也。誠遂欲枕山棲谷。擬迹巢由。斯則可矣。若當輔政濟民。今其時也。自生民以來。善政少而亂俗多。必待堯舜之君。此爲志士終無時矣。常聞語曰。嶢嶢者易缺。皦皦者易汙。陽春之曲。和者必寡。盛名之下。其實難副。近魯陽樊君被徵初至。朝廷設壇席。猶待神明。雖無大異。而言行所守。亦無所缺。而毀謗布流。應時折減者。豈非觀聽望深。聲名太盛乎。自頃徵聘之士。胡元安薛孟嘗朱仲昭顧季鴻等。其功業皆無所採。是故俗論皆言處士純盜虛聲。願先生弘此遠謨。令衆人歎服。一雪此言耳。

蔡邕　後漢圉人。字伯喈。博學。工辭章。善鼓琴。仕爲議郎。熹平中與楊賜奏定六經文字。自書冊鐫碑立於太學門外。吾國之有石經始此。後董卓辟。邕拜爲中郎將。及王允誅卓。幷收及邕。邕乞黥首刖足。續成漢史。不許。遂死獄中。年六十。縉紳諸儒莫不流涕。有獨斷蔡中郎集。

郭有道碑

先生諱泰。字林宗。太原界休人也。其先出自有周。王季之穆。有虢叔者。實有懿德。文王咨焉。建國命氏。或謂之郭。即其後也。先生誕應天衷。聰睿明哲。孝友温恭。仁篤慈惠。夫其器量宏深。姿度廣大。浩浩焉。汪汪焉。奧乎不可測已。若乃砥節厲行。直道正辭。貞固足以幹事。隱括足以矯時。遂考覽六經。探綜圖緯。周流華夏。隨集帝學。收文武之將墜。拯微言之未絕。于時纓緌之徒。紳佩之士。望形表而景附。聆嘉聲而響和者。猶百川之歸巨海。鱗介之宗龜龍也。爾乃潛隱衡門。收朋勤誨。童蒙賴焉。用祛其蔽。州郡聞德。虛己備禮。莫之能致。羣公休之。遂辟司徒掾。又舉有道。皆以疾辭。將蹈洪崖之遐迹。紹巢由之絕軌。翔區外以舒翼。超天衢以高峙。稟命不融。享年四十有三。以建寧二年正月乙亥卒。凡我四方同好之人。永懷哀悼。靡所置念。乃相與推先生之德。以圖不朽之事。僉以爲先民既沒。而德音猶存者。亦賴之于紀述也。今其如何而闕斯禮。於是樹碑表墓。昭銘景行。俾芳烈奮乎百世。令聞顯于無窮。其辭曰。

於休先生。明德通玄。純懿淑靈。受之自天。崇壯幽濬。如山如淵。禮樂是悅。詩書是敦。匪惟摭華。乃尋厥根。宮牆重仞。允得其門。懿乎其純。確乎其操。洋洋搢紳。言觀其高。棲遲泌邱。善誘能教。赫赫三事。幾行其招。委辭召貢。保此淸妙。降年不永。民斯悲悼。爰勒茲銘。摛其光耀。嗟爾來世。是則是效。

陳琳 三國魏廣陵人。字孔璋。初爲何進主薄。後歸袁紹。嘗爲紹草檄文討曹操。數其罪狀甚悉。操先苦頭風。是日疾發。臥讀琳所作。翕然起曰。愈我病矣。紹敗歸操。操愛其才而不咎。以爲記室。軍國書檄。多出琳手。琳與王粲齊名。又與孔融徐幹阮瑀應瑒劉楨五人共稱建安七子。

爲袁紹檄豫州

左將軍領豫州刺史郡國相守。蓋聞明主圖危以制變。忠臣慮難以立權。是以有非常之人。然後有非常之事。有非常之事。然後立非常之功。夫非常者。故非常人所擬也。曩者强秦弱主。趙高執柄。專制朝權。威福由己。時人迫脅。莫敢正言。終有望夷之敗。祖宗焚滅。汙辱至今。永爲世鑒。及臻呂后季年。產祿專政。內兼二軍。外統梁趙。擅斷萬機。決事省禁。下陵上替。海內寒心。於是絳侯朱虛興兵奮怒。誅夷逆暴。尊立太宗。故能王道興隆。光明顯融。此則大臣立權之明表也。司空曹操祖父中常侍騰。與左悺徐璜並作妖孽。饕餮放橫。傷化虐民。父嵩乞匄攜養。因贓假位。輿金輦璧。輸貨權門。竊盜鼎司。傾覆重器。操贅閹遺醜。本無懿德。獷狡鋒協。好亂樂禍。幕府董統鷹揚。埽除凶逆。續遇董卓侵官暴國。於是提劍揮鼓。發命東夏。收羅英雄。棄瑕取用。故遂與操同諮合謀。授以裨師。謂其鷹犬之才。爪牙可任。至乃愚佻短略。輕進易退。傷夷折衄。數喪師徒。幕府輒復分兵命銳。修完補輯。表行東郡領兗州刺史。被以虎文。奬蹙威柄。冀獲秦師一剋之報。而操遂承資跋扈。肆行凶忒。割剝元元。殘賢害善。故九江大守邊讓。英才俊偉。天下知名。直言正色。論不阿諂。身首被梟懸之誅。妻孥受灰滅之咎。自是士林憤痛。民怨彌重。一夫奮臂。舉州同聲。故躬破於徐方。地奪於呂布。彷徨東裔。蹈據無所。幕府惟強幹弱枝之義。且不登叛人之黨。故復援旌擐甲。席卷起征。金鼓響振。布衆奔沮。拯其死亡之患。復其方伯之位。則幕府無德於兗土之民。而有大造於操也。後會鑾駕反旆。羣虜寇攻。時冀州方有北鄙之警。匪遑離局。故使從事中郎徐勛就發遣操。使繕修郊廟。翊衛幼主。操便放志專行。脅遷當御省禁。卑侮王室。敗法亂紀。坐領三臺。專制朝政。爵賞由心。刑戮在口。所愛光五宗。所惡滅三族。羣談者受顯誅。腹議者蒙隱戮。百僚鉗口。道路以目。尚書記朝會。公卿充員品而已。故太尉楊彪典歷二司。享國極位。操因緣眦睚。被以非罪。榜楚參并。五毒備至。觸情任忒。不顧憲綱。又議郎趙彥。忠諫直言。義有可納。是以聖朝含聽。改容加飾。操欲迷奪時明。杜絕言路。擅收立殺。不俟報聞。又梁孝王先帝母昆。墳陵尊顯。桑梓松柏。猶宜肅恭。而操帥將吏士。親臨發掘。破棺裸尸。掠取金寶。至令聖朝流涕。士民傷懷。操又特置發邱中郞將。摸金校尉。所過隳突。無骸不露。身處三公之位。而行桀虜之態。汚國虐民。毒施人鬼。加其細政苛慘。科防互設。罾繳充蹊。坑穽塞路。舉手挂網羅。動足觸機陷。是以兗豫有無聊之民。帝都有吁嗟之怨。歷觀載籍。無道之臣。貪殘酷烈。於操爲甚。幕府方詰外姦。未及整訓。加諸含容。冀可彌縫。而操豺狼野心。潛包禍謀。乃欲摧撓棟梁。孤弱漢室。除滅忠正。專爲梟雄。往者伐鼓北征公孫瓚。強寇桀逆。拒圍一年。操因其未破。陰交書命。外助王師。內相掩襲。故引兵造河。方舟北濟。會其行人發露。瓚亦梟夷。故使鋒芒挫縮。厥圖不果。爾乃大軍過蕩西山。屠各左校。皆束手奉質。爭爲前登。犬羊殘醜。消淪山谷。於是操師震慴。晨夜逋遁。屯據敖倉。阻河爲固。欲以螳蜋之斧。禦隆車之隧。幕府奉漢威靈。折衝宇宙。長戟百萬。胡騎千羣。奮中黃育獲之士。騁良弓勁弩之勢。幷州越太行。青州涉濟漯。大軍汎黃河而角其前。荊州下宛葉而掎其後。雷震虎步。並集虜庭。若舉炎火以焫飛蓬。覆滄海以沃熛炭。有何不滅者哉。又操軍吏士。其可戰者。皆出自幽冀。或故營部曲。咸怨曠思歸。流涕北顧。其餘兗豫之民。及呂布張揚之遺衆。覆亡迫脅。權時苟從。各被創夷。人爲讎敵。若迴旆方徂。登高岡而擊鼓吹。揚素揮以啟降路。必土崩瓦解。不俟血刃。方今漢室陵遲。綱維弛絕。聖朝無一介之輔。股肱無折衝之勢。方畿之內。簡練之臣。皆垂頭搨翼。莫所憑恃。雖有忠義之佐。脅於暴虐之臣。焉能展其節。又操持部曲精兵七百。圍守宮闕。外託宿衞。內實拘執。懼其篡逆之萌。因斯而作。此乃忠臣肝腦塗地之秋。烈士立功之會。可不勖哉。操又矯命稱制。遣使發兵。恐邊遠州郡。過聽而給與。強寇弱主。違衆旅叛。舉以喪名。爲天下笑。則明哲不取也。卽日幽并青冀四州。並進。書到荊州。便勒見兵。與建忠將軍協同聲勢。州郡各整戎馬。羅落境界。舉師揚威。並匡社稷。則非常之功。於是乎著。其得操首者。封五千戶侯。賞錢五千萬。部曲偏裨將校諸吏降者。勿有所問。廣宣恩信。班揚符賞。布告天下。咸使知聖朝有拘偪之難。如律令。

王粲

三國魏高平人。字仲宣。博物多識。問無不知。蔡邕奇其才略。聞粲在門。倒屣迎之。粲年少短小。一座皆驚。避亂依劉表於荊州。後歸曹操。累官侍中。卒年四十一。爲建安七子之一。

爲劉荊州與袁譚書

天降災害。禍難殷流。初交殊族。卒成同盟。使王室震蕩。彝倫攸斁。是以智達之士。莫不痛心入骨。傷時人不能相忍也。然孤與太公志同願等。雖楚魏絕邈。山河迥遠。戮力乃心。共奬王室。使非族不干吾盟。異類不絕吾好。此孤與太公無貳之所致也。功績未卒。太公殂隕。賢允承統。以繼洪業。宣奕世之德。履丕顯之祚。摧嚴敵於鄴都。揚休烈於朔土。顧定疆宇。虎視河外。凡我同盟。莫不景附。何悟青蠅飛於竿旌。無忌游於二壘。使股肱分成二體。胸膂絕爲異身。初聞此問。尙謂不然。定聞信來。乃知閼伯實沈之忿已成。棄親卽讐之計已決。旃旆交於中原。暴尸累於城下。聞之哽咽。若存若亡。昔三王五伯。下及戰國。君臣相弒。父子相殺。兄弟相殘。親戚相滅。蓋時有之。然或欲以成王業。或欲以定霸功。皆所謂逆取順守。而徼富强於一世也。未有棄親卽異。兀其根本。而能全軀長世者也。昔齊襄公報九世之讐。士匄卒荀偃之事。是故春秋美其義。君子稱其信。夫伯游之恨於齊。未若太公之忿於曹也。宣子入臣承業。未若仁君之繼統也。且君子違難不適讐國。交絕不出惡聲。况忘先人之讐。棄親戚之好。而爲萬世之戒。遺同盟之恥哉。蠻夷戎狄。將有誚讓之言。况我族類。而不痛心邪。夫欲立竹帛於當時。全宗祀於一世。豈宜同生分謗。爭校得失乎。若冀州有不弟之慠。無慙順之節。仁君當降志辱身。以濟事爲務。事定之後。使天下平其曲直。不亦爲高義邪。今仁君見憎於夫人。未若鄭莊之於姜氏。昆弟之嫌。未若重華之於象敖。然莊公卒崇大隧之樂。象敖終受有鼻之封。願捐棄百痾。追攝舊義。復爲母子昆弟如初。今整勒士馬。瞻望鵠立。

登樓賦

登茲樓以四望兮。聊暇日以銷憂。覽斯宇之所處兮。實顯敞而寡仇。挾淸漳之通浦兮。倚曲沮之長洲。背墳衍之廣陸兮。臨皐隰之沃流。北彌陶牧。西接昭邱。華實蔽野。黍稷盈疇。雖信美而非吾土兮。曾何足以少留。遭紛濁而遷逝兮。漫踰紀以迄今。情眷眷而懷歸兮。孰憂思之可任。憑軒檻以遙望兮。向北風而開襟。平原遠而極目兮。蔽荊山之高岑。路逶迤而修迥兮。川既漾而濟深。悲舊鄉之壅隔兮。涕橫墜而弗禁。昔仲尼之在陳兮。有歸與之歎音。鍾儀幽而楚奏兮。莊舄顯而越吟。人情同於懷土兮。豈窮達而異心。惟日月之逾邁兮。俟河清其未極。冀王道之一平兮。假高衢而騁力。懼匏瓜之徒懸兮。畏井渫之莫食。步棲遲以徙倚兮。白日忽其將匿。風蕭瑟而並興兮。天慘慘而無色。獸狂顧以求羣兮。鳥將鳴而舉翼。原野闃其無人兮。征夫行而未息。心悽愴以感發兮。意忉怛而憯惻。循階除而下降兮。氣交憤於胸臆。夜參半而不寐兮。悵盤桓以反側。

魏文帝　譙郡人。曹操長子。名丕。字子桓。嗣父為漢丞相魏王。尋篡漢自立。改元黃初。在位凡七年。性好文學。博聞強識。以著述為務。有典論詩文百餘篇。

與朝歌令吳質書

五月十八日。丕白。季重無恙。塗路雖局。官守有限。願言之懷。良不可任。足下所治僻左。書問致簡。益用增勞。每念昔日南皮之遊。誠不可忘。既妙思六經。逍遙百氏。彈碁間設。終以六博。高談娛心。哀箏順耳。馳騁北場。旅食南館。浮甘瓜於清泉。沈朱李於寒水。白日既匿。繼以朗月。同乘並載。以遊後園。輿輪徐動。參從無聲。清風夜起。悲笳微吟。樂往哀來。愴然傷懷。余顧而言。斯樂難常。足下之徒。咸以爲然。今果分別。各在一方。元瑜長逝。化爲異物。每一念至。何時可言。方今蕤賓紀時。景風扇物。天氣和暖。衆果具繁。時駕而遊。北遵河曲。從者鳴笳以啟路。文學託乘於後車。節同時異。物是人非。我勞如何。今遣騎到鄴。故使枉道相過。行矣自愛。丕白。

與吳質書

二月三日丕白。歲月易得。別來行復四年。三年不見。東山猶歎其遠。況乃過之。思何可支。雖書疏往返。未足解其勞結。昔年疾疫。親故多離其災。徐陳應劉。一時俱逝。痛可言邪。昔日遊處。行則連輿。止則接席。何曾須臾相失。每至觴酌流行。絲竹並奏。酒酣耳熱。仰而賦詩。當此之時。忽然不自知樂也。謂百年已分。可長共相保。何圖數年之間。零落略盡。言之傷心。頃撰其遺文。都爲一集。觀其姓名。已爲鬼錄。追思昔遊。猶在心目。而此諸子。化爲糞壤。可復道哉。觀古今文人。類不護細行。鮮能以名節自立。而偉長獨懷文抱質。恬淡寡欲。有箕山之志。可謂彬彬君子者矣。著中論二十餘篇。成一家之言。辭義典雅。足傳於後。此子爲不朽矣。德璉常斐然有述作之意。其才學足以著書。美志不遂。良可痛惜。間者歷覽諸子之文。對之抆淚。既痛逝者。行自念也。孔璋章表殊健。微爲繁富。公幹有逸氣。但未遒耳。其五言詩之善者。妙絕時人。元瑜書記翩翩。致足樂也。仲宣續自善於辭賦。惜其體弱。不足起其文。至於所善。古人無以遠過昔伯牙絕絃於鍾期仲尼覆醢於子路痛知音之難遇傷門人之莫逮諸子但爲未及古人自一時之儁也今之存者已不逮矣後生可畏來者難誣然恐吾與足下不及見也年行已長大所懷萬端時有所慮至通夜不瞑志意何時復類昔日已成老翁但未白頭耳光武言年三十餘在兵中十歲所更非一吾德不及之年與之齊矣以犬羊之質服虎豹之文無衆星之明假日月之光動見瞻觀何時易乎恐永不復得爲昔日游也少壯眞當努力年一過往何可攀援古人思炳燭夜遊良有以也頃何以自娛頗復有所述造不東望於邑裁書敘心丕白

曹植　操幼子字子建年十餘善屬文援筆立成甚爲操所寵愛操卒兄丕嗣位尋篡漢自立因忌而疏之封陳王每欲求別見幸冀試用終不能得悵然絕望遂發疾卒年四十一諡曰思植才情富豔詩文俱冠當時謝靈運嘗言天下文章只一石子建獨得八斗有曹子建集

求自試表

臣植言臣聞士之生世入則事父出則事君事父尚於榮親事君貴於興國故慈父不能愛無益之子仁君不能畜無用之臣夫論德而授官者成功之君也量能而受爵者畢命之臣也故君無虛授臣無虛受虛授謂之謬舉虛受謂之尸祿詩之素餐所由作也昔二虢不辭兩國之任其德厚也旦奭不讓燕魯之封其功大也今臣蒙國重恩三世於今矣正値陛下

昇平之際。沐浴聖澤。潛潤德教。可謂厚幸矣。而位竊東藩。爵在上列。身被輕煖。口厭百味。目極華靡。耳倦絲竹者。爵重祿厚之所致也。退念古之受爵祿者。有異於此。皆以功勤濟國。輔主惠民。今臣無德可述。無功可紀。若此終年。無益國朝。將挂風人彼己之譏。是以上慚元冕。俯媿朱紱。方今天下一統。九州晏如。顧西尚有違命之蜀。東有不臣之吳。使邊境未得稅甲。謀士未得高枕者。誠欲混同宇內。以致太平也。故啟滅有扈而夏功昭。成克商奄而周德著。今陛下以聖明統世。將欲卒文武之功。繼成康之隆。簡良授能。以方叔召虎之臣。鎮衞四境。爲國爪牙者。可謂當矣。然而高鳥未挂於輕繳。淵魚未懸於鉤餌者。恐釣射之術或未盡也。昔耿弇不俟光武。亟擊張步。言不以賊遺於君父也。故車右伏劍於鳴轂。雍門刎首於齊境。若此二子。豈惡生而尚死哉。誠忿其慢主而陵君也。夫君之寵臣。欲以除患興利。臣之事君。必殺身靜亂。以功報主也。昔賈誼弱冠。求試屬國。請係單于之頸而制其命。終軍以妙年使越。欲得長纓占其王。羈致北闕。此二臣豈好爲夸主而耀世俗哉。志或鬱結。欲逞才力。輸能於明君也。昔漢武爲霍去病治第。辭曰。匈奴未滅。臣無以家爲。固夫憂國忘家。捐軀濟難。忠臣之志也。今臣居外。非不厚也。而寢不安席。食不遑味者。伏以二方未尅爲念。伏見先帝武臣宿兵。年耆卽世者有聞矣。雖賢不乏世。宿將舊卒。由習戰也。竊不自量。志在效命。庶立毛髮之功。以報所受之恩。若使陛下出不世之詔。效臣錐刀之用。使得西屬大將軍。當一校之隊。若東屬大司馬統偏師之任。必乘危蹈險。騁舟奮驪。突刃觸鋒。爲士卒先。雖未能禽權馘亮。庶將虜其雄率。殲其醜類。必效須臾之捷。以滅終身之愧。使名挂史筆。事列朝榮。雖身分蜀境。首懸吳闕。猶生之年也。如微才不試。沒世無聞。徒榮其軀而豐其體。生無益於事。死無損於數。虛荷上位而忝重祿。禽息鳥視。終於白首。此徒圈牢之養物。非臣之所志也。流聞東軍失備。師徒小衄。輟食棄餐。奮袂攘衽。撫劍東顧。而心已馳於吳會矣。臣昔從先武皇帝南極赤岸。東臨滄海。西望玉門。北出玄塞。伏見所以行軍用兵之勢。可謂神妙矣。故兵者不可豫言。臨難而制變者也。志欲自效於明時。立功於聖世。每覽史籍。觀古忠臣義士。出一朝之命。以殉國家之難。身雖屠裂。而功銘著於景鐘。名稱垂於竹帛。未嘗不拊心而歎息也。臣聞明主使臣。不廢有罪。故奔北敗軍之將用。秦魯以成其功。絕纓盜馬之臣赦。楚趙以濟其難。臣竊感先帝早崩。威王棄世。臣獨何人。以堪長久。常恐先朝露。塡溝壑。墳土未乾。而身名並滅。臣聞騏驥長鳴。伯樂昭其能。盧狗悲號。韓國知其才。是以效之齊楚之路。以逞千里之任。試之狡兔之捷。以驗搏噬之用。今臣志狗馬之微功。竊自惟度。終無伯樂韓國之舉。是以於悒而竊自痛者也。夫臨博而企竦。聞樂而竊抃者。或有賞音而識道也。昔毛遂趙之陪隸。猶假錐囊之喻。以寤主立功。何況巍巍大魏多士之朝。而無慷慨死難之臣乎。夫自衒自媒者。士女之醜行也。干時求進者。道家之明忌也。而臣敢陳聞於陛下者。誠與國分形同氣。憂患共之者也。冀以塵露之微。補益山海。螢燭末光。增暉日月。是以敢冒其醜。而獻其忠。必知為朝士所笑。聖主不以人廢言。伏惟陛下少垂神聽。臣則幸矣。

求通親親表

臣植言。臣聞天稱其高者。以無不覆。地稱其廣者。以無不載。日月稱其明者。以無不照。江海稱其大者。以無不容。故孔子曰。大哉堯之為君。惟天為大。惟堯則之。夫天德之於萬物。可謂宏廣矣。蓋堯之為教。先親後疏。自近及遠。其傳曰。克明峻德。以親九族。九族既睦。平章百姓。及周之文王亦崇厥化。其詩曰。刑於寡妻。至于兄弟。以御于家邦。是以雍雍穆穆。風人詠之。昔周公弔管蔡之不咸。廣封懿親。以藩屏王室。傳曰。周之宗盟。異姓為後。誠骨月之恩。爽而不離。親親之義。實在敦固。未有義而後其君。仁而遺其親者也。伏惟陛下。資帝唐欽明之德。體文王翼翼之仁。惠洽椒房。恩昭九親。羣臣百寮。番休遞上。執政不廢於公朝。下情得展於私室。親理之路通。慶弔之情展。誠可謂恕己治人。推惠施恩者矣。至於臣者。人道絕緒。禁固明時。臣竊自傷也。不敢乃望交氣類。修人事。敘人倫。近且婚媾不通。兄弟永絕。吉凶之問塞。慶弔之禮廢。恩紀之違。甚於路人。隔閡之異。殊於胡越。今臣以一切之制。永無朝覲之望。至於注心皇極。結情紫闥。神明知之矣。然天實為之。謂之何哉。退省諸王。常有戚戚具爾之心。願陛下沛然垂詔。使諸國慶問。四節得展。以敘骨月之歡恩。全怡怡之篤義。妃妾之家。膏沐之遺。歲得再通齊義於貴宗。等惠於百司。如此則古人之所歎。風雅之所詠。復存於聖世矣。臣伏自惟省。無錐刀之用。及觀陛下之所拔授。若以臣爲異姓。竊自料度。不後於朝士矣。若得辭遠遊。戴武弁。解朱組。佩青紱。駙馬奉車。趣得一號。安宅京室。執鞭珥筆。出從華蓋。入侍輦轂。承答聖問。拾遺左右。乃臣丹情之至願。不離於夢想者也。遠慕鹿鳴君臣之宴。中詠常棣匪他之誡。下思伐木友生之義。終懷蓼莪罔極之哀。每四節之會。塊然獨處。左右唯僕隸。所對唯妻子。高談無所與陳。發義無所與展。未嘗不聞樂而拊心。臨觴而歎息也。臣伏以爲犬馬之誠。不能動人。譬人之誠。不能動天。崩城隕霜。臣初信之。以臣心況。徒虛語耳。若葵藿之傾葉。太陽雖不爲之迴光。然終向之者。誠也。臣竊自比葵藿。若降天地之施。垂三光之明者。實在陛下。臣聞文子曰。不爲福始。不爲禍先。今之否隔。友于同憂。而臣獨唱言者。何也。竊不願於聖代。使有不蒙施之物。必有慘毒之懷。故柏舟有天只之怨。谷風有棄予之歎。伊尹恥其君不爲堯舜。孟子曰。不以舜之所以事堯事其君者。不敬其君者也。臣之愚蔽。固非虞伊。至於欲使陛下崇光被時雍之美。宣緝熙章明之德者。是臣慺慺之誠。竊所獨守。實懷鶴立企佇之心。敢復陳聞者。冀陛下儻發天聽而垂神聽也。

與楊德祖書

植白。數日不見。思子爲勞。想同之也。僕少小好爲文章。迄至於今。二十有五年矣。然今世作者可略而言也。昔仲宣獨步於漢南。孔璋鷹揚於河朔。偉長擅名於青土。公幹振藻於海隅。德璉發跡於此魏。足下高視於上京。當此之時。人人自謂握靈蛇之珠。家家自謂抱荊山之玉。吾王於是設天網以該之。頓八紘以掩之。今悉集茲國矣。然此數子。猶復不能飛軒絕跡。一舉千里。以孔璋之才。不閑於辭賦。而多自謂能與司馬長卿同風。譬畫虎不成反爲狗也。前書嘲之。反作論盛道僕讚其文。夫鍾期不失聽。於今稱之。吾亦不能妄歎者。畏後世之嗤余也。世人之著述。不能無病。僕常好人譏彈其文。有不善者。應時改定。昔丁敬禮常作小文。使僕潤飾之。僕自以才不過若人。辭不爲也。敬禮謂僕。卿何所疑難。文之佳惡。吾自得之。後世誰相知定吾文者邪。吾常歎此達言。以爲美談。昔尼父之文辭。與人通流。至於制春秋。游夏之徒。乃不能措一辭。過此而言不病者。吾未之見也。蓋有南威之容。乃可以論于淑媛。有龍泉之利。乃可以議于斷割。劉季緒才不能逮於作者。而好詆訶文章。掎摭利病。昔田巴毀五帝。罪三王。呰五霸於稷下。一旦而服千人。魯連一說。使終身杜口。劉生之辯。未若田氏。今之仲連。求之不難。可無息乎。人各有好尚。蘭茝蓀蕙之芳。衆人所好。而海畔有逐臭之夫。咸池六莖之發。衆人所共樂。而墨翟有非之之論。豈可同哉。今往僕少小所著辭賦一通相與。夫街談巷說。必有可采。擊轅之歌。有應風雅。匹夫之思。未易輕棄也。辭賦小道。固未足以揄揚大義。彰示來世也。昔揚子雲先朝執戟之臣耳。猶稱壯夫不爲也。吾雖德薄。位爲蕃侯。猶庶幾勠力上國。流惠下民。建永世之業。留金石之功。豈徒以翰墨爲勳績。辭賦爲君子哉。若吾志未果。吾道不行。則將采庶官之實錄。辯時俗之得失。定仁義之衷。成一家之言。雖未能藏之於名山。將以傳之於同好。非要之皓首。豈今日之論乎。其言之不慙。恃惠子之知我也。明早相迎。書不盡懷。植白。

與吳季重書

植白。季重足下。前日雖因常調。得爲密坐。雖燕飲彌日。其於別遠會稀。猶不盡其勞積也。若夫觴酌淩波於前。簫笳發音於後。足下鷹揚其體。鳳歎虎視。謂蕭曹不足儔。衞霍不足侔也。左顧右盼。謂若無人。豈非吾子壯志哉。過屠門而大嚼。雖不得肉。貴且快意。當斯之時。願舉太山以爲肉。傾東海以爲酒。伐雲夢之竹以爲笛。斬泗濱之梓以爲箏。食若塡巨壑。飲若灌漏巵。其樂固難量。豈非大丈夫之樂哉。然日不我與。曜靈急節。面有逸景之速。別有參商之闊。思欲抑六龍之首。頓羲和之轡。折若木之華。閉濛汜之谷。天路高邈。良久無緣。懷戀反側。如何如何。得所來訊。文采委曲。曄若春榮。瀏若淸風。申詠反覆。曠若復面。其諸賢所著文章。想還所治。復申詠之也。可令憙事小吏。諷而誦之。夫文章之難。非獨今也。古之君子。猶亦病諸。家有千里驥。而不珍焉。人懷盈尺。和氏而無貴矣。夫君子而不知音樂。古之達論。謂之通而蔽。墨翟不好伎。何爲過朝歌而迴車乎。足下好伎。而正値墨翟迴車之縣。想足下助我張目也。又聞足下在彼。自有佳政。夫求而不得者有之矣。未有不求而得者也。且改轍易行。非良樂之御。易民而治。非楚鄭之政。願足下勉之而已矣。適對嘉賓。口授不悉。往來數相聞。曹植白。

吳質 三國魏濟陰人。字季重。有文才。為五官將。出為朝歌長。遷元城令。文帝時為震威將軍。假節都督河北諸軍事。卒諡曰威。

答魏太子牋

二月八日庚寅。臣質言。奉讀手命。追亡慮存。恩哀之隆。形於文墨。日月冉冉。歲不我與。昔侍左右。廁坐眾賢。出有微行之遊。入有管絃之懽。置酒樂飲。賦詩稱壽。自謂可終始相保。並騁材力。效節明主。何意數年之間。死喪略盡。臣獨何德。以堪久長。陳徐劉應。才學所著。誠如來命。惜其不遂。可謂痛切。凡此數子。於雍容侍從。實其人也。若乃邊境有虞。羣下鼎沸。軍書輻至。羽檄交馳。於彼諸賢。非其任也。往者孝武之世。文章為盛。若東方朔枚皋之徒。不能持論。即阮陳之儔也。其唯嚴助壽王。與聞政事。然皆不慎其身。善謀於國。卒以敗亡。臣竊恥之。至於司馬長卿稱疾避事。以著書為務。則徐生庶幾焉。而今各逝。已為異物矣。後來君子。實可畏也。伏惟所天。優遊典籍之場。休息篇章之圃。發言抗論。窮理盡微。摛藻下筆。鸞龍之文奮矣。雖年齊蕭王。才實百之。此眾議所以歸高遠近所以同聲。然年歲若墜。今質已四十二矣。

白髮生鬢所慮日深實不復若平日之時也但欲保身敕行不蹈有過之地以爲知己之累耳遊宴之歡難可再遇盛年一過實不可追臣幸得下愚之才值風雲之會時邁齒載猶欲觸胸奮首展其割裂之用也不勝慺慺以來命備悉故略陳至情質死罪死罪

在元城與魏太子牋

臣質言前蒙延納侍宴終日燿靈匿景繼以華燈雖虞卿適趙平原入秦受贈千金浮觴旬日無以過也小器易盈先取沈頓醒寤之後不識所言即以五日到官初至承前未知深淺然觀地形察土宜西帶常山連岡平代北鄰柏人乃高帝之所忌也重以泜水漸漬疆宇喟然歎息思淮陰之奇譎亮成安之失策南望邯鄲想廉藺之風東接鉅鹿存李齊之流都人士女服習禮教皆懷慷慨之節包左車之計而質闇弱無以莅之若乃邁德種恩樹之風聲使農夫逸豫於疆畔女工吟詠於機杼固非質之所能也至於奉遵科教班揚明令下無威福之吏邑無豪俠之傑賦事行刑資於故實抑亦懍懍有庶幾之心往者嚴助釋承明之懽受會稽之位壽王去侍從之娛統東郡之任其後皆克復舊職追尋前軌今獨不然不亦異乎張敞在外自謂無奇陳咸憤積思入京城彼豈虛談夸論誑燿世俗哉斯實薄郡守之榮顯左右之勤也古今一揆先後不貿焉知來者之不如今聊以當覿不敢多云質死罪死罪

答東阿王書

質白。信到奉所惠貺。發函伸紙。是何文采之巨麗。而慰喻之綢繆乎。夫登東嶽者。然後知衆山之邐迤也。奉至尊者。然後知百里之卑微也。自旋之初。伏念五六日。至於旬時。精散思越。惘若有失。非敢羨寵光之休。慕猗頓之富。誠以身賤犬馬。德輕鴻毛。至乃歷玄闕。排金門。升玉堂。伏虛檻於前殿。臨曲池而行觴。既威儀虧替。言辭漏渫。雖恃平原養士之懿。愧無毛遂燿穎之才。深蒙薛公折節之禮。而無馮諼三窟之效。屢獲信陵虛左之德。又無侯生可述之美。凡此數者。乃質之所以憤積於胸臆。懷眷而悁邑者也。若追前宴。謂之未究。傾海爲酒。并山爲肴。伐竹雲夢。斬梓泗濱。然後極雅意。盡歡情。信公子之壯觀。非鄙人之所庶幾也。若質之志。實在所天。思投印釋黻。朝夕侍坐。鑽仲父之遺訓。覽老氏之要言。對清酤而不酌。抑嘉肴而不享。使西施出帷。嫫母侍側。斯盛德之所蹈。明哲之所保也。若乃近者之觀。實蕩鄙心。秦箏發徽。二八迭奏。塤簫激於華屋。靈鼓動於座右。耳嘈嘈於無聞。情踴躍於鞍馬。謂可北懾肅慎。使貢其楛矢。南震百越。使獻其白雉。又況權備。夫何足視乎。還治諷采所著。觀省英瑋。實賦頌之宗。作者之師也。衆賢所述。亦各有志。昔趙武過鄭。七子賦詩。春秋載列。以爲美談。質小人也。無以承命。又所答貺。辭醜義陋。申之再三。赧然汗下。此邦之人。閑習辭賦。三事大夫。莫不諷誦。何但小吏之有乎。重惠苦言。訓以政事。惻隱之恩。形乎文墨。墨子迴車。而質四年。雖無德與民。式歌且舞。儒墨不同。固以久矣。然一旅之衆。不足以揚名。步武之間。不足以騁迹。若不改轍易御。將何以效其力哉。今處此而求大功。猶絆良驥之足。而責以千里之任。檻猨猴之勢。而望其巧捷之能者也。不勝見恤。謹附遣白答。不敢繁辭。吳質白。

楊修 三國魏華陰人。字德祖。好學有俊才。建安中爲曹操主簿。能解曹娥碑隱語。操忌其才殺之。（案修死於建安中。本應列於漢代。因所錄答臨淄侯書。不便先於曹植原書。姑次於此。）

答臨淄侯牋

修死罪死罪。不侍數日。若彌年載。豈由愛顧之隆。使係仰之情深邪。損辱嘉命。蔚矣其文。誦讀反覆。雖諷雅頌。不復過此。若仲宣之擅漢表。陳氏之跨冀域。徐劉之顯青豫。應生之發魏國。斯皆然矣。至於修者。聽采風聲。仰德不暇。自周章於省覽。何遑高視哉。伏惟君侯少長貴盛。體發旦之資。有聖善之教。遠近觀者。徒謂能宣昭懿德。光贊大業而已。不復謂能兼覽傳記。留思文章。今乃含王超陳。度越數子矣。觀者駭視而拭目。聽者傾首而竦耳。非夫體通性達。受之自然。其孰能至於此乎。又嘗親見執事。握牘持筆。有所造作。若成誦在心。借書於手。曾不斯須少留思慮。仲尼日月。無得踰焉。修之仰望。殆如此矣。是以對鶡而辭。作暑賦彌日而不獻。見西施之容。歸憎其貌者也。伏想執事。不知其然。猥受顧錫。教使刊定。春秋之成。莫能損益。呂氏淮南。字直千金。然而弟子箝口。市人拱手者。聖賢卓犖。固所以殊絕凡庸也。今之賦頌。古詩之流。不更孔公。風雅無別耳。修家子雲。老不曉事。強著一書。悔其少作。若此仲山周旦之儔。爲皆有譽邪。君侯忘聖賢之顯迹。述鄙宗之過言。竊以爲未之思也。若乃不忘經國之大美。流千載之英聲。銘功景鐘。書名竹帛。斯自雅量素所畜也。豈與文章相妨害哉。輒受所惠。竊備矇瞍誦詠而已。敢望惠施以忝莊氏。季緒瑣瑣。何足以云。反答造次。不能宣備。修死罪死罪。

諸葛亮　蜀漢陽都人。字孔明。避亂荊州。躬耕隴畝。先主三顧草廬。乃見。略陳天下鼎足之勢。及卽位。拜亮爲丞相。先主崩。受詔輔後主。封武鄉侯。領益州牧。志在攻魏以興復漢室。六出祁山。相持累年。以疾卒於軍。年五十四。謚忠武。亮相蜀漢垂三十年。愼賞明罰。開誠布公。及卒。朝野流涕。後世稱爲純臣。有諸葛忠武集。（建興五年亮率軍北駐漢中。臨發上疏。）

前出師表

臣亮言。先帝創業未半。而中道崩殂。今天下三分。益州疲弊。此誠危急存亡之秋也。然侍衞之臣。不懈於內。忠志之士。忘身於外者。蓋追先帝之殊遇。欲報之於陛下也。誠宜開張聖聽。以光先帝遺德。恢宏志士之氣。不宜妄自菲薄。引喻失義。以塞忠諫之路也。宮中府中。俱爲一體。陟罰臧否。不宜異同。若有作姦犯科。及爲忠善者。宜付有司。論其刑賞。以昭陛下平明之治。不宜偏私。使內外異法也。侍中侍郎郭攸之。費禕。董允等。此皆良實。志慮忠純。是以先帝簡拔以遺陛下。愚以爲宮中之事。事無大小。悉以咨之。然後施行。必能裨補闕漏。有所廣益。將軍向寵。性行淑均。曉暢軍事。試用於昔日。先帝稱之曰能。是以衆議舉寵爲督。愚以爲營中之事。悉以咨之。必能使行陳和穆。優劣得所也。親賢臣。遠小人。此先漢所以興隆也。親小人。遠賢臣。此後漢所以傾頹也。先帝在時。每與臣論此事。未嘗不歎息痛恨於桓靈也。侍中尚書長史參軍。此悉貞亮死節之臣也。願陛下親之信之。則漢室之隆。可計日而待也。臣本布衣。躬耕於南陽。苟全性命於亂世。不求聞達於諸侯。先帝不以臣卑鄙。猥自枉屈。三顧臣於草廬之中。諮臣以當世之事。由是感激。遂許先帝以驅馳。後值傾覆。受任於敗軍之際。奉命於危難之間。爾來二十有一年矣。先帝知臣謹慎。故臨崩寄臣以大事也。受命以來。夙夜憂歎。恐託付不效。以傷先帝之明。故五月渡瀘。深入不毛。今南方已定。兵甲已足。當獎帥三軍。北定中原。庶竭駑鈍。攘除姦凶。興復漢室。還於舊都。此臣之所以報先帝而忠陛下之職分也。至於斟酌損益。進盡忠言。則攸之禕允之任也。願陛下託臣以討賊興復之效。不效則治臣之罪。以告先帝之靈。若無興德之言。則責攸之禕允之咎。以彰其慢。陛下亦宜自謀。以咨諏善道。察納雅言。深追先帝遺詔。臣不勝受恩感激。今當遠離。臨表涕泣。不知所云。

後出師表

先帝慮漢賊不兩立。王業不偏安。故託臣以討賊也。以先帝之明。量臣之才。故知臣伐賊。才弱敵强也。然不伐賊。王業亦亡。惟坐而待亡。孰與伐之。是故託臣而弗疑也。臣受命之日。寢不安席。食不甘味。思惟北征。宜先入南。故五月渡瀘。深入不毛。幷日而食。臣非不自惜也。顧王業不可得偏全於蜀都。故冒危難以奉先帝之遺意也。而議者謂爲非計。今賊適疲於西。又務於東。兵法乘勞。此進趨之時也。謹陳其事如左。高帝明竝日月。謀臣淵深。然涉險被創。危然後安。今陛下未及高帝。謀臣不如良平。而欲以長計取勝。坐定天下。此臣之未解一也。劉繇王朗。各據州郡。論安言計。動引聖人。羣疑滿腹。衆難塞胸。今歲不戰。明年不征。使孫策坐大。遂幷江東。此臣之未解二也。曹操智計。殊絕於人。其用兵也。髣髴孫吳。然困於南陽。險於烏巢。危於祁連。偪於黎陽。幾敗北山。殆死潼關。然後僞定一時耳。況臣才弱。而欲以不危而定之。此臣之未解三也。曹操五攻昌霸不下。四越巢湖不成。任用李服而李服圖之。委夏侯而夏侯敗亡。先帝每稱操爲能。猶有此失。況臣駑下。何能必勝。此臣之未解四也。自臣到漢中。中閒期年耳。然喪趙雲。陽羣。馬玉。閻芝。丁立。白壽。劉郃。鄧銅等。及曲長屯將七十餘人。突將無前。賨叟青羌。散騎武騎。一千餘人。此皆數十年之內所糾合四方之精銳。非一州之所有。若復數年。則損三分之二也。當何以圖敵。此臣之未解五也。今民窮兵疲。而事不可息。事不可息。則住與行勞費正等。而不及今圖之。欲以一州之地。與賊持久。此臣之未解六也。夫難平者事也。昔先帝敗軍於楚。當此時。曹操拊手。謂天下已定。然後先帝東連吳越。西取巴蜀。舉兵北征。夏侯授首。此操之失計。而漢事將成也。然後吳更違盟。關羽毀敗。秭歸蹉跌。

曹丕稱帝。凡事如此。難可逆料。臣鞠躬盡力。死而後已。至於成敗利鈍。非臣之明所能逆覩也。黎庶昌曰。裴松之注云。此表出張儼默記。後世因其不載亮集。遂生疑竇。余謂無可疑也。試以近事準之。當是孔明幕府諸賢擬而未上之作。文辭懇摯。與前表大略相同。決非僞造。不得引李少卿答蘇武書爲比也。

李密 晉武陽人。字令伯。父早亡。母更適人。鞠於祖母劉氏。武帝徵爲太子洗馬。密上表固辭。帝覽表歎曰。此子可謂名副其實矣。乃停召。劉終服闋。復徵爲洗馬。後遷漢中太守。免官卒。

陳情表

臣密言。臣以險釁。夙遭閔凶。生孩六月。慈父見背。行年四歲。舅奪母志。祖母劉愍臣孤弱。躬親撫養。臣少多疾病。九歲不行。零丁孤苦。至於成立。既無叔伯。終鮮兄弟。門衰祚薄。晚有兒息。外無期功強近之親。內無應門五尺之童。煢煢獨立。形影相弔。而劉夙嬰疾病。常在牀蓐。臣侍湯藥。未曾廢離。逮奉聖朝。沐浴清化。前太守臣逵。察臣孝廉。後刺史臣榮。舉臣秀才。臣以供養無主。辭不赴命。詔書特下。拜臣郎中。尋蒙國恩。除臣洗馬。猥以微賤。當侍東宮。非臣隕首所能上報。臣具以表聞。辭不就職。詔書切峻。責臣逋慢。郡縣逼迫。催臣上道。州司臨門。急於星火。臣欲奉詔奔馳。則劉病日篤。欲苟順私情。則告訴不許。臣之進退。實爲狼狽。伏惟聖朝以孝治天下。凡在故老。猶蒙矜育。況臣孤苦。特爲尤甚。且臣少仕僞朝。歷職郎署。本圖宦達。不矜名節。今臣亡國賤俘。至微至陋。過蒙拔擢。寵命優渥。豈敢盤桓。有所希冀。但以劉日薄西山。氣息奄奄。人命危淺。朝不慮夕。臣無祖母。無以至今日。祖母無臣。無以終餘年。母孫二人。更相爲命。是以區區不能廢遠。臣密今年四十有四。祖母劉今年九十有六。是臣盡節於陛下之日長。報養劉之日短也。烏鳥私情。願乞終養。臣之辛苦。非獨蜀之人士及二州牧伯所見明知。皇天后土。實所共鑒。願陛下矜愍愚誠。聽臣微志。庶劉僥倖。保卒餘年。臣生當隕首。死當結草。臣不勝犬馬怖懼之情。謹拜表以聞。

劉伶　晉沛國人。字伯倫。性放達。尤嗜酒。與阮籍嵇康相善。嘗乘鹿車。攜一壺酒。使人荷鍤隨之。謂曰。死便埋我。平生未嘗措意文翰。惟著酒德頌一篇以見懷。仕爲建威參軍卒。

酒德頌

有大人先生。以天地爲一朝。萬期爲須臾。日月爲扃牖。八荒爲庭衢。行無轍迹。居無室廬。幕天席地。縱意所如。止則操卮執觚。動則挈榼提壺。惟酒是務。焉知其餘。有貴介公子。搢紳處士。聞吾風聲。議其所以。乃奮袂攘衿。怒目切齒。陳說禮法。是非鋒起。先生於是方捧甖承槽。銜杯漱醪。奮髯箕踞。枕麴藉糟。無思無慮。其樂陶陶。兀然而醉。豁爾而醒。靜聽不聞雷霆之聲。熟視不覩泰山之形。不覺寒暑之切肌。利欲之感情。俯觀萬物。擾擾焉如江漢之載浮萍。二豪侍側焉。如蜾蠃之與螟蛉。

潘岳　晉中牟人。字安仁。總角辨慧。鄉邑稱爲奇童。舉秀才。泰始中爲河陽令。縣中滿種桃李。累遷給事黃門侍郎。與石崇等相友善。趙王倫輔政。孫秀挾夙怨。誣崇岳等謀爲亂。被殺。岳美姿容。爲文詞藻豔麗。尤長於哀誄。與陸機齊名。世稱潘江陸海。

秋興賦

晉十有四年。余春秋三十有二。始見二毛。以太尉掾兼虎賁中郎將。寓直於散騎之省。高閣連雲。陽景罕曜。珥蟬冕而襲紈綺之士。此焉游處。僕野人也。偃息不過茅屋茂林之下。談話不過農夫田父之客。攝官承乏。猥廁朝列。夙興晏寢。匪遑底寧。譬猶池魚籠鳥。有江湖山藪之思。於是染翰操紙。慨然而賦。于時秋也。故以秋興名篇。其辭曰。

四運忽其代序兮。萬物紛以迴薄。覽花蒔之時育兮。察盛衰之所託。感冬索而春敷兮。嗟夏茂而秋落。雖末士之榮悴兮。伊人情之美惡。善乎宋玉之言曰。悲哉秋之爲氣也。蕭瑟兮草木搖落而變衰。憀慄兮若在遠行。登山臨水送將歸。夫送歸懷慕徒之戀兮。遠行有羈旅之憤。臨川感流以歎逝兮。登山懷遠而悼近。彼四慼之疚心兮。遭一塗而難忍。嗟秋日之可哀兮。諒無愁而不盡。野有歸燕。隰有翔隼。遊氛朝興。槁葉夕殞。於是乃屏輕箑。釋纖絺。藉莞蒻。御袷衣。庭樹槭以灑落兮。勁風戾而吹帷。蟬嘒嘒以寒吟兮。雁飄飄而南飛。天晃朗以彌高兮。日悠揚而浸微。何微陽之短晷。覺涼夜之方永。月朣朧以含光兮。露淒清以凝冷。熠燿粲於階闥兮。蟋蟀鳴乎軒屏。聽離鴻之晨吟兮。望流火之餘景。宵耿介而不寐兮。獨展轉乎華省悟時歲之遒盡兮。慨俛首而自省。斑鬢髟以承弁兮。素髮颯以垂領。仰羣儁之逸軌兮。攀雲漢以游騁。登春臺之熙熙兮。珥金貂之炯炯。苟趣舍之殊途兮。庸詎識其躁靜。聞至人之休風兮。齊天地於一指。彼知安而忘危兮。固出生而入死。行投趾於容跡兮。殆不踐而獲底。闕側足以及泉兮。雖猴猨而不履。龜祀骨於宗祧兮。思反身於綠水。且斂衽以歸來兮。忽投紱以高厲。耕東皐之沃壤兮。輸黍稷之餘稅。泉涌湍於石間兮。菊揚芳乎崖澨。澡秋水之涓涓兮。玩游鯈之潎潎。逍遙乎山川之阿。放曠乎人間之世。優哉游哉。聊以卒歲。

哀永逝文

啟夕兮宵興。悲絕緒兮莫承。俄龍轜兮門側。嗟俟時兮將升。嫂姪兮慞惶。慈姑兮垂矜。聞鳴雞兮戒朝。咸驚號兮撫膺。逝日長兮生年淺。憂患衆兮歡樂尠。彼遙思兮離居。歎河廣兮宋遠。今奈何兮一舉。邈終天兮不反。盡余哀兮祖之晨。揚明燎兮援靈輴。徹房帷兮席庭筵。舉酹觴兮告永遷。悽切兮增欷。俯仰兮揮淚。想孤魂兮眷舊宇。視倏忽兮若髣髴。徒髣髴兮在慮。靡耳目兮一遇。停駕兮淹留。徘徊兮故處。周求兮何獲。引身兮當去。去華輦兮初邁。馬回首兮旋旆。風泠泠兮入帷。雲霏霏兮承蓋。鳥俛翼兮忘林。魚仰沫兮失瀨。悵悵兮遲遲。遵吉路兮凶歸。思其人兮已滅。覽餘迹兮未夷。昔同塗兮今異世。憶舊歡兮增新悲。謂原隰兮無畔。謂川流兮無岸。望山兮寥廓。臨水兮浩汗。視天日兮蒼茫。面邑里兮蕭散。匪外物兮或改。

固歡哀兮情換。嗟潛隧兮既敞。將送形兮長往。委蘭房兮繁華。襲窮泉兮朽壤。中墓叫兮擗摽。之子降兮宅兆。撫靈櫬兮訣幽房。棺冥冥兮埏窈窈。戶闔兮燈滅。夜何時兮復曉。歸反哭兮殯宮。聲有止兮哀無終。是乎非乎何遑趣。一遇兮目中。既遇目兮無兆。曾寤寐兮弗夢。既顧瞻兮家道。長寄心兮爾躬。重曰已矣。此蓋新哀之情然耳。渠懷之其幾何。庶無愧兮莊子。

陸機　晉吳人。字士衡。少有異材。文章冠世。太康末。乃與弟雲俱入洛。世稱二陸。累遷太子洗馬著作郎。時齊王冏矜功自伐。機作豪士賦以刺之。後事成都王穎。表為平原內史。穎攻長沙王乂。假機後將軍河北大都督。及軍敗。為人所譖遇害。年四十三。有陸平原集。

豪士賦序

夫立德之基有常。而建功之路不一。何則。循心以為量者存乎我。因物以成務者繫乎彼。存夫我者。隆殺止乎其域。繫乎物者。豐約唯所遭遇。落葉俟微風以隕。而風之力蓋寡。孟嘗遭雍門而泣。而琴之感以末。何者。欲隕之葉無所假烈風。將墜之泣不足煩哀響也。是故苟時啟於天理盡於民。庸夫可以濟聖賢之功。斗筲可以定烈士之業。故曰才不半古而功已倍之。蓋得之於時勢也。歷觀古今。徼一時之功。而居伊周之位者有矣。夫我之自我。智士猶嬰其累。物之相物。昆蟲皆有此情。夫以自我之量。而挾非常之勳。神器暉其顧盼。萬物隨其俯仰。心玩居常之安。耳飽從諛之說。豈識乎功在身外。任出才表者哉。且好榮惡辱。有生之所大期旣盈。害上鬼神猶且不免。人主操其常柄。天下服其大節。故曰天可讎乎。而時有袨服荷戟立於廟門之下。援旗誓衆奮於阡陌之上。況乎代主制命自下裁物者乎。廣樹恩不足以敵怨。勤興利不足以補害。故曰代大匠斲者必傷其手。且夫政由寧氏。忠臣所爲慷慨。祭則寡人。人主所不久堪。是以君奭怏怏。不悅公旦之舉。高平師師。側目博陸之勢。而成王不遣嫌吝於懷。宣帝若負芒刺於背。非其然者與。嗟乎。光于四表。德莫富焉。王曰叔父。親莫暱焉。登帝天位。功莫厚焉。守節沒齒。忠莫至焉。而傾側顚沛。僅而自全。則伊生抱明允以嬰戮。文子懷忠敬而齒劍。固其所也。因斯以言。夫以篤聖穆親。如彼之懿。大德至忠。如此之盛。尚不能取信於人主之懷。止謗於衆多之口。過此以往。惡覩其可。安危之理。斷可識矣。又況乎饕大名。以冒道家之忌。運短才而易聖哲所難者哉。身危由於勢過。而不知去勢以求安。禍積起於寵盛。而不知辭寵以招福。見百姓之謀己。則申宮警守。以崇不畜之威。懼萬民之不服。則嚴刑峻制。以賈傷心之怨。然後威窮乎震主。而怨行乎上下。衆心日移。危機將發。而方偃仰瞪眄。謂足以夸世。笑古人之未工。忘己事之已拙。知釁勳之可矜。暗成敗之有會。是以事窮運盡。必於顚仆。風起塵合。而禍至常酷也。聖人忌功名之過己。惡寵祿之踰量。蓋謂此也。夫惡欲之大端。賢愚所共有。而游子殉高位於生前。志士思垂名於身後。受生之分。唯此而已。夫蓋世之業。名莫大焉。震主之勢。位莫盛焉。率意無違。欲莫順焉。借使伊人頗覽天道知盡不可益。盈難久持。超然自引。高揖而退。則巍巍之盛。仰邈前賢。洋洋之風。俯冠來籍。而大欲不乏於身。至樂無愆乎舊。節彌效而德彌廣。身逾逸而名逾劭。此之不爲。彼之必昧。然後河海之跡。堙爲窮流。一簣之釁。積成山岳。名編凶頑之條。身厭荼毒之痛。豈不謬哉。故聊賦焉。庶使百世少有寤云。

弔魏武帝文

元康八年。機始以臺郎出補著作。遊乎祕閣。而見魏武帝遺令。愾然歎息。傷懷者久之。客曰。夫始終者。萬物之大歸。死生者。性命之區域。是以臨喪殯而後悲。覩陳根而絕哭。今乃傷心百年之際。興哀無情之地。意者無乃知哀之可有。而未識情之可無乎。機答之曰。夫日食由乎交分。山崩起於朽壤。亦云數而已矣。然百姓怪焉者。豈不以資高明之質。而不免卑濁之累。居常安之勢。而終嬰傾離之患故乎。夫以迴天倒日之力。而不能振形骸之內。濟世夷難之智。而受困魏闕之下。已而格乎上下者。藏於區區之木。光于四表者。翳乎蕞爾之土。雄心摧於弱情。壯圖終於哀志。長算屈於短日。遠迹頓於促路。嗚呼。豈特瞽史之異闕景。黔黎之怪頹岸乎。觀其所以顧命冢嗣。貽謀四子。經國之略既遠。隆家之訓亦弘。又云。吾在軍中持法是也。至於小忿怒。大過失。不當效也。善乎達人之讜言矣。持姬女而指季豹以示四子曰。以累汝。因泣下。傷哉。曩以天下自任。今以愛子託人。同乎盡者無餘。而得乎亡者無存。然而婉孌房闥之內。綢繆家人之務。則幾乎密與。又曰。吾婕妤伎人。皆著銅爵臺。於臺堂上施八尺牀繐帳。朝晡上脯糒之屬。月朝十五。輒向帳作伎。汝等時時登銅爵臺。望吾西陵墓田。又云。餘香可分與諸夫人。諸舍中無所為。學作履組賣也。吾歷官所得綬。皆著藏中。吾餘衣裘可別為一藏。不能者兄弟可共分之。既而竟分焉。亡者可以勿求。存者可以勿違。求與違不其兩傷乎。悲夫。愛有大而必失。惡有甚而必得。智慧不能去其惡。威力不能全其愛。故前識所不用心。而聖人罕言焉。若乃繫情累於外物。留曲念於閨房。亦賢俊之所宜廢乎。於是遂憤懣而獻弔云爾。

接皇漢之末緒。值王途之多違。佇重淵以育鱗。撫慶雲而遐飛。運神道以載德。乘靈風而扇威。摧羣雄而電擊。舉勍敵其如遺。指八極以遠略。必翦焉而後綏。釐三才之闕典。啟天地之禁闈。舉修綱之絕紀。紐大音之解徽。掃雲物以貞觀。要萬途而來歸。丞大德以宏覆。援日月而齊暉。濟元功於九有。固舉世之所推。彼人事之大造。夫何往而不臻。將覆簣於浚谷。擠為山乎九天。苟理窮而性盡。豈長算之所研。悟臨川之有悲。固梁木其必顛。當建安之三八。實大命之所艱。雖光昭於曩載。將稅駕於此年。惟降神之綿邈。眇千載而遠期。信斯武之未喪。膺靈符而在茲。雖龍飛於文昌。非王心之所怡。憤西夏以鞠旅。泝秦川而舉旗。踰鎬京而不豫。臨渭濱而有疑。冀翌日之云瘳。彌四旬而成災。詠歸途以反旆。登崤澠而揭來。次洛汭而大漸。指六軍曰念哉。伊君王之赫奕。寔終古之所難。威先天而蓋世。力盪海而拔山。厄奚險而弗濟。敵何彊而不殘。每因禍以禔福。亦踐危而必安。迄在茲而蒙昧。慮噤閉而無端。委軀命以待難。痛沒世而永言。撫四子以深念。循膚體而頹歎。迨營魄之未離。假餘息乎音翰。執姬女以嚬瘁。指季豹而灌焉。氣衝襟以嗚咽。涕垂睫而汍瀾。違率土以靖寐。戢彌天乎一棺。咨宏度之峻邈。壯大業之允昌。思居終而卹始。命臨沒而肇揚。援貞吝以惎悔。雖在我而不臧。惜內顧之纏綿。恨末命之微詳。紆廣念於履組。塵清慮於餘香。結遺情之婉孌。何命促而意長。陳法服於帷座。陪窈窕於玉房。宣備物於虛器。發哀音於舊倡。矯感容以赴節。掩零淚而薦觴。物無微而不存。體無惠而不亡。庶聖靈之響像。想幽神之復光。苟形聲之翳沒。雖音景其必藏。徽淸絃而獨奏。進脯糒而誰嘗。悼繐帳之冥漠。怨西陵之茫茫。登爵臺而羣悲。貯美目其何望。既睎古以遺累。信簡禮而薄葬。彼裘紱於何有。貽塵謗於後王。嗟大戀之所存。故雖哲而不忘。覽遺籍以慷慨。獻茲文而悽傷。

演連珠十首 節錄

臣聞任重於力。才盡則困。用廣其器。應博則凶。是以物勝權而衡殆。形過鏡則照窮。故明主程才以效業。貞臣底力而辭豐。

臣聞鑑之積也無厚。而照有重淵之深。目之察也有畔。而眡周天壤之際。何則應事以精不以形造物。以神不以器。是以萬邦凱樂。非悅鐘鼓之娛。天下歸仁。非感玉帛之惠。

臣聞覽影偶質。不能解獨。指迹慕遠。無救於遲。是以循虛器者。非應物之具。翫空言者。非致治之機。

臣聞音以比耳爲美。色以悅目爲歡。是以衆聽所傾。非假北里之操。萬夫婉孌。非俟西子之顏。故聖人隨世以擢佐。明主因時而命官。

臣聞傾耳求音。眡優聽苦。澄心徇物。形逸神勞。是以天殊其數。雖同方不能分其感。理塞其通。則竝質不能共其休。

臣聞示應於近。遠有可察。託驗於顯。微或可包。是以寸管下傃。天地不能以氣欺。尺表逆立。日月不能以形逃。

臣聞絃有常音。故曲終則改。鏡無畜影。故觸形則照。是以虛己應物。必究千變之容。挾情適事。不觀萬殊之妙。

臣聞煙出於火。非火之和。情生於性。非性之適。故火壯則煙微。性充則情約。是以殷墟於感物之悲。周京無佇立之跡。

臣聞適物之技。俯仰異用。應事之器。通塞異任。是以鳥棲雲而繳飛。魚藏淵而網沈。賁鼓密而含響。朗笛疏而吐音。

臣聞足於性者。天損不能入。貞於期者。時累不能淫。是以迅風陵雨。不謬晨禽之察。勁陰殺節。不凋寒木之心。

王羲之　東晉臨沂人。字逸少。仕爲右軍將軍。會稽內史。去官後。與東土人士。盡山水之遊。弋釣自娛。書法爲古今之冠。文章亦飄逸不羣。卒年五十九。

蘭亭集序

永和九年。歲在癸丑。暮春之初。會於會稽山陰之蘭亭。修禊事也。羣賢畢至。少長咸集。此地有崇山峻嶺。茂林修竹。又有清流激湍。映帶左右。引以爲流觴曲水。列坐其次。雖無絲竹管絃之盛。一觴一詠。亦足以暢敍幽情。是日也。天朗氣清。惠風和暢。仰觀宇宙之大。俯察品類之盛。所以遊目騁懷。足以極視聽之娛。信可樂也。夫人之相與。俯仰一世。或取諸懷抱。晤言一室之內。或因寄所託。放浪形骸之外。雖取舍萬殊。靜躁不同。當其欣於所遇。暫得於己。快然自足。曾不知老之將至。及其所之既倦。情隨事遷。感慨係之矣。向之所欣。俛仰之間。已爲陳迹。猶不能不以之興懷。況修短隨化。終期於盡。古人云。死生亦大矣。豈不痛哉。每覽昔人興感之由。若合一契。未嘗不臨文嗟悼。不能喻之於懷。固知一死生爲虛誕。齊彭殤爲妄作。後之視今。亦猶今之視昔。悲夫。故列敍時人。錄其所述。雖世殊事異。所以興懷。其致一也。後之覽者。亦將有感於斯文。

與吏部郎謝萬書

古之辭世者。或被髮佯狂。或汚身穢迹。可謂艱矣。今僕坐而獲免。遂其宿心。其爲慶幸。豈非天賜。違天不祥。頃東遊還。修植桑果。今盛敷榮。率諸子抱弱孫。遊觀其間。有一味之甘。割而分之。以娛目前。雖植德無殊邈。猶欲教養子孫。以敦厚退讓。戒以輕薄。庶令舉策數馬。彷彿萬石之風。君謂此何如。比當與安石東遊山海。並行田視地利。頤養閑曠。衣食之餘。欲與親知時共歡讌。雖不能興言高詠。銜杯引滿。語田里所行。故以爲撫掌之資。其爲得意。可勝言耶。常依陸賈班嗣楊王孫之處世。甚欲希風數子。老夫志願。盡於此矣。

陶潛　東晉潯陽人。本名淵明。字元亮。入宋。改名潛。性高尙簡貴。著五柳先生傳以自況。嘗爲彭澤令。旋卽解去。賦歸去來辭。元熹中卒。年六十三。世稱靖節先生。其所爲詩。沖穆淡遠而純造自然。爲古今一大家。文境亦似其詩。有陶淵明集搜神後記。

與子儼等疏

告儼俟份佚佟。天地賦命。生必有死。自古聖賢。誰能獨免。子夏有言。死生有命。富貴在天。四友之人。親受音旨。發斯談者。將非窮達不可妄求。壽夭永無外請故耶。吾年過五十。少而窮苦。每以家弊。東西遊走。性剛才拙。與物多忤。自量爲己。必貽俗患。僶俛辭世。使汝等幼而飢寒。余嘗感孺仲賢妻之言。敗絮自擁。何慚兒子。此既一事矣。但恨鄰靡二仲。室無萊婦。抱茲苦心。良獨內愧。少學琴書。偶愛閒靜。開卷有得。便欣然忘食。見樹木交陰。時鳥變聲。亦復歡然有喜。常言五六月中。北窗下臥。遇涼風暫至。自謂是羲皇上人。意淺識罕。謂斯言可保。日月遂往。機巧好疏。緬求在昔。眇然如何。病患以來。漸就衰損。親舊不遺。每以藥石見救。自恐大分將有限也。汝輩稚小。家貧無役。柴水之勞。何時可免。念之在心。若何可言。然汝等雖不同生。當思四海皆兄弟之義。鮑叔管仲。分財無猜。歸生伍舉。班荊道舊。遂能以敗爲成。因喪立功。他人尚爾。況同父之人哉。潁川韓元長。漢末名士。身處卿佐。八十而終。兄弟同居。至於沒齒。濟北氾稚春。晉時操行人也。七世同財。家人無怨色。詩曰。高山仰止。景行行止。雖不能爾。至心尚之。汝其慎哉。吾復何言。

桃花源記

晉太原中。武陵人捕魚爲業。緣溪行。忘路之遠近。忽逢桃花林。夾岸數百步。中無雜樹。芳草鮮美。落英繽紛。漁人甚異之。復前行。欲窮其林。林盡水源。便得一山。山有小口。髣髴若有光。便捨船從口入。初極狹。纔通人。復行數十步。豁然開朗。土地平曠。屋舍儼然。有良田美池桑竹之屬。阡陌交通。雞犬相聞。其中往來種作。男女衣著。悉如外人。黃髮垂髫。並怡然自樂。見漁人。乃大驚。問所從來。具答之。便要還家。設酒殺雞作食。村中聞有此人。咸來問訊。自云先世避秦時亂。率妻子邑人來此絕境。不復出焉。遂與外人閒隔。問今是何世。乃不知有漢。無論魏晉。此人一一爲具言所聞。皆歎惋。餘人各復延至其家。皆出酒食。停數日。辭去。此中人語云。不足爲外人道也。旣出。得其船。便扶向路。處處誌之。及郡下。詣太守說如此。太守卽遣人隨其往。尋向所誌。遂迷不復得路。南陽劉子驥。高尚士也。聞之。欣然親往。未果。尋病終。後遂無問津者。

五柳先生傳

先生不知何許人也。亦不詳其姓字。宅邊有五柳樹。因以爲號焉。閒靜少言。不慕榮利。好讀書。不求甚解。每有會意。便欣然忘食。性嗜酒。家貧不能常得。親舊知其如此。或置酒而招之。造飲輒盡。期在必醉。旣醉而退。曾不吝情去留。環堵蕭然。不蔽風日。短褐穿結。簞瓢屢空。晏如也。常著文章自娛。頗示己志。忘懷得失。以此自終。

贊曰。黔婁有言。不戚戚於貧賤。不汲汲於富貴。其言茲若人之儔乎。銜觴賦詩。以樂其志。無懷氏之民歟。葛天氏之民歟。

歸去來辭

歸去來兮。田園將蕪胡不歸。旣自以心爲形役。奚惆悵而獨悲。悟已往之不諫。知來者之可追。實迷途其未遠。覺今是而昨非。舟搖搖以輕颺。風飄飄而吹衣。問征夫以前路。恨晨光之熹微。乃瞻衡宇。載欣載奔。僮僕懽迎。稚子候門。三徑就荒。松菊猶存。攜幼入室。有酒盈樽。引壺觴以自酌。眄庭柯以怡顏。倚南窗以寄傲。審容膝之易安。園日涉以成趣。門雖設而常關。策扶老以流憩。時矯首而遐觀。雲無心以出岫。鳥倦飛而知還。景翳翳以將入。撫孤松而盤桓。歸去來兮。請息交以絕游。世與我而相遺。復駕言兮焉求。悅親戚之情話。樂琴書以消憂。農人告余以春及。將有事於西疇。或命巾車。或棹孤舟。既窈窕以尋壑。亦崎嶇而經邱。木欣欣以向榮。泉涓涓而始流。羨萬物之得時。感吾生之行休。已矣乎。寓形宇內復幾時。曷不委心任去留。胡爲遑遑欲何之。富貴非吾願。帝鄉不可期。懷良辰以孤往。或植杖而耘耔。登東皐以舒嘯。臨清流而賦詩。聊乘化以歸盡。樂夫天命復奚疑。

自祭文

歲惟丁卯。律中無射。天寒夜長。風氣蕭索。鴻雁于征。草木黃落。陶子將辭逆旅之館。永歸於本宅。故人悽其相悲。同祖行於今夕。羞以嘉蔬。薦以清酌。候顏已冥。聆音愈漠。嗚呼哀哉。茫茫大塊。悠悠高旻。是生萬物。余得爲人。自余爲人。逢運之貧。簞瓢屢罄。絺綌冬陳。含歡谷汲。行歌負薪。翳翳柴門。事我宵晨。春秋代謝。有務中園。載耘載耔。迺育迺繁。欣以素牘。和以七絃。冬曝其日。夏濯其泉。勤靡餘勞。心有常閒。樂天委分。以至百年。惟此百年。夫人愛之。懼彼無成。愒日惜時。存爲世珍。沒亦見思。嗟我獨邁。曾是異茲。寵非已榮。涅豈吾緇。捽兀窮廬。酣飲賦詩。識運知命。疇能罔眷。余今斯化。可以無憾。壽涉百齡。身慕肥遁。從老得終。奚所復戀。

寒暑逾邁。亡既異存。外姻晨來。良友宵犇。葬之中野。以安其魂。窅窅我行。蕭蕭墓門。奢恥宋臣。儉笑王孫。廓兮已滅。慨焉已遐。不封不樹。日月遂過。匪貴前譽。孰重後歌。人生實難。死如之何。嗚呼哀哉。

顏延之　南朝宋臨沂人。文章之美。冠絕當時。與謝靈運齊名。仕宋官至太常加金紫光祿大夫。卒年六十三。有顏光祿集。

陶徵士誄

夫璿玉致美。不爲池隍之寶。桂椒信芳。而非園林之實。豈其樂深而好遠哉。蓋云殊性而已。故無足而至者。物之藉也。隨踵而立者。人之薄也。若乃巢高之抗行。夷皓之峻節。故已父老堯禹。錙銖周漢。而緜世浸遠。光靈不屬。至使菁華隱沒。芳流歇絕。不其惜乎。雖今之作者。人自爲量。而首路同塵。輟塗殊軌者多矣。豈所以昭末景汎餘波。乎有晉徵士潯陽陶淵明。南岳之幽居者也。弱不好弄。長實素心。學非稱師。文取指達。在衆不失其寡。處言每見其默。少而貧病。居無僕妾。井臼弗任。藜菽不給。母老子幼。就養勤匱。遠惟田生致親之議。追悟毛子捧檄之懷。初辭州府三命。後爲彭澤令。道不偶物。棄官從好。遂乃解體世紛。結志區外。定迹深棲。於是乎遠灌畦鬻蔬。爲供魚菽之祭。織絇緯蕭。以充糧粒之費。心好異書。性樂酒德。簡棄煩促。就成省曠。殆所謂國爵屏貴。家人忘貧者與。有詔徵爲著作郎。稱疾不到。春秋六十有三元嘉四年月日卒於潯陽縣之某里。近識悲悼。遠士傷情。冥默福應。嗚呼淑貞。夫實以誄華。名由謚高。苟允德義。貴賤何筭焉。若其寬樂令終之美。好廉克己之操。有合謚典。無愆前志。故詢諸友好。宜謚曰靖節徵士。其辭曰。

物尚孤生。人固介立。豈伊時遘。曷云世及。嗟乎若士。望古遙集。韜此洪族。蔑彼名級。睦親之行。至自非敦。然諾之信。重於布言。廉深簡潔。貞夷粹温。和而能峻。博而不繁。依世尚同。詭時則異。有一於此。兩非默置。豈若夫子。因心違事。畏榮好古。薄身厚志。世霸虛禮。州壤推風。孝惟義養。道必懷邦。人之秉彝。不隘不恭。爵同下士。祿等上農。度量難鈞。進退可限。長卿棄官。稚賓自免。子之悟之。何悟之辯。賦詩歸來。高蹈獨善。亦既超曠。無適非心。汲流舊巘。葺宇家林。晨煙暮靄。春煦秋陰。陳書綴卷。置酒絃琴。居備勤儉。躬兼貧病。人否其憂。子然其命。隱約就閑。遷延辭聘。非直也明。是惟道性。糾纆斡流。冥漠報施。孰云與仁。實疑明智。謂天蓋高。胡諐斯義。履信曷憑。思順何寘。年在中身。疢維痁疾。視化如歸。臨凶若吉。藥劑弗嘗。禱祀非恤。傃幽告終。懷和長畢。嗚呼哀哉。敬述靖節。式尊遺占。存不願豐。沒無求贍。省訃卻賻。輕哀薄斂。遭壤以穿。旋葬而窆。嗚呼哀哉。深心追往。遠情逐化。自爾介居。及我多暇。伊好之洽。接閻鄰舍。宵盤晝憩。非舟非駕。念昔宴私。舉觴相誨。獨正者危。至方則閡。哲人卷舒。布在前載。取鑒不遠。吾規子佩。爾實愀然。中言而發。違眾速尤。迕風先蹶。身才非實。榮聲有歇。徽音永矣。

誰箴余闕。嗚呼哀哉。仁焉而終。智焉而斃。黔婁旣沒。展禽亦逝。其在先生。同塵往世。旌此靖節。加彼康惠。嗚呼哀哉

鮑照　南朝宋東海人字明遠。文辭贍逸。文帝時爲中書舍人。臨海王子頊爲荆州。照爲前軍參軍。有鮑參軍集。

蕪城賦

瀰迆平原。南馳蒼梧漲海。北走紫塞雁門。柂以漕渠。軸以崑岡。重江複關之隩。四會五達之莊。當昔全盛之時。車挂轊。人駕肩。廛閈撲地。歌吹沸天。孳貨鹽田。鏟利銅山。才幹雄富。士馬精妍。故能奓秦法。佚周令。劃崇墉。刳濬洫。圖修世以休命。是以板築雉堞之殷。井幹烽櫓之勤。格高五嶽。袤廣三墳。崪若斷岸。矗似長雲。製磁石以禦衝。糊赬壤以飛文。觀基扃之固護。將萬祀而一君。出入三代。五百餘載。竟瓜剖而豆分。澤葵依井。荒葛罥塗。壇羅虺蜮。階鬭麏鼯。木魅山鬼。野鼠城狐。風嗥雨嘯。昏見晨趨。飢鷹厲吻。寒鴟嚇雛。伏虣藏虎。乳血餐膚。崩榛塞路。崢嶸古馗。白楊早落。塞草前衰。稜稜霜氣。蔌蔌風威。孤蓬自振。驚砂坐飛。灌莽杳而無際。叢薄紛其相依。通池旣已夷。峻隅又已頹。直視千里外。惟見起黃埃。凝思寂聽。心傷已摧。若夫藻扃黼帳。歌堂舞閣之基。璇淵碧樹。弋林釣渚之館。吳蔡齊秦之聲。魚龍爵馬之玩。皆薰歇燼滅。光沈響絕。東都妙姬。南國麗人。蕙心紈質。玉貌絳脣。莫不埋魂幽石。委骨窮塵。豈憶同轝之愉樂。離宮之苦辛哉。天道如何。吞恨者多。抽琴命操。爲蕪城之歌。歌曰。邊風急兮

城上寒。井徑滅兮丘隴殘。千齡兮萬代。共盡兮何言。

江淹 南朝梁考城人。字文通。少孤貧好學。仕齊歷御史中丞。彈劾不避權貴。梁天監中。遷金紫光祿大夫。封醴陵侯。嘗宿冶亭。夢一丈夫自稱郭璞。曰吾筆在卿處多年。可見還。淹乃探懷中得五色筆還之。後爲文絕無美句。時人謂之才盡。有江文通集。

恨賦

試望平原。蔓草縈骨。拱木斂魂。人生到此。天道寧論。於是僕本恨人。心驚不已。直念古者。伏恨而死。至如秦帝按劍。諸侯西馳。削平天下。同文共規。華山爲城。紫淵爲池。雄圖既溢。武力未畢。方架黿鼉以爲梁。巡海右以送日。一旦魂斷。宮車晚出。若乃趙王既虜。遷於房陵。薄暮心動。昧旦神興。別豔姬與美女。喪金輿及玉乘。置酒欲飲。悲來塡膺。千秋萬歲。爲怨難勝。至於李君降北。名辱身冤。拔劍擊柱。弔影慙魂。情往上郡。心留雁門。裂帛繫書。誓還漢恩。朝露溘至。握手何言。若夫明妃去時。仰天太息。紫臺稍遠。關山無極。搖風忽起。白日西匿。隴雁少飛。代雲寡色。望君王兮何期。終蕪絕兮異域。至乃敬通見抵。罷歸田里。閉關卻掃。塞門不仕。左對孺人。顧弄稚子。脫略公卿。跌宕文史。齎志沒地。長懷無已。及夫中散下獄。神氣激揚。濁醪夕引。素琴晨張。秋日蕭索。浮雲無光。鬱青霞之奇意。入修夜之不暘。或有孤臣危涕。孽子墜心。遷客海上。流戍隴陰。此人但聞悲風汩起。泣下霑衿。亦復含酸茹歎。銷落湮沈。若乃騎疊跡。車同軌。黃塵帀地。歌吹四起。無不煙斷火絕。閉骨泉裏。已矣哉。春草暮兮秋風驚。秋風罷兮春草生。綺羅畢兮池館盡。琴瑟滅兮邱隴平。自古皆有死。莫不飲恨而吞聲。

別賦

黯然銷魂者。唯別而已矣。況秦吳兮絕國。復燕宋兮千里。或春水兮始生。乍秋風兮暫起。是以行子腸斷。百感悽惻。風蕭蕭而異響。雲漫漫而奇色。舟凝滯於水濱。車逶遲於山側。棹容與而詎前。馬寒鳴而不息。掩金觴而誰御。橫玉柱而霑軾。居人愁臥。怳若有亡。日下壁而沈彩。月上軒而飛光。見紅蘭之受露。望青楸之離霜。巡層楹而空揜。撫錦幕而虛涼。知離夢之躑躅。意別魂之飛揚。故別雖一緒。事乃萬族。至若龍馬銀鞍。朱軒繡軸。帳飲東都。送客金谷。琴羽張兮簫鼓陳。燕趙歌兮傷美人。珠與玉兮豔暮秋。羅與綺兮嬌上春。驚駟馬之仰秣。聳淵魚之赤鱗。造分手而銜涕。感寂寞而傷神。乃有劍客慙恩。少年報士。韓國趙廁。吳宮燕市。割慈忍愛。離邦去里。瀝泣共訣。抆血相視。驅征馬而不顧。見行塵之時起。方銜感於一劍。非買價於泉裏。金石震而色變。骨肉悲而心死。或乃邊郡未和。負羽從軍。遼水無極。雁山參雲。閨中風暖。陌上草薰。日出天而曜景。露下地而騰文。鏡朱塵之照爛。襲青氣之煙熅。攀桃李兮不忍別。送愛子兮霑羅裙。至如一赴絕國。詎相見期。視喬木兮故里。決北梁兮永辭。左右兮魂動。親賓兮淚滋。可班荊兮贈恨。唯樽酒兮敘悲。值秋雁兮飛日。當白露兮下時。怨復怨兮遠山曲去復去兮長河湄。又若君居淄右。妾家河陽。同瓊珮之晨照。共金爐之夕香。君結綬兮千里。惜瑤草之徒芳。慙幽閨之琴瑟。晦高臺之流黃。春宮閟此青苔色。秋帳含茲明月光。夏簟清兮晝不暮。冬釭凝兮夜何長。織錦曲兮泣已盡。迴文詩兮影獨傷。儻有華陰上士。服食還仙。術既妙而猶學。道已寂而未傳。守丹竈而不顧。鍊金鼎而方堅。駕鶴上漢。驂鸞騰天。暫遊萬里。少別千年。惟世間兮重別。謝主人兮依然。下有芍藥之詩。佳人之歌。桑中衛女。上宮陳娥。春草碧色。春水綠波。送君南浦。傷如之何。至乃秋露如珠。秋月如珪。明月白露。光陰往來。與子之別。思心徘徊。是以別方不定。別理千名。有別必怨。有怨必盈。使人意奪神駭。心折骨驚。雖淵雲之墨妙。嚴樂之筆精。金閨之諸彥。蘭臺之羣英。賦有淩雲之稱。辯有雕龍之聲。誰能摹暫離之狀。寫永訣之情者乎。

邱遲 南朝梁烏程人。字希範。武帝時官中書。出爲永嘉太守。遲文采麗逸。時人評爲點綴映媚。如落花依草。初陳伯之戰敗入魏。詔臨川王宏率軍北討。遲爲宏記室。承命與之書。伯之見書。卽擁衆而歸。其辭之動人如此

與陳伯之書

遲頓首陳將軍足下無恙。幸甚幸甚。將軍勇冠三軍。才爲世出。棄燕雀之小志。慕鴻鵠以高翔。昔因機變化。遭遇明主。立功立事。開國稱孤。朱輪華轂。擁旄萬里。何其壯也。如何一旦爲奔亡之虜。聞鳴鏑而股戰。對穹廬以屈膝。又何劣邪。尋君去就之際。非有他故。直以不能內

審諸己。外受流言。沈迷猖獗。以至於此。聖朝赦罪責功。棄瑕錄用。推赤心於天下。安反側於萬物。將軍之所知。不假僕一二談也。朱鮪涉血於友于。張繡剸刃於愛子。漢主不以爲疑。魏君待之若舊。況將軍無昔人之罪。而勳重於當世。夫迷塗知反。往哲是與。不遠而復。先典攸高。主上屈法申恩。吞舟是漏。將軍松柏不翦。親戚安居。高臺未傾。愛妾尚在。悠悠爾心。亦何可言。今功臣名將。鴈行有序。佩紫懷黃。讚帷幄之謀。乘軺建節。奉疆埸之任。並刑馬作誓。傳之子孫。將軍獨靦顏借命。驅馳氈裘之長。寧不哀哉。夫以慕容超之強。身送東市。姚泓之盛。面縛西都。故知霜露所均。不育異類。姬漢舊邦。無取雜種。北虜僭盜中原。多歷年所。惡積禍盈。理至焦爛。況僞孽昏狡。自相夷戮。部落攜離。酋豪猜貳。方當繫頸蠻邸。懸首藁街。而將軍魚遊於沸鼎之中。燕巢於飛幕之上。不亦惑乎。暮春三月。江南草長。雜花生樹。羣鶯亂飛。見故國之旗鼓。感平生於疇日。撫絃登陴。豈不愴恨。所以廉公之思趙將。吳子之泣西河。人之情也。將軍獨無情哉。想早勵良規。自求多福。當今皇帝盛明。天下安樂。白環西獻。楛矢東來。夜郎滇池。解辮請職。朝鮮昌海。蹶角受化。惟北狄野心。掘強沙塞之間。欲延歲月之命耳。中軍臨川殿下。明德茂親。總茲戎重。弔民洛汭。伐罪秦中。若遂不改。方思僕言。聊布往懷。君其詳之。邱遲頓首。

庾信　北朝周新野人。字子山。小字蘭成。文藻豔麗。與徐陵齊名。時稱徐庾體。初仕梁。爲右衛軍。元帝時聘西魏。

被。留後周明帝武帝並好文學。皆恩禮之。累遷驃騎大將軍開府儀同三司。世稱庾開府。信雖位望通顯。常有鄉關之思。乃作哀江南賦以致意焉。有庾開府集。

哀江南賦

粵以戊辰之年。建亥之月。大盜移國。金陵瓦解。余乃竄身荒谷。公私塗炭。華陽奔命。有去無歸。中興道銷。窮於甲戌。三日哭於都亭。三年囚於別館。天道周星。物極不反。傅燮之但悲身世。無處求生。袁安之每念王室。自然流涕。昔桓君山之志事。杜元凱之平生。並有著書。咸能自敘。潘岳之文彩。始述家風。陸機之辭賦。先陳世德。信年始二毛。卽逢喪亂。藐是流離。至於暮齒。燕歌遠別。悲不自勝。楚老相逢。泣將何及。畏南山之雨。忽踐秦庭。讓東海之濱。遂餐周粟。下亭漂泊。高橋羈旅。楚歌非取樂之方。魯酒無忘憂之用。追為此賦。聊以紀言。不無危苦之辭。惟以悲哀為主。日暮途遠。人間何世。將軍一去。大樹飄零。壯士不還。寒風蕭瑟。荊璧睨柱。受連城而見欺。載書橫階。捧珠盤而不定。鍾儀君子。入就南冠之囚。季孫行人。留守西河之館。申包胥之頓地。碎之以首。蔡威公之淚盡。加之以血。釣臺移柳。非玉關之可望。華亭鶴唳。豈河橋之可聞。孫策以天下為三分。衆纔一旅。項籍用江東之子弟。人惟八千。遂乃分裂山河。宰割天下。豈有百萬義師。一朝卷甲。芟夷斬伐。如草木焉。江淮無涯岸之阻。亭壁無藩籬之固。頭會箕斂者。合從締交。鋤耰棘矜者。因利乘便。將非江表王氣。終於三百年乎。是知幷吞六合。不免軹道之災。混一車書。無救平陽之禍。嗚呼。山岳崩頹。既履危亡之運。春秋迭代。必有去故之悲。天意人事。可以悽愴傷心者矣。況復舟楫路窮。星漢非乘槎可上。風飇道阻。蓬萊無可到之期。窮者欲達其言。勞者須歌其事。陸士衡聞而撫掌。是所甘心。張平子見而陋之。固其宜矣。

我之掌庾承周。以世功而爲族。經邦佐漢。用論道而當官。稟嵩華之玉石。潤河洛之波瀾。居負洛而重世。邑臨河而晏安。逮永嘉之艱虞。始中原之乏主。民枕倚於牆壁。路交橫於豺虎。値五馬之南奔。逢三星之東聚。彼淩江而建國。始播遷於吾祖。分南陽而賜田。裂東嶽而胙土。誅茅宋玉之宅。穿徑臨江之府。水木交運。山川崩竭。家有直道。人多全節。訓子見於淳深。事君彰於義烈。新埜有生祠之廟。河南有胡書之碣。況乃少微眞人。天山逸民。階庭空谷。門巷蒲輪。移談講樹。就簡書筠。降生世德。載誕貞臣。文詞高於甲觀。模楷盛於漳濱。嗟有道而無鳳。歎非時而有麟。既奸回之奰逆。終不悅於仁人。王子洛濱之歲。蘭成射策之年。始含香於建禮。仍矯翼於崇賢。遊洊雷之講肆。齒明離之冑筵。既傾蠡而酌海。遂測管以窺天。方塘水白。釣渚池圓。侍戎韜於武帳。聽雅曲於文絃。乃解懸而通籍。遂崇文而會武。居笠轂而掌兵。出蘭池而典午。論兵於江漢之君。拭玉於西河之主。於是朝野歡娛。池臺鐘鼓。里爲冠蓋。門成鄒魯。連茂苑於海陵。跨橫塘於江浦。東門則鞭石成橋。南極則鑄銅爲柱。橘則園植萬株。竹則家封千戶。西贐浮玉。南琛沒羽。吳歈越吟。荊豔楚舞。草木之遇陽春。魚龍之逢風雨。五十年中。江表無事。王歙爲和親之侯。班超爲定遠之使。馬武無預於甲兵。馮唐不論於將帥。豈知山嶽闇然。江湖潛沸。漁陽有閭左戍卒。離石有將兵都尉。天子方刪詩書。定禮樂。設重雲之講。開士林之學。談劫燼之灰飛。辨常星之夜落。地平魚齒。城危獸角。臥刁斗於滎陽。絆龍媒於平樂。宰衡以干戈爲兒戲。搢紳以清談爲廟略。乘漬水以膠船。馭奔駒以朽索。小人則將及水火。君子則方成猨鶴。敝箄不能救鹽池之鹹。阿膠不能止黃河之濁。既而魴魚赬尾。四郊多壘。殿狎江鷗。宮鳴野雉。湛盧去國。艅艎失水。見披髮於伊川。知百年而爲戎矣。彼姧逆之熾盛。久遊魂而放命。大則有鯨有鯢。小則爲梟爲獍。負其牛羊之力。凶其水草之性。非玉燭之能調。豈璿璣之可正。値天下之無爲。尙有欲於羈縻。飲其琉璃之酒。賞其虎豹之皮。見胡柯於大夏。識鳥卵於條枝。豺牙宻厲。虺毒潛吹。輕九鼎而欲問。聞三川而遂窺。始則王子召戎。姦臣介冑。既官政而離逷。遂師言而泄漏。望廷尉之逋囚。反淮南之窮寇。出狄泉之蒼鳥。起橫江之困獸。地則石鼓鳴山。天則金精動宿。北闕龍吟。東陵麟鬬。爾乃桀黠構扇。馮陵畿甸。擁狼望於黃圖。塡盧山於赤縣。青袍如草。白馬如練。天子履端廢朝。單于長圍高宴。兩觀當戟。千門受箭。白虹貫日。蒼鷹擊殿。竟遭夏臺之禍。終視堯城之變。官守無奔問之人。干戚非平戎之戰。陶侃空爭米船。顧榮虛搖羽扇。將軍死綏。路絕長圍。烽隨星落。書逐鳶飛。遂乃韓分趙裂。鼓臥旗折。失羣班馬。迷輪亂轍。猛士嬰城。謀臣卷舌。昆陽之戰象走林。常山之陣蛇奔穴。五郡則兄弟相悲。三州則父子離別。護軍慷慨。忠能死節。三世爲將。終於此滅。濟陽忠壯。身參末將。兄弟三人。義聲俱唱。主辱臣死。名存身喪。敵人歸元。三軍悽愴。尚書多算。守備是長。雲梯可拒。地道能防。有齊將之閉壁。無燕師之臥牆。大事去矣。人之云亡。申子奮發。勇氣咆勃。實總元戎。身先士卒。冑落魚門。兵塡馬窟。屢犯通中。頻遭刮骨。功業夭枉。身名埋沒。或以隼翼鷃披。虎威狐假。沾漬鋒鏑。脂膏原野。兵弱虜強。城孤氣寡。聞鶴唳而心驚。聽胡笳而淚下。拒神亭而亡戟。臨橫江而棄馬。崩於鉅鹿之沙。碎於長平之瓦。於是桂林顚覆。長洲麋鹿。潰潰沸騰。茫茫慘黷。天地離阻。神人慘酷。晉鄭靡依。魯衞不睦。競動天關。爭迴地軸。探雀鷇而未飽。待熊蹯而詎熟。乃有車側郭門。筋懸廟屋。鬼同曹社之謀。人有秦庭之哭。爾乃假刻璽於關塞。稱使者之酬對。逢鄂坂之譏嫌。值耏門之征稅。乘白馬而不前。策靑騾而轉礙。吹落葉之扁舟。飄長風於上游。彼鋸牙而鉤爪。又循江而習流。排靑龍之戰艦。鬭飛燕之船樓。張遼臨於赤壁。王濬下於巴邱。乍風驚而射火。或箭重而回舟。未辨聲於黃蓋。已先沈於杜侯。落帆黃鶴之浦。藏船鸚鵡之洲。路已分於湘漢。星猶看於斗牛。若乃陰陵路絕。釣臺斜趣。望赤壁而沾衣。艤烏江而不渡。雷池柵浦。鵲陵焚戍。旅舍無煙。巢禽無樹。謂荊衡之杞梓。庶江漢之可恃。淮海維揚。三千餘里。過漂渚而寄食。託蘆中而渡水。屆於七澤濱於十死。嗟天保之未定。見殷憂之方始。本不達於危行。又無情於祿仕。謬掌衞於中軍。濫尸丞於御史。信生世等於龍門。辭親同於河洛。奉立身之遺訓。受成書之顧託。昔三世而無慙。今七葉而方落。泣風雨於梁山。惟枯魚之銜索。入欹斜之小徑。掩蓬藋之荒扉。就汀洲之杜若。待蘆葦之單衣。於時西楚霸王。劍及繁陽。鏖兵金匱。校戰玉堂。蒼鷹赤雀。鐵軸牙檣。沈白馬而誓衆。負黃龍而渡江。海潮迎艦。江萍送王。戎車屯於石城。戈船掩於淮泗。諸侯則鄭伯前驅。盟主則荀罃暮至。剖巢熏穴。奔魑走魅。埋長狄於駒門。斬蚩尤於中冀。然腹爲燈。飲頭爲器。直虹貫壘。長星屬地。昔之虎踞龍蟠。加以黃旗紫氣。莫不隨狐兔而窟穴。與風塵而殄瘁。西瞻博望。北臨玄圃。月榭風臺。池平樹古。倚弓於玉女窗扉。繫馬於鳳凰樓柱。仁壽之鏡徒懸。茂陵之書空聚。若夫立德立言。謨明寅亮。聲超於繫表。道高於河上。更不遇於浮邱。遂無言於師曠。以愛子而託人。知西陵而誰望。非無北闕之兵。猶有雲臺之仗。司徒之表裏經綸。狐偃之惟王實勤。橫琱戈而對霸主。執金鼓而問賊臣。平吳之功。壯於杜元凱。王室是賴。深於溫太眞。始則地名全節。終則山稱枉人。南陽校書。去之已遠。上蔡逐獵。知之何晚。鎭北之負譽矜前。風飆凜然。水神遭箭。山靈見鞭。是以蟄熊傷馬。浮蛟沒篙。才子倂命。俱非百年。中宗之夷凶靖亂。大雪寃恥。去代邸而承基。遷唐郊而纂祀。反舊章於司隸。歸餘風於正始。沈猜則方逞其欲。藏疾則自矜於己。天下之事沒焉。諸侯之心搖矣。既而齊交北絕。秦悲西起。況背關而懷楚。異端委而開吳。驅綠林之散卒。拒驪山之叛徒。營軍梁溠。蒐乘巴渝。問諸淫昏之鬼。求諸厭劾之巫。荊門遭廩延之戮。夏口濫逵泉之誅。蔑因親以教愛。忍和樂於彎弧。既無謀於肉食。非所望於論都。未深思於五難。先自擅於三端。登陽城而避險。臥砥柱而求安。既言多於忌刻。實志勇而形殘。但坐觀於時變。本無情於急難。地惟黑子。城猶彈丸。其怨則黷。其盟則寒。豈冤禽之能塞海。非愚叟之可移山。況以沴氣朝浮。妖精夜殞。赤烏則三朝夾日。蒼雲則七重圍軫。亡吳之歲既窮。入郢之年斯盡。周含鄭怒。楚結秦冤。有南風之不競。值西鄰之責言。俄而梯衝亂舞。冀馬雲屯。俴秦車於暢轂。沓漢鼓於雷門。下陳倉而連弩。渡臨晉而橫船。雖復楚有七澤。人稱三戶。箭不麗於六麋。雷無驚於九虎。辭洞庭兮落木。去涔陽兮極浦。熾火兮焚旗。貞風兮害蠱。乃使玉軸揚灰。龍文折柱。下江餘城。長林故營。徒思拑馬之秣。未見燒牛之兵。章曼支以轂走。宮之奇以族行。河無冰而馬渡。關未曉而雞鳴。忠臣解骨。君子吞聲。章華望祭之所。雲夢僞遊之地。荒谷縊於莫敖。冶父囚於羣帥。硎谷摺拉。鷹鸇批攢。冤霜夏零。憤泉秋沸。城崩杞婦之哭。竹染湘妃之淚。水毒秦涇。山高趙陘。十里五里。長亭短亭。飢隨蟄鷰。暗逐流螢。秦中水黑。關上泥青。於時瓦解冰泮。風飛電散。渾然千里。淄澠一亂。雪暗如沙。冰橫似岸。逢赴洛之陸機。見離家之王粲。莫不聞隴水而掩泣。向關山而長歎。況復君在交河。妾在青波。石望夫而逾遠。山望子而逾多。才人之憶代郡。公主之去清河栩楊亭有離別之賦。臨江王有愁思之歌。別有飄颻武威。羈旅金微。班超生而望返。溫序死而思歸。李陵之雙鳧永去。蘇武之一鴈空飛。若江陵之中否。乃金陵之禍始。雖借人之外力。實蕭牆之內起。撥亂之主忽焉。中興之宗不祀。伯兮叔兮。同見戮於猶子。荊山鵲飛而玉碎。隋岸蛇生而珠死。鬼火亂於平林。殤魂遊於新市。梁故豐徙。楚實秦亡。不有所廢其何以昌。有嬀之後。將育於姜。輸我神器。居爲讓王。天地之大德曰生。聖人之大寶曰位。用無賴之子弟。舉江東而全棄。惜天下之一家。遭東南之反氣。以鶉首而賜秦。天何爲而此醉且夫天道迴旋。生民預焉。余烈祖於西晉。始流播於東川。洎余身而七葉。又遭時而北遷。提挈老幼。關河累年。死生契闊。不可問天。況復零落將盡。靈光巋然。日窮於紀。歲將復始。逼迫危慮。端憂暮齒。踐長樂之神皋。望宣平之貴里。渭水貫於天門。驪山迴於地市。幕府大將軍之愛客。丞相平津侯之待士。見鐘鼎於金張。聞絃歌於許史。豈知灞陵夜獵。猶是故時將軍。咸陽布衣。非獨思歸王子。

王勃　唐龍門人。字子安。隋王通之諸孫。麟德初對策高第。父爲交趾令。勃往省覲。道過南昌。會都督閻伯嶼宴客於滕王閣。勃即席作序。伯嶼歎爲天才。後復往省父。渡南海溺死。年二十九。勃文章鉅麗。與楊炯盧照鄰駱賓王共稱初唐四傑。而勃爲之冠。每爲文先磨墨。引被而臥。及寤援筆書之。時人謂之腹稿。有王子安集。

滕王閣序

南昌故郡。洪都新府。星分翼軫。地接衡廬。襟三江而帶五湖。控蠻荊而引甌越。物華天寶。龍光射牛斗之墟。人傑地靈。徐孺下陳蕃之榻。雄州霧列。俊彩星馳。臺隍枕夷夏之交。賓主盡東南之美。都督閻公之雅望。棨戟遙臨。宇文新州之懿範。襜帷暫駐。十旬休暇。勝友如雲。千里逢迎。高朋滿座。騰蛟起鳳。孟學士之詞宗。紫電清霜。王將軍之武庫。家君作宰。路出名區。童子何知。躬逢勝餞。時維九月。序屬三秋。潦水盡而寒潭清。烟光凝而暮山紫。儼驂騑於上路。訪風景於崇阿。臨帝子之長洲。得仙人之舊館。層巒聳翠。上出重霄。飛閣流丹。下臨無地。鶴汀鳧渚。窮島嶼之縈迴。桂殿蘭宮。列岡巒之體勢。披繡闥。俯雕甍。山原曠其盈視。川澤盱其駭矚。閭閻撲地。鐘鳴鼎食之家。舸艦迷津。青雀黃龍之軸。虹銷雨霽。彩徹雲衢。落霞與孤鶩齊飛。秋水共長天一色。漁舟唱晚。響窮彭蠡之濱。雁陣驚寒。聲斷衡陽之浦。遙吟俯暢。逸興遄飛。爽籟發而清風生。纖歌凝而白雲遏。睢園綠竹。氣淩彭澤之樽。鄴水朱華。光照臨川之筆。四美具。二難并。窮睇眄於中天。極娛遊於暇日。天高地迥。覺宇宙之無窮。興盡悲來。識盈虛之有數。望長安於日下。指吳會於雲間。地勢極而南溟深。天柱高而北辰遠。關山難越。誰悲失路之人。萍水相逢。盡是他鄉之客。懷帝閽而不見。奉宣室以何年。嗚呼。時運不齊。命途多舛。馮唐易老。李廣難封。屈賈誼於長沙。非無聖主。竄梁鴻於海曲。豈乏明時。所賴君子安貧。達人知命。老當益壯。寧知白首之心。窮且益堅。不墜青雲之志。酌貪泉而覺爽。處涸轍以猶懽。北海雖賒。扶搖可接。東隅已逝。桑榆非晚。孟嘗高潔。空懷報國之心。阮籍猖狂。豈效窮途之哭。勃三尺微命。一介書生。無路請纓。等終軍之弱冠。有懷投筆。慕宗愨之長風。舍簪笏於百齡。奉晨昏於萬里。非謝家之寶樹。接孟氏之芳鄰。他日趨庭。叨陪鯉對。今晨捧袂。喜託龍門。楊意不逢。撫淩雲而自惜。鍾期既遇。奏流水以何慚。嗚呼。勝地不常。盛筵難再。蘭亭已矣。梓澤坵墟。臨別贈言。幸承恩於偉餞。登高作賦。是所望於羣公。敢竭鄙誠。恭疏短引。一言均賦。四韻俱成。滕王高閣臨江渚。佩玉鳴鸞罷歌舞。畫棟朝飛南浦雲。朱簾暮捲西山雨。閒雲潭影日悠悠。物換星移幾度秋。閣中帝子今何在。檻外長江空自流。

駱賓王　唐義烏人。初爲趙王府屬。武后時除臨海丞。棄官去。徐敬業勤王兵起。署爲府屬。爲敬業傳檄天下。斥武后罪。后讀之。但嘻笑。至一抔之土未乾。六尺之孤何託。矍然曰。誰爲之。或以賓王對。后曰。宰相安得失此人。敬業敗。賓王亡命。不知所之。中宗時。詔求其遺文。得數百篇。有駱臨海集。

爲徐敬業以武后臨朝移諸郡縣檄

僞臨朝武氏者。性非和順。地實寒微。昔充太宗下陳。嘗以更衣入侍。洎乎晚節。穢亂春宮。潛隱先帝之私。陰圖後房之嬖。入門見嫉。蛾眉不肯讓人。掩袖工讒。狐媚偏能惑主。踐元后於翬翟。陷吾君於聚麀。加以虺蜴爲心。豺狼成性。近狎邪僻。殘害忠良。殺姊屠兄。弒君鴆母。人神之所同嫉。天地之所不容。猶復包藏禍心。窺竊神器。君之愛子。幽之於別宮。賊之宗盟。委之以重任。嗚呼。霍子孟之不作。朱虛侯之已亡。燕啄皇孫。知漢祚之將盡。龍漦帝后。識夏庭之遽衰。敬業皇唐舊臣。公侯冢子。奉先君之成業。荷本朝之厚恩。宋微子之興悲。良有以也。袁君山之流涕。豈徒然哉。是用氣憤風雲。志安社稷。因天下之失望。順宇內之推心。爰舉義旗。以清妖孼。南連百越。北盡三河。鐵騎成羣。玉軸相接。海陵紅粟。倉儲之積靡窮。江浦黃旗。匡復之功何遠。班聲動而北風起。劍氣衝而南斗平。喑嗚則山岳崩頹。叱咤則風雲變色。以此制敵。何敵不摧。以此圖功。何功不克。公等或家傳漢爵。或地叶周親。或膺重寄於爪牙。或受顧命於宣室。言猶在耳。忠豈忘心。一抔之土未乾。六尺之孤何託。儻能轉禍爲福。送往事居。共立勤王之圖。無廢大君之命。凡諸爵賞。同指山河。若其眷戀窮城。徘徊歧路。坐昧先幾之兆。必貽後至之誅。請看今日之域中。竟是誰家之天下。移檄州郡。咸使知聞。

王維　唐太原人。字摩詰。開元初擢進士。官至尚書右丞。工詩善畫。時謂其詩中有畫。畫中有詩。文亦有詩意。有別墅在輞川。嘗與裴迪遨遊其中。歌咏爲樂。卒年六十一。有王右丞集。

與裴秀才迪書

近臘月下。景氣和暢。故山殊可過。足下方溫經。猥不敢相煩。輒便往山中。憩感配寺。與山僧飯訖而去。北涉元灞。清月映郭。夜登華子岡。輞水淪漣。與月上下。寒山遠火。明滅林外。深巷寒犬。吠聲如豹。村墟夜舂。復與疏鐘相間。此時獨坐。僮僕靜默。多思曩昔。攜手賦詩。步仄逕臨湍流也。當待春中草木蔓發。春山可望。輕儵出水。白鷗矯翼。露溼青皋。麥隴朝雊。斯之不遠。儻能從我遊乎。非子天機清妙者。豈能以此不急之務相邀。然是中有深趣矣。無忽。山中人王維白。

李華　唐贊皇人。字遐叔。擢進士。弘辭科。天寶間官監察御史。劾宰相楊國忠姻婭橫暴無狀。後去官隱山陽。戒子弟力農。安於窮槁。文辭緜麗。煥發。與蕭穎士齊名。有李遐叔文集。

弔古戰場文

浩浩乎平沙無垠。夐不見人。河水縈帶。羣山糾紛。黯兮慘悴。風悲日曛。蓬斷草枯。凜若霜晨。鳥飛不下。獸挺亡羣。亭長告余曰。此古戰場也。嘗覆三軍。往往鬼哭。天陰則聞。傷心哉。秦歟漢歟。將近代歟。吾聞夫齊魏徭戍。荊韓召募。萬里奔走。連年暴露。沙草晨牧。河冰夜渡。地闊天長。不知歸路。寄身鋒刃。腷臆誰訴。秦漢而還。多事四夷。中州耗斁。無世無之。古稱戎夏。不抗王師。文教失宣。武臣用奇。奇兵有異於仁義。王道迂闊而莫爲。嗚呼噫嘻。吾想夫北風振漠。胡兵伺便。主將驕敵。期門受戰。野豎旄旗。川迴組練。法重心駭。威尊命賤。利鏃穿骨。驚沙入面。主客相搏。山川震眩。聲折江河。勢崩雷電。至若窮陰凝閉。凜冽海隅。積雪沒脛。堅冰在鬚。鷙鳥休巢。征馬踟躕。繒纊無溫。墮指裂膚。當此苦寒。天假強胡。憑陵殺氣。以相翦屠。徑截輜重。橫攻士卒。都尉新降。將軍復沒。屍塡巨港之岸。血滿長城之窟。無貴無賤。同爲枯骨。可勝言哉。鼓衰兮力盡。矢竭兮弦絕。白刃交兮寶刀折。兩軍蹙兮生死決。降矣哉。終身夷狄。戰矣哉。暴骨沙礫。鳥無聲兮山寂寂。夜正長兮風淅淅。魂魄結兮天沈沈。鬼神聚兮雲冪冪。日光寒兮草短。月色苦兮霜白。傷心慘目。有如是耶。吾聞之。牧用趙卒。大破林胡。開地千里。遁逃匈奴。漢傾天下。財殫力痡。任人而已。其在多乎。周逐獫狁。北至太原。既城朔方。全師而還。飲至策勳。和樂且閑。穆穆棣棣。君臣之間。秦起長城。竟海爲關。荼毒生靈。萬里朱殷。漢擊匈奴。雖得陰山。枕骸徧野。功不補患。蒼蒼蒸民。誰無父母。提攜捧負。畏其不壽。誰無兄弟。如足如手。誰無夫婦。如賓如友。生也何恩。殺之何咎。其存其沒。家莫聞知。人或有言。將信將疑。悁悁心目。寤寐見之。布奠傾觴。哭望天涯。天地爲愁。草木悽悲。弔祭不至。精魂無依。必有凶年。人其流離。嗚呼噫嘻。時耶命耶。從古如斯。爲之奈何。守在四夷。

陸贄　唐嘉興人。字敬輿。德宗時爲翰林學士。甚見親任。時號內相。從幸奉天。詔書旁午。皆出於其手。所下制書。武夫悍卒。聞者無不感泣。累遷中書侍郎同平章事。爲裴延齡所讒。貶忠州別駕。卒年五十二。謚宣。贄在朝論諫言皆剴切。其文多用駢句。蓋當時之體裁。然眞意篤摯。反覆曲暢。不復見排偶之迹。所謂經世之文也。有陸宣公翰苑集。

奉天請數對羣臣兼許令論事狀

朝隱奉宣聖旨。頻覽卿表狀。勸朕數對羣臣。兼許令論事。辭理懇切。深表盡忠。朕本心甚好推誠。亦能納諫。但緣上封事及奏對者。少有忠良。多是論人長短。或探朕意旨。朕雖不受讒譖。出外卽謗生。是非以爲威福。朕往日將謂君臣一體。都不隄防。緣推誠信不疑。多被姦人賣弄。今所致患害。朕思亦無他故。卻是失在推誠。又諫官論事。少能愼密。例自矜衒。歸過於朕。以自取名。朕從卽位以來。見奏對論事者甚多。大抵皆是雷同道聽塗說。試加質問。卽便辭窮。若有奇才異能。在朕豈惜拔擢。朕見從前已來事。祇如此。所以近來不多取次對人。亦不是倦於接納。卿宜深悉此意者。聖德廣大。如天包容。俯矜狂愚。仍賜獎論。嘉臣以懇切。目臣以盡忠。雖甚庸駑。實懷感勵。夫知無不言之謂盡。事君以義之謂忠。臣之夙心。久以自誓。以此爲奉上之道。以此爲報主之資。幸逢休明。獲展誠願。旣免罪戾。又蒙褒稱。庶奉周旋。不敢失墜。儻陛下廣推此道。施及萬方。咸獎直以矜愚。各錄長而捨短。人之欲善。誰不如臣。自然聖德益彰。羣心盡達。愚衷懇懇。實在於斯。睿眷特深。縷宣密旨。備該物理。曲盡人情。其於慮遠防微。固非常識所逮。然臣竊謂天子之道。與天同方。天不以地有惡木而廢發生。天子不以時有小人而廢聽納。帝王之盛。莫盛於堯。雖四凶在朝。而僉議靡輟。故曰。惟天爲大。惟堯則之。是知人有邪直。賢愚在處之各得其所而已。必不可以忠良者少。而闕於詢謀獻納之道也。昔人有因噎而廢食者。又有懼溺而自沈者。其爲矯枉防患之慮。豈不過哉。願陛下取鑒於茲。勿以小虞而妨大道也。臣聞人之所助在乎信。信之所立由乎誠。守誠於中。然後俾衆無惑。存心於己。可以教人不欺。惟信與誠。有補無失。一不誠則心莫之保。一不信則言莫之行。故聖人重焉。以爲食可去而信不可失也。又曰。誠者物之終始。不誠無物。物者事也。言不誠則無復有事矣。匹夫不誠。無復有事。況王者賴人之誠以自固。而可不誠於人乎。陛下所謂失於誠信以致患害者。臣竊以斯言爲過矣。孔子曰。可與言而不與之言。失人。不可與言而與之言。失言。智者不失人。亦不失言。由此論之。陛下可審其所言。而不可不慎信其所與。而不可不誠。海禽至微。猶識情僞。含靈之類。固必難誣。前志所謂衆庶者至愚而神。蓋以蚩蚩之徒。或昏或鄙。此其似於愚也。然而上之得失。靡不辨。上之好惡。靡不知。上之所祕。靡不傳。上之所爲。靡不效。此其類於神也。故馭之以智則人詐。示之以疑則人偷。接不以禮則徇義之意輕。撫不以恩則效忠之情薄。上行之則下從之。上施之則下報之。若響應聲。若影從表。表枉則影曲。聲淫則響邪。懷鄙詐而求顏色之不形。顏色形而求觀者之不辨。觀者辨而求衆庶之不惑。衆庶惑而求叛亂之不生。自古及今。未之得也。故惟天下至誠。爲能盡其性。能盡其性。則能盡人之性。若不盡於己而望盡於人。衆必紿而不從矣。不誠於前而曰誠於後。衆必疑而不信矣。今方岳有不誠於國者。陛下則興師以伐之。臣庶有虧信於上者。陛下則出令以誅之。有司順命誅伐而不敢縱捨者。蓋以陛下之所有。責彼之所無故也。向若陛下不誠於物。不信於人。人將有辭。何以致討。是知誠信之道。不可斯須去身。願陛下慎守而行之有加。恐非所以爲悔者也。臣聞春秋傳曰。人誰無過。過而能改。善莫大焉。易曰。日新之謂盛德。禮記曰。德日新。日日新。又日新。商書仲虺述成湯之德曰。用人惟己。改過不吝。周詩吉甫美宣王之功曰。袞職有闕。惟仲山甫補之。夫禮易春秋。百代不刊之典也。皆不以無過爲美。而謂大善盛德。在於改過日新。成湯聖君也。仲虺聖輔也。以聖輔而贊揚聖君。不稱其無過。而稱其改過。周宣中興之賢主也。吉甫文武之賢臣也。以賢臣而歌誦賢主。不美其無闕。而美其補闕。是則聖賢之意。較然著明。惟以改過爲能。不以無過爲貴。蓋爲人之行己。必有過差。上智下愚。俱所不免。智者改過而遷善。愚者恥過而遂非。遷善則其德日新。是爲君子。遂非則其惡彌積。斯謂小人。故聞義能徙者。常情之所難。從諫弗咈者。聖人之所尙。至於贊揚君德。歌述主功。或以改過不吝爲言。或以有闕能補爲美。中古已降。淳風浸微。臣旣尙諛。君亦自聖。掩盛德而行小道。於是有入則造膝。出則詭辭之態興矣。姦由此滋。善由此沮。帝王之意由此惑。譖臣之罪由此生。媚道一行。爲害斯甚。太宗文皇帝挺秀千古。淸明在躬。再恢聖謨。一變流弊。以虛受爲理本。以直言爲國華。有面折廷爭者。必爲霽雷霆之威。而明言獎納。有上封獻議者。必爲黜心意之欲。而手敕褒揚。故得有過必知。知而必改。存致雍熙之化。沒齊堯舜之名。向若太宗徇中主之常情。滯習俗之凡見。聞過則羞己之短。納諫又畏人之知。雖有求得之心。必無濟代之效。雖有悔過之意。必無從諫之名。此則聽納之實不殊。隱見之情小異。其於損益之際。已有若此相懸。又況不及中才。師心自用。肆於人上。以遂非拒諫。孰有不危者乎。且以太宗有經緯天地之文。有躬行仁義之德。有致理太平之功。其爲休烈耿光。可謂盛極矣。然而人到於今稱詠。以爲道冠前古。澤被無窮者。則從諫改過爲其首焉。是知諫而能從。過而能改。帝王之美。莫大於斯。陛下所謂諫官論事少能愼密。例自矜衒。歸過於朕者。臣以爲不密自矜。信非忠厚。其於聖德。固亦無虧。陛下若納諫不違。則傳之適足增美。陛下若違諫不納。又安能禁之勿傳。伏願以貞觀故事爲楷模。使太宗風烈。重光於聖代。恐不可謂此爲歸過。而阻絕直言之路也。臣聞虞舜察邇言。故能成聖化。晉文聽輿誦。故能恢霸功。大雅有詢于芻蕘之言。洪範有謀及庶人之義。是則聖賢爲理。務詢衆心。不敢忽細微。不敢侮鰥寡。侈言無驗不必用。質言當理不必違。遜於志者不必然。逆於心者不必否。異於人者不必是。同於衆者不必非。辭拙而效速者不必愚。言甘而利重者。不必智。是皆考之以實。慮之以終。其用無他。惟善所在。則可以盡天下之理。見天下之心。夫人之常情。罕能無惑。大抵蔽於所信。阻於所疑。忽於所輕。溺於所欲。信既偏則聽言而不考其實。由是有過當之言。疑既甚。則雖實而不聽其言。於是有失實之聽。輕其人則遺其可重之事。欲其事。則存其可棄之人。斯並苟縱私懷。不稽皇極。於以虧天下之理。於以失天下之心。故常情之所輕。乃聖人之所重。圖遠者先驗於近。務大者必愼於微。將在博探而審用其中。固不在慕高而好異也。陛下所謂比見奏對論事皆是雷同道聽塗說者。臣竊以衆多之議。足見人情。必有可行。亦有可畏。恐不宜一概輕侮而莫之省納也。陛下又謂試加質問卽便辭窮者。臣竊以陛下雖窮其辭而未盡其理。能服其口而未服其心。何以知其然。臣每讀史書見亂多理少。因懷感歎。嘗試思之。竊謂爲下者莫不願忠。爲上者莫不求理。然而下每苦上之不理。上每苦下之不忠。若是者何。兩情不通故也。下之情莫不願達於上。上之情莫不求知於下。然而下恆苦上之難達。上恆苦下之難知。若是者何。九弊不去故也。所謂九弊者。上有其六。而下有其三。好勝人。恥聞過。騁辯給。眩聰明。厲威嚴。恣彊愎。此六者。君上之弊也。諂諛。顧望。畏愞。此三者。臣下之弊也。上好勝。必甘於佞辭。上恥過。必忌於直諫。如是則下之諂諛者順旨。而忠實之語不聞矣。上騁辯。必剿說而折人以言。上眩明。必臆度而虞人以詐。如是則下之顧望者自便。而切磨之辭不盡矣。上厲威。必不能降情以接物。上恣愎。必不能引咎以受規。如是則下之畏愞者避辜。而情理之說不申矣。夫以區域之廣大。生靈之衆多。宮闕之重深。高卑之限隔。自黎獻而上。獲覩至尊之光景者。踰億兆而無一焉。就獲覩之中。得接言議者。又千萬不一。幸而得接者。猶有九弊居其間。則上下之情所通鮮矣。上情不通於下則人惑。下情不通於上則君疑。疑則不納其誠。惑則不從其令。誠而不見納。則應之以悖。令而不見從。則加之以刑。下悖上刑。不敗何待。是使亂多理少。從古以然。

考其初心。不必淫暴。亦在乎兩情相阻。馴致其失。以至於艱難者焉。昔龍逄誅而夏亡。比干剖而殷滅。宮奇去而虞敗。屈原放而楚衰。臣謂夏殷虞楚之君。若知四子之盡忠。必不剿棄。若知四子之可用。必不拒違。所以至於忍害而捨絕者。蓋謂其言不足行。心不足保故也。四子既去。四君亦危。然則言之固難。聽亦不易。趙武吶吶而爲晉賢臣。絳侯木訥而爲漢元輔。公孫弘上書論事。帝使難弘以十策。弘不得其一。及爲宰相。卒有能名。周昌進諫其君。病吃不能對詔。乃曰臣口雖不能言。心知其不可。然則口給者事或非信。辭缺者理或未窮。人之難知。堯舜所病。胡可以一詶一詰而謂盡其能哉。以此察天下之情。固多失實。以此輕天下之士。必有遺才。臣是以竊慮陛下雖窮其辭而未窮其理。能服其口而未服其心。良有以也。古之王者。明四目。達四聰。蓋欲幽抑之必通。且求聞己之過也。垂旒於前。黈纊於側。蓋惡視聽之太察。惟恐彰人之非也。降及末代。則反於斯。聽明不務通物情。視聽祇以伺罪釁。與衆違欲。與道乖方。於是相尚以言。相示以智。相冒以詐。而君臣之義薄矣。以陛下性含仁聖。意務雍熙。而使至道未孚。臣竊爲陛下懷愧於前哲也。古人所以有恥君不如堯舜者。故亦以是爲心乎。夫欲理天下而不務於得人心。則天下固不可理矣。務得人心而不勤於接下。則人心固不可得矣。務勤接下而不辯君子小人。則下固不可接矣。務辯君子小人而惡其言過。悅其順己。則君子小人固不可辨矣。趣利求媚。人之甚利存焉。犯顏取怨。人之甚害存焉。

居上者易其害而以美利利之。猶懼忠告之不蒞。況有疏隔而勿接。又有猜忌而加損者乎。天生蒸人。合以爲國。人之有口。不能無言。人之有心。不能無欲。言不宣於上。則怨讟於下。欲不歸於善。則湊集於邪。聖人知衆之不可以力制也。故植謗木。陳諫鼓。列爭臣之位。置采詩之官。以宣其言。尊禮義。安誠信。厚賢能之賞。廣功利之途。以歸其欲。使上不至於亢。下不至於窮。則人心安得而離。亂兆何從而起。古之無爲而理者。其率用此歟。苟有理之之意。而不知其方。苟知其方。而心守不壹。則得失相半。天下之理亂。未可知也。其又違道以師心。棄人而任己。謂欲可逞。謂衆可誣。謂專斷無傷。謂詢謀無益。謂諛說爲忠順。謂獻替爲妄愚。謂進善爲比周。謂嫉惡爲嫌忌。謂多疑爲御下之術。謂深察爲照物之明。理道全乖。國家之顚危。可立待也。理亂之戒。前哲備言之矣。安危之效。歷代嘗試之矣。舊典盡在。殷鑒足徵。其於措置施爲。在陛下明識所擇耳。伏願廣接下之道。開獎善之門。宏納諫之懷。勵推誠之美。其接下也。待之以禮。煦之以和。虛心以盡其言。端意以詳其理。不禦人以給。不自眩以明。不以先覺爲能。不以臆度爲智。不形好惡以招諂。不大聲色以示威。如權衡之懸。不作其輕重。故輕重自辨。無從而詐也。如水鏡之設。無意於妍蚩。而妍蚩自彰。莫得而怨也。有犯顏讜直者。獎而親之。有利口讒佞者。疏而斥之。自然物無壅情。言不苟進。君子之道浸長。小人之態日消。何憂乎少忠良。何有乎作威福。何患乎妄說是非。如此則接下之要備矣。其獎善也。求之若不及。用之懼。不周。如梓人之任材。曲直當分。如滄海之歸水。洪涓必容。能小事則處之以小官。立大勢則報之以大利。不忌怨。不避親。不抉瑕。不求備。不以人廢舉。不以己格人。聞其才必試以事。能其事乃進以班。自然無不用之才。亦無不實之舉。如此則獎善之道得矣。其納諫也。以補過爲心。以求過爲急。以能改其過爲善。以得聞其過爲明。故諫者多表我之能好諫。諫者直示我之能賢。諫者之狂誣。明我之能恕。諫者之漏泄。彰我之能從。有一於斯。皆爲盛德。是則人君之與諫者。交相益之道也。諫者有爵賞之利。君亦有理安之利。諫者得獻替之名。君亦得採納之名。然猶諫者有失中。而君無不美。惟恐讜言之不切。天下之不聞。如此則納諫之德光矣。其推誠也。在彰信。在任人。彰信不務於盡言。所貴乎出言則可復。任人不可以無擇。所貴乎已擇則不疑。言而必誠。然後可求人之聽命。任而勿貳。然後可責人之成功。誠信一虧。則百事無不紕繆。疑貳一起。則羣下莫不憂虞。是故言或乖宜。可引過以改其言。而不可苟也。任或乖當。可求賢以代其任。而不可疑也。如此則推誠之義孚矣。微臣所以屢屢塵黷而不能自抑者。蓋以陛下有拯亂之志。而多難未平。有務理之誠。而庶績未乂。有堯舜聰明之德。而未光宅於天下。有覆載含宏之量。而未翕受於衆情。故臣每中夜靜思。無不竊歎而深惜也。向若陛下有其位。而無必行之志。有其志。而無可致之資。則臣固已從俗浮沈。何苦而汲汲如是。惟陛下詳省所闕。亟行所宜。歸天下之心。濟中興之業。此臣之願也。億光之福也。宗社無疆之休也。謹奏。

劉禹錫　唐中山人。字夢得。以進士登博學宏辭科。官至集賢直學士。出爲蘇州刺史。遷太子賓客。晚年以文章自適。先後與柳宗元白居易齊名。年七十二卒。有劉賓客集。

陋室銘

山不在高。有仙則名。水不在深。有龍則靈。斯是陋室。惟吾德馨。苔痕上階綠。草色入簾青。談笑有鴻儒。往來無白丁。可以調素琴。閱金經。無絲竹之亂耳。無案牘之勞形。南陽諸葛廬。西蜀子雲亭。孔子云。何陋之有。

白居易　唐下邽人。字樂天。元和進士。遷左拾遺。奏對强鯁。貶江州司馬。後詔還。官至刑部尚書致仕。居香山。稱香山居士。卒謚文。居易文章清切。尤工詩。平易近人。多存諷刺。先後與元稹劉禹錫齊名。有白氏長慶集。

廬山草堂記

匡廬奇秀甲天下山。山北峰曰香鑪峰。峰北寺曰遺愛寺。介峰寺間。其境勝絕。又甲廬山。元和十一年秋。太原人白樂天見而愛之。若遠行客過故鄉。戀戀不能去。因面峯腋寺。作爲草堂。明年春。草堂成。三間兩柱。二室四牖。廣袤豐殺。一稱心力。洞北戶。來陰風。防徂暑也。敞南甍。納陽日。虞祁寒也。木斲而已。不加丹。牆圬而已。不加白。磩階用石。冪窗用紙。竹簾紵幃。率稱是焉。堂中設木榻四。素屏二。漆琴一張。儒道佛書各兩三卷。樂天既來爲主。仰觀山。俯聽泉。旁睨竹樹雲石。自辰及酉。應接不暇。俄而物誘氣隨。外適內和。一宿體寧。再宿心恬。三宿後頹然嗒然。不知其然而然。自問其故。答曰。是居也。前有平地。輪廣十丈。中有平臺。半平地。臺南有方池。倍平臺。環池多山竹野卉。池中生白蓮白魚。又南抵石澗。夾澗有古松老杉。大僅十人圍。高不知幾百尺。修柯戛雲。低枝拂潭。如幢豎。如蓋張。如龍蛇走。松下多灌叢蘿蔦。葉蔓駢織。承翳日月。光不到地。盛夏風氣如八九月時。下鋪白石。爲出入道。堂北五步。據層崖積石。嵌空垤塊。雜木異草。蓋覆其上。綠陰濛濛。朱實離離。不識其名。四時一色。又有飛泉植茗。就以烹燀。好事者見。可以永日。堂東有瀑布。水懸三尺。瀉階隅。落石渠。昏曉如練色。夜中如環佩琴筑聲。堂西倚北崖右趾。以剖竹架空。引崖上泉。脈分綫懸。自簷注砌。纍纍如貫珠。霏微如雨露。滴瀝飄灑。隨風遠去。其四旁耳目杖屨可及者。春有錦繡谷花。夏有石門澗雲。秋有虎谿月。冬有鑪峯雪。陰晴顯晦。昏旦含吐。千變萬狀。不可殫紀。覼縷而言。故云甲廬山者。噫。凡人豐一屋。華一簣。而起居其間。尚不免有驕穩之態。今我爲是物主。物至致知。各以類至。又安得不外適內和。體寧心恬哉。昔永遠宗雷輩十八人同入此山。老死不返。去我千載。我知其心。以是哉。矧余自思。從幼迨老。若白屋若朱門。凡所止。雖一日二日。輒覆簣土爲臺。聚拳石爲山。環斗水爲池。其喜山水病癖如此。一旦蹇剝。來佐江郡。郡守以優容撫我。廬山以靈勝待我。是天與我時。地與我所。卒獲所好。又何求焉。尙以宂員所羈。餘累未盡。或往或來。未追寧處。待余異日弟妹婚嫁畢。司馬歲秩滿。出處行止。得以自遂。則必左手引妻子。右手抱琴書。終老於斯。以成就我平生之志。淸泉白石。實聞此言。時三月二十七日。始居新堂。四月九日。與河南元集虛。范陽張允中。南陽張深之。東西二林長老湊公朗滿晦堅等凡二十有二人。具齋施茶果以樂之。因爲草堂記。

杜牧。 唐萬年人。字牧之。官中書舍人。爲人剛直有奇節。不拘細行。敢論列大事。指陳利病尤切。時文均豪邁。有樊川集。

阿房宮賦

六王畢。四海一。蜀山兀。阿房出。覆壓三百餘里。隔離天日。驪山北構而西折。直走咸陽。二川溶溶。流入宮牆。五步一樓。十步一閣。廊腰縵迴。簷牙高啄。各抱地勢。鉤心鬬角。盤盤焉。囷囷焉。蜂房水渦。矗不知其幾千萬落。長橋臥波。未雲何龍。複道行空。不霽何虹。高低冥迷。不知西東。歌臺暖響。春光融融。舞殿冷袖。風雨淒淒。一日之內。一宮之間。而氣候不齊。妃嬪媵嬙王子王孫。辭樓下殿。輦來於秦。朝歌夜絃。爲秦宮人。明星熒熒。開妝鏡也。綠雲擾擾。梳曉鬟也。渭流漲膩。棄脂水也。煙斜霧橫。焚椒蘭也。雷霆乍驚。宮車過也。轆轆遠聽。杳不知其所之也。一肌一容。盡態極妍。縵立遠視。而望幸焉。有不得見者。三十六年。燕趙之收藏。韓魏之經營。齊楚之精英。幾世幾年。取掠其人。倚疊如山。一旦不能有。輸來其間。鼎鐺玉石。金塊珠礫棄擲邐池。秦人視之。亦不甚惜。嗟乎。一人之心。千萬人之心也。秦愛紛奢。人亦念其家。奈何取之盡錙銖。用之如泥沙。使負棟之柱。多於南畝之農夫。架梁之椽。多於機上之工女。釘頭磷磷。多於在庾之粟粒。瓦縫參差。多於周身之帛縷。直欄橫檻。多於九土之城郭。管絃嘔啞。多於市人之言語。使天下之人。不敢言而敢怒。獨夫之心。日益驕固。戍卒叫。函谷舉。楚人一炬。可憐焦土。嗚呼。滅六國者六國也。非秦也。族秦者秦也。非天下也。嗟夫。使六國各愛其人。則足以拒秦。秦復愛六國之人。則遞三世可至萬世而爲君。誰得而族滅也。秦人不暇自哀。而後人哀之。後人哀之而不鑑之。亦使後人而復哀後人也。

王禹偁　宋鉅野人。字元之。太平興國進士。爲右拾遺。遇事敢言。以直躬行道爲己任。文章敏贍。獨步一時。累遷翰林學士。有五代史闕文小畜集。

黃岡竹樓記

黃岡之地多竹。大者如椽。竹工破之。刳去其節。用代陶瓦。比屋皆然。以其價廉而工省也。子城西北隅。雉堞圮毀。蓁莽荒穢。因作小樓二間。與月波樓通。遠吞山光。平挹江瀨。幽闃遼夐。不可具狀。夏宜急雨。有瀑布聲。冬宜密雪。有碎玉聲。宜鼓琴。琴調和暢。宜詠詩。詩韻清絕。宜圍棊。子聲丁丁然。宜投壺。矢聲錚錚然。皆竹樓之所助也。公退之暇。被鶴氅衣。戴華陽巾。手執周易一卷。焚香默坐。消遣世慮。江山之外。第見風帆沙鳥。煙雲竹樹而已。待其酒力醒。茶煙歛。送夕陽。迎素月。亦謫居之勝槩也。彼齊雲落星。高則高矣。井幹麗譙。華則華矣。止於貯妓女。藏歌舞。非騷人之事。吾所不取。吾聞竹工云。竹之爲瓦。僅十稔。若重覆之。得二十稔。噫。吾以至道乙未歲。自翰林出滁上。丙申移廣陵。丁酉又入西掖。戊戌歲除日。有齊安之命。己亥閏三月到郡。四年之間。奔走不暇。未知明年又在何處。豈懼竹樓之易朽乎。後之人與我同志。嗣而葺之。庶斯樓之不朽也。

范仲淹　宋吳縣人。字希文。幼孤。苦刻厲讀書。舉祥符進士。仁宗時以龍圖閣直學士經略陝西。夏人相戒不敢犯其境。旋拜樞密副使。進參知政事。卒年六十四。謚文正。仲淹內剛外和。爲秀才時。卽以天下爲己任。尤樂善好施。與置義田以贍族人。卒之日。聞者莫不歎息云。有范文正公集。

岳陽樓記

慶曆四年春。滕子京謫守巴陵郡。越明年。政通人和。百廢具興。乃重修岳陽樓。增其舊制。刻唐賢今人詩賦於其上。屬予作文以記之。予觀夫巴陵勝狀。在洞庭一湖。銜遠山。吞長江。浩浩湯湯。橫無際涯。朝暉夕陰。氣象萬千。此則岳陽樓之大觀也。前人之述備矣。然則北通巫峽。南極瀟湘。遷客騷人。多會於此。覽物之情。得無異乎。若夫霪雨霏霏。連日不開。陰風怒號。濁浪排空。日星隱曜。山岳潛形。商旅不行。檣傾楫摧。薄暮冥冥。虎嘯猿啼。登斯樓也。則有去國懷鄉。憂讒畏譏。滿目蕭然。感極而悲者矣。至若春和景明。波瀾不驚。上下天光。一碧萬頃。

沙鷗翔集。錦鱗游泳。岸芷汀蘭。郁郁青青。而或長煙一空。皓月千里。浮光耀金。靜影沈璧。漁歌互答。此樂何極。登斯樓也。則有心曠神怡。寵辱皆忘。把酒臨風。其喜洋洋者矣。嗟夫。予嘗求古仁人之心。或異二者之爲。何哉。不以物喜。不以己悲。居廟堂之高。則憂其民。處江湖之遠。則憂其君。是進亦憂。退亦憂。然則何時而樂耶。其必曰。先天下之憂而憂。後天下之樂而樂歟。噫。微斯人。吾誰與歸。時六年九月十五日。